GUIDE FOR
BANKRUPTCY
PROCEEDINGS

3rd Edition

破産管財の手引

第3版

中吉　徹郎
岩﨑　慎　［編］

一般社団法人 金融財政事情研究会

第3版はしがき

　本書は、破産管財手続を中心に、破産手続の申立てから終局までの段階ごとに、在京三弁護士会との協議に基づいて培われた東京地方裁判所民事第20部の運用方針や、破産管財人がしばしば直面する実務上の論点等について、事務処理の指針を提示すべく、できる限り具体的な事例を挙げながら解説を加えるものとして、平成23年6月に初版が、平成27年3月に第2版が刊行されました。初版刊行以来これまで、申立代理人又は破産管財人として破産事件に携わる多くの方々のお手に取っていただき、それぞれの破産事件の事務処理において参考に供していただきましたが、第2版刊行から早くも9年余の月日が経過しました。

　その間、世界経済に深刻な景気後退をもたらしたコロナ禍の発生や、エネルギー価格・原材料価格の高騰を招いたウクライナ情勢、歴史的な円安等の影響により、我が国では、いわゆる過剰債務を抱える者が増大するとともに、激しい物価高が続く事態となり、このような経済事情を背景に、平成19年以降、減少傾向にあった破産手続開始申立て件数は、最近、増加に転じています。

　他方、東京地方裁判所民事第20部は、長らくの間、主として破産事件、民事再生事件を担当していましたが、令和4年4月、それまで民事第8部が担当していた会社更生事件、特別清算事件等について移管を受け、東京地方裁判所の中で唯一、倒産事件全般を専門的に担当する部となりました。そして、同年10月には、中目黒に新営された庁舎に、知的財産高等裁判所、東京地方裁判所知的財産権部、商事部と共に移転し、ビジネス・コートとして新たなスタートを切りました。

　さらに、令和5年6月には、インターネットを利用して裁判所に申立てや資料の提出などを行い得ることなどを内容とする、倒産手続等のデジタル化を図るための規定の整備等を行う改正法が成立し、倒産手続そのものが大きな転換期を迎えています。

　このような経緯の中にあって、東京地方裁判所民事第20部におけるこれま

での破産手続の運用についても、見直しがされるところとなりました。

　そこで、本書についても、その見直された破産手続の運用に即して、従来の記述を改め、ここに第3版を刊行する運びとなった次第です。

　本書が、初版、第2版と同様に、申立代理人又は破産管財人として破産事件に携わる弁護士の方々に幅広く利用され、破産手続の迅速かつ適正な運用を図るための一助となることを願ってやみません。

　なお、一般社団法人金融財政事情研究会の柴田翔太郎氏には、本書の編集作業全般にわたり、御尽力と御配慮をいただきました。ここに心より御礼を申し上げます。

　　令和6年8月

　　　　　　　　　　　　　　　　　　　　　　　　中　吉　徹　郎
　　　　　　　　　　　　　　　　　　　　　　　　岩　﨑　　　慎

〈第3版編者・執筆者一覧〉

（所属・肩書は令和6年3月末現在）

編　者

中　吉　徹　郎（東京地方裁判所部総括判事・ビジネス・コート所長代行者）

岩　﨑　　　慎（東京地方裁判所判事）

執筆者（50音順）

岩　﨑　　　慎（東京地方裁判所判事）

勝　本　禎　子（東京地方裁判所主任書記官）

澤　　　大　地（東京地方裁判所判事補）

白　鳥　哲　治（前橋家庭裁判所高崎支部判事）

髙　田　美紗子（東京地方裁判所判事）

高　橋　浩　美（東京地方裁判所判事）

德　光　絢　子（司法研修所教官）

中　吉　徹　郎（東京地方裁判所部総括判事・ビジネス・コート所長代行者）

南　雲　大　輔（東京地方裁判所判事）

長谷川　稔　洋（弁護士・元東京地方裁判所判事補）

宮　下　尚　行（岐阜地方裁判所大垣支部判事）

村　上　若　奈（東京地方裁判所判事）

毛　利　友　哉（司法研修所教官）

執筆協力者（50音順）

伊　藤　忠　博（東京地方裁判所主任書記官）

内　海　貴　俊（東京地方裁判所主任書記官）

高　橋　良　徳（東京地方裁判所判事）

竹　内　友　彦（東京地方裁判所主任書記官）

田　原　綾　子（東京地方裁判所判事）

藤　田　直　規（東京地方裁判所判事）

船　橋　寿　之（東京地方裁判所主任書記官）

松　原　平　学（東京地方裁判所判事）

第2版はしがき

　本書の初版は、そのはしがきにあるとおり、主として破産管財手続を中心に、破産手続の申立てから終局までの段階ごとに、在京三弁護士会との協議に基づいて培われた東京地方裁判所破産再生部の運用方針や、破産管財人がしばしば直面する実務上の論点等について、事務処理の指針を提示すべく、できる限り具体的な事例を挙げながら解説を加えるものであり、平成23年6月に刊行されました。

　その後、倒産手続に関する最高裁判所の判例や裁判例が示されたことなどを踏まえ、平成24年7月に増補版を刊行しましたが、引き続いて重要な判例等が蓄積されていることや、実務の指針となる文献がアップデートされたことなどから、改訂の必要が生じました。また、東京地方裁判所破産再生部では、当部の運用方針の概要や倒産事件の処理に係る実務上の諸問題等について解説するものとして、「破産・民事再生の実務」を刊行しており、平成26年2月にその第3版として破産編を刊行しましたが、その改訂作業の過程において、管財業務の指針として本書に移記すべき事項や、本書の記載内容を改めるべき箇所が見つかりました。

　そこで、本書の従来の解説についても全面的に見直しを行い、ここに第2版を刊行することになりました。

　本書が、従来の破産管財の手引と同様に、申立代理人又は破産管財人として破産事件に携わる弁護士の方々に幅広く利用され、破産手続の迅速かつ適正な運用を図る上で、その一助となることを期待しております。

　なお、一般社団法人金融財政事情研究会の大塚昭之氏及び柴田翔太郎氏には、本書の編集作業全般にわたり、ご尽力とご配慮をいただきました。ここに心よりお礼を申しあげます。

平成27年2月

　　　　　　　　中　山　孝　雄　・　金　澤　秀　樹

〈第2版編者・執筆者一覧〉

(所属・肩書は平成27年1月末現在)

編　者

中　山　孝　雄（東京地方裁判所部総括判事）

金　澤　秀　樹（東京地方裁判所判事）

執筆者（50音順）

石　渡　　　圭（東京地方裁判所判事補・第7章担当）

伊　藤　孝　至（東京地方裁判所判事補・第4章、第8章、第10章担当）

金　澤　秀　樹（東京地方裁判所判事・第9章担当）

草　野　克　也（東京地方裁判所判事補・第3章、第6章担当）

国　分　史　子（東京地方裁判所判事・第11章、第13章担当）

土　屋　　　毅（東京地方裁判所判事・第5章担当）

中　山　孝　雄（東京地方裁判所部総括判事・第1章担当）

長谷川　健太郎（東京地方裁判所判事補・第5章担当）

樋　口　正　樹（東京地方裁判所判事・第2章、書式編担当）

堀　田　次　郎（東京地方裁判所判事・第12章担当）

初版はしがき

　東京地方裁判所民事第20部（破産再生部）における破産手続の運用の柱は、「即日面接」といわゆる「少額管財手続」と呼ばれるものです。これらの各運用は、在京三弁護士会の理解と協力の下に平成11年4月から導入され、当部における破産事件についての標準的な手続となりました。その背景にある基本的な考え方は、平成17年1月1日から施行された現行破産法の中にも取り入れられています。

　この間、当部の破産事件新受事件数は、平成19年には2万6561件と過去最高を記録し、その後も高い水準を維持しており、破産事件に占める管財事件の割合も、平成20年以降は5割を超えるに至っています。また、複雑・多様化する経済情勢を背景に、新たな担保の取扱いに関する法的問題や渉外問題を含む破産事件が増加するとともに、大規模な投資家被害に関する破産事件も相次いでいます。さらに、我が国経済を取り巻く状況はこれまで以上に厳しさを増し、倒産事件が増加するに伴って、手続についても、一層の透明性や公正性が要請されるようになっています。このような中で、破産事件の適切かつ迅速な処理が可能となっているのは、在京三弁護士会の弁護士の方々が、申立代理人として十分な準備の下に申立てをされ、破産管財人として適正にその権限を行使されてきた結果であるといえます。

　本書は、当部において破産事件の実務に携わる裁判官、書記官が、主として破産管財手続を中心に、破産手続の申立てから終局までの各段階ごとに、これまで在京三弁護士会との協議に基づいて培われてきた当部の運用方針や処理方法、申立代理人や破産管財人がしばしば直面する実務上の論点等について、できる限り具体的な例を挙げながら解説を加えるものです。また、併せて、当部の破産管財実務において利用されている最新の書式を紹介するとともに、これをCD-ROMに収録して電子データとして利用できるようにしています。

　もとより、実務の運用は、裁判所のみならず関係者の意見や批判を十分に踏まえてこそ、これが妥当なものとなり、現実に機能していくものです。そ

の意味で、本書の紹介する運用は、決して固定的なものではなく、破産手続に携わる関係者の意見に基づいて、常に見直しや改善を図っていくものであることをご承知おきください。

　本書が申立代理人又は破産管財人として破産事件に携わる弁護士に幅広く利用され、破産手続の適切かつ円滑な進行を図る一助となれば幸いです。

　最後に、在京三弁護士会倒産法部会所属の弁護士の方々には、原稿を詳細に検討の上、多数の貴重なご意見をいただきました。また、一般社団法人金融財政事情研究会の大塚昭之氏には、本書の編集作業全般にわたり大変お世話になりました。ここに改めてお礼を申し上げる次第です。

平成23年3月

東京地裁破産実務研究会

鹿 子 木　　　 康

島 岡 大 雄

増補版はしがき

　本書の初版が平成23年6月に刊行されてから1年が経過しましたが、この間、倒産手続に関する重要な最高裁判例が次々に示されており、本書の解説についても、判例に従って改めることが必要な部分が生じました。

　そこで、この機会に、再生手続から破産手続に移行した牽連破産事件についての解説を加えるとともに、従前の解説についても所要の見直しを行い、増補版として出版することにいたしました。

　本書が、申立代理人ないし破産管財人として破産事件に携わる弁護士に幅広く利用され、破産手続の適切かつ円滑な進行を図る一助となれば幸いです。

　　平成24年7月

　　　　　　　　　　　　　　　　　　　東京地裁破産実務研究会
　　　　　　　　　　　　　　　　　　　　鹿子木　　　康

〈初版及び増補版編者・執筆者等一覧〉

（所属・肩書は平成23年3月末現在）

編　者

鹿子木　　康　（東京地方裁判所部総括判事）

島　岡　大　雄　（東京地方裁判所判事）

執筆者（50音順）

新　井　優美子　（東京地方裁判所書記官）

石　田　憲　一　（東京地方裁判所判事補）

井　上　昌一朗　（東京地方裁判所主任書記官）

大　沼　美　樹　（東京地方裁判所書記官）

大　野　啓　史　（東京地方裁判所主任書記官）

岡　　　智香子　（東京地方裁判所書記官）

片　山　　　健　（東京地方裁判所判事補）

勝　本　禎　子　（東京地方裁判所主任書記官）

金　子　昌　也　（東京地方裁判所主任書記官）

鹿子木　　康　（東京地方裁判所部総括判事）

小　柴　　　実　（東京地方裁判所書記官）

小　林　勝　美　（東京地方裁判所書記官）

米　田　祐　佳　（東京地方裁判所書記官）

佐　野　友　幸　（東京地方裁判所書記官）

島　岡　大　雄　（東京地方裁判所判事）

下　田　敦　史　（東京地方裁判所判事）

進　藤　光　慶　（東京地方裁判所判事）

寺　田　　　聡　（東京地方裁判所主任書記官）

遠　田　加奈子　（東京地方裁判所書記官）

戸　塚　暁　子　（東京地方裁判所書記官）

奈良﨑　幸　太　（東京地方裁判所書記官）

根　本　紀　子（東京地方裁判所書記官）

橋　本　和　美（東京地方裁判所主任書記官）

塙　　　義　和（東京地方裁判所書記官）

原　　　雅　基（東京地方裁判所判事補）

深　瀬　朋　美（東京地方裁判所書記官）

古　谷　慎　吾（東京地方裁判所判事）

松　戸　健　一（東京地方裁判所書記官）

水　野　秀　隆（東京地方裁判所書記官）

柳　澤　直　人（東京地方裁判所判事）

吉　井　　　篤（東京地方裁判所書記官）

吉　田　真　悟（東京地方裁判所書記官）

渡　辺　一　弥（東京地方裁判所民事訟廷副管理官）

書式作成協力者（50音順）

勝　本　禎　子（東京地方裁判所主任書記官）

北　村　治　樹（東京地方裁判所判事補）

木　村　匡　彦（東京地方裁判所判事補）

佐　野　友　幸（東京地方裁判所書記官）

吉　井　　　篤（東京地方裁判所書記官）

凡　例

1　（　）内の法令の表記

（　）内で引用する主要法令名は、次のように略記する。

破	破産法
破規	破産規則
民再	民事再生法
民	民法
商	商法
会	会社法
手	手形法
民訴	民事訴訟法
民訴規	民事訴訟規則
民執	民事執行法
民保	民事保全法
不登	不動産登記法
労基	労働基準法

2　判例集・法律雑誌の表記

判例集・法律雑誌は、次のように略記する。

〈判例集〉

民集	最高裁判所民事判例集
下民集	下級裁判所民事判例集

〈法律雑誌〉

判時	判例時報
判タ	判例タイムズ
金法	金融法務事情
金判	金融・商事判例

3　文献の表記

主要文献は、次のように略記する（著者・編者50音順）。

伊藤眞『破産法・民事再生法〔第5版〕』（有斐閣、令和4年）

→『伊藤・破産民再五版』

伊藤眞ほか『条解破産法〔第3版〕』（弘文堂、令和2年）　→『条解破産三版』

川畑正文ほか編『破産管財手続の運用と書式〔第3版〕』（新日本法規出版、令和元年）

→『破産管財手続の運用と書式』

小川秀樹編著『一問一答　新しい破産法』（商事法務、平成16年）

→『小川・一問一答破産』

木内道祥監修・全国倒産処理弁護士ネットワーク編『破産実務Q&A220問』（金融財政事情研究会、令和元年）　　　　　　　　→『破産220問』

園尾隆司・中島肇編『新・裁判実務大系⑽破産法』（青林書院、平成12年）

→『新・実務大系⑽』

園尾隆司ほか編『新・裁判実務大系㉘新版破産法』（青林書院、平成19年）

→『新・実務大系㉘』

東京弁護士会倒産法部編『破産申立マニュアル〔第2版〕』（商事法務、平成27年）　　　　　　　　　　→『破産申立マニュアル二版』

永谷典雄ほか編『破産・民事再生の実務〔第4版〕破産編』（金融財政事情研究会、令和2年）　　　　→『破産・民再の実務（破産編）』

永谷典雄ほか編『破産・民事再生の実務〔第4版〕民事再生・個人再生編』（金融財政事情研究会、令和2年）　　　→『破産・民再の実務（再生編）』

目　　次

第３版はしがき……………………………… 中吉徹郎・岩﨑　慎　　i

第３版編者・執筆者一覧 ……………………………………………… iii

第２版はしがき……………………………… 中山孝雄・金澤秀樹　　v

第２版編者・執筆者一覧 ……………………………………………… vi

初版はしがき………………………………… 鹿子木康・島岡大雄　vii

増補版はしがき………………………………………… 鹿子木康　　ix

初版及び増補版編者・執筆者等一覧 ………………………………… x

凡　　例……………………………………………………………… xii

第 ① 章　東京地裁倒産部における破産手続の特徴

Q1 東京地裁倒産部における破産手続の運用はどのようなものです
か。………………………………………………………………… 2

Q2 少額管財手続はどのような経緯で創設されたものですか。…………9

第 ② 章　東京地裁倒産部に自己破産の申立てをする申立代理人が留意すべき事項

Q3 東京地裁倒産部に自己破産の申立てをするに当たり、申立代理人
に求められる基本的姿勢、役割は何ですか。……………………… 16

Q4 東京地裁倒産部に個人の自己破産の申立てをする代理人に求めら
れる基本的姿勢、役割、留意点は何ですか。……………………… 22

Q5 東京地裁倒産部に法人の自己破産の申立てをする代理人に求めら
れる基本的姿勢、役割、留意点は何ですか。……………………… 27

Q 6 同時廃止事件と管財事件の振り分けはどのようにされているので
しょうか。 ……………………………………………………………… 34

Q 7 同時廃止決定を希望して自己破産の申立てをする場合、申立代理
人において、事前にどのような調査をすべきですか。 ……………… 42

Q 8 債権者一覧表の作成に当たり、どのような点に注意すべきです
か。 ……………………………………………………………………… 77

Q 9 現在事業を営み、又は過去に事業を営んでいた個人の破産手続は
どのように扱われますか。 …………………………………………… 83

Q 10 即日面接後、申立代理人は何をすべきですか。 ………………… 85

第 ③ 章 破産管財人選任直後までの事務

Q 11 管財業務に当たっては、どのような点に注意すべきですか。 ……… 92

Q 12 破産管財人に就職が内定した場合、どのような書類を受領すれば
よいですか。 …………………………………………………………… 99

Q 13 破産財団の管理口座は、どのようにして開設すればよいですか。
…………………………………………………………………………… 101

Q 14 破産管財人に就職が内定した場合、申立代理人・債務者とはどの
ように打合せをすればよいですか。 ………………………………… 103

Q 15 予納金は、申立代理人からどのように引き継げばよいですか。 ….. 105

Q 16 破産財団に属する財産の占有・管理は、どのようにすればよいで
すか。 …………………………………………………………………… 108

Q 17 破産財団に属する財産に仮差押えや差押えがされている場合、ど
うすればよいですか。 ………………………………………………… 115

Q 18 どのような場合に封印執行をする必要がありますか。 ………… 119

第 ④ 章 裁判所との連絡等

Q 19 管財業務は、どのようにして補助させることができますか。 ……… 124

目　次　**xv**

Q 20 裁判所から許可を得る必要があるのは、どのような業務ですか。 ………………………………………………………………………… 126

Q 21 不動産に破産の登記をするのはどのような場合ですか。 …………… 132

Q 22 郵便転送嘱託の運用は、どのようにされていますか。 ……………… 133

Q 23 破産者が住所を変更したり、海外に旅行したりする場合、申立代理人や破産管財人はどのように対応すればよいですか。 ………… 136

Q 24 裁判所に報告する必要があるのは、どのような点ですか。………… 138

第〈5〉章 破産財団の換価等

Q 25 換価すべき財産は、どの範囲ですか。 …………………………………… 142

Q 26 自由財産の範囲の拡張は、どのような場合に認められますか。 ……149

Q 27 不動産を任意売却する際には、どのような点に注意すべきですか。 ………………………………………………………………………… 158

Q 28 別除権の受戻しについては、どのような点に注意すべきですか。 ………………………………………………………………………… 164

Q 29 不動産を破産財団から放棄すべきであるのは、どのような場合ですか。 ………………………………………………………………… 166

Q 30 不動産を破産財団から放棄するには、どのような手続によればよいですか。また、その際、どのような点に注意すべきですか。 ……168

Q 31 破産財団の中に危険物が含まれている場合、どのように処理したらよいですか。 ……………………………………………………………… 171

Q 32 担保権消滅許可とはどのような制度ですか。担保権消滅許可の申立ては、どのような場合にすべきですか。また、商事留置権の消滅請求とはどのような制度ですか。 ………………………………… 180

Q 33 動産・自動車を換価する際には、どのような点に注意すべきですか。 ………………………………………………………………………… 186

Q 34 債権等を換価・回収する際には、どのような点に注意すべきですか。 ………………………………………………………………………… 190

Q 35 賃借人が破産した場合、賃貸借契約は、どのように処理すればよいですか。·· 197

Q 36 不動産の明渡し業務はどのように行えばよいですか。また、破産手続開始時に不動産明渡請求訴訟が係属していた場合、どのように対応すればよいですか。·· 201

Q 37 賃貸人が破産した場合、賃貸借契約は、どのように処理すればよいですか。·· 204

Q 37の2 賃貸人が破産し、賃借人から敷金・保証金返還請求権について破産債権の届出があった場合、どのように取り扱えばよいですか。·· 206

Q 38 請け負った工事の途中で請負人が破産した場合、請負契約は、どのように処理すればよいですか。注文主が破産した場合は、どのように処理すればよいですか。·· 209

Q 39 使用者が破産した場合、雇用契約は、どのように処理すればよいですか。労働者が破産した場合、どのように処理をすればよいですか。·· 212

Q 40 独立行政法人労働者健康安全機構の未払賃金立替払制度は、どのようなものですか。·· 218

Q 41 譲渡担保、所有権留保、リース契約については、どのように処理すればよいですか。·· 223

Q 42 事業の継続は、どのような場合にすべきですか。························· 228

Q 43 訴えの提起や保全処分の申立て等は、どのような場合にすべきですか。また、訴訟等の追行上、留意すべき点は何ですか。············· 230

Q 44 否認権の行使に当たり、どのような点を検討すべきですか。········ 232

Q 45 法人の役員の責任の追及をするに当たり、どのような点を検討すべきですか。·· 241

Q 46 破産者に関して係属中の訴訟については、どのように処理すればよいですか。·· 243

目　次　xvii

第6章 財団債権及び公租公課

Q 47 財団債権には、どのようなものがありますか。 …………… 248

Q 48 財団債権は、いつ、どのようにして弁済すればよいですか。 …… 251

Q 49 公租公課は、どのように処理すればよいですか。 …………… 255

第7章 債権調査

Q 50 東京地裁倒産部では、債権者に対する破産手続開始の通知や、債権者からの債権届出書の提出等は、どのように行われていますか。 …………………………………………………………………… 264

Q 51 債権調査は、どのように行えばよいですか。 ………………… 266

Q 52 別除権付破産債権の債権調査においては、どのような点に注意すべきですか。 ……………………………………………………… 271

Q 53 複数債務者に対する破産債権の債権調査においては、どのような点に注意すべきですか。 …………………………………………… 275

Q 54 手形・小切手債権及び原因債権の債権調査においては、どのような点に注意すべきですか。 …………………………………………… 282

Q 55 優先的破産債権に該当する労働債権の債権調査においては、どのような点に注意すべきですか。 …………………………………… 285

Q 56 継続的供給契約に基づく債権の債権調査においては、どのような点に注意すべきですか。 …………………………………………… 289

Q 57 外国通貨金銭債権の債権調査においては、どのような点に注意すべきですか。 ……………………………………………………… 291

Q 58 養育費請求権等の債権調査においては、どのような点に注意すべきですか。 ……………………………………………………………… 292

Q 59 いわゆる戦略的異議とはどのようなものですか。 ………………… 293

Q 60 異議がある債権について、どのように処理すべきですか。 ………… 296

Q 61 東京地裁倒産部では、破産債権査定申立ての審理はどのように行われていますか。 ………………………………………………………………… 299

Q 62 東京地裁倒産部では、債権届出期間経過後に債権届出がされた場合、どのような処理をしていますか。 ………………………… 301

Q 63 債権者の変更があった場合、どのような処理をすべきですか。 ……… 303

第 ⟨8⟩ 章 債権者集会

Q 64 東京地裁倒産部では、債権者集会は、どのような方針に基づき運営されていますか。 ……………………………………………………… 308

Q 65 いわゆる少額管財事件（通常管財係）の債権者集会の開催に向けて、どのような準備をすべきですか。 ……………………………… 310

Q 66 いわゆる少額管財事件（通常管財係）の債権者集会は、どのように進行するのですか。 …………………………………………………… 316

Q 67 特定管財係の債権者集会は、どのように進行するのですか。 ……… 320

第 ⟨9⟩ 章 配当手続

Q 68 配当には、どのような種類がありますか。 ………………………… 324

Q 69 配当手続は、どのような基準で振り分けられますか。 …………… 326

Q 70 簡易配当は、どのような手順で行われますか。 …………………… 328

Q 71 配当手続において、少額の配当金や送金手数料は、どのように取り扱われますか。 ……………………………………………………… 339

Q 72 配当表を作成する際には、どのような点に注意すべきですか。 …… 341

Q 73 破産債権査定申立て等の債権確定手続が係属している場合には、どのように配当手続を進めればよいですか。 ……………………… 345

Q 74 配当表は、どのような場合に更正する必要がありますか。 ………… 347

Q 75 最後配当は、どのような手順で行われますか。 …………………… 351

目　次　xix

Q 76 中間配当は、どのような場合に、どのような手順で行われますか。………357

Q 77 追加配当は、どのような場合に、どのような手順で行われますか。………359

第⟨10⟩章 破産手続の終了と免責の調査

Q 78 破産手続が終了した後、どのような残務がありますか。また、破産手続終了後、破産財団に帰属すべき資産が発見された場合はどのようにしたらよいですか。………364

Q 79 免責調査の際には、どのような点に注意すべきですか。………366

第⟨11⟩章 債権者申立事件、本人申立事件や債権者多数の事件等の運用

Q 80 債権者申立事件・本人申立事件について、どのような点に留意すべきですか。………372

Q 81 債権者多数の破産管財事件（100名超）については、どのような点に留意すべきですか。………375

第⟨12⟩章 破産管財人の税務

Q 82 租税債権は、破産法上、どのように位置づけられますか。………390

Q 83 租税は、どのようにして確定しますか。また、租税の徴収はどのように行われますか。………392

Q 84 法人の破産事件における法人税の申告、還付の請求は、どのように行えばよいですか。………395

Q 85 法人の破産事件における消費税については、どのように税務申告を行えばよいですか。………403

Q 86 法人の破産事件における地方税については、どのように税務申告を行えばよいですか。 ……………………………………………………………… 406

Q 87 個人の破産事件については、どのように税務申告を行えばよいですか。 ……………………………………………………………… 408

Q 88 破産管財人は、どのような源泉徴収義務を負いますか。 ………… 410

Q 89 延滞税や延滞金の免除、減額は、どのようにして求めるべきですか。 ……………………………………………………………… 413

第 ⟨13⟩ 章 牽連破産

Q 90 牽連破産事件において生じる実務上の諸問題として、どのようなものがありますか。 ……………………………………………… 416

Q 91 再生手続の終結後、再生計画の履行完了前に破産手続が開始された事件（終結後履行完了前破産事件）においては、どのような点に留意すべきですか。 ……………………………………………… 429

Q 92 牽連破産事件、終結後履行完了前破産事件において、再生債務者代理人（申立代理人）は、どのようにして破産管財人と連携をすべきですか。 ……………………………………………………… 430

書式編 ……………………………………………………………… 437

事項索引 …………………………………………………………………… 538

判例索引 …………………………………………………………………… 544

目　次　**xxi**

第 1 章

東京地裁倒産部における
破産手続の特徴

Q1

東京地裁倒産部における破産手続の運用はどのようなものですか。

　東京地裁民事第20部は、主に破産事件、民事再生事件を担当し、平成13年4月以降20年余にわたり、「破産再生部」と呼称されていましたが、令和4年4月、それまで民事第8部が担当していた会社更生事件、特別清算事件等について移管を受け、全ての倒産事件を担当することとなったのを機に、「倒産部」と呼称されるようになりました（本書では、時期にかかわらず、「倒産部」と呼称することにします。）。

　東京地裁倒産部において破産手続の運用の柱となっているのは、「即日面接」と「少額管財手続」です。これらの各運用は、在京三弁護士会の理解と協力の下に平成11年4月から試行され、同年9月から本格的に実施されたものです。当初は、個人の自己破産事件を対象にしていましたが、その後、法人破産事件についても適用されるようになり、平成14年以降は、東京地裁倒産部における破産事件についての標準的な手続となりました。その背景にある基本的な考え方は、平成17年1月1日から施行された現行破産法の中にも取り入れられています。

1　即日面接について

　即日面接とは、同時廃止の処理が相当であるとして申し立てられた個人の自己破産事件について、破産手続開始の申立てがされた当日に裁判官が申立代理人と面接をして（ただし、申立日及びその翌日から3営業日以内の面接も許容しています。）、同時廃止が相当か、それとも管財手続で処理するのが相当かの振り分けを行い、同時廃止の処理で特に問題がないと判断された事案については、その日のうちに破産手続開始と共に同時廃止決定をする運用をいいます。この運用は、法律の専門家である弁護士が申立代理人として同時廃止を希望して破産手続開始の申立てに関わる場合は、資産、負債及び免責の

2　第1章　東京地裁倒産部における破産手続の特徴

各点について十分な調査を行うとともに、その調査結果に基づいて、法的にも検討を加え、裁判所が同時廃止の可否を判断するために必要な事実関係等を申立書に漏れなく記載しているのが通例であるとの弁護士に対する信頼を基礎とするものです。

現在では、同時廃止が相当であるとして申し立てられた個人の自己破産事件のみならず、管財手続での処理が相当であるとして申し立てられた個人又は法人の自己破産事件についても、上記と同様の運用で面接を行っており、そこで聴取された事項のうち、特に破産管財人において速やかな対応が必要となる事項等は、破産管財人候補者に対して就職依頼の電話をする際に告知されることとなり、破産管財人も事案に応じた処理を速やかに行うことが可能となっています。

なお、令和2年から、コロナ禍における感染症拡大防止策の一環として、即日面接を原則として電話で行うようになりました。令和5年4月以降は、申立代理人が対面面接を希望する場合には、対面による面接も行っています。今後の面接の方法については、コロナ禍の収束状況や倒産事件のデジタル化を見据えて流動的に対応していくことを想定しています。

2 少額管財手続について

少額管財手続とは、申立代理人である弁護士において、事実関係及び法律関係についての問題点を踏まえた上、同時廃止が相当でないと判断した事案や、即日面接により同時廃止が相当ではないと判断された事案を対象とする管財手続の運用をいいます。管財手続費用に充てられる最低20万円の予納金（破産管財人に引き継がれて報酬に充てられるため、「引継予納金」ともいいます。）の納付により管財事件として破産手続開始の申立てを受理する代わりに、破産管財人の負担がそれに見合ったものとなるように個々の手続を簡素化することによって、事件が迅速に終局（個人管財事件の場合は、免責許可の決定まで最短で2か月余り）を迎えることができる管財手続として考案されたものです。この手続も、既に申立代理人により資産、負債及び免責関係の調査が行われている事件を対象としていることから、破産管財人としては、基

Q1 3

本的には疑問点のみを調査すれば足り、また、管財業務に関連する個々の手続に関しても、申立代理人から協力を得ることが可能であり、このことが低廉な費用による管財手続の実施を可能にしているといえ、申立代理人から協力を得られることが少額管財手続を運用する前提となっています。

3　少額管財手続等の意義

　少額管財手続として、20万円という低廉な費用で利用可能な簡易かつ迅速な手続が用意されたことによって、同時廃止とすることに問題のある事案が申立代理人の判断で最初から管財事件として持ち込まれるようになり、また、即日面接で同時廃止として処理するのが相当ではないと判断された事案についても、申立代理人に少額管財手続の利用を勧めることによって比較的容易に管財手続に移行することができるようになりました。

　少額管財手続は、費用が足りないために管財手続が利用されないという事態が生じたり、予想される破産財団の規模は小さいものの、調査の必要がある事案が同時廃止で処理されたりするといった不都合をできるだけ避けるとともに、利害関係人である債権者が破産手続に参加する機会を保障して債権者に対する情報の開示を図ることによって、破産手続の透明性や公正さに対する国民の信頼を確保することに寄与するものと考えられます。

　さらに、このような制度的な裏付けもあることで、即日面接自体も、問題の少ない事案を申立代理人による調査を前提に短時間に効率よく処理することができる合理的な手続として理解されるようになり、それによって、個人の自己破産事件を全体として適正かつ迅速に処理することが可能になりました。

4　手続の簡素化と迅速化の工夫

　前記2のとおり、少額管財手続では、個々の手続を簡素化することによって破産管財人の負担が少額の予納金に見合ったものとなるようにすることが予定されており、例えば、次のような合理的な手続の運用が採用されています。

① 予納金の申立代理人から破産管財人への直接的な引継ぎ

② 管財業務の効率化をも踏まえた換価基準の設定

③ 債権届出書の破産管財人への直送

④ 債権者集会での口頭による報告・決定の多用

⑤ 異時廃止事案における債権調査の結果発表の留保

5 個人に関する対象事件の類型化

個人破産事件のうち少額管財手続の対象とすることが適切な事件の類型については、現在、次のように整理されています。

(1) 清算型

現金が33万円以上、又は預貯金、保険解約返戻金、過払金返還請求権などの換価対象資産が管財事件の最低予納金額（20万円）以上ある場合

(2) 資産等調査型

不動産を所有していること、個人事業者であること、負債総額が5000万円以上であること、多数の債権者が存在すること、又は偏頗弁済による否認権行使の可能性があることなどから、破産管財人による調査が必要と判断される場合

(3) 免責調査型

免責不許可事由の存在が明らかであって、裁量免責の相当性についての破産管財人の調査が必要と判断される場合

(4) 法人併存型

債務者が法人の代表者である場合（当該法人と併せて管財事件とする扱いである。）

6 東京地裁倒産部における破産事件の運用状況

東京地裁倒産部の破産事件の運用状況は、別表のとおりです。

このうち、管財事件の新受件数が全体の新受件数の中で占める割合については、平成11年頃までは20％前後で推移していましたが、少額管財手続の運用が本格的に実施された平成11年9月以降順調に伸び、平成13年から平成19

Q1　5

年まで概ね40％前後で推移し、平成20年以降は50％、平成27年以降は60％を超え、近年は70％以上に達しています。

　また、各年の管財事件の新受件数と未済件数を比較すると、平成10年までは未済件数が新受件数の2倍以上もあったのに対し、平成14年以降は未済件数が新受件数の半分以下程度になっており、即日面接と少額管財手続によって管財事件の処理期間が明らかに短縮し、これまでその状態が維持されていることが分かります。なお、平成17年以降は、一貫して管財事件の95％前後が少額管財手続によって処理されています。

　同様に、各年の同時廃止事件の新受件数と未済件数を比較すると、平成9年まではいずれも未済件数が新受件数の50％前後に達していたのに対し、平成13年以降はその割合が1％前後にまで低下しており、同時廃止事件が極めて迅速に処理されるようになってきていることが分かります。

7　今後の課題

　東京地裁倒産部は、令和4年10月、中目黒に新営された庁舎に、知財高裁、東京地裁知財部、商事部と共に移転し、ビジネス・コートとして新たなスタートを切りました。ビジネス・コートは、ビジネス関連部署を集約した上で相互連携し、デジタル化による効率性を積極的に追求するとともに、専門性・国際性の一層の充実・強化を図り、利用者の期待に応える新しい裁判所を実現することを企図して誕生しました。①Professional（専門的な知見をも踏まえた質の高い裁判）、②Speedy, Accessible（スピード感をそなえ、かつ、アクセス容易な審理運営）、③International（国際的な情報発信の推進、グローバルな視野を持った裁判）をコンセプトに掲げ、様々な取組を行っています。東京地裁倒産部としては、ビジネス・コートの一員として、なお一層、社会のニーズに即した事業再生の実現に努めていくこととなります。

　そして、令和5年6月、インターネットを利用して裁判所に申立てや資料の提出などを行い得ることなどを内容とする、倒産手続等のデジタル化を図るための規定の整備等を行う改正法（民事関係手続等における情報通信技術の活用等の推進を図るための関係法律の整備に関する法律（令和5年法律第53号））

東京地裁倒産部における破産事件の動向

年別事件動向（平成6年〜令和5年）

年	破産全			管財事件		同時廃止事件		法人
	新受	既済	未済	新受（管財事件比率）	未済	新受	未済	新受
平成6	3,858	3,681	3,522	890（23.1%）	2,147	2,968	1,374	462
7	3,996	3,589	3,929	983（24.6%）	2,427	3,013	1,502	487
8	4,885	4,049	4,765	1,090（22.3%）	2,691	3,794	2,074	542
9	5,945	5,575	5,135	1,299（21.9%）	2,609	4,646	2,525	673
10	8,777	8,623	5,289	2,122（24.2%）	2,795	6,655	2,494	890
11	10,081	12,281	3,089	1,853（18.4%）	2,487	8,228	602	727
12	12,903	12,860	3,132	3,379（26.2%）	2,795	9,524	337	1,356
13	16,585	16,282	3,435	6,436（38.8%）	3,314	10,149	121	2,106
14	22,317	22,191	3,561	9,075（40.7%）	3,447	13,242	149	2,834
15	25,684	25,514	3,735	9,055（35.3%）	3,649	16,629	88	2,676
16	25,509	25,469	3,777	9,266（36.3%）	3,718	16,243	59	2,508
17	25,153	24,786	4,142	9,380（37.3%）	4,047	15,773	95	2,434
18	25,694	25,599	4,240	9,669（37.6%）	4,184	16,025	56	2,421
19	26,561	25,922	4,882	10,971（41.3%）	4,497	15,590	102	2,750
20	24,476	23,569	5,789	12,856（52.5%）	5,687	11,620	102	3,178
21	24,447	24,074	6,162	13,920（56.9%）	6,026	10,527	136	3,525
22	22,215	23,349	5,028	12,058（54.3%）	4,891	10,157	137	3,228
23	18,512	19,262	4,278	10,454（56.5%）	4,216	8,058	62	2,909
24	15,923	16,414	3,787	9,335（58.6%）	3,736	6,588	51	2,866
25	14,293	14,620	3,460	8,276（57.9%）	3,421	6,017	39	2,614
26	13,063	13,316	3,207	7,566（57.9%）	3,173	5,497	34	2,394
27	11,332	11,761	2,778	6,802（60.0%）	2,747	4,530	31	2,106
28	9,496	9,647	2,627	5,905（62.2%）	2,588	3,591	39	1,673
29	9,801	9,723	2,705	6,367（65.0%）	2,673	3,434	32	1,736
30	9,888	9,711	2,881	6,595（66.7%）	2,859	3,293	22	1,574
令和元	9,578	9,573	2,886	6,599（68.9%）	2,863	2,979	23	1,586
2	8,807	8,870	2,823	6,078（69.0%）	2,773	2,729	53	1,438
3	7,986	8,246	2,563	5,702（71.4%）	2,532	2,284	31	1,098
4	7,571	7,487	2,647	5,464（72.2%）	2,625	2,107	22	1,180
5	8,316	7,893	3,070	6,194（74.5%）	3,039	2,122	29	1,512

破産事件新受件数

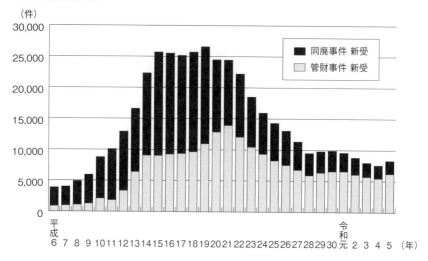

が成立し、令和9年度中の施行を目指して、現在、システム開発や新たな制度運用に向けた検討が進められています。倒産手続そのものが大きな転換期を迎える中、ビジネス・コートの一員である東京地裁倒産部には、新たな制度を適切に運用する牽引役を果たすことが期待されます。

　東京地裁倒産部における管財手続は、現在、在京三弁護士会との協議結果も踏まえてその運用がされていますが、いまだ実務の運用が定まっていないところについては、更に検討を進めるとともに、今後の社会経済情勢の変化等にも機敏に対応する必要があります。また、既に述べたように、少額管財手続や即日面接手続は、いずれも申立代理人である弁護士が事実関係及び法律関係について十分な調査をした上で申立てをし、破産手続開始後も、引き続いて破産管財人が行う管財業務に協力することを当然の前提とした運用ですので、この前提が崩れることのないように、日々、申立代理人にその趣旨の理解と実践を求めていく必要があります。

　昨今、複雑・多様化する社会経済情勢を背景に、破産手続についても一層透明性や公正さが要請されるようになってきており、それを実現するために尽力することはもちろんですが、併せて、管財事件の処理について、合理化

できるものは更に合理化し、事務処理の遅滞が生ずることのないよう配慮することも重要です。東京地裁倒産部としては、破産手続に携わる破産管財人及び申立代理人の方々の意見に基づいて、常に手続や運用の在り方を見直し、改善を図っていく考えです。

Q2

少額管財手続はどのような経緯で創設されたものですか。

1　手続の創設に至る経緯

(1)　管財手続と同時廃止の振り分け

　破産手続は、債務者の財産等の適正かつ公平な清算を図ることを目的とするものであり（破1条）、破産法は、破産管財人を選任して行う管財手続によるのが原則であるとの立場を採用しています。

　この例外として、破産手続開始時において、破産者が有し、破産手続により清算の対象となる財産（破産財団）をもって破産手続の費用を支弁するのに不足すると認められるときは、裁判所は、破産管財人を選任することなく、破産手続開始の決定と同時に、破産手続廃止の決定をすべきこととされています（破216条1項）。もっとも、破産手続の費用を支弁するのに足りる金額の予納があった場合には、同時廃止とせず破産管財人を選任して管財手続によるべきこととされています（同条2項）。

　そこで、実務では、自己破産の場合、管財手続によるか又は同時廃止にするかについては、申立人において、最低限の管財手続費用（破産管財人の報酬相当額）を予納できるか否かによって判断することとしており（その原資のいかんを問いませんが、破産財団によって支弁できる場合には、当然、管財手続によることになります。）、従前は、その基準となる予納すべき管財手続費用の金額を最低50万円（個人の場合）とする運用が行われてきました。

(2)　債務者による積立てと自主配当の問題

　ところで、管財手続費用として最低50万円の予納金を都合できないという

Q2　9

債務者について、裁判所が、破産手続が進行していない申立ての段階で、債務者がどのような財産を有するか、その有する財産が50万円を超えないものであるかどうかを判断することには困難が伴います。一方、管財手続によった場合には、費用を要する上、当時は、破産管財人による調査を経た上で徹底した換価が行われるのが一般的であり、時間がかかるというのが個人の自己破産の実情でした。そこで、個人の自己破産の申立てが増加する中、実務においては、破産財団を構成する財産とは別に債務者の保有が認められる自由財産から一定額を積み立てさせ、これを債権者にいわゆる自主配当をさせた上で同時廃止決定をするという運用が行われるようになりました。

しかし、このような運用に対しては、①債務者による自主配当は、債務者限りの情報で作成した債権者一覧表に基づいて行われるため、その債権の存否及び債権額の正確性についての保障はなく、債権者間の平等に反する配当がされる可能性を否定できないこと、②債務者が自主配当を実行して同時廃止決定を受けた場合、その処理が債権者にとって不透明なため、同時廃止の決定に対する即時抗告を招きやすい上、免責の審理において、債権者からの指摘により債務者に財産隠匿行為があることが判明した場合、解決困難な事態に陥ること、③自主配当においては公租公課等の財団債権の取扱いに問題を残すこと等の問題点が指摘されていました。加えて、免責不許可事由が存在すると認められる事案については、裁量免責の可否の判断資料とするため、債務者に一定額を積み立てさせ、それを自主配当することを勧告するといった運用が行われていたことから、同時廃止の決定までに時間を要するという問題がありました。

以上のような問題状況を踏まえ、急増する個人の自己破産事件を全体として適正かつ迅速に処理するために考案され、実施されるようになったのが、即日面接であり、少額管財手続です。

2　標準的手続への発展経過
(1)　法人事件への適用とその対象事件の拡充
法人と共に経済的に破綻したものの、十分な予納金を準備できない法人代

表者が破産・免責を受けたいという事案において、代表者だけについて同時廃止の処理を希望して破産手続開始の申立てがされることがあります。しかし、代表者が法人に対して債権を有する場合は、法人にも資産がないことの疎明がない限り同時廃止とするわけにはいきませんし、それらの点についての調査が十分でなかった場合には、免責が不許可となることもあり得ます。また、代表者のみが破産して取締役等の資格を喪失すると、法人の清算が事実上不可能となりますので、法人の債権者がその債権の償却を行う上で支障が生ずるという弊害が伴います。そのため、法人の債権者としては元代表者の責任を追及せざるを得ないとか、その債権者が元代表者の債権者でもある場合には、免責の審理の過程で法人に関する釈明を求めるため、審理が長期化するといった問題がありました。こうした問題の解決策として、平成11年11月から、法人代表者だけの破産申立てがあった場合に法人についても申立てを促して少額管財手続で同時に処理するという運用（法人併存型）が試行的に始められ、平成12年2月から本格的に実施されるようになりました。

　これに引き続き、平成12年9月からは、ほとんど資産のない法人について、その代表者とは別に処理する運用（法人単独型）も開始されるなど、法人の事件についても少額管財手続が適用されるようになりました。それまでも、法人については、財産状態の把握が困難であることなどから同時廃止を認めないとする見解もありましたし、少なくとも安易な同時廃止が好ましくないことは明らかです。他方、破産管財人が相当の時間と労力をかけて全面的な解明をするのに必要なだけの高額な予納金の準備を求め、それができるまでは、自己破産の申立てがあるにもかかわらず、破産手続の開始を留保し、債権者に対して何らの情報開示をしないというのも不都合です。そのような事案については、利害関係人である債権者が手続に参加する機会を保障するとともに、債権者への情報の開示を可能とし、ひいては破産手続に対する国民の信頼を確保するという観点からも、できるだけ早期に管財手続により処理することが望まれます。少額管財手続は、このような要請に応えることができるという点でも意味があるものといえます。

　なお、上記の運用に伴い、平成12年12月には、個人のみの事件を担当する

G係（個人少額管財係）と、法人及びその代表者などの関連個人の事件を担当するH係（法人少額管財係）とに分けて事務を担当するようになりました。また、法人併存型の事件については、個人の事件を含めて最低20万円の予納金で足りることとされ、法人少額管財事件の原則的な処理期間が3か月に設定されました。

そして、多少の財団収集業務はあるものの、その程度の期間で終結に至るものと見込まれる法人事件（財団収集型）だけでなく、必ずしもそのように想定することができない大型の法人事件についても、次第に少額管財手続が利用されるようになりました。

(2) 標準的な手続としての位置づけ

以上の経過で少額管財手続の運用が定着し、平成14年に入ってからは、東京地裁倒産部に新たに係属する管財事件の大半（95％程度）がこの少額管財手続によって処理されるという状況になりました。そこで、その現状を踏まえて、むしろ少額管財手続を本則とする形で、できるだけ管財手続を一本化することとし、同年9月に次のような方針を採ることとなりました。

ア　従前は「個人少額管財係」及び「法人少額管財係」という通称を用いていたG・H係について、それぞれ「管財G係」、「管財H係」の名称を使用することとし、債権者宛てに発送する書面では「少額」という用語を使用しないこととする。

イ　また、従前は「通常管財係」と呼ばれていたK係の通称を「特定管財係」に改め、この「管財K係」においては、従前から担当している債権者申立て又は本人申立ての管財事件のほか、特に個別の事件管理を要する事件を担当することとし、旧破産法適用事件を含めて少額管財手続に準じた手続運用を行うものとする。

ウ　民事再生事件等から移行した牽連破産事件と合議管財事件の一部を担当している「管財S係」（再生管財）及び同じく合議管財事件の一部を担当している「合議係」（主として通常再生事件を担当する係）においても、少額管財手続に準じた手続運用を行うものとする。

その結果、東京地裁倒産部では、管財事件のうち代理人申立てに係るもの

の多くは、予納金が最低20万円という低額に設定されるとともに、債権者の申立てに係るものや牽連破産事件についても、少額管財手続の運用の中で工夫されてきた各種の処理方式が可能な限り採用されることとなり、迅速性を重視した簡素で合理的かつ柔軟な手続運用が行われ、少額管財手続が標準的な手続の地位を確立したといえます。

　その後、平成24年7月に、「管財G係」及び「管財H係」を統合するとともに、その名称を「通常管財係」と改め、また、「管財K係」及び「管財S係」を統合するとともに、その名称を「特定管財係」と改めています（なお、特定管財係は、令和4年4月から、特別清算事件も担当しています。）。

【少額管財手続に関する参考文献】

1　「特集＝少額管財手続　東京地裁における個人破産手続の新運用」金融法務事情1561号6頁以下（平成11年10月刊）

2　「特集＝少額管財手続と即日面接―運用と課題」金融法務事情1584号6頁以下（平成12年7月刊）

3　「少額管財手続」園尾隆司・中島肇編『新・裁判実務大系（10）破産法』（青林書院、平成12年）403頁以下

4　「少額管財手続」園尾隆司・深沢茂之編『破産・民事再生の実務（下）』（金融財政事情研究会、平成13年）68頁以下

5　園尾隆司ほか編著『少額管財手続の理論と実務』（経済法令研究会、平成13年）

6　「東京地裁における破産事件の実情と課題」金融法務事情1644号6頁以下（平成14年6月刊）

7　「少額管財手続」西謙二・中山孝雄編『破産・民事再生の実務［新版］（中）』（金融財政事情研究会、平成20年）252頁以下

8　中山孝雄・大橋学「破産手続の申立代理人として準備すべき事項―破産裁判所の立場から―」東京弁護士会弁護士研修センター運営委員会編『弁護士専門研修講座　倒産法の実務―破産手続から管財業務の破産手続を中心に―』（ぎょうせい、平成21年）64頁以下

9 「いわゆる『少額管財手続』の運用」東京地裁破産再生実務研究会編著
『破産・民事再生の実務［第3版］』136頁以下（金融財政事情研究会）（平成
26年2月刊）

10 「少額管財手続の運用」永谷典雄・谷口安史・上拂大作・菊地浩也編
『破産・民事再生の実務［第4版］』146頁以下（金融財政事情研究会）（令和
2年10月刊）

東京地裁倒産部に自己破産の申立てをする申立代理人が留意すべき事項

Q3

東京地裁倒産部に自己破産の申立てをするに当たり、申立代理人に求められる基本的姿勢、役割は何ですか。

　東京地裁倒産部からみた破産手続開始の申立てを受任した代理人弁護士に求められる基本的姿勢、役割、留意点を挙げると、次のとおりです（詳細については、中山孝雄・大橋学「破産手続の申立代理人として準備すべき事項—破産裁判所の立場から—」東京弁護士会弁護士研修センター運営委員会編『倒産法の実務—破産手続から管財業務の破産手続を中心に—』（ぎょうせい、平成23年）66頁以下、『破産申立マニュアル二版』22頁以下〔長島良成〕、26頁以下〔綾克己〕を参照）。

1　破産手続の目的と申立代理人の公平誠実義務

　破産手続は、債務者と債権者との間の権利関係を適切に調整することによって、債務者の財産等の適正かつ公平な清算を図ることを目的とする手続です（破1条）。他方、申立代理人は、依頼者の利益を擁護実現すべき代理人的役割とともに、社会との関係では公共的役割が期待されており、この公共的役割に由来して、信義に従い誠実かつ公正に職務を行う義務（公平誠実義務）を負っています（弁護士法1条2項、30条の2第2項、弁護士職務基本規程5条）。

　したがって、破産事件を受任した弁護士は、債務者の代理人としてその利益を実現するのみならず、信義誠実義務の遂行として、破産手続の上記目的のため、債務者が偏頗弁済や財産の不当処分などの債権者の利益・平等を損なう行為を行わないように指導するとともに、債務者が破産財団を構成すべき財産を不当に減少・散逸させて債権者に損害が発生しないように財産保全に努め、可及的速やかに破産手続開始の申立てを行って、財産を損なうことなく破産管財人に引き継ぐことが求められるといえます。これらは、法令上明文の規定に基づく要請ではありませんが、上記の破産制度の趣旨から当然

16　第2章　東京地裁倒産部に自己破産の申立てをする申立代理人が留意すべき事項

に求められる法的義務というべきで、道義的な期待にとどまるものではありません。その意味で、破産事件の申立代理人も、また、公平誠実義務を負うということができます。

弁護士から受任通知を受けた債権者は、弁護士がこのような法的義務に基づいて職務を遂行することを信頼、期待して個別の権利行使を控え、破産手続によって適正かつ公平な清算が行われることを期待しますから、申立代理人である弁護士がこのような法的義務に基づいた職務を遂行しない場合、債権者の信頼を裏切るだけでなく、破産手続の上記目的を阻害することになり、債権者や破産管財人に対する関係で損害賠償責任を負うことになりかねません（東京地判平21.2.13判時2036号43頁）。

2　東京地裁倒産部の破産手続の運用の背景にある 申立代理人に対する信頼の重要性

東京地裁倒産部では、即日面接及び少額管財手続を採用しています（即日面接及び少額管財手続の意義についてはQ1、Q2参照）。これらの手続はいずれも、弁護士と裁判所の信頼関係の上に運用が成り立っています。この信頼関係は、申立代理人が十分な調査を行い、また、破産手続に協力することを前提にしていますので、申立代理人が調査を十分に行わない、破産手続に協力的でないといった事情があると、上記運用の前提が崩れ、即日面接及び少額管財手続の運用が成り立たなくなるおそれがあります。

申立代理人には、即日面接及び少額管財手続の運用の背景にある裁判所と申立代理人の信頼関係を再確認し、次の3のとおり十分な調査と破産手続への協力を行うことが求められます。

3　依頼者に対する破産手続の意義の説明と十分な調査
⑴　依頼者との直接面談を経た上での十分な調査

債務整理手続の中から破産手続を選択することは、依頼者にとって大きな決断といえます。申立代理人としては、依頼者に対し、破産手続の意義や位置づけ、破産手続開始の効果、破産管財人が選任された場合の注意点などの

基本的な事項について、面談して説明を行った上、十分な調査を行うことが求められます。

日弁連は、債務整理事件の処理に関して、「債務整理事件処理の規律を定める規程（平成23年2月9日会規第93号）」（以下「日弁連規程」といいます。）を発しており、その3条1項において、直接面談の原則を定めています（日弁連規程については、『破産申立マニュアル二版』433頁に掲載されています。）。

(2) 他の債務整理手続（任意整理、特定調停、個人再生、民事再生）の選択を踏まえた依頼者との十分な打合せ

申立代理人は、依頼者の意向を尊重しながら、依頼者が選択し得る債務整理手続として破産手続以外に選択の余地はないのか、破産手続を選択した場合のメリット、デメリットといった点について、依頼者と面談して十分説明をし、理解を得るよう努める必要があります（日弁連規程4条1項、2項）。最判平25.4.16（民集67巻4号1049頁）は、債務整理に係る法律事務を受任した弁護士が、当該債務整理について、特定の債権者に対する残元本債務をそのまま放置して当該債務に係る債権の消滅時効の完成を待つ方針を採る場合において、上記方針は、債務整理の最終的な解決が遅延するという不利益があるほか、上記債権者から提訴される可能性を残し、いったん提訴されると法定利率を超える高い利率による遅延損害金も含めた敗訴判決を受ける公算が高いというリスクを伴うものである上、回収した過払金を用いて上記債権者に対する残債務を弁済する方法によって最終的な解決を図ることも現実的な選択肢として十分に考えられたなど判示の事情のもとでは、上記弁護士は、委任契約に基づく善管注意義務の一環として、委任者に対し、上記方針に伴う上記の不利益やリスクを説明するとともに、上記選択肢があることも説明すべき義務を負う旨判示しています。このような破産者に対する説明をおろそかにしたため、破産者が、破産手続開始後、破産したくなかったなどのクレームを述べる、破産手続開始の効果を理解せず、破産財団に属する財産を破産管財人に引き継がずに費消してしまうといったことがあり、破産者自身が財産の散逸、説明協力義務違反等で免責不許可になる場合があるのみならず、申立代理人の責任問題に発展するおそれがありますので、注意が必

要です（東京地判平25.2.6判時2177号72頁・判タ1390号358頁）。

4 破産管財人の立場に立った準備の必要性と
破産手続への協力

⑴ 破産管財人としての視点を持つことの重要性

　破産管財人は、破産手続開始後、破産財団に属する財産の管理に着手すべき義務を負う（破79条）ほか、債権者等の利害関係人に対し善管注意義務を負います（破85条）ので、破産管財人への就職が内定した後破産手続開始までの間に、事案や問題点、資産及び負債の状況や直ちに着手すべき管財業務の有無等を検討しているのが一般的です。そして、前記**2**で述べた破産手続の目的や申立代理人の負う公平誠実義務の履行という観点からしますと、特に、当初から管財希望で破産手続開始の申立てをする場合や、個人の破産手続開始の申立てで管財相当と判断される可能性がある場合、申立代理人として、自身が破産管財人に就職したならば行うであろうと想定される管財業務は何か、その管財業務に速やかに着手するためにはいかなる事項を準備し、引継ぎを受け、協力を得るかといった点に思いを巡らせ、申立ての準備をすることが求められます（**Q11**、**Q16**参照）。

⑵ 事件の終局まで破産手続に協力することの重要性

　破産者は、破産手続に関し説明義務を負う（破40条1項1号）ほか、重要財産開示義務（破41条）を負っており、これらの義務に違反した場合、刑事罰が科されます（破268条1項、269条）。また、個人の破産者が免責許可の申立てをしている場合には、免責についての調査協力義務を負い（破250条2項）、上記の説明義務、重要財産開示義務、調査協力義務を怠った場合、免責不許可事由に該当します（破252条1項11号）。

　他方、破産者の代理人（過去に代理人であった者を含みます。）も、破産手続に関し説明義務を負っており（破40条1項2号、2項）、これに違反した場合、罰則規定があります（破268条2項）。

　このほか、破産管財人は、破産手続開始の申立てをした者に対し、破産債権及び破産財団に属する財産の状況に関する資料の提出又は情報の提供その

他の破産手続の円滑な進行のために必要な協力を求めることができます（破規26条2項）。

　したがって、申立代理人は、破産法40条1項2号の説明義務の履行主体として、かつ、依頼者である破産者の利益を擁護する者として、事件の終局に至るまで破産手続に協力することが求められており、破産者が説明義務、重要財産開示義務、免責についての調査協力義務を怠るようなことがある場合には、そのことによって破産者に不利益が生じないよう破産者を指導監督するなどして適切な措置を講じることが求められているといえます。

　一部の申立代理人には、最低の引継予納金20万円のみを準備して破産手続開始の申立てをし、後は破産管財人に丸投げをする（破産管財人との面接、引継ぎを速やかに行わず、破産者本人に対応を任せるなど）という姿勢の者も見受けられますが、破産事件を受任した弁護士に求められる前記1の役割、特に、弁護士の負う公平誠実義務や、破産者の代理人に課せられている説明義務を理解しないものというほかありません。

(3)　事案の難易、規模に応じた予納金の確保

　少額管財手続は、申立代理人が事前に十分な調査を尽くし、破産手続に協力することを前提に、従前最低でも50万円だった予納金を20万円まで引き下げたものであり、しかも、最長で4か月4回の分割払を許容しています。しかし、例えば、債権者数が100名を超えるとか、否認権の行使が必要であるとか、売却対象不動産が遠方にある場合など、管財業務の内容や負担からみて20万円の引継予納金では見合わない事案もあります。

　申立代理人が、東京地裁倒産部の少額管財手続について、「引継予納金20万円さえあれば、どんな事件でも受理される。」と認識しているのであれば、その認識は、少額管財手続を導入した経過を正しく理解しないものといわざるを得ません。申立代理人において引継予納金を準備するに当たっては、申立代理人の弁護士費用とのバランスをも考慮しつつ、事案の難易や規模に応じた適切な額を確保することが求められます。

5　裁判例の紹介

前記1で述べた申立代理人に求められる基本的姿勢、役割からみて、申立代理人の対応等に問題があったとされた裁判例を挙げます。

⑴　神戸地伊丹支決平19.11.28（判時2001号88頁・判タ1284号328頁）

責任財産の保全のための任意整理ないし過払金返還請求や破産手続開始の申立ての依頼を受けた弁護士が破産者から支払を受けた報酬について、提供された役務との関係で合理的均衡を失する部分は、破産管財人による詐害行為否認ないし無償行為否認の対象となるとされた事例

⑵　東京地判平21.2.13（判時2036号43頁）

破産手続開始の申立てを受任し、その旨を債権者に通知した後2年間放置したため破産財団を構成すべき財産を減少・消失させた弁護士は、減少・消失した財産の相当額について、破産管財人に対し、不法行為に基づく損害賠償責任を負うとされた事例（前記1で引用したもの）

⑶　東京地判平22.10.14（判タ1340号83頁）

破産手続開始の申立てを受任し、その申立て前に資産の換価や売掛金の回収等を行った弁護士が破産者から支払を受けた報酬について、換価回収行為は、それを行わなければ資産価値が急速に劣化する、債権回収が困難になるといった特段の事情のない限り、破産管財人が行うべきであり、申立代理人が、高額な報酬を得る目的で、安易な換価回収行為を優先して行い、資産、負債等に関する十分な調査をせずに迅速な破産手続開始の申立てを怠るようなことは、破産制度の意義を損なうものであって、申立代理人の報酬の適正額はこのような観点から算出されるべきであり、破産手続開始の申立てに係る報酬として適正な額を超える部分は詐害行為否認ないし無償行為否認の対象となるとされた事例

⑷　東京地判平23.10.24（判時2140号23頁）

破産者から債務整理の委任を受けた弁護士に対し、同弁護士のした報酬の受領について破産管財人が否認権を行使して不当利得返還請求をしたところ、過払金返還請求訴訟事件に係る報酬のうち同弁護士の定める報酬基準を超える部分及び破産手続開始の申立事件に係る報酬のうち着手金以外の部分

Q3　21

について、無償否認の対象となるとされた事例

(5)　**東京地判平25.2.6**（判時2177号72頁・判タ1390号358頁）

破産会社の破産手続開始の申立てを受任した後に、破産財団を構成すべき破産会社の財産を散逸させた弁護士について、破産制度の趣旨に照らし、債務者の財産が破産管財人に引き継がれるまでの間、その財産が散逸することのないよう必要な措置を採るべき法的義務（財産散逸防止義務）を負うとして、破産管財人に対し、不法行為に基づく損害賠償責任を負うとされた事例（前記3で引用したもの）

(6)　**東京地判平26.4.17**（判タ1416号171頁）

破産会社の破産手続開始の申立てを受任した弁護士が、その受任の1か月前に破産会社において事業譲渡が行われ、弁護士の受任後に事業譲渡の相手方から第三者の銀行預金口座に譲渡代金が送金され、破産会社の代表者等によりこれが費消されたことについて、財産散逸防止義務に違反するとして、破産管財人に対し、不法行為に基づく損害賠償責任を負うとされた事例

(7)　**千葉地松戸支判平28.3.25**（判時2337号36頁・判タ1438号216頁）

破産会社の破産手続開始の申立てを受任した弁護士法人の社員である弁護士が、受任後破産手続開始申立てまでの代表取締役に対する報酬支払及び相当額を超えた弁護士報酬受領について、財産散逸防止義務に違反するとして、破産管財人に対し、不法行為に基づく損害賠償責任を負うとされた事例

Q4

東京地裁倒産部に個人の自己破産の申立てをする代理人に求められる基本的姿勢、役割、留意点は何ですか。

東京地裁倒産部からみた個人の破産手続開始の申立てを受任した代理人に求められる基本的姿勢、役割、留意点を挙げると、次のとおりです。

なお、個人の破産手続開始の申立てに当たっての留意点等を解説したものとして、Q3で挙げた文献のほか、『破産申立マニュアル二版』57頁以下

〔藤田浩司〕、70頁以下〔大島義孝〕、154頁以下〔鶴巻暁〕、158頁以下〔米林清〕、204頁以下〔伊藤健一郎〕、308頁以下〔和田正〕、312頁以下〔谷津朋美〕が参考になります。

1 同時廃止決定を希望する場合の基本的姿勢、役割、留意点

(1) 依頼者との間の信頼関係の構築

ア 破産手続の位置付けや手続の概要等（特に、債権者集会・免責審尋期日に出頭することの重要性等）の十分な説明

債務整理手続の中から破産手続を選択することは、依頼者にとって大きな決断といえます。したがって、破産手続開始の申立ての依頼を受けた弁護士は、依頼者に対し、破産手続の意義や位置付け、破産になった場合のメリット・デメリット、破産管財人が選任された場合の手続進行等や権利義務関係といった基本的な事項について、直接面接をして十分に説明をした上、申立てに向けて事実調査を行う必要があります。

最判平25.4.16（民集67巻4号1049頁）は、債務整理に係る法律事務を受任した弁護士が、当該債務整理について、特定の債権者に対する残元本債務をそのまま放置して当該債務に係る債権の消滅時効の完成を待つ方針を採る場合において、上記方針は、債務整理の最終的な解決が遅延するという不利益があるほか、上記債権者から提訴される可能性を残し、いったん提訴されると法定利率を超える高い利率による遅延損害金も含めた敗訴判決を受ける公算が高いというリスクを伴うものである上、回収した過払金を用いて上記債権者に対する残債務を弁済する方法によって最終的な解決を図ることも現実的な選択肢として十分に考えられたなど判示の事情のもとでは、上記弁護士は、委任契約に基づく善管注意義務の一環として、委任者に対し、上記方針に伴う上記の不利益やリスクを説明するとともに、上記選択肢があることも説明すべき義務を負う旨判示しています。

破産者が遠方に居住しており、交通費がないので出頭できない旨の上申書が提出されることがありますが、このような理由は不出頭の正当な理由に当

たりません。免責許可の申立てにおいて、債権者集会・免責審尋期日に正当な理由なく出頭しなかったため、説明義務違反（破40条1項1号）、調査協力義務違反（破250条2項）があるとして免責不許可事由（破252条1項11号）に当たると判断された例もありますので、注意が必要です（原雅基「東京地裁破産再生部における近時の免責に関する判断の実情」判タ1342号4頁、平井直也「東京地裁破産再生部における近時の免責に関する判断の実情（続）」判タ1403号5頁、村上若奈「東京地裁倒産部における近時の免責に関する判断の実情（令和版）」判タ1518号5頁参照）。

　イ　依頼者との連絡方法の確保、定期的な連絡

　上記アとも密接に関連することですが、申立代理人としては、依頼者との連絡方法を確保し、定期的に連絡を取ることが大切です。

　上記アの免責不許可事例の中には、申立代理人が依頼者との連絡方法を適切に確保し、定期的に連絡をしていれば、免責不許可にはならなかった事例も少なからず見受けられます。もとより、最終的には依頼者本人の責任であると思われますが、依頼者の利益を擁護する立場にある申立代理人としては注意が必要です。

　ウ　同時廃止決定について、債務者に申立権がないことの説明

　破産法216条1項は、「裁判所は、破産財団をもって破産手続の費用を支弁するのに不足すると認めるときは、破産手続開始の決定と同時に、破産手続廃止の決定をしなければならない。」と規定しており、同時廃止決定について債務者の申立権を認めていません。同時廃止事件か管財事件かの判断（振り分け）は裁判所が行います。

　したがって、申立代理人は、申立てに先立ち、同時廃止事件か管財事件かの振り分けは裁判所の判断事項であり、同時廃止決定を希望したからといって当然に同時廃止事件になるものではないこと、管財事件相当と判断された場合には最低20万円の引継予納金が必要になることを依頼者に対し十分に説明することが望まれます。

　この点につき、第一東京弁護士会消費者問題対策委員会編『クレジット・サラ金事件処理マニュアル '08新版』（新日本法規、平成20年）109頁には、

「弁護士によっては、同時廃止を当然の前提として事件を受任し、裁判所から管財手続によることを勧められると、後日、破産手続開始の申立てを取り下げる事例がある。しかし、手続の公正さと透明性を確保する上からも管財手続が望ましいと裁判所が判断する事例であることから、管財事件になる可能性も依頼者には十分に説明をして事件を受任することが望ましい。管財事件になったからといって申立てを取り下げるのでは、裁判所に対する弁護士の信頼を失いかねないので避けるべきである。」との記述があります。

エ　家族状況の十分な把握

依頼者の家族の中には、依頼者の債務につき保証をしている者がいる場合があり、そのような場合には、家族の保証債務の処理も含めて同時に破産手続開始の申立てを検討した方がよい場合が多いようです。

また、依頼者の中には、家族に秘して借入れをしているため、破産手続開始の申立てについて家族に秘している場合も少なくありません。家族を取り巻く状況は様々ですから、一概にその是非を論じることはできませんが、家族に秘して破産手続を進めることが真の経済的更生に資するのか、負債の規模からみて、家族の理解、協力があれば、破産を回避できたのではないか、と疑問を抱く事例もあります。

申立代理人としては、依頼者から破産手続開始の申立てを受任する場合には、依頼者の家族の状況についても十分に把握をした上、適切な事件処理を心掛けることが求められているといえます。

(2)　事案の十分な把握と調査

東京地裁倒産部における即日面接、少額管財手続は、申立代理人に対する信頼を基礎としており、申立代理人が申立て前に事案を十分に把握し、調査を尽くしていることが前提になっています（**Q1**参照）。

申立て前の調査における注意点は、**Q7**を参照してください。

(3)　申立ての時期

申立代理人の受任（特に受任通知）から破産手続開始の申立てまでの間に時間が経過していると、破産財団を構成すべき財産の散逸、費消、偏頗弁済、詐術を用いた借入れ等の問題が生じやすくなります。

申立代理人の受任から破産手続開始の申立てまでに必要な期間について
は、事案の内容、資産・負債の規模、債権者数、関連事件の有無、必要書類
の準備に必要な依頼者の協力度合いや依頼者の対応、弁護士費用が分割払の
場合におけるその支払状況等により幅があることは否定できないと思われま
す。しかし、Ｑ３で引用した東京地判平21.2.13（判時2036号43頁）は、会社
から破産手続開始の申立てを受任した弁護士が申立てをしないまま２年間放
置した事案において、要旨、破産手続開始の申立てを受任し、その旨を債権
者に通知した弁護士は、可及的速やかに破産手続開始の申立てを行い、破産
管財人に引き継がれるまで債務者の財産が散逸することのないよう措置する
ことが求められるのであり、故意又は過失によりこれらの義務に違反して破
産財団を構成すべき財産を減少・消失させたときには、破産管財人に対する
不法行為を構成する旨判示しているところ、この判示内容は個人の破産手続
でも同様に考えられます。

申立代理人には、破産手続開始の申立ての方針を決定した以上、できるだ
け速やかに申立てができるよう準備をすることが求められます。特に、債権
者に対して受任通知を発している場合、当該債権者は、申立代理人が速やか
に破産手続開始の申立てをするであろうことを信頼して個別の権利行使を差
し控えるのが通常です。申立代理人には、依頼者が資産を有する場合、当該
資産は総債権者の責任財産を構成し、自由に換価処分できるものではないこ
とを依頼者に理解させた上、当該資産の保全のために適切な措置を講ずるこ
とが求められるといえます。

2　管財手続を希望する場合の基本的姿勢、役割、留意点

当初から管財手続希望で個人の破産手続開始の申立てをする代理人の基本
的姿勢、役割、留意点も、基本的には前記１と同様ですが、更に次の点に留
意することが求められます。

すなわち、申立代理人の中には、当初から管財手続希望で破産手続開始の
申立てをするに当たり、引継予納金20万円の用意だけを行い、事案の把握や
資産関係、免責不許可事由の有無等の調査が不十分なまま破産管財人に全て

任せるという姿勢の者も見受けられます。しかしながら、東京地裁倒産部における少額管財手続は、申立代理人が事前に十分な調査を尽くしており、その調査結果を信頼するという前提で、従前最低でも50万円だった予納金額を20万円に引き下げたものです（Q1、Q2参照）。管財希望であるからといって調査が不十分なまま申立てがされると、少額管財手続の前提である申立代理人の調査結果に対する信頼が揺らぐことになり、制度そのものが成り立たなくなるおそれがあります。

給料差押えを回避する必要がある、自営業者で事業資産の保全が必要であるなど、破産手続開始の申立て・同決定を急ぐ事情がある事例では、調査途上で申立てをせざるを得ない場合もあると思われます。しかしながら、そのような場合には、申立て後も調査を継続し、その結果を速やかに破産管財人に引き継ぐことが求められるといえます。

Q5

東京地裁倒産部に法人の自己破産の申立てをする代理人に求められる基本的姿勢、役割、留意点は何ですか。

東京地裁倒産部からみた法人の破産手続開始の申立てを受任した代理人に求められる基本的姿勢、役割、留意点についても、基本的にはQ3、Q4で述べたとおりですが、法人特有の点を挙げると、次のとおりです。

なお、法人の破産手続開始の申立てに当たっての留意点等を解説したものとして、Q3で挙げた文献が参考になります。

1　裁判官と面接をする意味

東京地裁倒産部では、法人の破産手続開始の申立てについては、同時廃止決定をしない運用をしていますので、全件につき破産管財人が選任されることになります。破産手続開始の申立てがされると、即日面接等で裁判官が申立代理人と面接をすることにしていますが、面接に当たっては、大きく分け

て、①当該申立事件においてどのような管財業務が予想されるのか、その業務遂行がどの程度困難であるか、②破産手続開始の決定は、通常どおりの翌週水曜日の午後5時付けでよいか、同決定を急ぐ事情があるか、③想定される管財業務との関係で、破産管財人として就職を依頼するのはどのような破産管財人候補者が適切か、という点に留意しています。

　したがって、申立代理人としては、上記①〜③の点について、裁判所が的確な判断を行えるよう、面接時に適切に伝えることが必要になります。

2　事案に応じた申立ての準備の必要性

　法人の破産事件といっても、その事業形態や規模は様々ですし、申立て時点で既に事業活動を停止して時間がかなり経っている事例から、まだ事業が継続中で従業員の解雇や事務所・工場の賃貸借契約の解約申入れが未了である事例まで、いろいろです。しかし、Q3で述べたとおり、破産手続は、債務者と債権者との間の利害を適切に調整することによって、債務者の財産の公平な清算を目的とする手続です。したがって、申立代理人が法人の破産手続開始の申立ての準備を行うに当たっては、破産手続の上記目的を常に念頭に置き、次の3で述べる点に留意しながら、当該事案に応じた適切な時期の申立てに向けた準備をすることが求められているといえます。もとより、これらの留意点にさえ意を払えば足りるというものではありません。

3　法人の破産手続開始の申立てに当たっての留意点

(1)　相談ないし受任時における当該法人による事業継続の有無

　当該法人が事業を継続している場合や事業を停止してから時間がそれほど経過していない場合には、当該法人の資産の散逸、劣化を防止して債務者の責任財産を保全し、破産管財人に適切に引き継ぐことが求められるとともに、従業員の雇用関係、賃借中の事務所等の明渡しといった処理が必要になります。したがって、申立代理人としては、当該法人の事業停止の時期を見極めることはもちろんですが、基本的には速やかな申立てを心掛け、併せて、当該法人の資産を保全するため万全の措置を講ずるとともに、破産手続

開始後、破産管財人が直ちに管財業務に着手することができるよう、破産管財人への引継ぎのための準備を行う必要があります（『破産申立マニュアル二版』165頁以下〔南賢一〕）。

　当該法人が既に事業を停止しているものの、事業停止から間もない場合も、基本的には同様です。

　これに対し、当該法人が事業を停止してから相当の時間が経過しており、法人としての実体がなく、資産もないような場合には、申立代理人において、資産及び負債に関する調査を十分に尽くすことが求められるといえます。

(2)　資産保全、会計帳簿類の確保の必要性

　上記(1)とも関連しますが、破産手続開始の申立てを予定している法人が現預金、売掛金、不動産、在庫商品、自動車等の有体動産、有価証券等を有している場合、これらは総債権者の満足に充てられるべき債務者の責任財産を構成しますので、申立代理人において、これらの資産につき保全の措置を講じる必要があります。特に、当該法人が事業継続中の場合や、事業停止から間がない場合、申立ての準備に時間がかかると資産の散逸、劣化のおそれが高くなりますので、資産保全のための万全の措置を講じつつ、速やかな破産手続開始の申立ての準備をし、同申立てをすることが求められます。この点、依頼者である当該法人の代表者等に漫然と資産の保全を任せると、代表者等が偏頗弁済をするなどして資産の散逸、毀損が生じ、ひいては申立代理人が損害賠償責任を負う場合があります（東京地判平21.2.13判時2036号43頁、東京地判平25.2.6判時2177号72頁・判タ1390号358頁）ので、注意が必要です。

　また、法人の破産事件においては、資産の保全とともに会計帳簿類の保全が重要です。この点は、当該法人が事業を継続中であるか停止中であるかを問いません。既に事業を停止しており、本社事務所を明け渡す必要から、当該法人の会計帳簿類を廃棄してしまう事例がみられますが、会計書類が廃棄されますと、破産管財人が従前の会社の財産状況や事業停止直前の資金移動等の調査、把握をすることが困難になりますので、注意が必要です。会計資料が電子データ化されている場合には、当該電子データをCD-ROMやUSB

メモリに保存し、申立代理人において保管しておくのが相当です（『破産申立マニュアル二版』260頁以下〔髙橋優〕）。

なお、資産や会計帳簿類の保全方法として、賃借物件、自社物件の鍵の施錠（場合によっては取替え）、申立代理人名による告示書の貼付等があります。

このほか、申立代理人が破産手続開始の申立て準備の一環として、当該法人の資産の換価を行うことがあります。当該法人の倒産処理手続として任意整理を検討する場合や、申立代理人の弁護士費用を捻出する必要がある場合もあると思いますが、そもそも、換価対象となる資産は総債権者の責任財産を構成するものであり、申立代理人の資産換価の適正性が事後の破産手続で問題にされることもあり得ます。したがって、申立代理人による資産換価については、その必要性と適正性を検討し、慎重に対応することが求められるといえます（**Q3**で引用した東京地判平22.10.14判タ1340号83頁、東京地判平23.10.24判時2140号23頁のほか、『破産申立マニュアル二版』112頁以下〔蓑毛良和〕、189頁以下〔髙橋修平〕参照）。

(3) 受任通知の要否

申立代理人による受任通知は、これを受けた債権者において、以後、公平な清算手続である破産手続開始の申立てが申立代理人により適切にされるであろうことを信頼して、個別の請求、執行を差し控えるという効果をもたらすものですが、事案によっては、かえって、債権者による債権回収、債務者の資産の散逸を助長することになりかねません。特に、多額の公租公課を負っている場合、課税庁に対し受任通知を発すると、課税庁による滞納処分の契機となり、破産財団の減少を招く可能性があります。

他方、売掛金の入金口座を開設している金融機関に対し借入金債務を負っているような場合、同金融機関に対して受任通知を発しないままでいると、口座の入金分と借入金債務との同金融機関による相殺を許すことになりますが、かかる事態は同金融機関による優先的な債権回収を許容するのに等しく、債権者間の平等を害する結果になりかねません。

また、受任通知は、申立代理人による債権調査（負債の把握）を兼ねてい

るのが通常であり、受任通知を発することにより債権者の反応、動向が分かるというメリットもあります。

したがって、申立代理人が債権者宛てに受任通知を発するに当たっては、法人が事業継続中であるか否か、換価資産の有無、公租公課の有無及び額、取引債権者等の属性を考慮して、受任通知の要否及び範囲を慎重に検討することが求められているといえます（『破産申立マニュアル二版』47頁以下・104頁以下〔進士肇〕）。

(4) 労働契約の処理

労働契約については、破産手続開始の申立て前に解雇等で労働契約を終了させていることが多いようですが、これには次のようなメリット・デメリットがあります。

すなわち、メリットとしては、破産手続開始の申立て予定の法人がある程度の現預金を有している場合、申立て前に解雇等で労働契約を終了させて労働債権を全額弁済することにより、破産手続開始後の管財業務の負担軽減を図ることができますし、従業員も再就職が容易になるといえます。他方、デメリットとしては、特に破産手続開始時に事業が継続しているか、直近で事業は停止したものの残務処理が未了である場合には、管財業務の補助者として従業員の協力が必要であるところ、既に解雇されて労働債権も全額弁済済みですと、従業員から必要な協力を得ることが困難となります。また、従業員を解雇することにより、従業員を通じて取引先等に破産手続開始の申立て予定の事実が伝わり、資産保全に困難を来すおそれもあります。

したがって、特に事業継続中の状態で破産手続開始の申立てをするような場合には、従業員の解雇は破産管財人候補者と打合せをしてから対応を考える、解雇予告に止めておくなどの配慮が必要です。また、事業が停止しているか継続しているかを問わず、申立て前に従業員の全部又は一部を解雇する場合には、破産手続開始後の管財業務（売掛金の回収、従業員の未払給料、退職金、解雇予告手当の計算、税務申告等）のため、一定人数の従業員の協力が必要になることを念頭に置き、賃金台帳等の帳簿類を確保するとともに、従業員に対し破産手続開始後の管財業務への協力を依頼し、当該従業員の連絡

Q5　31

先等を把握しておくことなどの措置を講じることが求められるといえます（『破産申立マニュアル二版』176頁以下〔田川淳一〕）。

なお、未払労働債権がある場合には、申立て前に労働者健康安全機構による未払賃金立替払制度を利用することも検討する必要があります（**Q40**参照）。

(5) 破産手続開始の申立ての時期

法人の破産手続開始の申立ての時期については、当該法人が事業を継続中である又は事業停止から間がない場合なのか、それとも事業停止からかなり時間が経過しており、法人としての実体がなく資産もないような場合なのかによって変わることは上記(1)のとおりですが、申立代理人が受任をした以上、できるだけ速やかに準備をして申立てをすることが求められているといえます。特に、法人の場合、従業員の未払賃金の財団債権化による保護（破産法149条により破産手続開始前3か月間に限られます。）、独立行政法人労働者健康安全機構による未払賃金立替払制度の利用の時的限界（賃金の支払の確保等に関する法律7条、同法施行令3条2号により、退職時期が破産手続開始の申立てから遡って6か月以内である必要があります。）があることから、申立代理人としては、申立ての遅延によって労働債権者が不利益を受けることのないよう、迅速な申立てに向けた準備をすることが求められます（『破産申立マニュアル二版』66頁以下〔関口博〕、165頁以下〔南賢一〕）。

また、法人の破産手続開始の申立てに必要な書類の準備、作成に徒らに時間を費すのも問題です。当該法人が事業を停止してからかなり時間が経過しており、法人としての実体もなく資産もないような事案の場合はともかく、換価業務がある、賃借物件の解約・明渡しが未了で日々賃料等が発生し、財団を減少させているといった場合には、必要書類に多少の不備があったとしても、後日の補正・追完で対応が可能なものがほとんどですから、速やかな申立てを優先するのが相当です。

なお、会社から破産手続開始の申立てを受任した弁護士がこれを2年間放置した場合において、破産財団に生じた損害につき弁護士の不法行為責任が肯定された事例として、前掲東京地判平21.2.13があります。

⑹ 予想される管財業務に見合った引継予納金の確保、申立代理人の弁護士費用との均衡

東京地裁倒産部では、法人の破産事件のほとんどは、いわゆる少額管財手続（通常管財係）で処理をしていますが、少額管財手続は、申立代理人が事前に十分な調査を尽くし、破産手続に協力することへの信頼を前提に、従前、法人事件では最低でも70万円だった予納金を20万円まで引き下げたものであり、しかも、最長で4か月4回までの分割払を許容しています。

しかし、例えば、債権者数が100名を超える場合、否認権行使のため相当程度の調査が必要である場合、売却対象不動産が遠方にある場合などは、管財業務の負担からみて20万円の引継予納金では見合いません。本社事務所内に残置物が放置され、明渡しが未了である場合や、多数の従業員について労働者健康安全機構の未払賃金立替払制度の利用が必要な場合も同様といえます。そして、このような場合に、申立代理人が法人の資産の中から高額の弁護士費用を受け取っている事例も散見され、予想される管財業務の負担との比較から均衡を欠くこともあります。

したがって、申立代理人は、法人の破産手続開始の申立てを準備するに当たり、その弁護士費用（着手金・報酬）と比較し、事案の難易や規模に応じた適切な引継予納金を確保することが求められています（申立代理人が受任した当該法人から支払を受けた弁護士費用も否認の対象となり得ます。裁判例としては、**Q3**で掲げた神戸地伊丹支決平19.11.28判時2001号88頁・判タ1284号328頁、前掲東京地判平22.10.14、前掲東京地判平23.10.24があります。）。

⑺ 準自己破産の申立て

法人の破産手続開始の申立てを、債務者に準ずる者（法人の理事や取締役等、破19条）が行う場合、法人は被申立人となります。この場合、申立書における当事者の表示や申立ての趣旨等の記載は、自己破産の申立ての場合と異なることになりますし、委任状の作成名義人は、取締役等の債務者に準ずる者ですので、注意が必要です。

Q6

同時廃止事件と管財事件の振り分けはどのようにされているのでしょうか。

1 同時廃止事件の運用について

破産法は、管財事件を原則としており、同時廃止決定は、裁判所が、「破産財団をもって破産手続の費用を支弁するのに不足すると認めるとき」に、破産手続開始の決定と同時に破産手続を廃止するものです（破216条1項）。

債権者等の利害関係人はもとより、広く社会一般から破産手続に対する信頼を得るためには、破産者の資産、負債及び免責等について破産管財人が調査を行い、更にはその結果を債権者に提供すること（いわゆる「情報の配当」）を通じて、破産手続の公平性・透明性を高めることが望ましいといえます。

そこで、破産管財人の調査を経ない同時廃止決定をすることが可能か否か、すなわち、管財事件と同時廃止事件の振り分けは、申立代理人の事前の調査を踏まえ、適切に判断する必要があります。

2 即日面接について

(1) 即日面接の意義

東京地裁倒産部では、多数の破産事件の申立てがされる中で、適正かつ迅速に手続を進めることを目的として、弁護士が代理人となって申し立てる自然人（個人）の破産手続開始の申立事件のうち問題がないと認められる事件について、申立日（郵送による申立ての場合は裁判所からの連絡日）及びその翌日から3営業日以内に裁判官との面接を行い、同時廃止決定が可能なものについては面接当日の午後5時付けで同決定を行う運用をしています（この運用を「即日面接」といいます。）。

(2) 即日面接における注意点

ア 即日面接は、弁護士への信頼を基礎とし、弁護士である申立代理人に

34 第2章 東京地裁倒産部に自己破産の申立てをする申立代理人が留意すべき事項

おいて、事前に十分な調査を行っていることを前提に、面接の場で問題点等について申立代理人と口頭で議論・確認した上で、即時に、同時廃止事件と管財事件とを振り分ける手続です。

実際にも、即日面接の場において、裁判官から問題点等の指摘がされたときには、申立代理人はその場で口頭で説明を行い、裁判官もその説明により心証が採れる場合は、これに基づき同時廃止決定をしており、裏付資料の追完等は基本的には求めていません。他方で、同時廃止決定後に、資産を隠匿していたことや、重要な事実についての説明が虚偽であったこと等が判明した場合には、免責の許否の場面でその点が問題にならざるを得ず、現に免責不許可とされた例もあります（東京高決平26.7.11判タ1470号109頁、原雅基「東京地裁破産再生部における近時の免責に関する判断の実情」判タ1342号4頁、平井直也「東京地裁破産再生部における近時の免責に関する判断の実情（続）」判タ1403号5頁、村上若奈「東京地裁倒産部における近時の免責に関する判断の実情（令和版）」判タ1518号5頁参照）。

したがって、即日面接では、申立代理人において事前に十分な調査を行っていることが極めて重要であり、調査不十分であるために、本来同時廃止決定相当の事案について同決定をすることができない、又は後日問題が発覚して免責不許可とされるような事態を招くことがあってはなりません。

加えて、即日面接では、申立代理人との口頭での議論・確認が中心になるという点で口頭主義を徹底しており、申立書に記載した事項について改めて説明を求めることもあります。即日面接において、申立代理人から「申立書に記載したとおりである。」、「復代理人にすぎない（主任弁護士ではない）ので、事情がよく分からない。」との発言がされる例もありますが、それでは即時に同時廃止決定が可能との心証を採ることが困難になります。申立代理人は、事案を十分に把握して即日面接に臨む必要があります。

イ　また、即日面接は、面接の場で即時に、同時廃止事件と管財事件を振り分ける手続ですので、面接の続行や資料の追完等により後日に審査を行うことは予定していません。即日面接の場で、問題点等について申立代理人から十分な説明がされず、同時廃止決定が可能との心証が採れない場合は、直

Q6　35

ちに管財事件として扱われ、管財費用として最低20万円の引継予納金が必要になりますので、かかる観点からも、申立代理人においては、事前の調査を十分に尽くす必要があります（なお、申立てに当たり調査・確認すべき事項については、Ｑ７も参照。また、債務者に同時廃止決定の申立権はなく、管財手続相当と判断された場合には最低20万円の引継予納金が必要になることを依頼者に十分説明しておく必要性については、Ｑ４を参照。）。

3　同時廃止事件と管財事件の振り分けについて

同時廃止決定は、破産財団をもって破産手続の費用を支弁するのに不足すると認められるときにされるものであり、東京地裁倒産部では、次のような場合には、原則として管財事件としています。

申立てに当たっては、十分な調査に基づき、管財事件相当の事案については当初から管財事件として申立てを検討するというように、適切な振り分けを行うことが求められます。

(1)　33万円以上の現金がある場合

33万円以上の現金を債務者が有している場合は、管財事件としています。

現金99万円が法定自由財産とされていること（破34条3項1号、民執131条3号、同法施行令1条）から、99万円までの現金は破産法216条1項の「破産財団」には当たらないと考えられますが、現金99万円が法定自由財産とされる基準時は破産手続開始時であり、その前の段階で、破産者が標準的な世帯の1か月間の必要生計費である33万円（民事執行法131条3号、同法施行例1条）以上の現金を有している場合には、経験則上、他にも財産を有しているとの疑いを生じさせるということができるため、破産財団をもって破産手続の費用を支弁するのに不足すると「認めるとき」（破産法216条1項）に当たらないことになりますから、同時廃止決定をすることができないとして、管財事件に振り分けられることになります。

また、申立代理人から、債務者の生活状況等を考慮すると自由財産の範囲の拡張（破34条4項）がされることが相当であるとの主張を前提に、同時廃止決定が相当であるとの見解が述べられることもあります。しかし、自由財

36　第2章　東京地裁倒産部に自己破産の申立てをする申立代理人が留意すべき事項

産の範囲の拡張の当否は、破産手続開始後に判断されるものですので、この
ような見解を採ることはできません。

(2) 20万円以上の換価対象資産がある場合

次のアからシまでの資産で20万円以上のもの（換価対象資産）がある場合
は、少額管財手続における最低報酬額20万円を支弁することができることか
ら、管財事件として取り扱われます。

なお、この換価対象資産は、項目ごとに合計額が20万円以上か否かによっ
て判断されます（例えば、解約返戻金が10万円と15万円の保険2口を有している
場合は、それぞれでは20万円以上ではありませんが、保険という同じ項目の合計
額が25万円で20万円以上となるため、管財事件として取り扱われます。これに対
し、現金15万円及び解約返戻金10万円の保険を有している場合は、合計額が25万
円ですが、項目ごとでは20万円以上とならないため同時廃止決定が可能という扱
いです。）。また、20万円以上か否かは、破産手続開始時の処分価額（債権に
ついては、その回収可能性も考慮します。）により判断します。

ア 預貯金

預貯金の合計額が20万円以上か否かにより判断します。この点、定期預金
等を担保とした貸付けがされている場合は、破産手続開始により担保の実行
が見込まれることから、預貯金残高から貸付残高を控除した額が20万円以上
か否かにより判断します。また、当該金融機関からの借入れ等の反対債権が
あり、相殺が確実に見込まれる場合は、相殺後の預金残高が20万円以上か否
かにより判断します（なお、支払停止後の入金（破71条1項3号）等、相殺禁止
に該当しないか否かの確認も必要です。破71条、72条参照）。

イ 未払報酬・賃金（給料、賞与など）

民事執行法152条1項によれば、原則として4分の1相当額が差押え可能
であることから、未払給料等の4分の1相当額が20万円以上か否かにより判
断します。ただし、法人の役員報酬等、委任契約に基づく報酬請求権につい
ては、同項の適用がないことから、その全額が20万円以上か否かにより判断
します。

ウ　退職金請求権

民事執行法152条2項によれば4分の1相当額が差押え可能ですが、退職金請求権が将来支給されるか否かについては不確実性を伴うことを考慮して、更に2分の1を乗じ、退職金支給見込額の8分の1が20万円以上か否かにより判断する扱いです。ただし、既に退職した場合又は近く退職予定の場合は、同項の定めのとおり、支給見込額の4分の1によります。

エ　貸付金・売掛金等

貸付金・売掛金等の合計額が20万円以上か否かにより判断しますが、貸付先の倒産や資力欠乏等の事情がある場合には、その回収可能性を考慮した上で、20万円以上か否かを判断します。

オ　積立金等（社内積立、財形貯蓄、事業保証金等）

積立金等の合計額が20万円以上か否かにより判断します。この点、直ちに返還を受けられる性質の積立金等のみならず、勤務先を退職しないと返還されない約定があるような積立金等であっても、将来債権として破産財団を構成することから、これらを含めて20万円以上か否かを判断します。

カ　保険解約返戻金（生命保険等）

保険（共済を含みます。）の解約返戻金の合計額が20万円以上か否かにより判断します。保険会社から契約者貸付けを受けている場合には、その法的性質について保険金又は解約返戻金の前払とみて（最判平9.4.24民集51巻4号1991頁参照）、解約返戻金額から貸付残高を控除した金額が20万円以上か否かにより判断します。

キ　有価証券（手形、小切手、株券、転換社債）・ゴルフ会員権等

有価証券等の合計額が20万円以上か否かにより検討します。手形等について、振出人等からの回収可能性を考慮して判断することは、上記エと同様です。

ク　自動車・バイク等

自動車は、輸入車等の高級車を除き、減価償却期間（普通乗用自動車6年、軽自動車・商用車4年）を経過している場合は無価値と判断しています。これ以外の場合には、業者による査定等により20万円以上か否かを判断しま

す。

ケ　不動産（後記⑶も参照）

信頼の置ける不動産業者２社（例えば、大手不動産業者２社や、大手不動産業者１社及び地元の有力業者１社等）の査定等により、所有不動産の処分価額が20万円以上か否かにより判断します。なお、オーバーローン不動産については、後記⑶も参照してください。

コ　相続財産

相続財産（遺産分割未了のものを含みます。）の処分価額が20万円以上か否かにより判断します。相続財産は、不動産のみならず、現金や預貯金等も含みますので、その存否の確認が必要です。

サ　事業設備、在庫、什器備品等

現在又は過去に事業を営んでいた者が事業設備、在庫、什器備品等を有する場合には、その処分価額が20万円以上か否かにより判断します。

シ　その他破産管財人の調査によっては回収が可能となる財産

過払金、否認権行使の対象となる財産等が挙げられます。なお、20万円以上か否かは、資産の性質ごとに判断します。例えば、過払金と否認権行使とでは別項目として扱われます。

⑶　所有不動産の被担保債権額が不動産処分価額の1.5倍未満の場合

債務者の所有する不動産に担保権が設定されており、その被担保債権額が不動産の価額を超過している場合（いわゆるオーバーローン）は、計算上、当該不動産を換価しても破産財団に組み入れられる金銭が残らないことから、同時廃止事件か管財事件かの振り分けにおいては、資産として評価しない扱いです。

この不動産の時価は、評価の根拠資料によって差異が生じ得ることから、被担保債権額が不動産の時価の1.5倍以上のオーバーローンであるときに、資産として評価しない扱いをしています。

また、時価の評価に当たっては、不動産鑑定書が作成されている場合はその評価額によりますが、これに代わる方法として、不動産業者の査定によることも可能です。もっとも、査定という簡易な方法による場合には、時価と

Q6　39

査定額との乖離が生じ得ることを考慮して、信頼の置ける複数の不動産業者（例えば、大手不動産業者２社や、大手不動産業者１社及び地元の有力業者１社等）の各査定額の平均によるものとしています（所定のオーバーローン上申書【書式１】及び疎明資料を提出する必要があります。）。固定資産評価証明書は、その評価額が実際の取引価額を反映していないのが通常であることから、不動産の時価の疎明資料とすることはできないという扱いです（なお、**Q７**も参照）。

　また、被担保債権額は、申立代理人の債権調査等により明らかとなった被担保債権の残額をいい、不動産の全部事項証明書に記載された被担保債権額や極度額ではありません。

【計算式】

$$\frac{\text{不動産の被担保債権の残額}}{(\text{A社の査定額} + \text{B社の査定額}) \times 1/2} \geq 1.5$$

⑷　**資産調査**が必要な場合

　申立代理人の調査を経たものの、20万円以上の資産を有していないことが明白でないときは、破産手続の費用を支弁するに足りないと認めることができず、破産管財人の調査が必要となるため、管財事件として取り扱われます。債権者数が多い場合や、負債総額が多額の場合など、負債額や債務負担の経緯等からして資産の不存在が明らかでない場合（多額の借入れをしている場合には、通常、当該借入れにより形成された資産が存在することが疑われ、債権者も、債務者に資産的な裏付けがあったからこそ多額の貸付けをしたといえます。）も管財事件として取り扱われます。

⑸　**法人及び法人の代表者の場合**

　東京地裁倒産部では、法人について、財産状況の把握が困難であることから、同時廃止決定をしない運用です。

　また、法人の代表者は、法人に対する事業資金の貸付けや、株式等の持分権等の資産を有していることが多く、通常、会計帳簿等の確認を含む法人の

資産調査が必要であることから、原則として管財事件として取り扱われます（法人の元代表者についても、同様の理由から、原則として管財事件として取り扱われます。）。

この点、法人の代表者のみが破産手続開始の決定を受けると、法人と代表者との間の委任契約が終了する（民653条2号）ことから、当該法人は代表者不在のまま清算がされない状態に陥り、債権者が税法上の損金処理を行うのに支障が生じます。

そこで、法人の代表者について破産手続開始の申立てをする場合、当該法人についても破産手続開始の申立てをすることが望まれます（事業停止や解散をしたにとどまり、法人に資産や債務が残っている場合はもちろん、清算結了の登記がされていたとしても、債務が残存するなど依然清算が必要な場合には法人格が消滅していないため、当該法人についても破産手続開始の申立てが望まれます。）。法人についても速やかに破産手続開始の申立てを追加して法人と代表者の管財事件を同時に進められる場合、事案の内容に照らして別途検討を要するときを除き、法人と代表者とを併せて管財費用として最低20万円の引継予納金を納付すれば足りる扱いですので、債務者側にとってもメリットがあると思われます。

(6) 個人事業者の場合

現在又は過去に事業を営んでいる者は、事業の遂行に伴い資産や負債が形成されるのが通常であり、また、法人と同様に財産状況の把握が困難であることが多いことから、原則として管財事件として扱われます（Q9も参照）。

(7) 免責調査を経ることが相当な場合

免責不許可事由の存在が明らかで、その程度も軽微とはいえない場合や、債権者が免責許可に反対しており、免責不許可を求める意見の申述が予想されるような場合には、破産管財人による免責調査を経るのが相当であると考えられます。なお、破産法252条1項10号の免責不許可事由（免責許可の決定確定等から7年以内の免責許可の申立て）がある場合には、免責調査の必要性が高いことから、例外なく管財事件とする扱いです。

債務者にとっても、総債権者の代表としての破産管財人に対して適切に情

報を開示し、債権者に対する「情報の配当」の実現に協力したかという破産
手続中の事情や、経済的更生の可能性があるかといった事情も考慮されるこ
とになり、その結果、同時廃止事件の場合に比べ、裁量免責が認められる可
能性が高くなるということができます。

　一方、免責不許可事由が存在する事案であっても、①その内容や程度が過
大でなく、②負債総額も300～400万円程度までであり、③申立代理人が十分
に調査・説明を尽くし、債権者が厳しい対応をしていないことが明らかな場
合には、免責調査のために管財手続とするまでの必要はないことが多いとい
えます。

Q7

同時廃止決定を希望して自己破産の申立てをする場合、申立代理人において、事前にどのような調査をすべきですか。

　同時廃止決定を希望して破産手続開始の申立てをする場合、債務者につい
て20万円以上の資産がないことを明らかにする必要があります。

　本問末尾に、在京三弁護士会作成の「申立てに当たり調査・確認すべき事
項」を掲載しました（資料2。在京三弁護士会の会員専用ウェブサイトに、破産
手続開始申立書式（本問末尾の資料1）とともに掲載されています。）。これは、
破産手続開始申立書の記載項目に沿って、申立代理人において調査・確認す
べき事項を網羅的に整理したものです。破産手続開始の申立てに当たってご
活用ください。

　ここでは、即日面接の場面で、実際に問題となることが多い例を中心に、
破産手続開始の申立て前の調査において注意すべきポイントを挙げます。な
お、同時廃止決定を希望して破産手続開始の申立てがされたものの、即日面
接の結果、同決定をすることができなかった事例について、東京地裁倒産部
で発刊している即日面接通信Vol.5、8、10、15、16、17、21、23、24、
25、27、28、29、31でその原因を分析していますので、ご参照ください（在

京三弁護士会の会員専用ウェブサイトにも掲載されています。)。

1 債務負担の原因、経緯等の調査について

即日面接では、まず、債務負担の原因、経緯等について、申立代理人から口頭で確認するのが通例です。

そこで、債務負担の原因、経緯等については、債務者からできる限り具体的に聴取する必要があります。その説明が不十分で、負債総額や内容に相応する負債原因、経緯等が明らかにならない場合には、資産・免責調査の必要が生じ、管財事件として取り扱われることになります。

例えば、①負債総額が比較的高額であるにもかかわらず、単に生活費の不足としか説明がされない、②債務者自身は低収入であっても、世帯全体では相応の収入がある、若年で実家暮らしのため住居費等の負担がない等により、借入れをする必要性が乏しいにもかかわらず、借入れをした理由が判然としない、③生活費の不足を理由としつつも、借入れ当時の世帯収入額が明らかでない、債権者一覧表にクレジットカードを使用した物品購入が多く記載されている、家計表で収入に見合わない過大な支出(家賃・地代、住宅ローン、食費、通信費、被服費、交際費、娯楽費等)が計上されているといった事案が見受けられます(このような場合、借入れによって形成された資産が他にもあるのではないか、著しい浪費があるのではないかとの疑問が生じ、破産管財人による調査の必要があるとして管財事件として扱われることもあります。)。

2 資産調査について

(1) 預貯金について

預貯金通帳は、債務者の経済生活に関する「情報の宝庫」であり、全ての預金通帳を債務者から徴求し、その記載内容を逐一確認して、債務者の申告したもの以外に資産がないかどうかを調査する必要があります。

ア 全ての預貯金通帳(記帳)の徴求について

① 過去2年分の取引に係る全ての通帳

現在実際に使用されているか否かにかかわらず、債務者名義の全ての預貯

金口座について過去2年間の取引に係る通帳を提出する必要があります。債務者から直近の通帳しか徴求していない、提出した通帳の冒頭に「繰越」の記載があるにもかかわらず繰越前の通帳が提出されていないといった例もありますので、この点も確認して、過去2年分の取引に係る通帳全てを提出してください。

②　申立て直前の記帳

最後に通帳記帳がされてから申立てまでに時間が経過していると、直近の出入金が確認できません。申立て直前（申立て前1週間以内）に記帳をすることが必要です。

③　取引明細の提出

いわゆる「おまとめ記帳」（長期間記帳しなかったため、当該期間の出入金を一括し、総額のみが記載されている部分）がある場合、その間の出入金が確認できないため、取引明細を取り寄せて提出する必要があります。

また、通帳を紛失した、インターネットバンクで通帳が発行されていないといった場合も、取引明細の提出が必要です。

④　他の口座の有無

提出されている通帳の写しに、給料の振込み、家賃や公共料金の支払など、債務者の生活状況から一般的に想定される出入金に関する記載がない場合や、債務者名義の他の口座への振込みの記載がある場合は、他に提出されていない他の口座がある可能性があります。

債権者の中にクレジットカード業者がいる場合は、その支払を口座引き落としとしているのが通例であり、当該引き落とし口座に係る通帳があるかも確認する必要があります。

イ　通帳の記載内容の確認について

①　多額、多数回の出入金がある場合

預貯金口座から、多額の振込み出金がされ、又は、債務者が多額の金銭を引き出しているのに、その使途について合理的な説明がないような場合には、偏頗弁済や浪費が疑われることがあります。

また、継続的に多数回の出入金がされているような場合には、申告のない

44　第2章　東京地裁倒産部に自己破産の申立てをする申立代理人が留意すべき事項

債権・債務の存在や、債務者が副業を行っていることも考えられます。

② 積立、口座貸越（マイナスの残高）がある場合

普通預金口座から「積立」等の出金がある場合、定期預金の存在がうかがわれます。また、残高がマイナスとなっている場合は、定期預金を担保とした貸付けの可能性が高いと考えられます。

このような場合、定期預金の通帳に記載された金額が確認できないと20万円以上の資産がないと判断できないことになります。

③ 個人を相手方とする出入金がある場合

預貯金通帳に個人を相手方とする出入金の記載がある場合、当該相手方と債務者との関係や出入金の趣旨を確認する必要があります。例えば、知人・親族に対する送金は、その者からの借入金に対する返済であれば、時期によっては否認権行使の対象となります。また、例えば、送金者として「サトウ」という姓のみが表記されている10万円以下の個人名での入金は、ヤミ金業者からの送金の可能性があります（犯罪による収益の移転防止に関する法律により、10万円を超える現金での振込みには本人確認手続を要するため、10万円以下の金額での送金によることが多いためです。）。そのため、その出入金の趣旨が確認できないと、管財事件とされることがあります。

(2) 保険について

ア 預貯金通帳等からの保険料引き落としの有無

預貯金通帳中に、申立書に記載された保険以外の保険に関する保険料等の引き落としが記載されていることがあります。また、保険を解約したとされる時期以降に保険料の振込みがされているなど、預貯金通帳に記載された保険料等の支払額・回数・支払時期に照らし、申立書に記載されたもの以外の保険等の存在が疑われる場合もあります。申立書では保険がないとされているのに、直近の確定申告書の控え、源泉徴収票又は給料明細書の中の「生命保険料控除」欄に保険料の控除がされている場合もあります。

これらの資料から、債務者の申告したもの以外に保険等が存在しないかを確認する必要があります。

イ　保険解約返戻金の裏付資料について

　保険解約返戻金等の有無及び額は、申立て直近に発行された証明書等に基づき確認する必要があります（債務者に対し、申立て時の解約返戻金の有無及び額を正確に確認し得る資料を徴求する必要があります。証明書等が古く、申立て時の解約返戻金額が明らかでない例もあります。）。

　また、契約者貸付けを受けている場合は、解約返戻金額から貸付残高を控除した金額が20万円以上か否かにより管財事件と同時廃止事件の振り分けを検討しますので、その貸付残高も確認しておく必要があります。

⑶　**不動産**について

ア　オーバーローンの疎明資料

　同時廃止決定を希望する場合には、所有不動産が1.5倍以上のオーバーローンの状態にあることを明らかにする必要があります（**Q6**参照）。

　ここでいう被担保債権の残額は、債権調査により判明した残債務額によります。不動産の全部事項証明書記載の被担保債権額や極度額ではありません。

　また、不動産の時価は、信頼の置ける複数の不動産業者（例えば、大手不動産業者2社や、大手不動産業者1社及び地元の有力業者1社等）の査定書に基づき、それらの平均額等によって判断しています（**Q6**参照）。固定資産評価証明書に基づくことはできない運用ですので、注意が必要です。不動産業者の査定書を1社分しか提出していない例や、1社分の査定書及び固定資産評価証明書に基づいている例も見受けられますが、いずれの例も疎明資料として不十分です。

イ　共有不動産のオーバーローンの計算方法

　債務者所有の不動産が共有不動産である場合（例えば、夫婦が2分の1ずつ持分を有しており、夫のみが債務者として破産手続開始の申立てをする場合）で、不動産全体に抵当権が設定されているときには、被担保債権の残額を不動産全体の時価で除してオーバーローンになっているかを判断します（東京地裁配当等手続研究会編『不動産配当の諸問題』（判例タイムズ社、平成2年）216頁、加藤就一「共同抵当の配当関係」判タ1239号45頁参照）。被担保債権の残

額を債務者の共有持分のみの時価で除する方法は取らない運用です。

⑷ **過払金**について

ア 取引履歴の取寄せ

消費者金融業者等から借入れがある場合は、取引履歴を取り寄せた上で、利息制限法所定の制限利率に引き直して過払金の有無を確認する必要があります。

引直し計算前の債務残高のみが記載された債権調査票の送付を受けたにとどまり、取引履歴を取り寄せていないため、過払金の有無及び額が明らかでない例も見受けられます。

イ 完済した消費者金融業者等について

受任時点で取引が継続していた消費者金融業者等のみならず、その時点で既に完済していた消費者金融業者等に対しても、過払金が生じていないかを調査する必要があります。

過去の取引の有無について、債務者から聴取するのみならず、預貯金通帳中に他の消費者金融業者等に対する振込み等の記載がないかも確認する必要があります。

⑸ **否認権行使**について

ア 受任通知後の返済の有無

弁護士又は司法書士による受任通知（介入通知）は、一般的に「支払の停止」（破162条1項1号イ、同条3項等）に該当すると解されます。

最判平24.10.19（判時2169号9頁・判タ1384号130頁）は、債務者の代理人である弁護士が債権者一般に対して債務整理開始通知を送付した行為は、①上記通知に、上記債務者が自らの債務整理を弁護士に委任した旨並びに当該弁護士が債権者一般に宛てて上記債務者、その家族及び保証人への連絡及び取立て行為の中止を求める旨の各記載がされていたこと、②上記債務者が単なる給料所得者であり広く事業を営む者ではないことなどの事情の下においては、上記通知に上記債務者が自己破産を予定している旨が明示されていなくても、破産法162条1項1号イ及び3項にいう「支払の停止」に当たるとしています。

そうすると、債権者一覧表に記載された最終弁済日が受任通知後である場合には、受任通知後に一部の債権者に返済がされたものとして、偏頗行為否認の問題が生じます。また、預貯金通帳や家計表等から受任通知後に債権者に対する送金がある場合も、偏頗行為否認の問題が生じますので、その具体的事情ないし理由を確認しておく必要があります。

また、受任通知後に債権者から差押え、仮差押えを受けている場合にも、執行行為否認の問題が生じますので、差押え等を受けた時期や取立て・供託額等を確認することも必要です。

なお、申立代理人の受任よりも前に別の弁護士又は司法書士が受任通知を送付している場合は、その受任通知後の返済の有無が問題となります。この場合、当該弁護士又は司法書士の受任内容や、その後の返済状況（任意整理の進捗状況等）を確認する必要があります。

　イ　給料天引きの有無

給料明細書中の控除欄に、理由が明らかでない控除（天引き）がされていることがあります。このような場合、勤務先からの貸付けについて給料天引きによる返済がされている可能性があり、偏頗行為否認の問題が生じますので、控除の理由を確認しておく必要があります。

（資料１）

破産手続開始・免責許可申立書

印紙 1500円		印紙
郵券 4400円		1500円
係印	備考	

東京地方裁判所民事第20部　御中

令和　　年　　月　　日

（ふりがな）

申立人氏名　＿＿＿＿＿＿＿＿＿＿＿＿＿
　（ふりがな）　　　　　（ふりがな）
　□旧姓＿＿＿＿＿　□通称名＿＿＿＿＿　（※旧姓・通称で借入れした場合のみ）
生年月日　大・昭・平＿＿年＿＿月＿＿日生（＿＿歳）
本　籍　別添住民票記載のとおり
現住所　□別添住民票記載のとおり（〒　　－　　）※郵便番号は必ず記入すること
　　　　□※住民票と異なる場合　〒　　－
現居所（※住所と別に居所がある場合）〒　　－
申立人代理人（※代理人が複数いる場合には主任代理人を明記すること）
　事務所（送達場所）、電話、ファクシミリ、代理人氏名・印

申　立　て　の　趣　旨
1　申立人について破産手続を開始する。
2　申立人（破産者）について免責を許可する。
申　立　て　の　理　由
　　申立人は、添付の債権者一覧表のとおりの債務を負担しているが、添付の
陳述書及び資産目録記載のとおり、支払不能状態にある。

手続についての意見　　□同時廃止　□管財手続
即日面接（申立日から３日以内）の希望の有無　　□希望する　□希望しない
生活保護受給　　　　□無　□有→□生活保護受給証明書の写し
所有不動産　　　　　□無　□有→□オーバーローンの定形上申書あり（　　　倍）
破産・個人再生・民事再生の関連事件（申立予定を含む）□無　□有（事件番号　　　　　）
管轄に関する意見
　□住民票上の住所が東京都にある。
　□大規模事件管轄又は関連事件管轄がある。
　□経済生活の本拠が東京都にある。
　　勤務先の所在地　〒　　－
　□東京地裁に管轄を認めるべきその他の事情がある。
添付書類の確認　　　□個人番号（マイナンバー）が記載された書面を添付していない。

Q7　49

（作成の手順）
1　債権者一覧表の作成
　　債権者一覧表は、①一般用②一般用（最終頁用）③公租公課用の３種類があります。一般債権について、最終頁は②の様式をお使いいただくこととなりますのでご注意ください（一枚で収まるときは、②のみをお使いください。）。
　　入力の方法については、データ行１行目のコメント及び下記「記入の方法」にご留意ください。
　　①の様式は、債権者が160名まで記入できます。債権者数が160名を上回る場合に、１つの文書ファイルのままシートや行を増やしても、160名を超える分の宛名ラベルが印刷できませんので、債権者を複数の文書ファイル（複数のシートではなく）に分けて作成してください。
2　債権者一覧表の印刷
　　債権者一覧表・一般用は、20頁あります。債権者数に応じて、必要な頁だけ印刷してください。
3　宛名ラベルの印刷
　　宛名ラベル印刷用シートは、３つの債権者一覧表のそれぞれに対応する形で、①一般用宛名②最終頁用宛名③公租公課宛名を用意しています。各シートは、対応する債権者一覧表を作成すると自動的に作成されますので、入力の必要はありません。当該事件で使用された一覧表に対応するシートを印刷してください。
　　宛名ラベル印刷用シート・一般用は、14頁あります。債権者数に応じて、必要な頁だけ印刷してください。
　　なお、宛名ラベルに事件番号を表示させたい場合は、宛名用事件番号シートに事件番号を入力してください。
　　各宛名ラベル印刷用シートは、市販のＡ４判４辺余白付き２行６列12面のラベルシート（エーワン、ヒサゴ製はテスト済み）に対応しています。
　　各宛名ラベル印刷用シートは、関数を使用しているため、同シートに直接入力したり、内容を変更すると、債権者一覧表のデータが正確に反映されなくなるおそれがありますので、ご注意ください。

（記入の方法）

債権者一覧表（一般用）　　　　　　　　　　　　　　　　　　　　　　　　　　　（最初の受任通知の日　令和４年10月３日）

番号	債権者名	債権者住所（送達先）	借入始期及び終期（平成）	現在の残高（円）	原因使途	保証人（保証人名）	最終返済日（平成・令和）	備考（別除権、差押え等がある場合は、注記してください。）
1	株式会社霞クレジット	（〒100-0013）千代田区霞が関１－１－20　八千代ビル２階	平31年10月９日のみ	236,321	原因　　Ｂ使途・内容（時計購入）	■ 無□ 有	■ 最終返済日令３年１月31日□ 一度も返済していない	

債権者一覧表（一般用）（最終頁用）

12	はやぶさ信用保証株式会社	（〒100-0092）千代田区隼町２－１－１　はやとビル４階	令２年６月16日～令４年３月30日	1,273,247	原因　　Ａ使途・内容（事業資金）	□ 無■ 有（中野　光一郎）	■ 最終返済日令３年１月20日□ 一度も返済していない	自宅土地建物に抵当権設定物上保証（中野光一郎）公正証書有り原債権者株式会社丸角銀行代位弁済日　平25年８月16日

債権者数合計（一般用）	12名	総債権額	532万6429円

＊「最初の受任通知の日」欄を必ず記入してください。

＊借入・購入年月日の古いものから記入します。

＊同じ債権者から何回も借り入れている場合は、初めて借り入れた時期を基準に記載順序を定め、金額、使途等はまとめて記載します。

＊保証人がいる場合の保証人に対する求償債務、公共料金、勤務先からの借入れ、家賃の滞納分、親族からの借入れなども忘れずに記載します。

＊弁済代位により債権者が替わっている場合には、新債権者の名称、住所を記入します。ただし、「原因使途」欄等は、原債権者から借り入れたときの事情を記入します。また、「備考」欄に原債権者名、代位弁済日を記入します。

＊「借入始期及び終期」欄及び「現在の残高」欄は、基本的に代理人が行った債権調査の結果（返送された債権調査表のままということではありません。）を記入します。また、借入れが1回のみの場合には、「令○年○月○日のみ」と記入します。

＊「原因使途」欄について、原因は、Ａ＝現金の借入れ、Ｂ＝物品購入、Ｃ＝保証、Ｄ＝その他、の記号を記入します（手書きの場合は○で囲みます。）。また、使途は、借入金を何に使ったか、何を買ったか、誰の債務を保証したか等を、具体的に記入します。

＊「保証人」欄には、保証人がある場合の保証人氏名を記載します。

＊「備考」欄には、具体的な担保の種類、債務名義（強制執行受諾文言付公正証書も含む。）の有無・種類、訴訟係属の有無、差押え、仮差押えの有無を記載します。また、これらがある場合には、その関係書類の写しを提出してください。

＊公租公課（国税徴収法または同法の例により徴収することのできる請求権）は、公租公課用の一覧表に記入してください。「種別」欄には、所得税、住民税、預かり消費税、固定資産税、自動車税、国民健康保険料、国民年金保険料などを具体的に記載します。

債権者一覧表（一般用）

（最初の受任通知の日　平成・令和　　年　　月　　日）

番号	債権者名	債権者住所（送達先）	借入始期及び終期（平成・令和）	現在の残高（円）	原因 使途	保証人（保証人名）	最終返済日（平成・令和）	備考（別除権、差押え等がある場合は、注記してください。）
1		（〒　　　　）	年　月　日 ～ 年　月　日		原因 A・B・C・D 使途・内容（　　　）	無 □ 有 □（　　　）	□ 最終返済日 年　月　日 □ 一度も返済していない	
2		（〒　　　　）	年　月　日 ～ 年　月　日		原因 A・B・C・D 使途・内容（　　　）	無 □ 有 □（　　　）	□ 最終返済日 年　月　日 □ 一度も返済していない	
3		（〒　　　　）	年　月　日 ～ 年　月　日		原因 A・B・C・D 使途・内容（　　　）	無 □ 有 □（　　　）	□ 最終返済日 年　月　日 □ 一度も返済していない	
4		（〒　　　　）	年　月　日 ～ 年　月　日		原因 A・B・C・D 使途・内容（　　　）	無 □ 有 □（　　　）	□ 最終返済日 年　月　日 □ 一度も返済していない	
5		（〒　　　　）	年　月　日 ～ 年　月　日		原因 A・B・C・D 使途・内容（　　　）	無 □ 有 □（　　　）	□ 最終返済日 年　月　日 □ 一度も返済していない	
6		（〒　　　　）	年　月　日 ～ 年　月　日		原因 A・B・C・D 使途・内容（　　　）	無 □ 有 □（　　　）	□ 最終返済日 年　月　日 □ 一度も返済していない	
7		（〒　　　　）	年　月　日 ～ 年　月　日		原因 A・B・C・D 使途・内容（　　　）	無 □ 有 □（　　　）	□ 最終返済日 年　月　日 □ 一度も返済していない	
8		（〒　　　　）	年　月　日 ～ 年　月　日		原因 A・B・C・D 使途・内容（　　　）	無 □ 有 □（　　　）	□ 最終返済日 年　月　日 □ 一度も返済していない	

「原因」欄は、A＝現金の借入れ、B＝物品購入、C＝保証、D＝その他、のいずれかの記号を〇で囲む。

債権者一覧表（一般用）（最終頁用）

（最初の受任通知の日　平成・令和　　年　　月　　日）

番号	債権者名	債権者住所（送達先）	借入始期及び終期（平成・令和）	現在の残高（円）	原因・使途	保証人（保証人名）	最終返済日（平成・令和）	備考（別除権、差押え等がある場合は、注記してください。）
		（〒　　　）	年　月　日 ～ 年　月　日		原因　A・B・C・D　使途・内容（　　）	□無　□有（　　）	□最終返済日　年　月　日　□一度も返済していない	
		（〒　　　）	年　月　日 ～ 年　月　日		原因　A・B・C・D　使途・内容（　　）	□無　□有（　　）	□最終返済日　年　月　日　□一度も返済していない	
		（〒　　　）	年　月　日 ～ 年　月　日		原因　A・B・C・D　使途・内容（　　）	□無　□有（　　）	□最終返済日　年　月　日　□一度も返済していない	
		（〒　　　）	年　月　日 ～ 年　月　日		原因　A・B・C・D　使途・内容（　　）	□無　□有（　　）	□最終返済日　年　月　日　□一度も返済していない	
		（〒　　　）	年　月　日 ～ 年　月　日		原因　A・B・C・D　使途・内容（　　）	□無　□有（　　）	□最終返済日　年　月　日　□一度も返済していない	
		（〒　　　）	年　月　日 ～ 年　月　日		原因　A・B・C・D　使途・内容（　　）	□無　□有（　　）	□最終返済日　年　月　日　□一度も返済していない	
		（〒　　　）	年　月　日 ～ 年　月　日		原因　A・B・C・D　使途・内容（　　）	□無　□有（　　）	□最終返済日　年　月　日　□一度も返済していない	
		（〒　　　）	年　月　日 ～ 年　月　日		原因　A・B・C・D　使途・内容（　　）	□無　□有（　　）	□最終返済日　年　月　日　□一度も返済していない	

債権者数合計（一般用）　　　　名　　　総債権額　　　　　　　　円

［原因］欄は、A＝現金の借入れ、B＝物品購入、C＝保証、D＝その他、のいずれかの記号を○で囲む。

Q7　53

債権者一覧表（公租公課用）

番号	債権者名	債権者住所（送達先）	電話番号	種別	現在の滞納額
		（〒　　）			
		（〒　　）			
		（〒　　）			
		（〒　　）			
		（〒　　）			
		（〒　　）			
		（〒　　）			
		（〒　　）			
公租公課合計				現在の滞納額合計	円

債権者合計（公租公課を含む）	現在の残金額合計
名	円

＊合計欄は、債権者一覧表（一般用）と同（公租公課用）の総合計（債権者数、残金額）を記入して下さい。

54　第2章　東京地裁倒産部に自己破産の申立てをする申立代理人が留意すべき事項

資産目録（一覧）

　下記１から16の項目についてはあってもなくてもその旨を必ず記入します。
　【有】と記入したものは、別紙（明細）にその部分だけを補充して記入します。
＊預貯金は、解約の有無及び残高の多寡にかかわらず、各通帳の表紙・中表紙を含め、過去２年以内の取引の明細が分かるように記帳部分全部の写しを提出します。
＊現在事業を営んでいる人又は過去２年以内に事業を営んでいたことがある人は過去２年度分の所得税の確定申告書の写しを、法人代表者の場合は過去２年度分の法人の確定申告書及び決算書の写しを、それぞれ提出します。

1　申立て時における33万円以上の現金　　　　　　　　　　【有　無】
　　＊33万円以上の現金がない場合にも、資産目録（明細）に申立時の現金を全額記入します。

2　預金・貯金　　　　　　　　　　　　　　　　　　　　　【有　無】
　　□過去２年以内に口座を保有したことがない。

3　公的扶助（生活保護、各種扶助、年金等）の受給　　　　【有　無】

4　報酬・賃金（給料・賞与等）　　　　　　　　　　　　　【有　無】

5　退職金請求権・退職慰労金　　　　　　　　　　　　　　【有　無】

6　貸付金・売掛金等　　　　　　　　　　　　　　　　　　【有　無】

7　積立金等（社内積立、財形貯蓄、事業保証金等）　　　　【有　無】

8　保険（生命保険、傷害保険、火災保険、自動車保険等）　【有　無】

9　有価証券（手形・小切手、株式、社債）、ゴルフ会員権等　【有　無】

10　自動車・バイク等　　　　　　　　　　　　　　　　　　【有　無】

11　過去５年間において、購入価格が20万円以上の財産　　　【有　無】
　　　　　　　　　　　　　　（貴金属、美術品、パソコン、着物等）

12　過去２年間に換価した評価額又は換価額が20万円以上の財産【有　無】

13　不動産（土地・建物・マンション等）　　　　　　　　　【有　無】

14　相続財産（遺産分割未了の場合も含みます。）　　　　　【有　無】

15　事業設備、在庫品、什器備品等　　　　　　　　　　　　【有　無】

16　その他、破産管財人の調査によっては回収が可能となる財産【有　無】
　　□過払いによる不当利得返還請求権　□否認権行使　□その他

Q7　55

資産目録（明細）

＊該当する項目部分のみを記入して提出します。欄が足りないときは、適宜欄を加えるなどして記入してください。

1　現　金　　　　　　　　　　　　　　　　　　　　　_____円
　＊申立て時の現金を全額記入します。

2　預金・貯金
　＊債務者名義の預貯金口座（ネットバンクを含む。）について、申立て前1週間以内に記帳して確認した結果に基づいて、その残高及び通帳記帳日を記入してください。残高が0円である場合も、その旨を記入してください。
　＊解約の有無及び残高の多寡にかかわらず各通帳の表紙・中表紙を含め、過去2年以内の取引の明細が分かるように記帳部分全部の写しを提出します。
　＊いわゆるおまとめ記帳部分は取引明細書も提出します。

金融機関・支店名 （郵便局、証券会社を含む。）	口座の種類	口座番号	申立て時の残高
			円

通帳記帳日　令和　　　年　　　月　　　日

3　公的扶助の受給
　＊生活保護、各種扶助、児童手当、年金等をもれなく記入します。
　＊受給証明書の写しも提出します。
　＊金額は、1か月に換算してください。

種　類	金　額	開　始　時　期	受給者の名前
	円／月	令・平　年　月　日	

4　報酬・賃金（給料・賞与等）
　＊給料・賞与等の支給金額だけでなく、支給日も記入します（月払の給料は、毎月○日と記入し、賞与は、直近の支給日を記入します。）。
　＊最近2か月分の給与明細及び過去2年度分の源泉徴収票又は確定申告書の控えの各写しを提出します。源泉徴収票のない人、確定申告書の控えのない人、給与所得者で副収入のあった人又は修正申告をした人は、これらに代え、又はこれらとともに、課税（非課税）証明書を提出します。

種　類	支　給　日	支　給　額
		円

5 退職金請求権・退職慰労金
  ＊退職金の見込額を明らかにするため、使用者又は代理人作成の退職金計算
   書を添付します。
  ＊退職後に退職金を未だ受領していない場合は4分の1相当額を記入しま
   す。

種　　類	総支給額（見込額）	8分の1（4分の1）相当額
	円	円

6 貸付金・売掛金等
  ＊相手の名前、金額、発生時期、回収見込額及び回収できない理由を記入し
   ます。
  ＊金額と回収見込額の双方を記入してください。

相　手　方	金　　額	発　生　時　期	回収見込額	回収できない理由
	円	令・平　年　月　日	円	

7 積立金等（社内積立、財形貯蓄、事業保証金等）
  ＊給与明細等に財形貯蓄等の計上がある場合は注意してください。

種　　類	金　　額	開　始　時　期
	円	令・平　年　月　日

8 保険（生命保険、傷害保険、火災保険、自動車保険等）
  ＊申立人が契約者で、未解約のもの及び過去2年以内に失効したものを記入
   します（出捐者が債務者か否かを問いません。）。
  ＊源泉徴収票、確定申告書等に生命保険料の控除がある場合や、家計や口座
   から保険料の支出をしている場合は、調査が必要です。
  ＊解約した保険がある場合には、20万円以下であっても、「12　過去2年間
   に処分した財産」に記入してください。
  ＊保険証券及び解約返戻金計算書の各写し、失効した場合にはその証明書
   （いずれも保険会社が作成します。）を提出します。
  ＊返戻金が20万円以下の場合も全て記入します。

保険会社名	証券番号	解約返戻金額
		円

9 有価証券（手形・小切手、株式、社債）、ゴルフ会員権等
  ＊種類、取得時期、担保差入及び評価額を記入します。
  ＊証券の写しも提出します。

種　　類	取　得　時　期	担保差入	評　価　額
	令・平　年　月　日	□有□無	円

10 自動車・バイク等
　＊車名、購入金額、購入時期、年式、所有権留保の有無及び評価額を記入します。
　＊家計全体の状況に駐車場代・ガソリン代の支出がある場合は、調査が必要です。
　＊自動車検査証又は登録事項証明書の写しを提出します。

車　名	購入金額	購　入　時　期	年式	所有権留保	評　価　額
	円	令・平　年　月　日	年	□有□無	円

11 過去5年間において、購入価格が20万円以上の財産
（貴金属、美術品、パソコン、着物等）
　＊品名、購入価格、取得時期及び評価額（時価）を記入します。

品　名	購入金額	取　得　時　期	評　価　額
	円	令・平　年　月　日	円

12 過去2年間に換価した評価額又は換価額が20万円以上の財産
　＊過去2年間に換価した財産で、評価額又は換価額のいずれかが20万円以上の財産は全て記入します。
　＊不動産の売却、自動車の売却、保険の解約、定期預金の解約、過払金の回収等について、換価時期、換価時の評価額、実際の換価額、換価の相手方、取得した金銭の使途を記入します。
　＊換価に関する契約書・領収書の写し等換価を証明する資料を提出します。
　＊不動産を換価した場合には、換価したことが分かる登記事項証明書等を提出します。
　＊使途に関する資料を提出します。

財産の種類	換　価　時　期	評価額	換価額	相手方	使　途
	令和　年　月　日	円	円		

　＊賞与の受領、退職金の受領、敷金の受領、離婚に伴う給付等によって取得した現金についても、取得時期、取得額、使途を記入します。
　＊給与明細書等受領を証明する資料を提出します。
　＊使途に関する資料を提出します。

財産の種類	取　得　時　期	取得額	使　　　途
	令・平　年　月　日	円	

13 不動産（土地・建物・マンション等）
　＊不動産の所在地、種類（土地・借地権付建物・マンション等）を記入します。

＊共有等の事情は、備考欄に記入します。
＊登記事項証明書を提出します。
＊オーバーローンの場合は、定形の上申書とその添付資料を提出します。
＊遺産分割未了の不動産も含みます。

不動産の所在地	種　類	備　考

14　相続財産
　＊被相続人、続柄、相続時期及び相続した財産を記入します。
　＊遺産分割未了の場合も含みます（不動産は13に記入します。）。

被相続人	続柄	相　続　時　期	相続した財産相続財産
		令・平　年　月　日	

15　事業設備、在庫品、什器備品等
　＊品名、個数、購入時期及び評価額を記入します。
　＊評価額の疎明資料も添付します。

品　名	個　数	購　入　時　期	評　価　額
		令・平　年　月　日	円

16　その他、破産管財人の調査によっては回収が可能となる財産
　＊相手方の氏名、名称、金額及び時期等を記入します。
　＊現存していなくても回収可能な財産は、同時破産廃止の要件の認定資料になります。
　＊債務者又は申立代理人によって回収可能な財産のみならず、破産管財人の否認権行使によって回収可能な財産も破産財団になります。
　＊ほかの項目に該当しない財産（敷金、過払金、保証金等）もここに記入します。

相　手　方	金　額	時　期	備　考
		令・平　年　月　日	

申立人債務者_____に関する

　　□ 陳述書（作成名義人は申立人　_____印）
　　□ 報告書（作成名義人は申立代理人_____印）
　＊いずれか書きやすい形式で本書面を作成してください。
　＊適宜、別紙を付けて補充してください。

1　過去10年前から現在に至る経歴　　　　　　　　　　　□ 補充あり

就　業　期　間	地　位
就業先（会社名等）	業務の内容
年　　月～　　年　　月	□自営 □法人代表者 □勤め □パート・バイト □無職 □他（　　　　　　　　）
年　　月～　　年　　月	□自営 □法人代表者 □勤め □パート・バイト □無職 □他（　　　　　　　　）
年　　月～　　年　　月	□自営 □法人代表者 □勤め □パート・バイト □無職 □他（　　　　　　　　）
年　　月～　　年　　月	□自営 □法人代表者 □勤め □パート・バイト □無職 □他（　　　　　　　　）

　＊流れが分かるように時系列に記入します。
　＊破産につながる事情を記入します。10年前というのは一応の目安にすぎません。
　＊過去又は現在、法人の代表者の地位にある場合は、必ず記入します。

2　家族関係等　　　　　　　　　　　　　　　　　　　　□ 補充あり

氏　名	続柄	年齢	職　業	同居

　＊申立人の家計の収支に関係する範囲で記入してください。
　＊続柄は申立人から見た関係を記入します。
　＊同居の場合は同居欄に○を、別居の場合は同欄に×を記入します。

3　現在の住居の状況　　　　　　　　　　　　　　　　　□ 補充あり
　　ア 申立人が賃借　　イ 親族・同居人が賃借　　ウ 申立人が所有・共有
　　エ 親族が所有　　　オ その他（　　　　　　　　　　　　　　　）

＊ア、イの場合は、次のうち該当するものに○印をつけてください。
　a 民間賃借　　b 公営賃借　　c 社宅・寮・官舎
　d その他（＿＿＿＿＿＿＿＿＿＿＿＿＿＿＿＿＿＿＿＿）

4　今回の破産申立費用（弁護士費用を含む。）の調達方法　　　□ 補充あり
　□ 申立人自身の収入　□ 法テラス
　□ 親族・友人・知人・（＿＿＿＿＿）からの援助・借入れ
　（→その者は、援助金・貸付金が破産申立費用に使われることを
　　　□ 知っていた　□ 知らなかった）
　□ その他　（＿＿＿＿＿＿＿＿＿＿＿＿＿＿＿＿＿＿＿）

5　破産申立てに至った事情　　　　　　　　　　　□ 補充あり
　＊債務発生・増大の原因、支払不能に至る経過及び支払不能となった時期
　　を、時系列で分かりやすく記載してください。
　＊事業者又は事業者であった人は、事業内容、負債内容、整理・清算の概
　　況、資産の現況、帳簿・代表者印等の管理状況、従業員の状況、法人の
　　破産申立ての有無などをここで記載します。

6　免責不許可事由　　　　　　　　□ 有　□ 無　□ 不明
　＊有又は不明の場合は、以下の質問に答えてください。
　問1　本件破産申立てに至る経過の中で、当時の資産・収入に見合わない過
　　　大な支出又は賭博その他の射幸行為をしたことがありますか（破産法
　　　252条1項4号）。　　□ 補充あり
　　　　□ 有（→次の①～⑥に答えます。）　　□ 無
　　　①　内容　　ア 飲食　イ 風俗　ウ 買物（対象＿＿＿＿）　エ 旅行
　　　　　　　　　オ パチンコ　カ 競馬　キ 競輪　ク 競艇　ケ 麻雀
　　　　　　　　　コ 株式投資　サ 商品先物取引
　　　　　　　　　シ FX（外国為替証拠金取引）
　　　　　　　　　ス その他（＿＿＿＿＿＿＿＿＿＿＿＿＿）
　　　＊①の内容が複数の場合は、その内容ごとに②～⑥につき答えてくださ
　　　い。
　　　②　時期＿＿＿＿＿年＿＿月頃～＿＿＿＿＿年＿＿月頃
　　　③　②の期間中にその内容に支出した合計額
　　　　　　　　　　　　　　　　ア 約＿＿＿万円　イ 不明
　　　④　同期間中の申立人の資産及び収入（ギャンブルや投資・投機で利益
　　　　が生じたときは、その利益を考慮することは可）からみて、その支出
　　　　に充てることができた金額　　ア 約＿＿＿万円　イ 不明
　　　⑤　③－④の額　　　　　　ア 約＿＿＿万円　イ 不明
　　　⑥　②の終期時点の負債総額　ア 約＿＿＿万円　イ 不明

　問2　破産手続開始を遅延させる目的で、著しく不利益な条件で債務を負担
　　　したり、又は信用取引により商品を購入し著しく不利益な条件で処分し
　　　てしまった、ということがありますか（破産法252条1項2号）。

□ 補充あり

□ 有（→次の①～③に答えます。）　　□ 無

①　内容　ア 高利借入れ（→次の②に記入）
　　　　　イ 換金行為（→次の③に記入）
　　　　　ウ その他（＿＿＿＿＿＿＿＿＿＿＿＿＿＿＿＿＿＿）

②　高利（出資法違反）借入れ　　　　　　　　（単位：円）

借 入 先	借入時期	借入金額	約定利率

③　換金行為　　　　　　　　　　　　　　　　（単位：円）

品　名	購入価格	購入時期	換金価格	換金時期

問3　一部の債権者に特別の利益を与える目的又は他の債権者を害する目的
　　で、義務ではない担保の提供、弁済期が到来していない債務の弁済又は
　　代物弁済をしたことがありますか（破産法252条1項3号）。
　　□ 補充あり
　　　　□ 有（→以下に記入します。）　　□ 無

（単位：円）

時　期	相手の名称	弁済額

問4　破産手続開始の申立日の1年前の日から破産手続開始の申立日までの
　　間に、他人の名前を勝手に使ったり、生年月日、住所、負債額及び信用
　　状態等について虚偽の事実を述べて、借金をしたり、信用取引をしたこ
　　とがありますか（破産法252条1項5号）。　　　　　　　□補充あり
　　　　□ 有（→以下に記入します。）　　□ 無　　（単位：円）

時期	相　手　方	金　額	内　容

問5　破産手続開始（免責許可）の申立前7年以内に以下に該当する事由が
　　ありますか（破産法252条1項10号関係）。
　　　　□ 有（番号に○をつけてください。）　　□ 無
　　　1　免責許可決定の確定
　　　　　　　　　　　免責許可決定日　　　　令・平　　年　　月　　日

62　第2章　東京地裁倒産部に自己破産の申立てをする申立代理人が留意すべき事項

　　　　　　（決定書写しを添付）
　　　2　給与所得者等再生における再生計画の遂行
　　　　　　再生計画認可決定日　　　令・平　　年　　月　　日
　　　　　　（決定書写しを添付）
　　　3　ハードシップ免責決定（民事再生法235条1項、244条）の確定
　　　　　　再生計画認可決定日　　　令・平　　年　　月　　日
　　　　　　（決定書写しを添付）

問6　その他、破産法所定の免責不許可事由に該当すると思われる事由があ
　　りますか。□ 補充あり
　　　　□ 有　　□ 無
　　有の場合は、該当法条を示し、その具体的事実を記載してください。

問7　①　破産手続開始の申立てに至る経過の中で、商人（商法4条。小商
　　人［商法7条、商法施行規則3条］を除く。）であったことがあります
　　か。
　　　　□ 有（→次の②に答えます。）　　　□ 無
　　　②　業務及び財産の状況に関する帳簿（商業帳簿等）を隠滅したり、
　　　　偽造、変造したことがありますか（破産法252条1項6号）。
　　　　　　　　　　　　　　　　　　　　　　　　　□ 補充あり
　　　　□ 有　　　□ 無
　　有の場合は、aその時期、b内容、c理由を記載してください。

問8　本件について免責不許可事由があるとされた場合、裁量免責を相当と
　　する事情として考えられるものを記載してください。

　　　　　　　　　　　　　　　　　　　　　　　　　　　　　　以上

家計全体の状況①（令和　　年　　月分）

（令和　　年　　月　　日～令和　　年　　月　　日）

＊申立直前の２か月分（起算日は任意）の状況を提出します。

＊世帯全体の収支を記載します。

＊「他の援助」のある人は、（　）に援助者の名前も記入します。

＊「交際費」「娯楽費」その他多額の支出は、（　）に具体的内容も記入します。

＊「保険料」のある人は、（　）に保険契約者の名前も記入します。

＊「駐車場代」「ガソリン代」のある人は、（　）に車両の名義人も記入します。

収　入		支　出	
費　目	金額（円）	費　目	金額（円）
前月繰越金（現金）			
（預貯金）			
前月繰越金計（A）	0		
給料・賞与（申立人）		家賃（管理費含む）、地代	
給料・賞与（配偶者）		住宅ローン	
給料・賞与（　　　　）		食費	
自営収入（申立人）		日用品	
自営収入（配偶者）		水道光熱費	
自営収入（　　　　）		通信費（電話代等）	
年金（申立人）		新聞代	
年金（配偶者）		保険料（　　　　　）	
年金（　　　　）		駐車場代（　　　　）	
生活保護		ガソリン代（　　　　）	
児童手当		医療費	
他の援助（　　　）		教育費	
その他（　　　）		交通費	
		被服費	
		交際費（　　　　　）	
		娯楽費（　　　　　）	
		返済（対業者）	
		返済（対親戚・知人）	
		返済（　　　　　）	
		その他（　　　　　）	
当月収入計（B）	0	当月支出計（C）	0
		次月繰越金（現金）	
		（預貯金）	
		次月繰越金計（D）	0
合計（A＋B）	0	合計（C＋D）	0

64　第２章　東京地裁倒産部に自己破産の申立てをする申立代理人が留意すべき事項

家計全体の状況②（令和　　年　　月分）

（令和　　年　　月　　日～令和　　年　　月　　日）

＊申立直前の2か月分（起算日は任意）の状況を提出します。

＊世帯全体の収支を記載します。

＊「他の援助」のある人は、（　）に援助者の名前も記入します。

＊「交際費」「娯楽費」その他多額の支出は、（　）に具体的内容も記入します。

＊「保険料」のある人は、（　）に保険契約者の名前も記入します。

＊「駐車場代」「ガソリン代」のある人は、（　）に車両の名義人も記入します。

収　入		支　出	
費　目	金額（円）	費　目	金額（円）
前月繰越金（現金）			
（預貯金）			
前月繰越金計（A）	0		
給料・賞与（申立人）		家賃（管理費含む）、地代	
給料・賞与（配偶者）		住宅ローン	
給料・賞与（　　　　）		食費	
自営収入（申立人）		日用品	
自営収入（配偶者）		水道光熱費	
自営収入（　　　　）		通信費（電話代等）	
年金（申立人）		新聞代	
年金（配偶者）		保険料（　　　　　　）	
年金（　　　　）		駐車場代（　　　　　）	
生活保護		ガソリン代（　　　　）	
児童手当		医療費	
他の援助（　　　　）		教育費	
その他（　　　　）		交通費	
		被服費	
		交際費（　　　　　　）	
		娯楽費（　　　　　　）	
		返済（対業者）	
		返済（対親戚・知人）	
		返済（　　　　　　　）	
		その他（　　　　　　）	
当月収入計（B）	0	当月支出計（C）	0
		次月繰越金（現金）	
		（預貯金）	
		次月繰越金計（D）	0
合計（A＋B）	0	合計（C＋D）	0

Q7　65

（資料2）

申立てに当たり調査・確認すべき事項

第1　破産手続開始・免責許可申立書

(1)　旧姓や通称名（屋号等を含む。）で借入れをしたことがあるかを確認した上で、そのような借入れをしたことがある場合には、旧姓や通称名を記入してください。

(2)　委任状は、申立前3か月以内に作成したものを提出してください。なお、受任後申立てまでに転居があった場合で、後から日付を記入したために、委任状の住所欄には受任当時の前住所が記入されているが、委任状の日付欄には申立て直前の日が記入されているという委任状も見受けられますので、ご注意ください。

第2　債権者一覧表

1　債権者一覧表全般

(1)　債権者一覧表は、借入れ・購入時期の古いものから順に記入（同一債権者から複数回借入れをしている場合は、初めて借り入れた時期を基準に、債権者ごとにまとめて記入）してください。

(2)　金融機関（金融業者）やクレジットカード会社のみならず、全ての債権者に対する、全ての債務について、もれなく記入してください（例えば、保証人が保証債務を履行した場合の当該保証人に対する求償債務、滞納公共料金・家賃等、勤務先・親族・知人からの借入金債務等を見落とさないように注意してください。）。

(3)　非免責債権（例えば、悪意で加えた不法行為に基づく損害賠償請求権や、元配偶者・子の有する養育費債権等。破産法253条1項各号参照）に係る債権者についても、もれなく債権者一覧表に記入してください。

(4)　取引終了後に代位弁済等により債権者が替わっているものがある場合には、「債権者名」、「債権者住所（送達先）」欄には新債権者の名称、住所を記入した上で、「借入始期及び終期」、「原因使途」、「最終返済日」欄には原債権者から借入れをしたときの事情を記入し、「備考」欄に原債権者名及び代位弁済日を記入してください。

(5)　消費者・事業者向け金融業者、クレジットカード会社等の継続的な借入れ・購入がある場合には、債権調査において当該債権者から取引履歴を取り寄せた上で、利息制限法所定の制限利率を超える利息の支払約定のある借入れにつき制限利率での引直し計算をしてください。

2　最初の受任通知の日欄

(1) 申立代理人が債権者に対し最初に受任通知を発送した日（申立代理人以外の弁護士又は司法書士が、それ以前に受任通知を発送している場合は、その発送日）を記入してください。

(2) 受任通知を複数回発送している場合（例えば、当初は任意整理のため受任通知を発送したが、その後破産申立て予定に切り替えて受任通知を発送した場合等）には、全ての発送日を併記してください。

(3) 仮に、他の債権者より遅れて受任通知を発送した債権者がいる場合には、当該債権者の備考欄に、その発送日を記入してください（また、発送が遅れた理由を付記してください。）。

3 借入れの始期及び終期欄

(1) 債権調査の結果（取引履歴）に基づき、借入れの始期及び終期を正確に記入してください（特に、借入れの終期と最終弁済日を混同しないよう注意してください。）。

(2) 借入れの終期は、実際の最終借入日を記入してください（取引履歴の作成日や、遅延利息の計算のためだけに表示されている取引履歴の最終日を誤って記入しないよう注意してください。）。

(3) 借入れの終期についても、もれなく記入してください（なお、借入れが1回のみの場合は、「令和○年○月○日のみ」と記入してください。）。

(4) 受任通知後に借入れの終期がある債権（例えば、受任通知後に借入れをしている等）がある場合には、その理由を確認してください。

4 現在の残高欄

(1) 「現在の残高」欄は、元金、利息及び遅延損害金の合計額を記入してください。

(2) 利息制限法所定の制限利率を超える利息の支払約定のある借入れがある場合には、制限利率での引直し計算をした残高を記入してください（引直し計算をした債権者については、備考欄に「引直し計算済」と記入してください。）。

5 原因・使途欄

(1) 「原因」欄は、以下の区分に基づき正確に記入してください。

「Ａ」＝現金の借入れ　「Ｂ」＝物品購入
「Ｃ」＝保証　　　　　「Ｄ」＝その他

(2) 取引履歴や残高証明書に「立替金」と記載されているものがある場合には、債権の発生原因が物品購入であるかを確認してください。

(3) 「使途」欄には、借入金を何に使ったのか、何を買ったのか等を具体的に記入してください（例えば、「住宅ローン」「生活費」「自動車」「飲食費」「着物」「貴金属類」「エステ」「旅行」「交際費」「遊興費」「長男の大学学費」「保証」「他の債務の返済」「事業資金」等）。

(4) クレジットカードの利用明細等の客観的資料の内容と「使途」欄の記載

が合致しているかを十分確認してください。

(5) ギャンブル、高額な飲食、貴金属類やブランド品、エステ、旅行等、日常生活に必ずしも必要不可欠ではない使途のための借入れやカード利用が含まれているにもかかわらず、安易に「生活費」と記入しないようにしてください。

6 最終返済日欄

(1) 最終返済日は、実際の最終返済日を記入してください（取引履歴の作成日や、遅延利息の計算のためだけに表示されている取引履歴の最終日を誤って記入しないよう注意してください。）。

(2) 債務者による最終返済日を記入してください（代位弁済者による返済日や、保証債務の場合の主債務者の返済日を誤って記入しないよう注意してください。）。

7 備考欄

(1) 担保権（物上保証を含む。）の設定のある債務、債務名義（強制執行受諾文言付き公正証書を含む。）がある債務、訴訟係属中である債務、差押え・仮差押えのある債務がある場合には、担保権の種類、債務名義の種類、訴訟係属中である旨、差押え・仮差押えの手続が執られている旨を、それぞれ「備考」欄に記入してください。

(2) 不動産競売や預金・給料の差押え等、強制執行手続により一部回収がされた債権がある場合には、その時期（給料差押えの場合は、実際に取立て又は供託をされた期間）及び具体的内容（回収された金額等）を確認してください。

(3) 「原因・使途」欄に「B」（物品購入）がある場合には、その物品の保有の有無等（自宅保管中、質入れ中、売却済み等）を確認してください。また、当該物品に所有権留保特約が付されたもの（既に返還又は売却したものを含む。）である場合、現状（「所有権留保付」「所有権留保付返還済」「所有権留保付売却済・売却先○○」等）を確認してください。

(4) 「原因・使途」欄に「C」（保証）がある場合には、主債務者名と債務者との関係（例えば、父、母、兄、友人、勤務先会社、代表者をしている法人、取引先等）及び保証債務を履行した金額を確認してください。

第3 資産目録

1 現金

(1) 申立て時において有している現金の額をその多寡を問わず正確に確認してください（いわゆるタンス預金がないかどうかの確認も必要です。）。

(2) 直近の家計収支表に33万円以上の剰余（収入と支出の合計額の差）がある場合は、33万円以上の現金を有していることがうかがわれます。直近の家計収支表に33万円以上の剰余があるが、申立て時には33万円以上の現金

がないという場合には、その具体的理由ないし使途を確認してください。

2 預金・貯金

(1) 債務者名義の預貯金口座（ネットバンクを含む。）について、申立て前1週間以内に記帳して確認した結果に基づいて、その残高及び通帳記帳日を記入してください。残高が0円である場合も、その旨を記入してください。

(2) 債務者が親族等の他人名義で貯蓄している預貯金（例えば、名義人である親族等の資産・収入のみではなく、債務者の資産・収入をも原資としている預貯金）がある場合には、債務者名義の預貯金と同様に記入してください。

(3) 通帳の写しは、表紙・中表紙も含めた普通預金の記帳部分全部をコピーして提出してください。通帳が総合口座等、普通預金以外の預金が記帳されるものである場合は、定期預金、積立預金等の1頁目及び記帳ある頁全部もコピーして提出してください。記帳部分の最終頁が最終行まで記帳されている場合は、次頁もコピーして提出してください。

(4) 提出する通帳には、過去2年分の出入金が全て記帳されていることが必要です。通帳が2年以内に繰り越されている場合は、繰越前の通帳のコピーも提出してください。

(5) 通帳の写しを提出できない預貯金口座（例えば、通帳を紛失した場合、ネットバンクで通帳のない場合等）や、通帳に一括記帳部分（長期間記帳しなかったため複数の出入金が合算して記帳されている部分）がある預貯金口座については、必ず取引明細を取り寄せて提出してください。

(6) 全ての預貯金口座の通帳を提出してください（給与や公的扶助の振込み、ローンの返済、公共料金の引落し等で預貯金口座を利用している場合に、当該口座を看過しないようにしてください。）。

(7) 普通預金口座のみならず、定期預金や当座預金等の口座の有無も確認してください（特に、普通預金口座にマイナス残高の記帳がある場合は、担保となっている定期預金がある可能性がありますので、定期預金の有無を確認してください。）。

(8) 普通預金口座において、定期預金等への出金や他の金融機関（ネットバンクを含む。）の口座への振込み等がされている場合は、これらの出金先・振込み先の口座の通帳についても確認してください。

(9) 通帳に高額の出入金がある場合には、その具体的事情（出入金の趣旨、使途等）を確認してください。また、通帳の出入金に相手方の記載があるもの（給与振込みや公共料金等であることが明らかな場合を除く。）がある場合も、その具体的事情（債務者と相手方との関係や出入金の趣旨、使途等）を、確認してください。

3 公的扶助（生活保護、各種扶助、年金等）の受給

(1) 生活保護以外の公的扶助（児童手当、児童扶養手当、年金等）について

も、もれなく記入してください。

(2) 生活保護については、受給開始時期を必ず記入してください。

(3) 世帯主が世帯単位で生活保護を受給している場合には、世帯員である債務者についても生活保護を受給していることになりますので、この点も確認してください（保護決定通知書の宛名が世帯主のみであっても、世帯員である債務者も生活保護を受給していることになります。）。

4 報酬・賃金（給料・賞与等）

最近2か月の給料明細及び過去2年度分の源泉徴収票又は確定申告書の控えの各写しを必ず提出してください。源泉徴収票のない人、確定申告書の控えのない人、給与所得者で副収入のあった人又は修正申告をした人は、これらに代え、又はこれらとともに、課税（非課税）証明書を提出してください。

5 退職金請求権・退職慰労金

(1) 正社員等の退職金の支給があり得る雇用形態で勤務している場合、退職金の有無及び見込額を必ず確認してください。

(2) 退職金の支給がある場合には、自己都合で退職する場合の退職金見込額（0円の場合も含む。）の証明書を勤務先から入手した上で、退職金見込額及び見込額の8分の1（既に退職した場合又は近く退職予定の場合は4分の1）の金額を記入してください。また、勤務先から退職金見込額の証明書の提出を受けることが困難な場合は、①就業規則（退職金支給規程）を入手し、退職金見込額を計算する、②勤務先における従来からの退職金の支給実績等の事情を、勤務先や上司、同僚等から詳細に聴取する等の方法により、退職金の有無及び額を確認してください。

6 貸付金・売掛金等

(1) 回収見込みがない債権については、回収見込みがないとする具体的理由を確認してください。例えば、

ア 貸付先から消滅時効を主張されている場合
時効中断措置を執っていないことの確認が必要です。

イ 貸付先から相殺を主張されている場合
反対債権の内容（日付、金額、契約内容等）やその裏付け証拠の有無等を確認し、相殺禁止等に抵触しないかも確認してください。

ウ 貸付先が破産等の法的整理手続を執った場合
法的整理手続の種類、その進捗状況及び配当見込み等を確認してください。

エ 相手方の所在不明、資力なし等を理由とする場合
所在不明を理由とする場合は、例えば、貸付先の住所（本店）を住民票（法人の履歴事項全部証明書）等で確認した上で、当該貸付先に赴いて本人、関係者や近隣等に確認し、知っている連絡先（本人や実家の電話番号等）に連絡を試みる等の調査を検討してください。また、資力な

しを理由とする場合は、例えば、住所地（本店所在地）の不動産の全部
事項証明書を取り寄せて所有不動産の有無を確認するとともに、住所地
（本店所在地）に赴いた上で、本人や関係者等から事情を聴取し、所得証
明書（課税証明書等）等の提出を受ける、現地で事業の状況を確認する
等の調査を検討してください。
(2) 債務者が、会社代表者・役員、会社代表者の親族、親族が経営する会社
の従業員等であったことがある場合には、当該会社等に対する貸付金、求
償金等の有無を確認してください（会社の会計帳簿等に、債務者からの借
入金、仮受金等の記載がないかも確認してください。）。
(3) 債務者が保証人・連帯債務者であり、保証・連帯債務を履行したことが
ある場合には、主債務者・他の連帯債務者に対する求償権が生じますの
で、有無及び回収可能性を確認してください。
(4) 債務者が事業者で事務所・店舗等を賃借していた場合には、精算・回収
していない敷金・保証金等の有無及び額を確認してください。
(5) 現在又は過去に給与所得者である場合は、未払給料等（労働者健康安全
機構による立替払が予定されているものを含みます。）がないかを確認して
ください。

7 積立金等（社内積立、財形貯蓄、事業保証金等）
(1) 社内積立、財形貯蓄、積立年金、事業保証金等がある場合は、勤務先等
からの資料に基づき、その内容を確認してください。
(2) 給料明細の中の「社内積立」、「財形貯蓄」等の記載の有無を確認し、他
に積立金等がないかを確認してください。
(3) 通帳の中の積立金（互助会等の積立ても含む。）の引落しの記載の有無を
確認し、他に積立金等がないかを確認してください。

8 保険（生命保険、傷害保険、火災保険、自動車保険等）
(1) 債務者が契約者となっている保険・共済等は、保険料等を誰が支払って
いるかにかかわらず、全て記入してください。
(2) 親族等の他の者が契約者となっている保険・共済等の中に、債務者の収
入・資産から保険料等を支払っているもの（現在又は過去に保険料の一部
分でも支払っているものも含まれる。）がある場合は、債務者が契約者であ
る保険と同様に記入してください。
(3) 保険について契約者貸付けを受けている場合は、保険会社作成の証明書
等に基づき、貸付けを受けた時期及び金額（残債務額）を付記してくださ
い。
(4) 預貯金通帳の中の保険料等の引落しの記帳の有無を確認し、他に保険・
共済等がないか確認してください。また、預貯金通帳に記帳された保険料
等の支払額・回数と、記載した保険・共済等の種類・口数が合致している
かも確認してください。

Q7 71

(5) 確定申告書の控え、源泉徴収票又は給料明細の中の「生命保険料控除」の記載の有無を確認し、他に保険・共済等がないかを確認してください。

(6) 解約返戻金等の有無及び額は、申立て直近に発行された証明書等に基づき確認してください（申立て時の解約返戻金の有無及び額を正確に確認し得る資料を徴求してください。）。

9 有価証券（手形・小切手、株式、社債）、ゴルフ会員権等

(1) 証券会社等に口座を開設しているかを確認し、現在の有価証券の保有や、過去の有価証券の売買内容や代金の使途等を確認してください（20万円以上の有価証券の売買や口座からの引出しについては、その確認結果を11又は12に記入してください。）。

(2) 預貯金通帳の中の証券会社への入金等の記帳、給料明細等の中の社内持株会への控除等の記載の有無を確認し、他に株式等を保有していないかを確認してください。

10 自動車、バイク等

(1) 自動車、バイク等を有している場合は、自動車検査証又は登録事項証明書を徴求して確認してください。

(2) 債権者一覧表の中の自動車購入に係る借入れの記載、家計収支表の中の駐車場代やガソリン代の支出の記載、預貯金通帳の中の自動車損害保険料や日本自動車連盟（JAF）会費の引き落としの記帳等の有無を確認し、自動車を有していないかどうか確認してください。

(3) 所有権留保が付されている自動車については、被担保債権額及びオーバーローンでないかを確認してください。

11 過去5年間において、購入価格が20万円以上の財産

(1) 貴金属類、美術品、パソコン、着物、その他の物（自動車、バイク等は10欄に記載する。）について、その保有の有無及び評価額（時価）を確認してください。

(2) 債権者一覧表に「B」（物品購入）と記載されている負債に係る物品について、当該商品の保有の有無及び評価額（時価）を確認してください。

12 過去2年間に換価した評価額又は換価額が20万円以上の財産

(1) 過去2年間に換価した財産で20万円以上の価値があるもの（不動産、自動車の売却、定期預金・保険の解約、過払金の回収等）について、その有無、評価額、換価に関する明細及び使途等を調査してください（なお、保険については、解約返戻金が20万円以下のものについても、参考として記載してください。）。

(2) 債権者一覧表の「使途」欄に「住宅ローン」と記載されたものについて、当該不動産の換価の有無を確認してください。

(3) 過去2年間に回収した過払金（回収して既に費消した分を含む。）があり、回収額が合算して20万円以上である場合は、その明細を記入してくだ

さい。

(4) 現在の勤務先について賞与受領の有無、過去の勤務先（陳述書の勤務歴に記入されています。）について退職金受領の有無を確認し、20万円以上受領している場合は必ず記入してください。

(5) 債務者に離婚歴がある場合には、離婚給付（慰謝料、財産分与又は扶養料）や子の養育費の支払又はその約束の有無を確認してください。

13 不動産（土地・建物・マンション等）

(1) 同時廃止を希望する場合には、所有不動産が1.5倍以上のオーバーローンになっていることが必要です。被担保債権の残額（不動産の全部事項証明書記載の被担保債権額や極度額ではなく、債権調査により判明した残債務額）を、不動産の時価（信頼の置ける不動産業者2社の査定書（例えば、大手不動産業者2社や、大手不動産業者1社及び地元の有力業者1社等。固定資産評価証明書は不可。）による評価額の平均値等）で除した値を算出して、1.5倍以上になっているかを確認し、その結果を「オーバーローン上申書」に記入してください。

(2) 所有不動産が借地権付建物（使用貸借等を含む。）である場合には、建物の評価額のみならず、借地権価格の評価額も加えた時価を確認する必要があります。

(3) 債務者所有の不動産が共有不動産である場合に、不動産全体に抵当権が設定されている場合には、被担保債権の残額を不動産全体の時価で除して算定する必要があります。被担保債権の残額を債務者の共有持分だけの時価で除して算定することのないようにしてください。

(4) 債権者一覧表の「使途」欄に「住宅ローン」との記載がある場合は、現在も不動産を所有しているかを確認してください。

14 相続財産

(1) 相続財産（遺産分割未了のものを含む。）がある場合は、相続関係の調査を行った上で、相続した財産の内容及び評価額等を確認してください。

(2) これまでに親族が死亡して相続が生じている場合には、相続財産を全て確認してください（不動産以外にも、現金、預貯金、保険等の相続財産がないかを確認してください。）。

(3) 被相続人名義で登記されたままの不動産等の相続財産がないか確認してください。

15 事業設備、在庫品、什器備品等

事務所・店舗等の明渡しが未了で、事業設備等の残置がされているものがないか、他方で、事務所・店舗等の明渡しが済んでいても、債務者の自宅やトランクルーム等に保管している事業設備等がないかを確認してください。

16 その他、破産管財人の調査によっては回収が可能となる財産

〔過払金に関して〕

(1) 消費者金融業者等からの借入れがある場合には、取り寄せた取引履歴に基づき利息制限法所定の制限利率に引直し計算をして、過払金の有無を確認してください。

(2) 既に完済した消費者金融業者等からの借入れ（いわゆる「おまとめローン」等で完済したものを含む。）についても、当該業者からも取引履歴を取り寄せた上で、過払金の有無を確認してください。

〔否認権に関して〕

(1) 時期を問わず、第三者に財産を無償又は時価よりも安い価格で譲渡したこと（親族に対する金銭の交付・送金、保険の契約名義の変更、元配偶者に対する財産分与等を含む。）や、第三者への担保提供（物上保証）がないかを確認してください。

(2) 債務の支払が難しいと考えるようになった時期以後（特に、受任通知後）に、一部の債権者の債務を弁済したことや、担保権を設定したことがないかを確認してください。

(3) 債務の支払が難しいと考えるようになった時期以後（特に、受任通知後）に、預貯金通帳の出金記録の中に、債務の弁済のための出金がないかを確認してください。

(4) 債務の支払が難しいと考えるようになった時期以後（特に、受任通知後）に、給与債権の差押え等の強制執行手続が執られたこと（当該差押えに基づき取立てがされた場合のみならず、勤務先が差押額を供託した場合も含む。）がないかを確認してください。ある場合には、その差押えの時期及び金額を確認してください。

(5) 債務の支払が難しいと考えるようになった時期以後（特に、受任通知後）に、所得税、住民税又は保険料以外の名目で給料天引き（勤務先からの借入金の返済のための控除）がされていないかを確認してください。ある場合には、その控除の時期及び控除額を確認してください。

(6) 債務の支払が難しいと考えるようになった時期以後（特に、受任通知後）に、第三者に対し財産を譲渡したこと（親族に対する金銭の送付や送金、元配偶者に対する財産分与を含む。）や、第三者への担保提供（物上保証）、自己の取得分が法定相続分に満たない遺産分割協議、被相続人の死亡後3か月以上経過した後の相続放棄がないかを確認してください。

(7) その他、何らかの資産（否認権の行使可能性のあるものを含む。）を有していることがないかを確認してください。

第4 陳述書（又は報告書）

1 過去10年前から現在に至る経歴

(1) 事業（個人自営、会社経営）に伴う負債が残っている場合は、過去10年間よりも前であったとしても、当該事業時まで遡って経歴を記入してくだ

さい。
(2) 現在又は過去に事業を営んでいたことがある場合は、当該事業の状況（事業内容、事業停止時期、事務所・店舗等の明渡しの有無〔敷金・保証金の精算の有無〕、従業員及び未払労働債権の有無、事業資産〔未収売掛金、事業設備、在庫品、什器備品等〕の有無、事業に係る負債額、事業停止後の債権者の反応等）を確認してください。

2〜4　特記事項なし

5　破産申立てに至った事情

(1) 破産手続開始の申立てに至った事情をできる限り具体的に記載してください（なお、債務者本人が書いたものをそのまま記載しているとうかがわれる例が見受けられます。申立代理人において整理・補充した上で、分かりやすく記載してください。）。
(2) 相応の収入があるにもかかわらず、破産申立てに至った事情として、安易に生活費の不足を理由としないよう、十分に事情を確認してください。

6　免責不許可事由

〔問1に関して〕
(1) 家計収支表に資産・収入に見合わない過大な支出（住居費、食費、電話代、被服費、交際費、娯楽費等の支出額が世帯人数の割に高い、支出全体に占める割合が大きい等）がないかを確認してください。
(2) 預貯金通帳に宝くじ、競馬、株式取引等のための出金がないかを確認してください。

〔問2に関して〕
(3) クレジットカードの利用明細等に、日常生活上必要がない商品（商品券や回数券等の金券、貴金属類、時計等）の購入がある場合には、換金、質入れ目的で購入したものではないかを確認してください。

〔問4に関して〕
(4) 氏名、生年月日、住所、負債額及び信用状態について虚偽の事実を述べて借金等をしたことがないかを確認してください（特に、任意整理中に借入れをしたり、結婚、離婚等で氏名が変更した場合に、旧姓当時の債務について正確に申告せずに借入れをしたことがないかを確認してください。）。

〔問5に関して〕
(5) 破産手続開始・免責許可の申立て前7年以内に免責許可の決定の確定等があった可能性がある場合は、免責許可の決定日及び確定日を、当該免責許可の決定をした破産裁判所の記録の写し（免責許可の決定書、確定証明書等の確定日が明らかになる資料）を入手する等して確認してください。

第5　家計全体の状況

(1) 申立ての直前2か月分（起算日は任意）について作成してください。

(2)　おおよその金額を記入するのではなく、実際の正確な金額を記入してください。

(3)　債務者のみならず、同居する世帯全体について記入してください（同居者の収支についても、同居者から事情聴取をする等により記入してください。）。

(4)　家計全体の状況①の前月繰越金（収入欄）は、手持ち現金と預金（定期預金を除く。）の残高を考慮して記入してください。

(5)　次月繰越金（支出欄）がある場合は、当該金額を、必ず次月分の前月繰越金欄（収入欄）に記入してください。

(6)　収入合計欄と支出合計欄が一致しているかを確認してください（両者は必ず一致します。収入より支出が多い場合は、それを補てんする他の収入が必ずあるはずですし、支出より収入が多い場合は、次月繰越金が生じるはずですので、確認してください。）。

(7)　収入は、給料明細や公的扶助の決定書等の金額と合致しているかを確認してください。また、財産目録の現金欄の金額や、預貯金通帳の入金や残高の状況とも合致しているかを確認してください（当月中の預貯金通帳の入金や残高が、家計全体の状況に記載した収入よりも多いということがないかも確認してください。）。

(8)　公的扶助等で1回に2か月分の金額を受給している場合には、実際に受給した月の収入欄に2か月分の金額を記載し、「（2か月分）」と付記してください（この場合に、翌月に支出するために保持している金額については、次月繰越金欄に記入してください。）。

(9)　駐車場代、ガソリン代の支出がある場合には、車両の名義人を確認してください。

(10)　保険料や返済の支出がある場合には、保険契約者や債務者が誰かを確認してください。

(11)　弁護士報酬の支払や法テラスへの償還金がある場合は、これらについても支出欄に記入してください。

Q8

債権者一覧表の作成に当たり、どのような点に注意すべきですか。

　債権者一覧表の記載に不備、誤り等があると、破産手続開始の申立て後に行われる裁判所書記官の審査に支障を来し、また、裁判官との即日面接でもその正誤の確認に時間を要することになり、手続がスムーズに進まなくなります。

　Q7末尾の資料2「申立てに当たり調査・確認すべき事項」第2に、債権者一覧表を記載する際に注意すべき事項が網羅的に整理してありますので、活用してください。

　ここでは、債権者一覧表の記載に不備、誤りが多い例を中心に、注意すべきポイントを挙げます。

1　債権者一覧表一般

(1)　全ての債権者を記載すること

　債権者一覧表には、金融機関（金融業者）やクレジットカード会社からの借入れのみならず、全ての債権者に対する、全ての債務について、漏れなく記載する必要があります。破産者が知りながら債権者名簿に記載しなかった請求権は、破産者について破産手続開始の決定があったことを知っていた者の有する請求権を除き、非免責債権とされます（破253条1項5号）。

　勤務先・親族・知人に知られたくないという理由で、これらの債権者を債権者一覧表に記載しないことは許されません。また、非免責債権に係る債権者も、破産手続に参加する利益を有していますので、免責許可の決定後も支払義務を負うからといって、債権者一覧表に記載する必要がないことにはなりません。一部の債権者を記載しなかった場合、虚偽の債権者名簿の提出

　（破252条1項7号）に当たり、免責不許可になることもあり得ます（原雅基「東京地裁破産再生部における近時の免責に関する判断の実情」判タ1342号4頁、

Q8　77

平井直也「東京地裁破産再生部における近時の免責に関する判断の実情（続）」判タ1403号5頁、村上若奈「東京地裁倒産部における近時の免責に関する判断の実情（令和版）」判タ1518号5頁参照）。

(2) 代位弁済等がされた場合の表記方法

代位弁済等により債権者が変わっている場合、「債権者名」、「債権者住所（送達先）」欄には新債権者の名称、住所を、「借入始期及び終期」、「原因使途」、「最終返済日」欄には原債権者から借入れをしたときの事情を記載し、「備考」欄に原債権者名及び代位弁済日を記載する扱いです（本問末尾の【設例1】参照）。

代位弁済後の事情のみに基づいて記載したために、「借入始期及び終期」欄が空白である、「最終弁済日」に代位弁済日を記載するといった例も見受けられます。このような記載では、債務者自身による借入れや返済の状況が判然とせず、審査に支障が生じますので、注意が必要です。

(3) 債権者の電話番号等

債権者一覧表に、債権者の電話番号、携帯電話番号、ファクシミリ番号、メールアドレス等を記載する必要はありません（破規14条1項参照）。個人情報保護の観点から、裁判所に提出する債権者一覧表への記載は控え、管財事件においては、直接破産管財人へ引き継いでください。

2 最初の受任通知日欄

弁護士又は司法書士による受任通知（介入通知）は、一般に支払停止に該当すると解されます。最判平24.10.19（判時2169号9頁・判タ1384号130頁）は、債務者の代理人である弁護士が債権者一般に対して債務整理開始通知を送付した行為は、①上記通知に、上記債務者が自らの債務整理を弁護士に委任した旨並びに当該弁護士が債権者一般に宛てて上記債務者、その家族及び保証人への連絡及び取立て行為の中止を求める旨の各記載がされていたこと、②上記債務者が単なる給与所得者であり広く事業を営む者ではないことなどの事情の下においては、上記通知に上記債務者が自己破産を予定している旨が明示されていなくても、破産法162条1項1号イ及び3項にいう「支

払の停止」に当たるとしています。

　そうすると、受任通知日は、否認権行使の可否を判断する上で重要な要素になります（破160条1項2号、3項、162条1項、3項等参照）。すなわち、受任通知後に一部の債権者に返済がされている場合は否認権行使の可否が問題となります。また、受任通知後に借入れがされている場合は、詐術借入れ（破252条1項5号）に該当するかが問題となります。したがって、最初の受任通知日は、正確に記載する必要があります（本問末尾の【設例2】参照）。受任通知日の記載がされていない、記載されている日付が最初の受任通知日ではないといった例も見受けられます。任意整理が先行している場合は、任意整理の際の受任通知日を記載する必要があります。また、申立代理人が受任する前に申立代理人以外の弁護士又は司法書士が受任通知を送付している場合は、その受任通知日を記載する必要があります。

3　借入始期・終期及び最終弁済日欄について

　借入れの始期・終期及び最終弁済日の記載がされていない、借入れの終期と最終弁済日を混同している、最終弁済日のみ記載し、借入れの終期を記載していない、取引履歴から借入れの終期や最終弁済日を転記する際、遅延利息の計算のためだけに表示されている取引履歴の最終日を誤って記載したため、事実と異なり、受任通知後に借入れや返済をしたかのような記載がされているといった例が見受けられます。取り寄せた取引履歴に基づいて、正確に記載する必要があります。

　なお、借入れが1回のみの場合、借入始期・終期欄には「令和○年○月○日のみ」と記載する扱いです。

4　現在の残高欄

　申立代理人が行った債権調査の結果を記載します。利息制限法所定の制限利率による引直しが必要な債権については必ず引直しを行い、債権者一覧表の備考欄に引直し済みである旨の記載をする扱いです。

Q8　79

5 原因・使途欄

「使途」欄には、何に使ったか、何を買ったか、誰のどのような債務を保証したか（夫の住宅ローンの保証、㈱○○の事業費の保証等）等を具体的に記載します。「原因」欄と「使途・内容」欄の記載を混同し、「B（物品購入）」と記載する例も見受けられますので、注意が必要です（本問末尾の【設例1】参照）。

6 そ の 他

保証債務である場合、最終弁済日は、主債務者ではなく、保証人である債務者本人が弁済した日を記載する（1度も弁済していない場合は、「1度も返済していない」という箇所をチェックする）扱いです（本問末尾の【設例2】参照）。

取引履歴等の資料では、主債務者と保証人のいずれによる弁済なのか明らかでないことも多く、これをそのまま転記してしまい、主債務者の弁済なのに、保証人である債務者本人が受任通知後も弁済しているかのような記載がされている例もありますので、注意が必要です。

【設例１】

令和１年９月16日　株式会社××ファイナンスから自己名義での最初の借入れ
令和２年２月７日　乙野丙太の株式会社××ファイナンスに対する借入れについて保証
令和３年６月５日　株式会社××ファイナンスから自己名義での最後の借入れ
令和３年７月10日　申立代理人による任意整理の受任通知
令和４年１月24日　株式会社××ファイナンスに対する最終弁済
令和４年５月20日　株式会社××ファイナンスによる給料の差押命令
令和４年８月14日　申立代理人による破産手続に切り替える旨の通知

（誤）
債権者一覧表（一般用）（１枚中１枚目）　　　（最初の受任通知の日　　令和４年８月14日）

番号	債権者名	借入時期及び終期（平成・令和）	現在の残高（円）	原因 使途	保証人（保証人名）	最終返済日（平成・令和）	備考（別除権、差押等がある場合は、注記してください）
1	㈱××ファイナンス	令１年９月16日 〜 令３年６月５日	1,636,420	原因 Ⓐ・B・Ⓒ・D 使途・内容（生活費・保証）	■ 無 □ 有	■ 最終返済日 令４年１月24日 □ 一度も返済していない	

⇩

（正）
債権者一覧表（一般用）（１枚中１枚目）　最初の受任通知の日（任意整理）　令和３年７月10日
　　　　　　　　　　　　　　　　　　　破産切替通知日　　　　　　令和４年８月14日 ※1

番号	債権者名	借入時期及び終期（平成・令和）	現在の残高（円）	原因 使途	保証人（保証人名）	最終返済日（平成・令和）	備考（別除権、差押等がある場合は、注記してください）
1-1	㈱××ファイナンス	令１年９月16日 〜 令３年６月５日	1,293,220	原因 Ⓐ・B・C・D 使途・内容（生活費）	■ 無 □ 有	■ 最終返済日 令４年１月24日 □ 一度も返済していない	令和５年５月20日給料差押（東京地裁令和４年(ル)第××号）
1-2	同　上	令２年２月７日のみ	343,200	原因 A・B・Ⓒ・D 使途・内容（自動車購入）	■ 無 □ 有	□ 最終返済日 ■ 一度も返済していない	主債務者：乙野丙太 ※2

※１　最初の受任通知の日について
　①　記入のない一覧表が散見されます。重要な審査事項ですので、受任通知日は必ず記入してください。
　②　任意整理が先行している場合は、任意整理の通知日と破産切替通知日を併記してください。
　　　なお、破産切替に至る経緯を「破産申立てに至った事情」などに記載してください。
　③　受任通知日と借入時期は、元号・西暦いずれでも差し支えありませんが、表示方法は統一してください。
※２　保証債務について
　①　「借入時期」欄には保証契約日を、「最終返済日」欄には保証人たる申立人の最終返済日を記入してください。
　②　連帯債務を「保証」と記入している誤りが見受けられますのでご注意ください。
　③　主債務者名を必ず記入してください。

【設例２】

令和１年９月16日　　○○銀行株式会社から最初の借入れ
令和３年２月７日　　株式会社△△クレジットから借入れ（１回のみ）
令和３年６月５日　　○○銀行株式会社から最後の借入れ
令和３年７月10日　　申立代理人による任意整理の受任通知
令和３年12月14日　　株式会社△△クレジットによる呉服の引揚げ充当
令和４年３月１日　　○○銀行株式会社からの借入れについて□□保証会社による代位弁済
令和４年８月14日　　申立代理人による破産手続に切り替える旨の通知
令和４年８月29日　　□□保証会社から株式会社○○債権回収に対する債権譲渡

（誤）
債権者一覧表（一般用）　（１枚中１枚目）

最初の受任通知の日（任意整理）　令和３年７月10日
破産切替通知日　　令和４年８月14日

番号	債権者名	借入時期及び終期（平成・令和）	現在の残高（円）	原因使途	保証人（保証人名）	最終返済日（平成・令和）	備考（別除権、差押等がある場合は、注記してください）
1	㈱○○債権回収	年　月　日　〜　年　月　日	1,730,950	原因　A・B・C・Ⓓ　使途・内容（求償債権）	□ 無　■ 有（甲野花子）	■ 最終返済日 令４年３月１日　□ 一度も返済していない	
2	㈱△△クレジット	2021.2.7	85,000	原因　A・Ⓑ・C・Ⓓ　使途・内容（求償債権）	■ 無　□ 有	■ 最終返済日 令３年12月14日　□ 一度も返済していない	

⇩

（正）
債権者一覧表（一般用）　（１枚中１枚目）

最初の受任通知の日（任意整理）　令和３年７月10日
破産切替通知日　　令和４年８月14日

番号	債権者名	借入時期及び終期（平成・令和）	現在の残高（円）	原因使途	保証人（保証人名）	最終返済日（平成・令和）	備考（別除権、差押等がある場合は、注記してください）
1	㈱○○債権回収	令１年９月16日　〜　令３年６月５日	1,730,950	原因　Ⓐ・B・C・D　使途・内容（生活費）	□ 無　■ 有（甲野花子）	■ 最終返済日 令４年１月24日　□ 一度も返済していない	原債権者：○○銀行㈱　代位弁済　令４年３月１日　令４年８月29日債権譲渡　※１
2	㈱△△クレジット	令３年２月７日のみ	85,000	原因　A・Ⓑ・C・D　使途・内容（呉服購入）　※２	■ 無　□ 有	■ 最終返済日 令３年12月14日　□ 一度も返済していない	引揚充当済

※１　代位弁済について
　①　求償債権は、借入時期、残高、原因使途欄に原債権の内容を記入し、備考欄に原債権者・代位弁済日を表示してください。
　②　最終返済日は、代位弁済日ではなく申立人による最終返済日を表示してください（債権譲渡があった場合の記載方法も同様です。）。
※２　物品購入について
　　原因が「物品購入」の場合、使途欄にはその主な購入品目を具体的に記入してください。

Q9

現在事業を営み、又は過去に事業を営んでいた個人の破産手続はどのように扱われますか。

　現在事業を営み、又は過去に事業を営んでいた者は、事業の遂行に伴い資産や負債が形成されるのが通常であり、破産管財人による資産調査を経る必要が一般的に高く、また、既に廃業していても、事業の清算が適切にされているか調査する必要があるため、管財事件とされることが多いといえます。現在事業を営み、又は過去に事業を営んでいた者について、破産手続開始の申立てをする場合には、以下の事項につき十分に調査をした上、破産手続開始申立書（Q7末尾資料1）内の陳述書中「破産申立てに至った事情」に詳しく記載してください。

① 　当該事業の状況（事業内容、事業停止時期）

② 　事務所・店舗等の明渡しの有無（敷金・保証金の清算の有無）

③ 　従業員及び未払労働債権の有無

④ 　事業資産（未収売掛金、事業設備、在庫品、什器備品等）の有無及び処分状況

⑤ 　当該事業に係る負債額及び負債内容、債権者の動向等

　また、同時廃止決定を希望して破産手続開始の申立てをしても管財事件とされる可能性が高いこと、管財事件とされた場合には最低20万円の引継予納金が必要となることを債務者本人に十分説明しておく必要があります（Q4参照）。

1　現在事業を営んでいる場合

　債務者が破産手続開始の申立て時において事業を営んでいる場合には、原則として管財事件とされます。

　もっとも、事業主であっても、雇用に近い形で報酬を得ている者で、事業用の資産はなく、負債の内容も、専ら生活費の不足を補うためにした金融業

Q9　83

者からの借入れであり、かつ、多額ではないといった場合には、同時廃止事件とすることもあります。

2　過去に事業を営んでいた場合

　債務者が過去に事業を営んでいた場合、既に事業を廃止していても、資産等の状況について調査する必要があることに変わりはなく、また、清算が適切にされているか調査する必要もあるため、現在事業を営んでいる場合と同じく管財事件とされる可能性が高いといえます。

　もっとも、事業規模、内容や清算状況などに鑑み、事案によっては同時廃止事件とすることもあります。判断に当たっては、主に次のような要素について検討をし、総合判断をしています。

（主な検討要素）

① 　負債額：事業によって生じた負債が概ね500万円程度にとどまるか。負債の額が500万円を超える場合には、同時廃止事件とすることは難しくなります。

② 　負債内容：債権者の中に仕入先等の取引先や従業員がいないか。また、取引先等の債権者がいてもその数がごくわずかで、債権者から特段問題点の指摘がされていないか。負債が消費者金融業者からした生活費の借入れに限られるような場合には、同時廃止事件とすることになじみやすくなります。

③ 　廃業時期：事業を廃止してから間がない場合には、慎重な調査が必要になります。

④ 　清算状況：清算が適切にされており、かつ、現在資産がないことについて調査が尽くされているか。典型的には、売掛金や報酬請求権等の債権、在庫商品、什器備品類、賃借していた事務所の敷金の有無及びその処理等が想定されます。

Q10

即日面接後、申立代理人は何をすべきですか。

1 裁判所予納金（官報公告費用）の予納

　裁判所予納金（官報公告費用。同時廃止事件1万1859円、法人管財事件1万4786円、個人管財事件1万8543円（中目黒庁舎において現金納付する場合には、同時廃止事件1万2000円、法人破産事件1万5000円、個人管財事件1万9000円））の納付は、原則として破産手続開始時（同時廃止事件では面接日の午後5時、管財事件では面接日の翌週水曜日午後5時）までに行う必要があります（やむを得ない事情により破産手続開始時までに予納できない場合でも、即日面接後1週間以内に必ず納付してください。）。納付されず、裁判所予納金（官報公告費用）の支払が遅延すると、官報公告手続ができず、手続が遅延することになりかねません。また、独立行政法人国立印刷局から延滞金も請求されます。

　裁判所予納金（官報公告費用）の納付方法としては、現金（霞が関庁舎又は中目黒庁舎）、銀行振込み、電子納付があります。銀行振込みにより納付する場合、裁判所から受領した振込依頼書を用い金融機関の窓口において振込みをした後、保管金提出書及び保管金受入手続添付書（振込先金融機関から交付される、「裁判所提出用」と記載されたもの）を東京地裁事務局出納第二課保管金係に提出する必要があります。銀行振込みをした後、保管金提出書等の提出を失念、遅延することがないよう注意が必要です。電子納付は、納付後に裁判所へ保管金提出書等を提出する必要がなく、納付手数料や交通費がかからないため、他の方法より簡便です。

　なお、管財事件の引継予納金（管財費用）は、破産管財人口座に直接振り込む方法で納付する扱いです（**Q15**参照）。

2 同時廃止決定がされた場合

(1) 新たな債権者がいることが判明した場合

破産手続開始後、新たな債権者がいることが判明した場合は、申立代理人

から当該債権者に対し、①事件番号、破産者の氏名・住所・生年月日、②破産手続開始及び同時廃止の決定があったこと及び同決定日、③免責意見申述期間及び意見書提出先、④免責審尋期日及び場所を記載した書面（【書式2】）を送付し、かつ、裁判所に対しその送付をした旨の上申書（【書式3】）を提出する扱いです（裁判所宛ての上申書には、新たな債権者がいることが判明したことに加えて、各書面を送付した旨を記載する必要があります。）。なお、この場合における債権者宛ての通知は、申立代理人において行うものですので、差出人として裁判所が記載されている封筒を使用することはできません。

(2) 免責審尋期日について

ア 免責審尋期日に臨むに当たって

東京地裁倒産部における同時廃止事件の免責審尋は、主に破産手続開始後の事情を確認するにとどめています。これは、多数の破産者について免責の審理を迅速に進める必要があることに加え、免責制度の趣旨や免責不許可事由、今後の生活における注意点などについては、弁護士である申立代理人から、免責審尋期日に先立ち、破産者に十分に説明がされていることを前提としています。

したがって、申立代理人には、次のような免責制度の内容について、破産者にあらかじめ説明しておくことが求められます。

① 免責手続とは、個人の破産者に対し、残余の債務について責任を免れさせることにより、破産者の経済的更生を図ろうとする制度であること

② 免責許可の決定が確定した日から7年以内の免責許可の申立ては、免責不許可事由とされていること（破252条1項10号）

③ 今後の生活において注意すべき点など

イ 破産者の免責審尋期日への出頭確保

免責審尋期日には、申立代理人のみならず、破産者本人も出頭する必要があります。病気等のやむを得ない事情で免責審尋期日に出頭できないことが判明した場合には、速やかにその旨の上申書を裁判所に提出する扱いです（破産者が遠方に居住している、仕事の関係で都合が付かないといった理由は、

「やむを得ない事情」に該当しません。）。なお、破産者が出頭できない場合でも、債権者が出頭することがありますので、申立代理人は必ず出頭する必要があります。申立代理人が出頭できない場合には、復代理人を選任するなどして対応しなければなりません。

免責審尋期日を失念する、遅刻するといった破産者も見受けられます。正当な理由なく免責審尋期日に出頭しないときは、免責は許可されないことになります（破252条1項11号、250条2項）ので、破産者に対し、免責審尋期日の待合せ日時、場所をあらかじめ分かりやすく説明しておくことが必要です。

また、審尋室に入れるのは、原則として、申立代理人及び破産者本人だけであり、破産者の家族等は入れませんので、この点も併せて説明しておく必要があります（なお、申立代理人事務所の事務員も入室できません。ただし、破産者が介助を要する場合には、例外的に介助者の入室が認められることがあります。）。

3　管財事件とされた場合

少額管財手続は、管財業務の簡素化と合理化を図ることと併せて、申立代理人において、申立て前に十分な調査を行い、これを破産管財人に引き継ぐとともに、破産手続開始後も破産管財人の業務に対し必要な協力がされること（申立代理人と破産管財人との協働と連携）により、引継予納金（管財費用）を最低20万円という低廉な額をもって足りるとするものです（**Q2**参照）。

したがって、申し立てた事件が管財事件とされた後も、申立代理人には、次のような破産管財人に対する協力等が求められます。

(1)　破産手続開始前の三者打合せ

破産管財人は、破産財団の管理処分権を有し、破産手続開始後直ちに破産財団の管理に着手する義務があり（破79条）、また、利害関係人に対する善管注意義務を負います（破85条1項、2項）。これらの義務を果たすため、破産管財人は、破産手続開始までに破産財団の状況を把握する必要があります。

さらに、破産手続開始後の債権者等からの問合せに対しても的確に対応する必要があります。

東京地裁倒産部の管財事件では、申立代理人において、破産管財人候補者の内定後直ちに、①申立書副本、疎明資料及び打合せ補充メモ（【書式6】【書式7】、東京地裁倒産部のウェブサイトにも書式データが掲載されています。）を破産管財人候補者の事務所に直送し、②破産管財人候補者と連絡を取って、破産管財人候補者と申立代理人及び破産者との打合せ（以下「三者打合せ」といいます。）の日程調整をする扱いです。急を要する事案では、申立書副本等を破産管財人候補者事務所に持参、又はバイク便で送付したり、データで送信したりした上で、面接当日のうちに三者打合せをする必要がある場合もあります。破産管財人候補者の都合が付かない場合を除き、三者打合せは、破産手続開始前に行うことが求められます。破産管財人候補者の都合が付かず、破産手続開始前に三者打合せができない場合であっても、破産手続開始前に申立代理人から破産管財人候補者に対し破産財団の状況や管財業務上の問題点を説明する等の引継ぎを行った上で、破産手続開始後直ちに三者打合せを行うことが求められます。

ところで、最判平24.10.19（判時2169号9頁・判タ1384号130頁）は、債務者の代理人である弁護士が債権者一般に対して債務整理開始通知を送付した行為は、①上記通知に、上記債務者が自らの債務整理を弁護士に委任した旨並びに当該弁護士が債権者一般に宛てて上記債務者、その家族及び保証人への連絡及び取立て行為の中止を求める旨の各記載がされていたこと、②上記債務者が単なる給与所得者であり広く事業を営む者ではないことなどの事情の下においては、上記通知に上記債務者が自己破産を予定している旨が明示されていなくても、破産法162条1項1号イ及び3項にいう「支払の停止」に当たるとしています。本判決が、支払停止の該当性を判断するに当たり、債務整理開始通知の記載内容を検討していることに鑑み、前記打合せ補充メモ（【書式6】【書式7】）には、受任通知の発送の有無、時期及び発送先を記載するとともに、受任通知を発送した場合は、発送した通知文書の写しを添付する必要があります。

なお、「預かり金・回収金精算書」（【書式6】、【書式7】の別紙）の送付が遅れる例が散見されますが、破産管財人候補者が破産財団の内容を把握するために不可欠ですので、打合せ補充メモと同時に直ちに送付することが求められます。

(2) 破産管財人の業務への協力

申立代理人に求められる破産管財人の業務への協力としては、例えば、Q11で列挙した事項が挙げられます。また、破産管財人が破産者の利益を考慮しながら管財業務を進めると、総債権者のために公平な立場で活動する破産管財人の基本的な立場と矛盾するため、管財業務が停滞するといったことも考えられます。そこで、破産者の利益については申立代理人が代弁するといった役割分担も重要です。

なお、破産管財人の換価業務等に関して破産管財人と申立代理人との間に見解の相違が生じた場合、まずは破産管財人と申立代理人とで協議をすることになりますが、破産管財人との間で協議を尽くしても見解が一致せず、裁判所の意見を確認する必要が生じた時には、「申立代理人連絡書」（【書式5】）に記載してファクシミリ送信する扱いです。これを受けて、裁判所は破産管財人と協議を行う等の対応を執る扱いになっています。

(3) 引継予納金等の引継ぎ

引継予納金は、破産手続開始後直ちに破産管財人に引き継ぐ必要があります（ただし、分割予納の場合（最長4か月）を除きます。）。

また、破産者が有する換価対象資産も、破産手続開始後直ちに破産管財人に引き継ぐ必要があります。この引継ぎを遅滞すると、破産者が換価対象資産を費消する等、破産財団が毀損されることもあります（この点、申立代理人には、受任後破産管財人に引き継がれるまで債務者の財産が散逸することがないよう措置を講ずる法的義務があります。東京地判平21.2.13判時2036号43頁、東京地判平25.2.6判時2177号72頁・判タ1390号358頁、東京地判平26.4.17判タ1416号171頁、千葉地松戸支判平28.3.25判時2337号36頁・判タ1438号216頁参照）。特に、費消しやすい現金や預貯金等は、直ちに引き継がなければなりません。

⑷ 法テラスの第三者予納の手続

平成22年4月1日以降に日本司法支援センター（法テラス）の援助開始決定がされた生活保護受給者の破産事件のうち、破産管財人が選任される事件を対象として、印紙・郵券代、裁判所予納金（官報公告費用）及び破産管財人費用（20万円）の手続費用について、法テラスが第三者予納をすることにより立替えをする制度が開始されました。

管財事件とされた場合に法テラスの第三者予納を予定しているのであれば、申立代理人は、その旨を即日面接の際に申告した上で、裁判所予納金及び破産管財人費用について、速やかに法テラスに対する申請手続を行い、第三者予納手続が円滑に進むように配慮することが求められます。

⑸ 破産者に対する注意事項等の説明

東京地裁倒産部では、破産手続開始の際、「破産者に対する注意事項」と題する書面（【書式9】【書式10】）を交付しています。申立代理人においては、破産者に対し、破産制度の趣旨・内容等を説明するとともに、「破産者に対する注意事項」の内容をあらかじめ説明しておく必要があります（破産者が上記書面の内容を十分理解することによって、破産管財人の業務が円滑に進むことにもなります。）。

第 3 章

3

破産管財人選任直後までの事務

Q11

管財業務に当たっては、どのような点に注意すべきですか。

1　申立代理人との協働と連携

(1)　はじめに

　東京地裁倒産部では、弁護士である申立代理人が申し立てた自己破産に係る管財事件の場合、個人のみの事件であれば破産手続開始の日からおおむね2か月後に、法人及びその代表者等の関連個人の事件であればおおむね3か月後に、それぞれ財産状況報告集会期日を指定しています。そして、破産管財人は、可能な限り第1回財産状況報告集会までに管財業務を終えることを想定しています。

　これは、既に述べたように、弁護士である申立代理人が申し立てた事案であれば、破産管財人と申立代理人が適切な役割分担という枠組みを利用して迅速に破産手続を進める運用が可能であるとの点に着目し、予納金の低額化を図りつつ、破産管財人の負担もそれに見合ったものにして、迅速な処理を目指すという考えが背景にあります。このように少額管財手続においては、申立代理人との役割分担（協働と連携）を図ることが、手続全体を通じての重要なポイントとなります（Q1参照）。

(2)　申立代理人に対する協力要請の具体的内容

　ア　申立代理人に対する協力要請としては、具体的には、次のような事項が考えられます（破規26条2項）。なお、協力の内容としては、申立代理人自身による協力のほか、破産管財人の協力要請に対応可能な人物（破産者本人、代表者、経理担当者等）への取次ぎも含みます。

　①　破産管財人と申立代理人との初回の打合せに経理担当者等のキーパーソンを同席させる、経理ソフトを使用可能な状態に保つ等、破産管財人が経理状況を早期に把握できるようにするための協力を依頼する（法人・事業者たる個人の場合）。

　②　破産管財人が最初に事業所等に赴く際に同行し、現場の状況について

説明するとともに、従業員に対する説明において破産管財人を補助する
等の協力を依頼する（法人・事業者たる個人の場合）。

③　破産管財人が破産手続開始後直ちに対応する必要がある事項について、申立て前から調査しておき、申立て後直ちに破産管財人にその情報を引き継ぐよう依頼する（本社・営業所・工場・倉庫等の占有管理状況、保有資産の保管状況（管理者の存否、施錠の有無、在庫品その他の資産の持去り等の有無とそれに対する申立て前の対応状況等）、双方未履行双務契約の具体的状況、否認該当行為の存否、回収すべき債権に関する時効その他の抗弁に関する情報、帳簿・伝票類の保管場所と保管状況等）。

④　破産管財人が管理すべき財産のうち、貴重品、紛失しやすい物等を、債務者（代表者等）から預かる等の適宜の措置を執って確保し、申立て後直ちに破産管財人に引き継ぐよう依頼する（不動産の登記済権利証（登記識別情報）、所有する土地建物の図面、手形小切手、株券、その他の有価証券、自由財産の範囲を超える現預金や保険証券、自動車のキー等）。

⑤　破産者に関して賃貸借契約があるときは、これに関する資料や情報を早期に引き継ぐよう依頼する。

⑥　訴訟や競売手続が係属しているときは、これに関する記録や情報を早期に引き継ぐよう依頼する。

⑦　破産手続開始前の事実関係で申立書に記載されていないもの又は記載が不十分であったものについて、調査の必要が生じた場合（否認権を行使する必要がある場合等）に、調査や資料収集を依頼する。

⑧　申立書添付の債権者一覧表の記載内容と債権届出書の記載内容が相違している場合や、破産手続開始通知が到達しないなど債権者一覧表記載の住所に不備があった場合に、補充調査や資料収集を依頼する。

⑨　申立書添付の財産目録等に不十分な点があった場合（売掛金の請求及び回収状況の詳細が不明である場合等）に、補充調査や追加資料の収集を依頼する。

⑩　破産者の自宅を任意売却する場合、破産者に対し、売却必至であることを説明し、速やかに明け渡すよう指導することを依頼する。破産者が

Q11　93

親族と共有している物件の破産者の持分について親族に買取りを依頼する場合などは、換価業務に関する交渉の補助や参考意見の提供を依頼する。

⑪　財産状況報告集会で債権者から出される質問等のうち、破産手続開始前の事情などについては、申立代理人から回答するよう依頼する。

　イ　従業員関係の事務処理（離職票の交付、健康保険関係の処理、源泉徴収票の作成、労働債権の調査、未払賃金立替払制度の申請手続等）については、就職後間もない破産管財人が従業員関係の詳細を直ちに把握して迅速に処理することは実際上は極めて困難です。そのような状況にあっても、特に解雇された従業員から早期に離職票の交付を求められることや、病気通院中の従業員から早期に健康保険関係の処理（資格喪失届の提出）を求められることも少なくありませんので、従業員関係の詳細を把握している破産者（代表者）及び申立代理人が離職票、資格喪失届、源泉徴収票、立替払申請書等の書類を準備して破産管財人に提出して証明印を求める方が円滑に進むことがあります。

　ウ　また、破産管財人が破産者の利益を考慮しながら管財業務を進めると、総債権者のために公平な立場で活動する破産管財人の基本的な立場と矛盾するため、管財業務が停滞するといったことも考えられますので、破産者の利益については申立代理人が代弁するといった役割分担も重要です。

⑶　手続の運用に疑問が生じた場合の扱い

　具体的な事件の進行を通じて手続の運用に疑問が生じた場合には、「破産管財人連絡書」（【書式４】）を利用して裁判所と協議をする扱いです。

　他方で、申立代理人と破産管財人との間で見解の相違が生じた場合には、まずは申立代理人と協議をすることになりますが、協議を尽くしても見解が一致せず、申立代理人において裁判所の意見を確認する必要が生じたときには、「申立代理人連絡書」（【書式５】）を利用して裁判所に連絡する扱いになっています。この場合は、裁判所から破産管財人に協議を求める等の対応を執る扱いになっています。

2 債権者の手続参加と「情報の配当」

(1) 債権者の手続参加と「情報の配当」の必要性

東京地裁倒産部では、在京三弁護士会の理解と協力の下に、弁護士である申立代理人が申し立てた自己破産に係る管財事件の場合、管財費用となるべき引継予納金の額を最低20万円という低額に設定しています（前述のとおり、申立代理人との役割分担の枠組みを利用した迅速処理によって、破産管財人の負担が重くなりすぎないように配慮されています。）が、それは管財手続をできるだけ利用しやすいものとするためであることは、いうまでもありません。

そして、この運用は、費用が足りないために破産手続が利用されないという事態が発生したり、予想される破産財団の規模は小さいものの、調査の必要がある事案が同時廃止で処理されたりするといった不都合をできるだけ防止するとともに、利害関係人である債権者が破産手続に参加する機会を保障して、債権者への情報の開示を図ること（いわゆる「情報の配当」）により破産手続の公正さに対する国民の信頼を確保するという点にその目的があります。

(2) 債権者に対する具体的な対応

上記(1)のような観点から、東京地裁倒産部の管財事件には、いわゆる調査案件（財産状況や免責に関して破産管財人の調査を経ることが相当な案件）が比較的多く含まれていますが、その調査に当たっても債権者の指摘が参考になる場合があります。例えば、債権者から提供された情報に基づいて隠匿財産が発見されることもあります。債権者からの働き掛けがない場合でも、破産管財人が調査の過程で接触した債権者から予想外に有益な情報が得られることもあるようです。

また、管財手続は債権者の利益のために行われるという側面もありますので、管財業務の処理方針や事件の進行等に関しても、債権者の意見を参考にすることが求められます。特に破産財団からの重要な資産の放棄等については、債権者集会で説明をするなど、債権者の理解を得られるようにすることが望まれます。

Q11 95

さらに、調査を行っても特段の問題点が発見されず、その過程で債権者から格別な意見が出なかったという場合であっても、破産管財人の調査によって特に問題点が見当たらなかったということ自体に意味がありますので、債権者が集会に出席したときは、適宜、事案の内容と調査の概要を説明するなどして、いわゆる「情報の配当」が行われるように配慮することが求められます。

3 費用対効果と柔軟な対処

(1) 費用対効果を意識した管財業務

弁護士である申立代理人が申し立てた自己破産事件では、引継予納金を低額に設定することにより、同時廃止とすることに問題がある事案をできる限り管財事件として取り扱う仕組みが採用されていることもあって、実際にも破産財団としては最低額の予納金しかないという事案が少なくありません。このような事案の場合は、できるだけ少ない時間と費用で処理することが肝要となります。そのような事案でも破産管財人が処理すべき事項がありますが、申立代理人により一次的な調査は尽くされていることを前提に管財業務を進めれば十分であると考えられます。

具体的には、①申立資料を検討し、②関係者から事情を聴き、③郵便物を点検し、④債権者の意見があればこれを聴取し、これに応じて必要な調査を行えば、資産、負債及び免責の調査としては十分といえます。そこで問題点が発見された場合には、債権者集会時に債権者の意見も聴いた上で処理方法を検討することになります。

(2) 管財業務における柔軟な対応の必要性

相当程度の破産財団収集業務がある事案では、基本的には配当率の向上を目標に換価業務を行うことになりますが、他方、迅速に手続を終えることが債権者にとって利益となる場合もあります。配当率の向上と迅速性とのいずれを優先するべきかは、その方法によった場合の処理期間の短縮の程度と、それによらない場合の配当率の状況を比較衡量して判断すべき問題であると一応はいえますが、現実にはその判断は難しい側面があります。

少なくとも、破産財団を構成する財産を放棄する場面では、迅速さを強調する余りに、破産財団の増殖可能性について十分な検討をしないまま、安易に財産を放棄するといったような対応は慎まなければなりません。特に不動産の放棄については、市況の変動を考慮した慎重な判断が求められるのが通例です（破産財団からの放棄後、不動産競売手続において余剰金が生じ、破産者に返還された事例もあります。）し、廃棄物が残置されている土地に代表されるように、そのまま放棄すると不都合な事態が生じないか否かといった点についても十分配慮する必要があります（不動産の放棄についてはQ29、Q30、廃棄物の残置等についてはQ31参照）。

　そのほか、例えば個人事件での換価業務に関しても、東京地裁倒産部の運用では、換価基準自体が破産管財人による裁量の余地を認めるものとなっていますが、破産者の生活状況や収入の見込みといった諸般の事情を総合考慮して、その事案に最もふさわしい解決が求められています。また、財団債権者と一般債権者、あるいは別除権者と一般債権者が対立するといった場面でも、事案に応じた柔軟な対応が期待されています。

（資料）手続の流れ

| 就職依頼 |

申立代理人から、直ちに申立書、疎明資料及び打合せ補充メモを受領し、破産管財人と申立代理人及び債務者との打合せ（三者打合せ）の日程調整を行います。

| 三者打合せ |

| 破産手続開始決定 |

出頭不要です。開始決定後、破産手続開始関係書類を受領します。その後直ちに破産管財人口座を開設し、予納金の交付・振込みを受けます。

| 管財業務 |　a　換価業務

許可申立ては、自動車の放棄等、財産状況報告集会前に許可を要する場合を除き、集会時に口頭で申立てをしてください（資産の放棄については、この方法が多用されています。）

不動産の破産登記（個人事件の場合）は、原則として留保し、必要に応じて破産管財人から登記嘱託を上申する扱いです。

b　債権届出書の直送及び債権調査

直送された債権届出書の受領日欄に、封筒を受領した日を記入し、債権届出書を整理します。届出書及び交付要求書は、異時廃止の場合は集会の席上で直接裁判官に、配当の場合は計算報告書と併せて提出する扱いです。

c　債権者集会前の準備

債権者集会1週間前に、打合せメモをFAXし、報酬額の内示を受けます（ただし、形成財団が40万円以下の場合は原則としてFAX不要です（その例外についてはQ65参照）。）。

| 財産状況報告集会 | ＋ | 免責審尋 |

（原則として破産手続開始から、法人は3か月後、個人は2か月後）準備した書面は当日持参する扱いです。

| 異時廃止 |

破産手続廃止決定証明申請書（【書式77】）をあらかじめ準備していただき、当日集会場で申請があれば、直ちに交付する扱いです。

| 配当 | ＋ | 破産手続終結決定 |

簡易配当：配当可能金額が1000万円未満の場合（財団少額型）
最後配当：配当可能金額が1000万円以上の場合（通知型）

配当スケジュールはQ70、Q75末尾の資料のとおりです。裁判所書記官から配当許可を受けた後、債権者に通知書を発送するのと同時に、「除斥期間等の起算日届出書」（【書式63】）を提出する必要があります。

Q12

破産管財人に就職が内定した場合、どのような書類を受領すればよいですか。

1 申立書の副本・打合せ補充メモ

(1) 申立書の副本・打合せ補充メモの送付

　申立書の副本は、破産管財人候補者への就職内定後直ちに、申立代理人から破産管財人事務所に直送されることになっています。裁判所から就職の依頼があった後、申立代理人から電話で連絡がありますので、破産管財人候補者としては、副本の受領時期や受領方法を確認し、申立代理人や破産者との打合せ期日等を調整することが求められます。また、東京地裁倒産部では、申立代理人に対して、申立書の副本とともに「打合せ補充メモ」（【書式6】【書式7】）を破産管財人候補者に送付するよう依頼しています。副本及び打合せ補充メモの送付がない場合には、破産管財人候補者から申立代理人に送付を促す必要があります。管財業務のため急を要する場合には、申立代理人にバイク便を利用するなどの対応を求めることも考えられます。

(2) 破産手続開始の決定の時期

　破産手続開始の決定は、原則として、申立代理人との面接により管財事件とすることが決められた日の翌週の水曜日午後5時付けで、書面で行います。財産保全の必要性が高い事案のように急を要する事件では、それより早く同決定をすることもあります。同決定は書面で行いますので、いずれの場合も、破産管財人、申立代理人又は本人が裁判所に出頭する必要はありません。

2 開始決定関係書類

(1) 開始決定関係書類の交付

　東京地裁倒産部では、次に掲げる開始決定関係書類を破産手続開始後に破産管財人に交付しています。③ないし⑦は、債権届出書の破産管財人への直

送に関するものです。

① 破産手続開始決定正本　1通

② 破産手続開始通知書　1通

③ 債権届出用「封筒表書見本」・「債権者集会のご案内」　1通

④ 破産債権届出書　1通

⑤ 管財人宛郵送用宛名　1通

⑥ 「債権届出書・交付要求書の整理について」　1通

⑦ 債権届出書・交付要求書綴表紙　1通

⑧ 破産管財人資格証明及び印鑑証明書　3通

⑨ 破産管財人選任証明及び印鑑証明書（不動産登記申請用）及び同（供託所提出用）　各1通

⑩ 破産管財人の資格等証明書交付申請書　1通

⑪ 債権者集会打合せメモ　1通

⑫ 郵便回送嘱託書（期限付き）（控）　1通（個人破産事件のみ、参考書面）

(2)　債権者に対する破産手続開始通知書等の発送事務

　破産手続開始の時点で判明している債権者に対する破産手続開始通知の事務は、後記(3)の場合を除き、裁判所が行います。破産手続開始後に新たに債権者が判明した場合には、破産管財人において、上記②ないし④の書類をその債権者に発送して通知した上、その旨の報告書（【書式51】）を、債権者集会の際に裁判所に提出する運用としています。

(3)　債権者多数の事件の破産手続開始通知書等の発送事務

　債権者が多数の事件の場合、破産管財人の了解を得た上で、破産財団の費用により、破産管財人が破産手続開始通知書等の発送事務を行うという取扱いをしています（破規7条。**Q81**参照）。

Q13

破産財団の管理口座は、どのようにして開設すればよいですか。

1　口座の開設

　破産管財人に就職した場合には、破産手続開始決定後速やかに、事件ごとに金融機関に破産管財人の口座を開設します（破規51条1項）。既に持っている預り金口座を利用することは現在認めておりません（ただし、破産財団の管理口座については、現在東京地裁倒産部において運用の見直しを検討中であり、今後取扱いが変更される可能性があります。）。口座の名義人は、「破産者○○破産管財人○○」とするのが一般的です（「弁護士」の肩書は字数制限のため入れません。）。東京地裁倒産部では、破産手続開始の決定の破産者名について、正字以外の場合、基本的に正字に置き換える扱いをしています。住民票等の氏名と異なる表記になっている場合もありますが、口座の名義に用いる破産者名は破産手続開始の決定正本に記載してあるとおりで差し支えありません。

　口座の開設をする際の金融機関に提出する必要書類等については、各金融機関で異なる場合がありますので、事前に口座を開設する予定の金融機関に確認する必要があります。

　口座の開設に当たり、最初にいくらか金額を入金した場合は、収支計算報告書の収支の部及び支出の部にそれぞれ「口座開設費」等の名目で記載します（【書式44】【書式45】参照）。

2　関連事件の口座の開設

　法人とその代表者の事件、夫婦の事件などのように、基本事件（予納金を引き継いだ事件）以外に関連事件がある場合、関連事件に固有の破産財団が形成されないときは、基本事件についてのみ口座を開設することで足り、関連事件についての口座の開設は不要です。

Q13　101

関連事件について、後日、固有の破産財団が形成された場合には、その段階で口座を開設します。関連事件の破産財団に属する金銭等を基本事件の口座で保管する等、破産財団を混同する形で保管しないようにする必要があります。

3　口座の届出

破産管財人は、金銭等の保管方法を定めて、これを裁判所に届け出なければなりません（破規51条1項）。具体的には、破産管財人が口座を開設する金融機関名及び支店名を届け出る必要がありますが、口座の名義を届け出る必要はありません。

なお、東京地裁倒産部では、破産管財人への就職を依頼する際に口座を開設する予定の金融機関を確認しており、初回の破産管財人選任の際に申告のあった金融機関に口座を開設する場合には、その金融機関に口座を開設する旨の届出があったものとする扱いです。

4　口座の変更

破産管財人は、金銭等の保管方法を変更したときは、遅滞なく裁判所に届けなければなりません（破規51条2項）。

⑴　事件係属中に変更する場合

破産管財人就職後、事件係属中に申告済みのものと異なる金融機関に口座を開設するときは、金銭等の保管方法届出書（【書式13】）を提出する必要があります。

⑵　新たに選任される事件から変更する場合

新たに選任される事件から、申告済みの金融機関と異なる口座に変更する場合は、前記3と同様に処理しますので、新たに選任された際に、金銭等の保管方法届出書（【書式13】）を提出して、変更後の金融機関名及び支店名を裁判所に連絡する必要があります。

102　第3章　破産管財人選任直後までの事務

Q14

破産管財人に就職が内定した場合、申立代理人・債務者とはどのように打合せをすればよいですか。

1 速やかな打合せの必要性

　破産管財人は、破産財団の管理処分権を有し、破産手続開始後直ちに破産財団の管理に着手する義務があり（破79条参照）、また、利害関係人に対する善管注意義務を負っています（破85条）。したがって、破産管財人候補者は、破産手続開始決定までに破産財団の状況を把握する必要があります。さらに、破産手続開始の決定がされると、破産管財人は、債権者等からの問合せに対して的確に対応する必要もあります。

　このため、破産管財人候補者は、就職内定後直ちに、申立代理人及び債務者との三者による打合せ（以下「三者打合せ」といいます。）を行う必要があります。東京地裁倒産部では、申立代理人に対し、破産管財人候補者の内定後直ちに破産管財人候補者と連絡を取って、申立書の副本と打合せ補充メモ（【書式6】【書式7】）を送付した上で、三者打合せの日程を破産手続開始前とするよう依頼していますが、破産管財人候補者は、就職内定後、申立代理人から連絡がない場合には、自ら申立代理人と連絡を取るなどして三者打合せの日程を調整することが望まれます。自らの都合が付かないため破産手続開始前に三者打合せを行うことができない場合には、申立代理人との間で直ちに電話やウェブ会議等による打合せを行い、破産手続開始後速やかに三者打合せを行うことが必要です。

　なお、破産手続開始前は、あくまでも破産管財人「候補者」ですので、申立代理人としては、破産管財人候補者に断りなく、債権者や関係者等に対して破産管財人候補者の連絡先等を伝えることは避けるべきです。

2 打合せの実際

(1) 打合せの場所

三者打合せは、破産管財人候補者と申立代理人の双方にとって便利な場所（破産管財人候補者の事務所や弁護士会館など）で行われているのが通例です。申立代理人は、破産管財人の求めに応じて必要な説明をする義務を負うこと（破40条1項2号）や、破産管財人は、申立人に対し、資料の提出等必要な協力を求めることができること（破規26条2項）からすれば、申立代理人は自ら三者打合せに出席することが求められます。申立代理人以外の者（例えば、当該代理人弁護士事務所の司法書士や事務員）に三者打合せを委ねることは許されません。

(2) 打合せの準備

三者打合せの前に、申立代理人から受領した申立書副本等の書類を読み込む必要があります。その際、資料が不足していれば申立代理人に伝えて面談時までに補充してもらうほか、面談時に説明を求めるべき事項をまとめ、事前に申立代理人に伝えると、三者打合せがスムーズに進みます。

申立書副本等を検討するに当たり、チェックすべき事項としては、例えば、以下の点が挙げられます。

① 預金通帳について、申立日直前までの取引が記帳されているか。

② 預金通帳について、2年以内の取引に関して合算記帳となっている部分がないか。

③ 預金の入出金の中に申立書に記載されていない預金の存在を窺わせるものがないか。

④ 預金からの出金の中に偏頗弁済の疑いのあるものや債権者一覧表に記載されていない債権者の存在を疑わせるものがないか。

⑤ 保険の解約返戻金の金額が保険会社の資料により確認されているか。

⑥ 不動産、減価償却耐用年数以内の自動車その他の重要な財産の評価に必要な資料があるか。

⑦ 陳述書に記載されている破産手続開始の申立てに至る経緯の中に不自然な点や、不足していると思われる点がないか。

⑧　家計の状況の中に不自然な項目・金額の支出はないか。

　また、債務者の印鑑、現金、預金通帳、手形・小切手帳、鍵等の物品を、破産手続開始後直ちに申立代理人から引渡しを受けられるよう、申立代理人に依頼するなどして手配をしておく必要があります。ただし、個人の債務者の場合で、換価対象とならない財産（Q25参照）については、引渡しを受けることは不要です。その場合には、申立代理人は、当該財産が換価対象とならない財産であることを示す資料（例えば、保険会社の作成した解約返戻金計算書等）を、破産管財人候補者に対して引き渡す必要があります。

3　打合せ事項

　三者打合せは、破産管財人候補者が、申立書副本その他申立代理人から引き継いだ資料等をもとに、債務者本人から事情聴取するなどの方法で今後行うべき管財業務を確認し、必要に応じて申立代理人又は債務者本人に対して資料の補充提出を求めたり、追加調査事項の調査を求めたりするなどの方法で行われます。

　なお、東京地裁倒産部では、破産者に対する注意事項（【書式9】【書式10】）を配付しており、申立代理人は、その内容について債務者本人に詳しく説明する役割を担うべきものと解されます。また、破産管財人候補者は、三者打合せの場において、債務者本人に対しその内容を確認し、債務者本人の理解が不十分な場合には、破産管財人候補者からも改めて注意事項を説明することが適切な管財業務の遂行に資すると考えられます。

Q15

予納金は、申立代理人からどのように引き継げばよいですか。

1　引継予納金とは

　破産手続開始時に裁判所に納められる予納金は、原則として、いわゆる裁判所予納金（官報公告費用）のみです。申立代理人は、原則として破産手続

開始時（同時廃止事件では面接日の午後5時、管財事件では面接日の翌週水曜日午後5時）までに納付する必要があります（**Q10**参照）。

　東京地裁倒産部では、破産管財人報酬などの手続費用に充てられる予納金（裁判官との面接時に定まった金額、いわゆる引継予納金）は、他の引継現金とともに、申立代理人から破産管財人に直接引き継ぐ取扱いをしています。引継方法としては、現金の授受よりも、破産管財人が開設した口座に振り込む方が一般的です。申立代理人としては、裁判所から破産管財人候補者が内定した旨の連絡を受けたら、直ちに破産管財人候補者と連絡を取り、打合せ期日とともに予納金の引継時期及び方法についても協議する必要があります。

　なお、債権者申立ての場合の予納金については、**Q80**を参照してください。

2　引継予納金の額

(1)　原　　則

　東京地裁倒産部では、引継予納金の額は、個人事件、法人事件を通じ、同時に申し立てられた関連事件を含めて（例えば、個人事件で夫婦が一緒に申立てをする場合や、法人と代表者が一緒に申立てをするいわゆる法人併存型の場合のように、同時に数件の申立てをするときでも、全体で）、最低20万円とする扱いです。ただし、予想される管財業務によっては、裁判官から申立代理人に対して、面接時に、引継予納金を増額するよう指示する場合があります（**Q3**、**Q5**参照）。

(2)　関連事件の追加申立てをする場合

　破産手続開始の決定がされた後に、関連事件の追加申立てをする場合は、先行事件についての裁判官との面接時に、追加申立て予定の事件の分も含めて予納金を定めた場合を除き、原則どおり、関連事件の引継予納金が別途必要となります。

(3)　現金以外の財産を引継予納金に充てる場合

　引継予納金は、手続費用であるため、換価を要する破産財団を構成する財産とは別個に用意するべきものですが、預貯金及び保険の解約返戻金は、現

106　第3章　破産管財人選任直後までの事務

金と同視できる換価容易な財産なので、東京地裁倒産部では、前記預貯金等の額が20万円を超える場合、申立代理人が即日面接において申出をしたときに限り、これを引継予納金に充てることもできる（預貯金等のほかに別途自由財産から現金20万円を予納金として引き継ぐ必要はない。）という取扱いにしています。

　例えば、個人事件において、破産者が預貯金30万円及び現金30万円を保有している場合には、預貯金30万円をもって引継予納金に充てることができ、別途現金20万円を予納金として引き継ぐ必要はない（30万円の現金は法定自由財産なので引継不要）との運用にしています。

　他方、預貯金30万円及び現金150万円を保有している場合には、預貯金30万円及び99万円を超える部分の現金51万円が破産財団を構成しますので、預貯金30万円とともに現金51万円を破産管財人に引き継ぐ必要があります。

　預貯金や保険の解約返戻金を引継予納金に充てる場合、その引継ぎの手はずについては、打合せの際に破産管財人と申立代理人とで協議する必要があります。

　また、退職金債権については、引継予納金が自由財産から拠出されている場合、その全部を退職金債権の組入れに充てることができるという運用をしています。詳細については、Q25を参照してください。

　なお、預貯金や保険の解約返戻金以外の財産（過払金返還請求権や売掛金など）については、現金と同視できる換価容易な財産とはいえませんので、当該財産が20万円以上ある場合でも、これを引継予納金に充てることはできません。また、預貯金や保険の解約返戻金についても、仮差押えがされている場合や一部でも自由財産の拡張を希望する場合には、破産管財人において直ちに換価容易な財産とはいえませんので、やはりこれらを引継予納金に充てることはできません。

3　分割予納の場合

　引継予納金は、原則一括払いですが、分割予納（最長4か月）も認めています。裁判所は、申立代理人と、面接時に分割の可否や回数について打ち合

わせており、破産管財人への就職を依頼する際にこれを破産管財人候補者に伝えています。

分割予納の場合、遅くとも第1回債権者集会の1週間前までに、全額の引継ぎを終える運用です。それまでに引継未了のときは、申立代理人に事情を確認し、必ず債権者集会前に、債権者集会打合せメモ（【書式41】）を利用して、裁判所と集会の進行について打合せをする必要があります。

4　引き継がれた予納金の取扱いについて

現に引き継がれた予納金を、関連事件があった場合でもあえて分割する必要はなく、あくまで引継ぎの対象となった事件についての予納金として扱えば足ります。ただし、他の事件についても事務手続費用の発生が見込まれる場合には、申立代理人と協議するなどして、適宜、予納金を振り分けることもできます。

5　法テラス援助決定案件の場合

平成22年4月1日以降に日本司法支援センター（法テラス）の援助開始決定がされた生活保護受給者の破産事件のうち、破産管財人が選任される事件を対象として、裁判所予納金及び破産管財人報酬などの手続費用に充てられる引継予納金については、法テラスが立て替える制度が開始されました。法テラスの東京地方事務所（法テラス東京）が立て替える場合には、引継予納金は、法テラスから破産管財人の口座に直接振り込まれます（**Q10**参照）。

Q16

破産財団に属する財産の占有・管理は、どのようにすればよいですか。

1　占有・管理の着手時期

破産管財人には破産財団に属する財産を占有管理すべき職責がありますの

で、破産手続開始後直ちにこれに着手しなければなりません（破79条。なお、直ちに占有管理に着手するための打合せについては、**Q14**を参照。）。

2　資産の調査

(1)　資産目録その他の申立書添付書類のチェック、
　　破産者との打合せ

　まず破産財団に属する財産を調査・把握する必要があります。

　資産の調査に当たっては、申立書添付の資産目録をチェックすることが基本になりますが、破産者との打合せや申立書添付のその他の書類のチェックなどを通じて、資産目録に記載されていない資産がないか確認することが求められます。例えば、家計の状況の支出欄に「保険料」との記載があることから、保険契約の存在がうかがわれる場合や、給料明細の各種控除欄の記載から、保険積立金、従業員持株、給料天引による弁済等が判明する場合があります。

(2)　預金通帳のチェック

　破産者の預金通帳も、申告外の財産を発見するための重要な資料となります。そのため、破産者に、原則として全ての預金通帳を提出させ、出入金の記録を一つ一つ確認して、申告外の資産につながる情報がないか確認します。

　例えば、契約者が親族であっても、破産者の収入から保険料を支払っている保険については、破産者の資産と認定し得る場合がありますが、申立書には記載がないことも多々あります。破産手続開始の申立て前に契約者名義を親族に変更している例もありますので、通帳の保険料の支払記録と資産目録記載の保険の内容を対比して、申告外の保険がないか確認することが考えられます。

　そのほか、預金口座から多額の振込みや引出しがされている場合は、その使途を破産者に確認すべきです。合理的な説明がない場合には、偏頗弁済や浪費が疑われますので、留意する必要があります。

Q16　109

⑶　転送郵便物

　個人の破産事件においては、転送されてきた破産者宛ての郵便物も、申告外の資産を把握する重要な資料になります。例えば、①保険会社からの保険金払込証書や控除証明書から、申告外の保険契約の存在が、②証券会社や信託銀行からの配当通知やダイレクトメール等から、株式、投資信託や個人向け国債等の存在が、③固定資産税の納税通知書から、不動産の存在が、それぞれ判明することがあります。

⑷　そ　の　他

　申立て時に完済していた貸金債務について引直し計算をすると過払いが生じていた例や、申立て前に任意売却をしていた不動産に付されていた火災保険の返戻金が残っていた例があります。また、債権者から「破産者が高級外車を乗り回している」との情報提供がされたことから、自動車の保有が判明したこともあります。このように、債権者からの情報提供も、申告外の資産が判明する端緒として重要です。

3　占有・管理の方法

⑴　現預金等

　破産者から現金、預貯金通帳、印鑑、受取手形、有価証券等の引渡しを受けた後、現金や申立代理人からのいわゆる引継予納金については裁判所に届け出た高価品保管場所（銀行口座）に預け入れる必要があります（**Q13**参照）。預貯金の解約金や換価回収金についても同様です。

　ただし、個人の破産事件の場合は、自由財産として換価対象とならない現金や預貯金通帳については、破産者から引渡しを受けないことがあります（**Q25**参照）。

　なお、破産管財人の口座に入金があった日の翌日から、交付要求に係る延滞税等が免除されることもあるので（**Q89**参照）、申立代理人としては1日でも早く破産管財人の口座へ現金や預貯金が引き継がれるよう協力することが求められます。

110　第3章　破産管財人選任直後までの事務

⑵ 会計帳簿等

破産者から、会計帳簿等の引渡しを受ける必要があります。会計帳簿等は、破産財団に属する財産の把握等にとって重要な資料となりますので、公認会計士や税理士にその内容についての精査を依頼することも有用です。会計帳簿等は、紙媒体のほか、電子データで保存されている場合があり、電子データの場合、リース中のサーバー等に保管されている場合もあります。このような場合、リース物件の引揚げ前に会計帳簿等のデータを別の記録媒体に保存する等の措置を講ずることにより、事後の管財業務に支障が生ずることを避けることができます。また、破産者に従業員がいる場合には、賃金台帳のほか、賃金規定、退職金規程等を確保して労働債権の額の把握（破86条参照）や独立行政法人労働者健康安全機構の未払賃金立替払制度の申請に備えることが必要です（Q40参照）。

⑶ 現場保全

破産手続開始により混乱が生じ、破産財団に帰属すべき財産が散逸することを防止するために、原則として破産手続開始直後に破産者の営業所等に赴くことが求められます。債権者又は従業員により在庫品や機械類等の資産が持ち去られることを防止するために、告示書（【書式14】）を貼付し、営業所等を施錠して債権者、従業員等が破産管財人に無断で立入りすることができないようにする必要があります。

また、破産者の営業所等に赴いた際、破産者の従業員に対して破産手続開始の事実を告知し、今後の手続進行の見通し、労働債権の優先性や労働者健康安全機構の未払賃金立替払制度について説明するなどして従業員の不安を取り除き、経理担当者等管財業務に必要な人材を破産管財人の補助者として確保することが重要です（東京弁護士会法友全期会破産実務研究会編『新破産実務マニュアル（全訂版）』（ぎょうせい、令和5年）179頁参照。従業員を補助者とすることについてQ19参照）。

⑷ 占有・管理開始の手段

破産管財人は、破産財団に属する財産の占有管理等の職務の執行に際し抵抗を受けるときは、その抵抗を排除するために、裁判所の許可を得て、警察

上の援助を求めることができます（破84条）し、必要があるときには封印執行（破155条1項）をすることもできます。ただし、実務上は、前記(3)のとおり破産者の事業所等に破産管財人名義の告示書を貼付することで足り、封印執行に至るケースはほとんどありません（封印執行についてQ18参照）。

　また、破産者が破産財団に属する財産を引き渡さない場合には、個別の財産を特定した上で引渡命令の申立て（破156条1項）を検討すべき場合もあります。なお、破産者以外の第三者が破産財団に属する財産を占有し、任意に引き渡さない場合には、当該第三者を相手とする通常の訴訟手続等により債務名義を得て、強制執行をすることになります（『小川・一問一答破産』215頁）。

　このほか、破産財団に属する動産や債権に対する強制執行、仮差押え等は破産手続開始の決定により破産財団に対する効力を失いますが（破42条2項本文）、これらの財産の占有・管理を現実に開始するために、執行機関に対する上申書の提出、債権者との交渉等をすることになります（具体的な内容についてQ17参照）。

(5)　換価対象財産の保全

　まずは、早期に破産財団に属する動産の現実の状態を把握する必要があります。店舗、倉庫等にある商品等の数量や権利関係が帳簿の記載と一致しないこともありますので、所有権の帰属、担保権の目的になっているかといった権利関係を確認することが求められます。

　商品等については早期の換価等に努めるべきですが、換価できるまでの間、当該動産の種類・状態に即して、価値の維持に必要な措置を講ずる必要があります。例えば、第三者による持出し等が懸念される場合は、鍵の交換、封印執行（破155条1項）、貸金庫、貸倉庫等の利用などの手段を執ることが考えられます。宝石のように財産的価値が高く個々に処分することが考えられるものは、後の換価等の準備として物品ごとの目録を作成しておくことも有用です。また、生鮮食料品その他換価価値を維持するための措置が必要な在庫品がある場合、電力、ガスの供給が停止されないよう、早急にこれらの契約内容及び履行状況を確認することが必要です（なお、このような在

庫品については、品質維持のために適切な管理がされていなかったり、過去の管理状況を正確に把握できなかったりする場合には、換価することは相当ではなく、廃棄することがやむを得ないこともあり得ます。）。衣料品等の季節性、流行性のある在庫品の換価は、換価時期が遅れると価値が下落する場合がありますので、破産手続開始後直ちに売却に着手することが求められます（**Q33**参照）。

　また、破産財団に属する自動車の現状も速やかに把握する必要があります。なお、破産財団に属する自動車が、破産手続開始前の処分や債権者による持ち去り、盗難等によって破産者の占有下にないものの、登録名義は破産者のままになっている場合がしばしばみられます。そのような場合、運行供用者責任や自動車税の負担を回避するためにも、その所在、利用関係等の把握に努めることが求められます（**Q33**参照）。

　破産財団に属する財産として自動車が存在する場合、債権者、破産会社の従業員等によって持ち去られるおそれがあるときがあります。このようなときには、自動車を破産管財人の管理可能な場所に移動し、鍵及び車検証を預かることを検討することになります。

　破産財団に属する債権が存在する場合には、消滅時効完成間近の債権の有無を直ちに確認し、消滅時効完成が迫っている場合、債権を保全するために時効中断措置を講ずることが求められます（債権の具体的回収方法については**Q34**参照）。

(6)　賃借物件の処理

　破産者が本店事務所や在庫品を保管する倉庫等を賃借している場合、破産手続開始後の賃料は財団債権となります（破148条1項2号、4号又は8号。**Q35**参照）から、財団債権の発生をできる限り抑制するために、直ちに賃貸人と契約終了や明渡しの時期、原状回復費用等について交渉することになります。また、貸倉庫所在の在庫品については、通常、倉庫業者から商事留置権（商521条）を主張されますので、売却代金の一部を倉庫業者に支払って在庫品を受け戻す必要があるのか否かを検討し、交渉することになります（『新・実務大系（28）』164頁〔腰塚和男〕参照）。破産管財人は、これらの交渉

のために契約書を入手した上で敷金・保証金の差入額、未払賃料額、在庫品の量、原状回復費用等を把握することが求められます。

(7) 登記・登録等

裁判所書記官は、個人である破産者について破産財団に属する権利で登記・登録されたものがあることを知ったときは破産手続開始の登記を嘱託することとされています（破258条1項2号、262条）が、東京地裁倒産部では、個人の破産財団に属する登記・登録は原則として留保しています（『破産・民再の実務（破産編）』144頁、Q27参照）。ただし、破産者が第三者に対し不動産の権利証を預けている場合や白紙委任状を交付している場合等、破産手続開始後にもかかわらず登記された権利が移転されてしまうおそれがあるときには、破産管財人から裁判所書記官に対し登記嘱託を上申するという扱いをしています。

4 引渡命令

破産者が破産財団に属する財産を任意に引き渡さないときは、引渡命令の発令を受けて執行することができます（破156条）。その際には、引渡命令を申し立てることが管財業務に資するかどうかを慎重に検討する必要があります。例えば、破産者が住居として使用している別除権付き不動産を明け渡さない場合、引渡命令を取得した上で当該不動産の引渡しを受けても、最終的に別除権者から受戻しのための同意を得られずに担保権の実行に至ってしまうと、結果として別除権者のみが引渡命令の恩恵を受けることになってしまいます。このような場合、破産者に対し、任意の明渡しに応ずる方が転居費用の確保等に照らしても有利であること等を説明して納得させ、その協力を引き出すべきであり、引渡命令の申立て及び執行は例外的に行うのが相当であると考えられます。

Q17

破産財団に属する財産に仮差押えや差押えがされている場合、どうすればよいですか。

1　破産財団に属する財産と既にされた強制執行・保全処分

破産手続開始時に係属中の、破産債権又は財団債権に基づく強制執行や保全処分は、破産財団に対してその効力を失う（破42条2項）ので、係属中の事件ごとに2以下のような処理を行い、仮差押えや差押えを排除して、破産財団に属する財産を換価、回収します。破産手続開始後に強制執行手続が進行し、配当や取立てがされた場合でも、債権者に返還請求することができます（破48条）。

一方、破産手続開始前に終了している強制執行手続について、その効力は覆ることがないので、開始前にされた執行行為（例えば、申立代理人が受任通知を発送した後の取立行為など）が否認（破165条、162条1項1号）の対象となるかにつき、個別に調査・検討する必要があります。

強制執行の終了時期について、債権執行では、差押命令に基づく取立完了時、転付命令が確定した場合における第三債務者に対する転付命令の送達時又は配当手続が行われる場合における配当表の確定時、不動産執行では、配当表の確定時又は弁済金交付時を指すと考えられています。なお、債権執行につき、配当手続において配当異議の訴えが提起されて配当額に相当する金銭の供託がされた場合については、その供託の事由が消滅して供託金の支払委託がされるまでは強制執行手続は終了しないと解されています（最決平30.4.18民集72巻2号68頁参照）。

仮差押えや差押えの解放は、各執行・保全裁判所で取扱いを異にすることから、ここでは、東京地裁の処理をもとに説明します。

2　債権差押え・仮差押え

まず、差押え・仮差押えを受けた債権について、第三債務者の供託の有無

を確認します。

(1) 債権差押え

破産手続開始前にされた債権差押えについては、東京地裁民事第21部（民事執行センター。以下「執行センター」といいます。）では、破産管財人から執行取消しの上申書が提出されると、職権で執行取消決定をする扱いですから、破産管財人としては、選任後直ちに、執行取消しの上申書（【書式16】）を執行センターに提出する必要があります。執行取消しの手続は、差押命令ごとに個別に行う必要があります。

第三債務者が供託していなければ、第三債務者に対し、直接支払を求めます。

他方、第三債務者が供託している場合、配当事件の事件番号（事件符号（リ））を確認し、供託金交付の上申書（【書式17】）を提出して、供託金の支払を請求します。執行センターでは、執行裁判所の支払委託の方法により供託金を破産管財人に払い渡す方法によっていますから、供託所に対し、執行センターから交付を受けた払渡額証明書に破産管財人資格証明書（自宅住所入りのもの）と破産管財人個人の印鑑証明書（市区町村発行のもの）を添付の上、払渡請求をすることになります。

執行取消しの上申書を提出した後、既に供託された供託金の払渡手続を怠ると、配当が実施され、差押債権者が供託金を受領する事態が生じます。特に、破産手続開始の日から配当実施日までの期間が短い場合は注意が必要です。

なお、破産者の給料債権が差し押さえられた場合、執行センターでは、破産者に有利に解釈して、破産手続開始の日の前日までの分（破産手続開始の日の前日までの労働の対価分）を破産財団に属する財産として処理しています。したがって、差押命令の効力発生後（第三債務者への送達時。民執145条4項）から破産手続開始の日の前日までの分が破産財団を構成することになります。

⑵ 債権仮差押え

ア 仮差押債権について供託のない場合

① 東京地裁民事第9部（以下「保全部」といいます。）では、破産手続開始の場合、職権による保全執行取消決定を行っていません。そこで、債権者に対し、破産手続開始の決定によって仮差押えの効力が失効している（破42条2項）ことを理由として、担保取消しの同意と引換えに保全命令の申立てを取り下げるよう交渉するのが通例です。債権者側も、担保取消しの同意を得ることには一定のメリットがあります。担保額が100万円を超える場合は、担保取消しの同意について事前に破産裁判所の許可が必要となります（破78条2項12号、3項1号、破規25条）から注意が必要です。

② 債権者が保全命令の申立てを取り下げない場合には、保全部に対し、失効通知の上申書（【書式19】）を提出し、保全部から第三債務者及び債権者に対し、仮差押えが失効している旨の通知をするように上申します。

　事情によっては、破産手続の終了よりも免責許可の決定の確定を先行させ、免責許可の決定が確定した段階で、保全部に対し、事情変更による保全命令の取消し（民保38条）の申立てを行う方法も考えられます。

③ 取下げ又は失効通知若しくは取消決定後速やかに、第三債務者に対し、仮差押金額を破産管財人に支払うよう求めます。

イ 権利供託の場合

第三債務者から権利供託（民保50条5項、民執156条1項）がされている場合は、保全部に対し、失効通知の上申書（【書式19】）とともに、失効証明申請書（【書式20】）を提出し、証明書の交付を受けて、供託所で供託金の還付手続を行います。

⑶ 債権（仮）差押えの競合の場合

債権（仮）差押えと債権仮差押えが競合し、第三債務者から義務供託がされている場合（民保50条5項、民執156条2項）は、仮差押えの取下げ又は失効通知若しくは取消決定を先行させます。

保全命令の申立てが取り下げられた場合は、保全部から取下げ及び執行取消証明書の交付を受けます。保全部に失効通知の上申書（【書式19】）を提出する場合は、失効証明申請書（【書式20】）をともに提出して保全部から失効証明書の交付を受けます。そして、これらの証明書を供託金を受理した執行裁判所に提出して供託金の請求を行います（前記 **2** (1)参照）。

(4)　新得財産に対する債権差押え

給料債権の差押えなどの継続的債権差押えの場合、破産手続開始後に発生した債権（新得財産部分）について供託されることもあります。この部分については、破産管財人の管理処分権は及ばないため、原則として破産者に払い渡されることになりますが、破産者と協議の上、破産者が新得財産を破産財団に組み入れる旨の破産管財人・破産者連名の合意書（【書式18】）を執行センターに提出することで、破産管財人が払渡しを受けることも可能です。

なお、扶養義務等に係る定期金債権の差押え（民執151条の2）の場合、確定期限の到来していない養育費等を請求債権とする債権執行が開始されます。この請求権は、破産債権ではなく、破産手続開始後の原因に基づいて発生した債権とされるので、これに基づく破産手続開始後の給料（新得財産）に対する差押えは失効しません。このような場合、差押えを取り消すことができるのは、破産手続開始決定前に期限が到来した養育費債権に基づく破産手続開始の決定日の前日までの給料部分に限られますから、当該部分につき執行の一部取消しの上申を行うことになります。

3　不動産の差押え・仮差押え

(1)　不動産が差し押さえられている場合（強制競売の場合）

破産債権を請求債権とする不動産の強制競売の場合、手続が相当程度進行しており、換価のために同手続をそのまま利用したいと考える場合には、執行裁判所に手続の続行を求める旨の上申書を提出すれば、その後、破産管財人を当事者として手続が進行し、破産管財人は、執行費用と別除権を有する担保権者に対して配当した後の残金の交付を受けることができます（破42条2項ただし書参照）。他方、破産管財人が続行を希望しないときには、強制執

行停止上申書（中村さとみほか編著『民事執行の実務不動産執行編（上）〔第5版〕』（金融財政事情研究会、令和4年）298頁に記載例があります。）を提出することにより、執行手続が停止される扱いです。

　なお、別除権である抵当権等に基づく競売は、破産による影響を受けません（破65条1項）。

(2)　不動産の仮差押えの場合

　不動産仮差押えについて、保全部では、当該不動産が任意売却された場合のみ、破産管財人からの上申を受けて仮差押登記の抹消嘱託をする扱いです。したがって、不動産を売却して移転登記手続をした後、保全部に対し、当該移転登記の記載のある不動産登記事項証明書その他添付書類等を添えた上申書（【書式15】）を提出して、仮差押登記の抹消嘱託を求めることになります。

　なお、当該不動産に破産の登記がされている場合、上申書の提出先は、東京地裁では倒産部となります。

Q18

どのような場合に封印執行をする必要がありますか。

1　封印執行とは

　破産管財人は、必要があると認めるときは、裁判所書記官等に、破産財団に属する財産に封印をさせることができ（破155条1項）、これを封印執行といいます。

　ただし、実務上は、破産者の事業所や住居の内部又は物品等に破産管財人名義の告示書（【書式14】）を貼付すれば、現場保全の目的を達成でき、封印執行を行わなくても足りる場合が多い（**Q16**参照）ため、実際に封印執行を行う例はまれです。

2 封印執行が必要な場合

第三者による占有や物品の持ち去りなどのおそれがあり、放置しておくと重大な管理上の問題が生ずる場合や、既に不法占拠者（いわゆる占有屋）に占有されている場合などには、破産財団の費用等を考慮しても封印執行の必要があると判断されることがあります。このようなときには、封印執行の当否について早急に裁判所と協議する必要があります。

東京地裁倒産部で封印執行を実施した具体例としては、いわゆるヤミ金業者が不法占拠しているために実施した例や、不法占拠者により破産管財人が貼付した告示書が剥がされて内装工事の着手がされたために実施した例があります。

3 封印執行に当たっての注意点

(1) 事前の検討

封印執行が必要か否かを検討し、裁判所と協議することが必要です。このとき、占有者がいる場合には、破産管財人に対抗できる占有権原があるか調査し、また、封印執行の方法等についても事前に検討の上、裁判所との協議に臨む必要があります。

そして、裁判所との協議において、封印執行の日時や臨場する人数等を打ち合わせます。

(2) 申 立 て

封印執行の申立ては、裁判所書記官に対して書面で行います。そのほかにも、執行官又は公証人に対して申立てを行うことが可能ですが、東京地裁倒産部では、近時、それらの者に対する申立てがされた事例は見当たりません。

占有者がいる場合、必要に応じて所轄の警察署に臨場要請をし、更に必要がある場合には、裁判所の許可を得て臨場要請をすべき場合があります（破84条）。カメラマンに現場を撮影させる場合や、鍵の交換、シャッターの設置などの方法で物理的に建物に出入りできないようにする場合などには、事前に業者を手配することになります。

また、物品の管理面に十分な措置を講じるほか、火災保険や盗難保険、倉庫業者への寄託、管理の委託等についても検討する必要があります。

(3) 当　　日

封印執行を行うのは裁判所書記官ですが、東京地裁倒産部の運用では、当日は、破産管財人、破産者本人、破産者代理人弁護士も立ち会います。そのほか、破産者代理人において、立会人を確保することが必要です。なお、裁判官も、手続の公正を担保するために立ち会うことがあります。

裁判所書記官は、対象となる物件に封印票を貼付し、更に見やすい場所に公示書を貼付して、当該物件の占有が破産管財人に移転したことを公示します。個々の物件に封印票を貼付するのが原則ですが、対象となる動産が多数に及ぶときは、柵やロープ等でこれをひとまとめにし、物件を特定した上で一括して封印します。建物に封印執行をする場合は、窓や出入口等に封印票を貼付します。雨風にさらされる場所に貼付する場合には、封印票の上からテープを貼ったり、公示書をクリアファイルに入れてこれを貼付したりするなどの措置を講じます。

裁判所書記官は、封印執行をしたときは、調書を作成します。東京地裁倒産部では、後に紛争が生じた場合に備え、原則として、立会人及び破産管財人にその場で調書を読み聞かせ、かつ、閲覧してもらった上で、記名押印を求めています（もっとも、現場で調書を完成させることに不都合がある場合に、このような取扱いをしなかったこともあります。）。そのため、破産管財人や立会人は、印鑑を持参する必要があります。また、破産管財人は、封印執行の状況を撮影して証拠化しておく必要があります。

対象物が紛失していて封印ができない場合、占有者に占有権原があることが明確な場合、占有者が引渡しを拒絶した場合などは、封印執行は不能となります。

(4) 事後の処理

不法占有者が任意の引渡しに応じないなどの理由により封印執行が不能に終わった場合には、更に引渡命令（破156条）や占有移転禁止の仮処分（断行の仮処分）を申し立てるべきか検討する必要があります。

Q18　121

また、封印が損壊されたり、その他の方法で無効にされたりした場合には、刑法96条による刑事処罰の対象となりますので、刑事告発等をすべきか検討する必要があります。

　なお、封印の除去は、裁判所書記官等が行うものです（破155条）が、実務上は、破産管財人が、裁判所と協議の上で行っています。

第4章

4

裁判所との連絡等

Q19

管財業務は、どのようにして補助させることができますか。

1 補助者の使用

　管財業務の処理上必要がある場合は、補助者を使用することができます。補助者の資格に制限はありません。破産者の元役員を事実上の補助者として使用する場合や、元従業員を雇用して補助させる場合のほか、弁護士、公認会計士、税理士等の専門家に業務を個別に依頼する場合等が代表例です。

　補助者を使用した場合において、補助者の行為により損害が生じ、その行為に少なくとも過失が認められるときは、破産管財人は、補助者の選任・監督に過失がなくとも責任を負うことになります。

2 元役員・元従業員等を補助者とする場合

　破産財団に属する商品の管理や売却、帳簿の整理などの管財業務の遂行に当たり、破産者の事情に通じた元従業員を補助者として雇い入れることは有用であり、実務上も少なからず例があります。

　東京地裁倒産部では、商品の売却、帳簿の整理などのために元従業員やアルバイトなどの協力を得る必要がある場合、管財業務と利害の対立する関係にない人物を補助者として雇用することは差し支えなく、雇用自体についての許可の申立ては不要という取扱いにしています。

　元従業員等の報酬の金額については、事業の規模や特殊性、業務内容、当該元従業員等の知識や経験、従前の給料水準等を参考に個別具体的に決めることになります。従前の給料額等から減額せずに報酬基準を設定する例もありますが、従前の給料額が高すぎる場合には減額する必要があります。また、破産会社の実質的経営権を有していた旧役員については、実費を除いて無報酬とする例が多いようです。

　補助者に対する報酬は財団債権となります（破148条1項2号、4号）。財団債権の総額を弁済するのに足りる破産財団を形成できることが明らかに

124　第4章　裁判所との連絡等

なった場合には報酬全額を支払って差し支えありません（破152条1項、**Q48**参照）。

　報酬を支給するに当たり、金額が100万円を超える場合は、財団債権の承認の許可が必要です（【書式27】）。100万円以下の場合は、個別の承認許可は不要です（破78条3項1号、2項13号、破規25条）が、この場合であっても、収支計算書にその明細を記載した上、債権者集会において報告する運用です。

　元従業員に補助者として報酬を支払う場合、失業等給付金を不正に受給することがないよう注意する必要があります。また、多数の元従業員を補助者として雇用する場合、事前に職業安定所に相談するのが相当な場合もあります（『破産申立マニュアル二版』177頁〔田川淳一〕参照）。

3　公認会計士・税理士を補助者とする場合

　破産財団が大規模である等税務処理が複雑な場合や、破産手続開始前に会計帳簿の整理が混乱しており、財産隠匿や否認対象行為の存否等を判断するのに特に精査が必要である場合など、会計調査、税務申告業務につき公認会計士、税理士への委任が必要な場合は、破産財団の規模や調査費用を考慮して、依頼する事務の範囲を明確にした上で委任をする必要があります。東京地裁倒産部では、委任自体についての許可の申立ては不要という扱いですが、報酬が財団債権となること、報酬金額が100万円を超える場合は、裁判所の許可を要すること、金額が100万円以下の場合にも、収支計算書に報酬の明細を記載して債権者集会において報告することは、前記**2**と同様です。

4　弁護士を補助者とする場合

　破産管財人が他の弁護士に管財業務を補助させる方法には、①単に事実上の補助者とする場合、②個々の事務や訴訟事件処理のために個別に委任する場合、③破産管財人代理として選任する場合（破77条）があります。

(1)　許可の要否

　東京地裁倒産部では、①及び②の場合のうち、破産財団から報酬を支払わ

ないときは、裁判所の許可を不要としていますので、破産管財人の裁量により適宜弁護士を使用することができます。

　他方、①及び②の場合において、報酬金額が100万円を超えるときは、裁判所の許可が必要ですが、報酬金額が100万円以下のときであっても、破産管財人としては、事柄の性質上、着手金及び報酬の取決めの内容を明示して、裁判所に事前に相談することが求められます。報酬について収支計算書に報酬の明細を記載し、債権者集会において報告することは、前記2と同様です。

⑵　破産管財人代理

　事件の規模、内容、事務所の事情等によっては、裁判所の許可を得て、破産管財人の職務につき包括的代理権限を有する破産管財人代理（破77条）を選任するのが相当な場合があります。破産管財人代理の選任については、【書式11】を利用するなどして裁判所の許可を求めるのが通例です。なお、東京地裁倒産部では、破産管財人代理の報酬は、原則として、破産管財人の報酬の中に含まれるとする取扱いですが、特別の事情がある場合は裁判所と協議する必要があります。

　また、破産管財人代理は、裁判所の許可を条件とし、破産管財人がその責任において選任するものです。裁判所は、破産管財人代理について、資格証明書・印鑑証明書を発行することはできませんが、破産管財人は、【書式12】を利用するなどして当該破産管財人代理についての選任許可証明を申請することができます（破11条2項、破規23条参照）。

Q20

裁判所から許可を得る必要があるのは、どのような業務ですか。

1　破産裁判所の許可を要する行為

　破産手続開始の決定がされると、破産財団に属する財産の管理処分権は破

126　第4章　裁判所との連絡等

産管財人に専属します（破78条１項）が、①不動産等の任意売却、②特許権等の任意売却、③営業又は事業の譲渡・事業の継続、④商品の一括売却、⑤借財、⑥相続放棄等の承認、⑦動産の任意売却、⑧債権・有価証券の譲渡、⑨双方未履行の双務契約の履行の請求、⑩訴えの提起、⑪和解・仲裁合意、⑫権利の放棄、⑬財団債権・取戻権・別除権の承認、⑭別除権の目的である財産の受戻し、⑮その他裁判所の指定する行為をするときは、原則として裁判所と事前に協議した上、①から⑥まで及び⑮は金額を問わず、⑦から⑭までは対象資産の時価相当額が100万円を超える場合（対象資産が複数ある場合は、対象資産の種類ごとに時価相当額が100万円を超えるかを判断します。）に限り、破産裁判所に対して個別に許可を求める必要があります（破36条、78条２項、３項、破規25条）。

　また、破産財団に属する債権と破産債権との相殺は、相殺することが破産債権者一般の利益に適合するときに限り（破産会社間で互いに破産債権を有している場合等）、裁判所の許可を得てすることができます（破102条）。

　なお、破産裁判所の許可を要する行為については、末尾の要許可行為等一覧表も参照してください。

２　個別の対応を要する行為

　東京地裁倒産部では、次の行為について、その性質上、前記１にかかわらず、破産管財人に対し、個別の対応をするよう求めています。

(1)　訴えの提起、双方未履行の双務契約の履行請求

　その価額が100万円以下であれば、破産法、破産規則上は許可が不要ですが、破産手続の進行に特に関わる重要な事項ですので、価額のいかんにかかわらず、必ず事前に裁判所と協議することが求められます（Q43参照）。また、訴えの提起と性質上同じ行為である反訴の提起、訴訟参加、支払督促、調停、借地非訟、民事保全法等に基づく保全処分の各申立て、訴訟上の和解や取下げによって訴訟手続を終了させる場合も同様です。

(2)　上　　訴

　上訴をするに当たって許可を要するかについては争いのあるところです

Q20　127

が、東京地裁倒産部では、許可を要するとする取扱いです。

(3) 訴訟手続の受継申立て

受継申立てについての許可は不要です（破44条、45条）が、訴えの提起と同様に破産手続の進行に関わる事項ですので、必ず裁判所と事前に協議することが求められます（Q46参照）。

(4) 強制執行、担保権実行の申立て及びその取下げ

訴えの提起そのものではないため、許可は不要です。

(5) 担保取消しについての同意

保全命令の担保は、違法・不当な保全処分の執行によって債務者が受けるであろう損害を担保するものであり、担保取消しについて同意することは、供託された金銭又は有価証券に対する優先弁済権（民保4条2項、民訴77条）を放棄することを意味します。そこで、担保取消しについての同意は、担保額が100万円を超える場合は許可を要し、100万円以下の場合は許可を不要とする取扱いです（Q17参照）。

(6) 否認の請求、否認の訴え

否認の請求についての許可は不要ですが、否認の訴えについては、上記(1)の訴えの提起と同様に許可を要するとする取扱いです。いずれの場合においても、必ず裁判所と事前に協議することが求められます（なお、Q44参照）。

(7) 破産財団からの権利放棄

その価額が100万円以下であれば破産法上は許可が不要ですが、自動車を放棄する場合は、自動車税の課税や交通事故による運行供用者責任の基準日（放棄日）を明確にする必要がありますので、価額が100万円以下であっても許可を要するとする取扱いです。また、他の財産でも放棄日を明確にする必要がある場合は、同様に許可を要するとする取扱いです（Q33参照）。

なお、廃車（登録抹消）手続をする場合は、その後に当該車両が使用されることがなく基準日を明確にする必要がないため、許可は不要です。

3 許可の申立ての方法

許可の申立ては、その事項に対応した許可申立書（【書式24、25、27、29〜

36】）を裁判所に提出する方法により行います。

(1)　窓口で申し立てる場合

　許可申立書の正本・副本各1通を担当係の窓口に、直接又は郵送で提出します。許可された場合には、裁判所書記官が、提出された副本に許可の証明をして交付します。なお、郵送での許可証明書の交付を希望する場合は、返信用封筒付きで申請してください。

(2)　ファクシミリ送信により申し立てる場合

　裁判所宛てに許可申立書1通を送信します。受信した書面を原本として取り扱い、裁判所でコピーしたものに許可の証明をして交付する扱いをしていますので、改めて許可申立書の正本・副本を提出する必要はありません。なお、ファクシミリ送信による許可の申立ての場合、郵送での許可証明書の交付はしておりません。

(3)　口頭により申し立てる場合

　破産財団からの権利放棄については、債権者集会で行うのが一般的です。この場合は、債権者集会で提出する財産目録の中で放棄の対象となる財産を特定した上、債権者集会において口頭で許可の申立てをし、これに対し裁判所が口頭で許可の決定をして調書に記載する方法を用いています（Q30、Q65、【書式43】【書式45】の末尾＊印欄参照）。これには、管財事務の簡素化のほかに、債権者集会で債権者の意見を聴いた上で許否の判断をするという目的もあります。

(4)　疎明資料の添付について

　許可申立書に記載されている「破産管財人が保有する疎明資料」については、管財業務の合理化及び迅速化の観点から、チェック欄にチェックを入れるか、資料の標目を記入することで足り、当該資料の添付は原則として求めない扱いです。ファクシミリ送信の場合も疎明資料の送信は原則不要です。

　ただし、申立ての内容によっては、必要に応じて、裁判所から疎明資料の提出を求めることがあります。

要許可行為等一覧表

対象行為	許可の要否	100万円以下の特則	条文	備考	手引	書式
不動産に関する物権の任意売却	○		78Ⅱ①	裁判所との事前協議は、特段の事情がない限り不要	Q27	25
登記すべき日本船舶又は外国船舶の任意売却	○		78Ⅱ①			
知的財産権の任意売却	○		78Ⅱ②	裁判所との事前協議は、特段の事情がない限り不要 鉱業権、漁業権、公共施設等運営権、特許権、実用新案権、意匠権、商標権、回路配置利用権、育成者権、著作権又は著作隣接権		
営業又は事業の譲渡	○		78Ⅱ③			
事業の継続	○		36		Q42	
商品の一括売却	○		78Ⅱ④	裁判所との事前協議は、特段の事情がない限り不要		
借財	○		78Ⅱ⑤			
相続放棄等の承認	○		78Ⅱ⑥	裁判所との事前協議は、特段の事情がない限り不要 相続の放棄の承認(238Ⅱ)、包括遺贈の放棄の承認(243、238Ⅱ)、特定遺贈の放棄(244Ⅰ)		
動産の任意売却	○	○	78Ⅱ⑦	裁判所との事前協議は、特段の事情がない限り不要	Q33	24
債権又は有価証券の譲渡	○	○	78Ⅱ⑧	裁判所との事前協議は、特段の事情がない限り不要	Q34	24
双方未履行双務契約の履行の請求	○	○	78Ⅱ⑨			35
訴えの提起	○	○	78Ⅱ⑩		Q20、Q43	36
反訴の提起、訴訟参加、支払督促、調停、借地非訟、民事保全法等に基づく保全処分の申立て	○	○	78Ⅱ⑩	明文はないが解釈によるもの	Q20、Q43	
上訴	○	○	78Ⅱ⑩	明文はないが解釈によるもの	Q20、Q43	
訴訟手続の受継の申立て			44、45		Q20、Q24、Q46	
否認の訴え	○	○	78Ⅱ⑩		Q20、Q44	36
否認請求			174		Q20、Q44	
否認権の不行使					Q24	
強制執行、担保権実行の申立て及びその取下げ					Q20、Q44	
引渡命令の申立て	○		156Ⅰ		Q27	
訴訟上の和解	○	○	78Ⅱ⑪		Q20、Q43	33,34
訴訟外の和解	○	○	78Ⅱ⑪		Q20、Q43	33,34
訴えの取下げ	○	○	78Ⅱ⑫		Q20、Q43	
仲裁合意	○		78Ⅱ⑪			
財団からの権利放棄	○	○	78Ⅱ⑫	価額が100万円以下でも、放棄日を明確にする必要がある場合は許可が必要 裁判所との事前協議は、特段の事情がない限り不要(債権者集会において口頭で放棄の許可の申立てをする場合には、事前協議が必要)	Q20、Q33	31,32
自動車の放棄	○	○	78Ⅱ⑫	価額が100万円以下であっても、許可が必要 裁判所との事前協議は、特段の事情がない限り不要(特段の事情の有無については、Q33参照) 法人事件では、廃車手続が必要(放棄は不要)	Q20、Q33	32
自動車の廃車手続				裁判所との事前協議は、特段の事情がない限り不要	Q20	

130 第4章 裁判所との連絡等

不動産の放棄	○	○	78Ⅱ⑫	裁判所との事前協議は、特段の事情がない限り不要（無担保・アンダーローン、1.5倍未満のオーバーローン物件、賃貸中の物件等は、事前協議が必要）法人事件の別除権付きの不動産については、放棄の2週間前までに、別除権者への通知が必要（規則56条後段）	Q20、Q30、Q65	29、30
保全事件の担保取消しの同意	○	○	78Ⅱ⑫	裁判所との事前協議は、特段の事情がない限り不要　供託された金銭又は有価証券に対する優先弁済権の放棄に当たる	Q17、Q20	
財団債権の承認	○	○	78Ⅱ⑬		Q48	27
取戻権の承認	○	○	78Ⅱ⑬			
別除権の承認	○	○	78Ⅱ⑬			
別除権の目的である財産の受戻し	○	○	78Ⅱ⑭		Q28	25
担保権消滅許可の申立て	○		186Ⅰ		Q32	
商事留置権消滅請求	○		192Ⅰ		Q32	
封印執行	○		155Ⅰ		Q18	
警察上の援助の要請	○		84		Q18	
破産管財人代理、保全管理人代理の選任			77、95	裁判所との事前協議は、特段の事情がない限り不要（報酬を破産管財人と別に支給する場合は、事前協議が必要）価額が100万円を超えるときは、さらに財団債権の承認許可が必要	Q19	
補助者（弁護士）の委任等		○	78Ⅱ⑬	裁判所との事前協議は、特段の事情がない限り不要（有償の場合は事前協議が必要）価額が100万円を超えるときは、財団債権の承認許可が必要	Q19	
補助者（元従業員、公認会計士等）の雇用や委任		○	78Ⅱ⑬	価額が100万円を超えるときは、財団債権の承認許可が必要	Q19	
相殺（破産財団に属する債権と破産債権間）	○		102		Q20	
相殺禁止該当性			71	相殺禁止に該当しないとの結果であっても、検討した場合は裁判所との協議が必要	Q24、Q65	
保全管理人による債務者の常務に属しない行為	○		93Ⅰただし書			
不動産の破産登記	その他		258Ⅰ②	原則として登記は留保。必要に応じて破産管財人からの上申を受けて職権登記（個人事件のみ。法人事件は不動産の破産登記制度なし）	Q21	
郵便転送嘱託	その他		81Ⅰ	破産手続開始の決定に記載された以外の名称、住所での嘱託、個人の第1回債権者集会後の転送嘱託の延長については、破産管財人からの上申を受けて職権で嘱託	Q22	21、22
法人の役員の責任査定申立			178		Q45	
自由財産の範囲の拡張	その他		34ⅣⅤ	要許可事項ではない。原則として黙示の決定によっている。	Q26、Q25	
破産者の住所変更（国内）	原則不要		37Ⅰ	黙示の許可によっており、許可申立ても原則不要だが、破産管財人の同意と申立代理人の裁判所宛て届出書が必要　裁判所との事前協議は、特段の事情がない限り不要	Q23	23
破産者の旅行（国内長期又は海外）	原則不要		37Ⅰ	黙示の許可によっており許可申立ても原則不要だが、破産管財人の同意と申立代理人の裁判所宛て届出書が必要	Q23	23-2

※　備考欄に特段の記載のない対象行為をするに当たっては、裁判所との事前協議が必要になります。

Q21

不動産に破産の登記をするのはどのような場合ですか。

1 破産手続開始と登記等

破産手続に関する登記等には、①法人の破産登記（破257条）、②個人の破産者に関する登記（破258条1項1号）並びに③個人の破産財団に属する権利の登記（同項2号）及び登録（破262条）があります。①及び②は破産者であることを明らかにし、③は当該財産について処分権がないことを公示することによって、破産者と取引をしようとする第三者に警告を与え、取引の安全を確保するためにされるものです。このため、破産者が法人の場合には、その登記簿に破産登記がされること（破257条1項）により、当該法人と取引をしようとする第三者は当該法人について破産手続が開始されたことを知ることができ、重ねて登記等のある権利について破産手続開始の登記等をする必要は乏しいことから、法人の破産財団に属する権利の登記等の制度は廃止されました（破附則2条による廃止前の破産法（大正11年法律第71号）120条）。

これらの登記等は、他の民事手続法と同様に、裁判所書記官が職権で嘱託することとされています。

2 個人の破産財団に属する権利の登記に対する破産の登記の要否

破産財団を構成する財産に対する管理処分権は、登記の有無にかかわらず、破産手続開始時に破産管財人に専属することから、破産財団を構成する権利についての破産の登記は、単に取引の安全という事実上の効果を期待された報告的なものにすぎません（藤原勇喜『倒産法と登記実務〔第3版〕』（民事法研究会、平成20年）177頁）。このため、たとえ破産の登記がなくても、破産管財人は任意売却による所有権移転登記（「質疑応答7368」登記研究545号）や根抵当権の元本確定登記（不登93条）の登記手続を行うことができます。

そして、個人の破産財団の場合は、①多くの場合に別除権が設定されてい

132 第4章 裁判所との連絡等

て、実質的な財産的価値がなく早期に破産財団から放棄される場合が多いで
すし、②任意売却相当の場合でも、破産管財人は就職後直ちに破産財団の管
理に着手し（破79条）、必要に応じて告示書を貼付して破産管財人の管理下
にあることを公示した（**Q16**参照）上、速やかに換価手続に入るのが通例で
すから、事実上第三者の取引の安全を害する可能性はほとんどありません。
前記1のとおり、第三者の取引の安全のための必要性に乏しいことを理由と
して法人の破産財団に属する権利の登記については破産の登記手続が廃止さ
れたこと、たとえ破産の登記がされたとしても短期間で破産財団からの放棄
や換価処分によりその登記が抹消されてしまうことなどから、東京地裁倒産
部では、原則として個人の破産財団に属する権利の登記についても破産の登
記を留保する取扱いとしています。そして、第三者の取引の安全を害する特
別な事情があると考えられる場合には、破産管財人の個別の上申により、破
産の登記を嘱託することにしています。これに当たる具体的な場合として
は、例えば、破産財団に属する不動産の権利証や破産者名義の白紙委任状が
第三者に渡っているといった財産処分の現実的なおそれがある場合や、全国
各地に多数の財産が存在するため、その全てについて破産管財人による管理
を直ちに行うことが事実上困難な場合などが考えられます。

Q22

郵便転送嘱託の運用は、どのようにされていますか。

1 郵便転送嘱託の意義

裁判所は、破産管財人の職務の遂行のため必要があると認めるときは、信
書の送達の事業を行う者に対し、破産者宛ての郵便物等を破産管財人に配達
すべき旨を嘱託することができます（破81条1項）。同項の規定上、郵便転送
嘱託は任意的ですが、東京地裁倒産部では、資産調査の手段としての重要性
に鑑み、法人・個人を問わず、全件について、郵便事業者に対し、破産者宛
ての郵便物等を破産管財人に転送するよう嘱託しています。

2 破産手続開始時に嘱託の対象とする
破産者名・宛先と転送嘱託の上申

　裁判所は、破産手続開始時に、法人事件については、商業登記簿上の現在の商号（旧商号について必要があるときは双方）を対象とし、本店所在地（現所在地が商業登記簿上の本店所在地と異なるときは双方）及び商業登記簿上の支店所在地を管轄する郵便局に宛てて、個人事件（法人代表者等を含む。）については、住民票上の現在の氏名（通称名や旧姓について必要があるときはいずれも）を対象とし、住所（現住所が住民票上の住所と異なるときは双方）、居所を管轄する郵便局に宛ててそれぞれ嘱託しています。

　破産手続開始後に破産者が転居した場合の新住所、破産手続開始直前に破産者が転居している場合の旧住所（住民票も異動している場合）、破産者の旧商号や破産者が使用している通称名の郵便物などについては、破産管財人からの郵便転送嘱託の上申に基づいて嘱託する取扱いですので、これらについても転送嘱託が必要と判断した場合は、裁判所に対し、郵便転送嘱託の上申書（【書式21】）を提出する必要があります。なお、申立代理人から転送嘱託の上申があっても応じていませんので、申立代理人において転送嘱託が必要と思われる配達先等を発見した場合は、破産管財人に連絡をします。

3 郵便転送嘱託の期間
(1) 法人事件

　法人事件については、全件（破産管財人からの転送嘱託の上申を含む。）、手続が終了するまで実施し、異時廃止又は配当による終結時に取り消します（破81条3項）。

(2) 個人事件

　個人事件については、原則として第1回の債権者集会までの期限付きで実施しています。そして、資産調査の必要がある場合など例外的に延長が必要な場合に、破産管財人からの転送嘱託延長の上申に基づき、次回の債権者集会期日までの期限付きで延長する取扱いをしています。したがって、延長が必要な場合は、債権者集会続行の都度、上申書（【書式22】）を提出する必要

があります。

(3) 破産事件終了後も郵便転送が続く場合の対応

　法人事件において破産手続が終了した後や個人事件で郵便転送嘱託延長の上申を行っていないのに債権者集会終了後も転送が続く場合は、まずは破産管財人において、当該郵便局に対し、裁判所から嘱託取消通知を受けていないか、転送期限がいつまでになっているか等について問合せをしてください。

4　破産管財人が郵便転送嘱託において留意すべき点

(1) 開披点検の重要性

　破産管財人は、破産者宛ての郵便物等の開披点検をすることができます（破82条1項）が、この郵便物の開披点検は、破産者の財産状態の調査のための有効な手段の一つです。例えば、固定資産税の課税通知により不動産の存在が、金融機関等からの通知により預金、保険、株式、貸金庫等の存在が、請求書により債権者一覧表に記載されていなかった債権者が、それぞれ明らかになることがあります。

(2) 破産者に早期に返還すべき郵便物

　破産者の自由財産から支払われるべき電話料金や水道光熱費の請求書、投票所入場券等は、破産者の生活等に支障を来さないよう、早めに破産者に返還する必要があります。ただし、早急に破産者に渡す必要がある郵便物でも、破産者に返還する前に必ず開披点検することが求められます。

(3) 郵送で送り返す際の留意点

　転送された郵便物は、開披点検の上、私信は破産者に交付します（破82条2項）が、郵送で送り返す際は、「破産管財人発信」であることを明記する必要があります。明記しないと、破産管財人のところに戻ってくることになります。

(4) 破産管財人事務所を変更した場合

　破産手続開始後に破産管財人事務所を変更した場合は、郵便局に事務所移転の届出をしてください。裁判所から改めて新事務所に対する郵便転送嘱託

はしない取扱いです。

Q23

破産者が住所を変更したり、海外に旅行したりする場合、申立代理人や破産管財人はどのように対応すればよいですか。

1 裁判所に連絡すべき事項

破産者は、裁判所の許可を得なければ、その居住地を離れることはできません（破37条1項）。「居住地を離れる」というのは、居住地を変更すること（転居）だけでなく、2泊以上の宿泊を含む旅行や出張もこれに当たり、海外については1泊でもこれに当たると解されます（『条解破産三版』331頁）。申立代理人としては、【書式9】【書式10】を使用するなどしてその旨を破産者によく説明し、破産者が勝手に居住地を離れることのないよう指導することが求められます。

破産者が転居する場合の具体的処理としては、事前に破産管財人の同意を得てから、裁判所に破産管財人の同意を得て住所を変更した旨の上申書（【書式23】）及び新住所の住民票の写しを提出します。住所を変更した場合には、これを市町村長に届け出る必要があります（住民基本台帳法22条、23条）が、この届出をしていない場合でも、実際に転居する場合には、破産管財人の同意を得た上で裁判所に上申する必要があります。なお、破産者が遠方に転居した場合であっても、破産者は、債権者集会や免責審尋期日の出頭義務を免れるわけではありません。交通費がないために債権者集会や免責審尋期日に出頭できないというのは、不出頭の正当な事由とはなりませんので、注意が必要です。

破産管財人としては、破産者（申立代理人）に対し、破産者が破産手続中に居住地を離れる場合は、必ず破産管財人の同意を得るよう指示をし、また、破産管財人の同意を得て住所を変更した場合や旅行等をする場合には、破産者（申立代理人）がその旨の上申書（【書式23】【書式23-2】）を裁判所に

提出するよう指示してください。

　破産管財人が同意をすべきかどうかは、管財業務への支障の有無により判断することになり、管財業務に支障がないと判断できれば、同意をして差し支えありません。同意方法は、破産管財人と申立代理人との間においては、口頭でも書面でもどちらでも問題はありません。

　なお、東京地裁倒産部では、破産者が居住地から離れることについては、破産管財人の同意で足りるとする扱いであり、個別に裁判所の明示的な許可の決定をするという運用はしていません。

2　申立代理人が留意すべき事項

　破産者が住所を変更していた場合、事件の進行状況により早急な対応が必要になります。

　申立代理人としては、破産手続開始の申立てをする前に破産者と連絡を取り、住所等に変更がないか必ず確認する必要があります。既に破産者の住所が変わっていたことに気づかず、破産手続開始の申立書に変更前の住所を記載していた場合、申立代理人としては、裁判所に上申書と住民票の写しを速やかに提出するとともに、管財事件の場合には選任される破産管財人にも連絡を取り、事情を説明する必要があります。

3　破産管財人が留意すべき事項

　破産管財人の調査中に破産者が住所を変更していた事実が判明した場合や、申立代理人から連絡が来る前に、破産者本人から直接自分の住所が変わった旨の連絡がされた場合には、申立代理人に対して早急に事実関係を確認させ、裁判所に上申書と住民票の写しを提出するよう指示をする必要があります。

　なお、破産者が海外に行くことは、管財業務に支障を来すのが通例である上、債権者集会や免責審尋期日への出頭も困難となりますから、これに同意するかどうかについては慎重に対応し、必要に応じて裁判所と協議することが求められます。

Q23　137

4 債権者集会の直前に住所が変わった場合

債権者集会の直前に破産者の住所が変わり、債権者集会時までに住民票の写しの提出が間に合わないという場合は、申立代理人としては、直ちに裁判所に連絡した上、免責の許否の決定がされるまでの間に裁判所に上申書と住民票の写しを提出する必要があります。郵送による提出が間に合わないときには、ファクシミリ送信だけでも早急にすることが必要です。

裁判所は、住民票の写しにより住所の変更が確認できるまで、免責の許否の決定を留保する場合があります。

Q24

裁判所に報告する必要があるのは、どのような点ですか。

1 報告を要する事項
(1) 破産法157条に基づく報告

破産管財人は、破産手続開始後遅滞なく、破産手続開始に至った事情、破産者及び破産財団に関する経過及び現状等を記載した報告書を提出するほか、裁判所の定めるところにより、破産財団に属する財産の管理や処分の状況その他裁判所の命じる事項を裁判所に報告しなければなりません（破157条）。一般的には、定期的に報告書を提出する、裁判官との面談や電話連絡、債権者集会の席上で報告するなどの方法が採られています。この点につき、東京地裁倒産部では、管財業務をできるだけ軽減するために、チェック方式の書面による破産法157条の報告書（【書式42】）又は財産目録に報告事項を付記したもの（【書式43】【書式45】）を第1回債権者集会の当日に持参して報告する（破158条参照）という取扱いにしています。

ただし、特に詳細な報告が必要である場合には、別途報告書を作成することが求められます（Q65、Q67、Q81参照）。

(2) 債権者集会の進行についての打合せ

債権者集会の進行についての打合せは、債権者集会の1週間前までに破産

138 第4章 裁判所との連絡等

管財人からファクシミリ送信された債権者集会打合せメモ（【書式41】）に基づき、裁判官が破産管財人に電話をかけるなどして行います。これは、続行期日についても同様です。債権者集会打合せメモは、債権者集会の1週間前までにファクシミリ送信します。債権者集会の前日の夕方や債権者集会の当日に債権者集会打合せメモを送信すると、裁判所が問題点を把握できないまま債権者集会に臨まざるを得なくなりますので、できるだけ早期に送信することが求められます。具体的な打合せ方法や打合せメモの記載については、Q65を参照してください。

(3) 破産管財人の事務所が移転した場合

上記(1)及び(2)のほか、破産管財人の事務所が移転した場合には、移転先の住所、電話番号、事務所名等を速やかに裁判所に連絡する必要があります。また、郵便局に事務所移転の届出を行い（裁判所からは改めて新事務所に対する郵便転送嘱託はしていません。Q22参照）、電話番号の変更を伴う場合は、契約先電話会社（東日本電信電話株式会社等）に新電話番号案内手続（3か月間有効）を執る必要があります。

2 裁判所との協議

(1) 報告・協議が必要な場合

手続に関する疑問については、破産管財人連絡書（【書式4】）などの書面を裁判所にファクシミリ送信するなどして、積極的に裁判所と協議することが必要です。事件の進行に関わる問題がある場合には、前記1(2)の債権者集会の進行についての打合せ以外の機会においても、破産管財人連絡書を利用するなどして適宜裁判所と協議する必要があります。

また、否認権行使、相殺禁止及び訴訟の受継等の法律上の問題点を検討した場合にも、その検討結果について、債権者集会打合せメモや破産管財人連絡書に記載して、裁判所に報告することが必要です。

(2) 報告・協議の時期

裁判所との協議の時期は、事案にもよりますが、事実関係や相手方の交渉に対する態度が問題になる事項については、相手方とある程度交渉し、情報

を集めた上で協議する方が、裁判所からもより具体的に回答できることが多いと思われます。他方で、法律構成（否認請求の可否等）や一般的運用に関する事項については、交渉に先立って協議することが有益なことも少なくないと思われます。

3　その他の裁判所に報告・提供すべき情報

　管財業務を進める中で、非弁行為が疑われるなど事件記録に表れていない問題点を発見した場合には、裁判所に適宜の方法で報告をし、協議をすることになります。

　また、国や地方の行政機関、公益法人、組合等の外部の機関と協議した結果、他の事件処理についても有益と思われる情報を得たときは、これを裁判所に提供することが望まれます。

第 **5** 章

5

破産財団の換価等

Q25

換価すべき財産は、どの範囲ですか。

1 破産財団の範囲

　破産財団とは、破産手続開始と同時に破産管財人によって管理される破産者の財産又は相続財産であって（破2条14項、34条1項）、破産債権者の共同の満足に充てられるものをいいます。

　破産財団は、破産者が破産手続開始の時に有する差押可能な一切の財産から成り、破産管財人は、この破産財団に属する財産を換価することになります。逆にいえば、破産者が破産手続開始の時に有していた財産であっても、差押えが禁止されている場合には、破産財団を構成しないことになります。

　また、財産が日本国内にあるかどうかは問わないため（破34条1項）、破産管財人は、在外資産を含めて換価することになります。もっとも、在外資産の把握は容易でないことから、その存在が窺われる場合は、保全・回収の可能性を見据えながら、速やかに調査を進める必要があります。

2 換価の対象について

(1) 法人の破産事件

　破産財団に属する全ての財産が換価の対象となります。

(2) 個人の破産事件の換価基準

　自由財産（破産者が破産手続開始後に新たに取得した財産（新得財産）や差押禁止財産等）以外の財産については、原則として、全て換価の対象となります。

　ただし、破産者の生存権の保障、現金について99万円まで自由財産とされていることとの均衡、同時廃止事件との均衡及び管財業務の効率化という観点から、東京地裁倒産部では、在京三弁護士会との協議に基づき、次の換価基準を定めています。

　なお、財産目録に記載がない破産財団に属する財産が、破産管財人の調査

142　第5章　破産財団の換価等

によって発見された場合には、自由財産の範囲を拡張するのは不相当である
のが一般です（自由財産の範囲の拡張については**Q26**参照）。よって、このよ
うな場合には、原則どおり、換価の対象となります。

【個人破産の換価基準】

1　換価等をしない財産
　(1)　個人である破産者が有する次の①から⑩までの財産については、原則と
　　　して、破産手続における換価又は取立て（以下「換価等」という。）をし
　　　ない。
　　①　99万円に満つるまでの現金
　　②　残高が20万円以下の預貯金
　　③　見込額が20万円以下の生命保険解約返戻金
　　④　処分見込価額が20万円以下の自動車
　　⑤　居住用家屋の敷金債権
　　⑥　電話加入権
　　⑦　支給見込額の8分の1相当額が20万円以下である退職金債権
　　⑧　支給見込額の8分の1相当額が20万円を超える退職金債権の8分の7
　　⑨　家財道具
　　⑩　差押えを禁止されている動産又は債権
　(2)　上記(1)により換価等をしない場合は、その範囲内で自由財産の範囲の拡
　　　張の裁判があったものとして取り扱う（ただし、①、⑨のうち生活に欠く
　　　ことのできない家財道具及び⑩は、破産法34条3項所定の自由財産であ
　　　る。）。
2　換価等をする財産
　(1)　破産者が上記①から⑩までに規定する財産以外の財産を有する場合に
　　　は、当該財産については、換価等を行う。ただし、破産管財人の意見を聴
　　　いて相当と認めるときは、換価等をしないものとすることができる。
　(2)　上記(1)ただし書により換価等をしない場合には、その範囲内で自由財産
　　　の範囲の拡張の裁判があったものとして取り扱う。
3　換価等により得られた金銭の債務者への返還
　(1)　換価等により得られた金銭の額及び上記1(1)の①から⑦までの財産（⑦
　　　の財産の場合は退職金の8分の1）のうち換価等をしなかったものの価額
　　　の合計額が99万円以下である場合で、破産管財人の意見を聴いて相当と認
　　　めるときは、当該換価等により得られた金銭から破産管財人報酬及び換価
　　　費用を控除した額の全部又は一部を破産者に返還させることができる。
　(2)　上記(1)により破産者に返還された金銭に係る財産については、自由財産
　　　の範囲の拡張の裁判があったものとして取り扱う。
4　この基準によることが不相当な事案への対処
　　　この基準によることが不相当と考えられる事案は、破産管財人の意見を聴
　　　いた上、この基準と異なった取扱いをするものとする。

3 具体的な個人破産の換価基準（換価等をしない財産）について

① 現　　金

99万円に満つるまでの現金は、破産法上の自由財産であり、破産財団に含まれません（破34条3項1号、民執131条3号、同法施行令1条）。

② 預　貯　金

1口が20万円以下であっても、預貯金が複数あって、総額が20万円を超える場合は、全ての預貯金について換価を要します。

預貯金は、それ自体は破産法上の自由財産ではありませんが、普通預金のように流動性のある預貯金については、前記2の換価基準2(1)ただし書により換価をしないことも考えられますので、生活に必要か否かを調査した上で、換価の要否を判断することになります。

そこで、破産財団に属するか自由財産の範囲であるかの区別について申立代理人と協議し、破産手続開始直後に、換価対象となる預貯金の通帳のみを引き継ぐ必要があります。

③ 保険解約返戻金

保険契約に基づく解約返戻金の見込額が20万円以下の場合には、換価を要しません。

ただし、保険契約が数本ある場合において、解約返戻金の見込額の総額が20万円を超えるときは、全ての保険について換価（解約）を要しますが、その具体的な要否については、破産管財人の意見を踏まえ、事案ごとに判断しています。この保険契約に基づく解約返戻金は、生命保険、医療保険、学資保険、個人年金等名称のいかんを問わず合算することになり、損害保険も解約返戻金がある場合には合算の対象となります。他方、破産者が契約者貸付けを受けている場合には、その法的性質について保険金又は解約返戻金の前払とみて（最判平9.4.24民集51巻4号1991頁参照）、解約返戻金から貸付額を控除した額が破産財団を構成することとなりますので、その額が20万円以下であれば、破産財団を構成しないものとして取り扱います。

破産者やその家族が現実に保険を使用している場合や、使用する可能性が

ある場合もありますので、破産者（申立代理人）の意向をよく確認すること
が必要です。破産者が解約を希望しない場合には、解約返戻金相当額を破産
財団に組み入れて、解約返戻金を換価しない（あるいは放棄する）取扱いが
一般的です。

　また、簡易生命保険の還付金請求権は、平成３年４月１日より前に発効し
た契約については還付金請求権の差押えが禁止されており、破産財団を構成
しませんが、同日以後に発効した契約については還付金請求権の差押えが可
能であり、破産財団を構成します（平成17年法律第102号による廃止前の簡易生
命保険法81条、同法平成２年改正附則２条５項）。なお、契約者配当金について
は、平成３年４月１日より前に発効した契約であっても差押えが可能です
し、保険契約者が法人である場合、同日より前の契約に基づく還付金請求権
も破産財団を構成します（最判昭60.11.15民集39巻７号1487頁）。

　④　自　動　車

　処分見込価格が20万円以下の自動車は、換価も廃車手続も不要です。減価
償却期間（一般的には、普通乗用車は６年、軽自動車・商用車は４年です。詳細
は減価償却資産の耐用年数等に関する省令を参照してください。）を経過してい
る場合は、無価値として査定の必要もありません。ただし、輸入車などの高
級車の場合は、６年を経過しても20万円を超える価値がある場合もあります
ので、注意が必要です。

　なお、換価不要の自動車については、破産者本人に管理してもらうことに
なりますので、自動車税の課税や運行供用者責任による損害賠償を避けるた
めにも、早期に書面で破産財団からの放棄許可の申立てをし、破産者本人に
も連絡することが必要です。

　⑤　居住用家屋の敷金債権

　20万円を超えるものであっても換価を要しません。

　⑥　電話加入権

　複数本あっても換価を要しません。

　⑦、⑧　退職金債権

　支給見込額の８分の１相当額が20万円以下である退職金債権は、破産財団

を構成しません。これに対し、破産手続開始時における退職金見込額（現実
に退職していない場合でも将来請求権として破産財団に帰属します。破34条2
項）の8分の1が20万円を超える場合は、その8分の1相当額全額が破産財
団を構成し、その余の8分の7は破産財団を構成しないことになります（Q
6参照）。

また、破産手続開始後に退職した場合又は近く退職予定の場合で、退職金
請求権の4分の1相当額が20万円を超えるときは、4分の1相当額全額が破
産財団を構成します。

ただし、いずれの場合も、換価・回収の要否については、個別の事案に
よって異なります。破産者の生活状況等の調査をして回収可能額を判断し、
全額の回収ができないと判断した場合は、申立代理人と協議の上、自由財産
の範囲の拡張をすべきかについて裁判所と打ち合わせる必要があります（Q
26参照）。

なお、破産手続開始時に既に退職し、退職金を既に受領済みの場合は、退
職金債権ではなくなっていますので、現金や預金等として取り扱うことにな
ります。

⑨　家財道具

通常の生活に必要な家財道具は換価を要しません。

⑩　差押えを禁止されている動産又は債権

①から⑨までに掲げた財産以外の財産であっても、民事執行法上の差押禁
止動産（民執131条）及び差押禁止債権（民執152条）は換価等を要しません。
破産者が自営業者の場合、破産者の有する器具等については差押禁止動産に
当たる場合があります（民執131条6号）ので、注意が必要です。

慰謝料請求権については、行使上の一身専属権であるため、原則として差
押禁止財産に当たりますが、具体的な金額の慰謝料請求権が当事者間で客観
的に確定し、現実の履行を残すのみとなった場合は、行使上の一身専属性を
失い、破産財団を構成し、換価等を要します（最判昭58.10.6民集37巻8号
1041頁参照）。交通事故によって人的損害・物的損害を被った被害者が、損
害のてん補を受ける前に破産手続開始の決定を受けた場合に、損害賠償請求

146　第5章　破産財団の換価等

権が破産財団に帰属するかが問題となりますが、慰謝料部分は、入通院期間や後遺障害の程度等により客観的・類型的に算定されるものですから、慰謝料部分及び将来の減収分を補填する逸失利益を含めて、全体として破産財団を構成するものと解されます。その上で、最終的な結論の妥当性については、自由財産の範囲の拡張によることが望ましいと思われます。

また、企業年金については、確定給付企業年金法34条1項、確定拠出年金法32条1項や民事執行法152条1項・2項により差押えが禁止されている場合がありますので、注意が必要です。

そのほか、社会保険としての公的年金（国民年金法24条等）、医療保険その他の部門の社会保険（健康保険法61条等）、公的扶助、援助に関する給付（生活保護法58条等）、災害補償、損害賠償等の請求権（労基83条2項等）のように、特別法によって差押えが禁止されている債権があります。詳細については、中村さとみほか編著『民事執行の実務　債権執行編（上）〔第5版〕』（金融財政事情研究会、令和4年）235頁以下を参照してください。

4　個人破産の換価基準によることが不相当な事案への対処

破産法改正により破産者の経済的更生を容易にする趣旨から現金の自由財産の範囲が99万円まで拡大されたことを踏まえ、破産者が資産として現金のみ所持していた場合との均衡等も考慮して、前記2の換価基準2によることが不相当な事案については、これと異なる処理することも考えられます。例えば、20万円を超える預貯金又は保険解約返戻金を換価した場合において、破産者の生活と財産の状況、今後の収入の見込み等を考慮して、更生のための資金として相当額を破産者に返還すべきと判断されるときは、そのような処理することも考えられますので、申立代理人と協議の上、裁判所に相談することが求められます。

5　引継予納金と換価基準との関係について

(1)　原　　則

東京地裁倒産部では、管財事件につき、最低20万円の予納金を申立代理人

から破産管財人に引き継ぐこととしており、この引継予納金は、破産財団を構成する財産とは別に引き継ぐ必要があります。したがって、過払金返還請求権がある場合や、20万円を超える評価額の自動車がある場合等のように、換価基準によれば破産管財人が換価等をすることとされている財産がある場合、破産管財人が換価等をすることによって20万円を超える破産財団が形成される見込みがあったとしても、これとは別に最低20万円の引継予納金が必要です（Q15参照）。

⑵　破産者が退職金債権を有している場合

東京地裁倒産部では、引継予納金を自由財産から拠出する場合は、換価対象部分の退職金債権の全部又は一部の財団組入れがあったものとするという運用をしています。これに対し、引継予納金が自由財産を超える部分から拠出されている場合には、原則どおりの取扱いとなります。具体的には、次のとおりです。

　ア　破産者が現金20万円と退職金債権400万円を保有している場合、50万円の財団組入れが必要です。

すなわち、現金20万円を引継予納金としますが、これを退職金債権の8分の1相当額である50万円の財団組入れの一部として扱うことができるので、破産者は、残りの30万円を破産財団に組み入れれば足りることになります。

　イ　破産者が現金119万円と退職金債権400万円を保有している場合、70万円の財団組入れが必要です。

すなわち、20万円の引継予納金は自由財産を超える部分から拠出されているため、別に退職金債権の8分の1相当額である50万円の財団組入れが必要となり、合計70万円を破産財団に引き継ぐことになります。

この場合に、退職金債権の8分の1相当額である50万円が引継予納金であり、現金119万円から引継予納金50万円を控除した金額が69万円であるから99万円の自由財産の範囲内であって、これ以上の財団組入れが不要であるという考え方は採っていませんので、注意が必要です。

　ウ　破産者が現金200万円と退職金債権400万円を保有している場合、151万円の財団組入れが必要です。

148　第5章　破産財団の換価等

すなわち、20万円の引継予納金は自由財産を超える部分から拠出されているため、これを退職金債権の財団組入れに充てることはできません。したがって、現金については99万円を超える部分である101万円の財団組入れが必要であり（ただし、うち20万円は引継予納金であるので、残りの81万円の財団組入れが必要となります。）、別に退職金債権の8分の1相当額である50万円の財団組入れが必要となり、合計151万円を破産財団に引き継ぐことになります。

Q26

自由財産の範囲の拡張は、どのような場合に認められますか。

1　自由財産の範囲の拡張とは

　自由財産とは、破産財団に属さず、破産者が自由に管理処分できる財産をいいます。破産財団は、破産者が破産手続開始の時に有する一切の財産から成りますので（固定主義。破34条1項）、破産者が破産手続開始後に新たに取得した財産（新得財産）は自由財産です。99万円に満つるまでの現金（同条3項1号、民執131条3号、同法施行令1条）と、差し押さえることができない財産（破34条3項2号）も法定の自由財産です。また、破産管財人が破産財団から放棄した財産や、自由財産の範囲の拡張の裁判（同条4項）がされた財産も自由財産に当たります。

　自由財産の範囲の拡張とは、破産者の個別の事情に応じ、破産手続開始に伴う一時的な経済生活の困窮から破産者を救済するため、裁判所の決定により、一定の財産を自由財産として取り扱うものです。東京地裁倒産部では、Q25の2(2)記載のとおり、個人破産の換価基準（以下「換価基準」といいます。）を定めており、法定の自由財産に当たらない場合でも、一定の財産については、原則として破産手続における換価又は取立て（以下「換価等」といいます。）をせず（換価基準1(1)）、換価等をしない範囲内で自由財産の範囲の拡張の裁判（破34条4項）があったものとして取り扱っています（Q25参

Q26　149

照）。

　また、換価基準上の換価等をしない財産に当たらない場合であっても、破産法34条４項の要件に該当する場合には、自由財産の範囲の拡張が認められる場合があります。なお、裁判所は、自由財産の範囲の拡張の裁判をするに当たっては、破産管財人の意見を聴かなければならないとされており（同条５項）、破産管財人の選任されない同時廃止事件については、自由財産の範囲の拡張は認められません。

2　自由財産の範囲の拡張の手続

　東京地裁倒産部では、換価基準１(1)により換価等を要しないものについては、裁判所に対する相談は不要であり、財産目録及び収支計算書にも記載する必要はないものとしています。

　他方、換価基準２(1)ただし書及び４により財産の換価等をしない場合や、換価基準３(1)により破産者に金銭を返還する場合については、裁判所との打合せを行ってその当否を協議し、換価等をしない、又は金銭を返還することにしたときは、この財産や金銭を財産目録及び収支計算書に計上した上、備考欄に「自由財産の拡張により換価しない」とか「自由財産の拡張により返還する」旨を記載して（【書式45】参照）、債権者集会で報告する取扱いです。自由財産の範囲の拡張の裁判は、破産手続開始の決定が確定した日以後１か月を経過する日までの間に行うものとされています（破34条４項）が、この期間は不変期間ではないので、裁判所の裁量により伸長することができるものです（破13条、民訴96条１項）。東京地裁倒産部では、伸長のための手続は不要とし、黙示の伸長決定を行うという扱いをしています。

3　自由財産の範囲の拡張の運用状況等
⑴　東京地裁倒産部における自由財産の範囲の拡張の運用状況

　申立代理人が自由財産の範囲の拡張を希望する場合には、まず、破産管財人とその要否について協議することになります。破産管財人は、申立代理人との協議に当たっては、破産法34条４項の考慮要素に即してその要否を検討

150　第５章　破産財団の換価等

する必要があり、その上で、裁判所と打合せをすることが必要です。自由財産の範囲の拡張の裁判に対して、破産債権者が不服の申立てをすることができないことに照らせば、破産債権者の利益が不当に害されることのないように配慮して検討する必要があります。申立代理人との協議が調わない場合には、裁判所が調整し、それでも調わない場合には裁判所が最終的に決定することになりますが、実際に裁判所が決定するという例はほとんどありません（なお、杉本正則「東京地裁破産再生部における破産事件の現状①　個人破産事件」法律のひろば2008年2月号36頁に自由財産の範囲の拡張の申立てを却下した事例が報告されています。）。

東京地裁倒産部における自由財産の範囲の拡張については、定型的な運用はありませんが、99万円までの現金が自由財産とされていることとの均衡から、自由財産の総額が99万円以下となるような自由財産の範囲の拡張については、比較的緩やかに判断できる場合があります。ただし、その際にも、下記(2)記載の事情を考慮して拡張の必要性を確認した上で判断がされており、99万円までの現金が法定自由財産とされていることとの均衡のみを理由に拡張が認められるわけではないことに注意が必要です。

他方、自由財産の総額が99万円を超えるような拡張については、より慎重に判断をすることになります。

(2)　自由財産の範囲の拡張の考慮要素

自由財産の範囲の拡張は、次のような事情を総合考慮して検討します。

①　破産者の生活の状況

破産者の年齢、職業、世帯構成、本人や家族の病気等の有無・程度等（後記③とも関連しますが、例えば、破産者が高齢で、就業の見込みもない場合は、拡張に積極的な事情となります。他方で、破産者が独身の若年者で、病気等もなく就業に支障がない場合は、拡張に消極的な事情となります。）

②　破産手続開始時に破産者が有していた財産の種類及び額

破産者の有している自由財産の種類及び額（例えば、手持ち現金がほとんどない場合は、拡張に積極的な事情となります。他方で、生命保険について自由財産の範囲の拡張（保険契約の維持）を希望していたとしても、破産者が相当額の

Q26　151

現金を有しており、手持資金から解約返戻金相当額の財団組入れを求めても特に生活に支障が生じない場合は、拡張に消極的な事情となります。)

③　破産者が収入を得る見込み

破産者の就業状況や収入（見込み）額等（例えば、営んでいた事業が破綻し、収入の途がない個人事業者であれば、拡張に積極的な事情となります。他方で、破産者が継続的に収入を得ている給与所得者であれば、拡張に消極的な事情となります。)

④　その他の事情

拡張を求めている財産の種類及び額（例えば、年金生活の高齢者が有する振り込まれた年金を原資とする預貯金など、破産者の唯一の生活の糧となっているようなものは、拡張に積極的な事情となります。他方で、学資保険のように当座の生活に必ずしも不可欠とは言い難いものは、拡張に消極的な事情となります。)、債権者の対応状況（例えば、拡張について債権者の反対意見がある場合は、拡張に消極的な事情となります。)、配当見込み等（例えば、拡張を認めてもなお相当な配当が可能である場合は、拡張に積極的な事情となります。他方で、拡張を認めると配当が不可能となる場合は、拡張に消極的な事情となります。)

⑶　**実務上問題となる場面**

①　破産者が自営業者の場合に、破産手続開始前に発生した売掛金は、破産財団を構成しますが、その売掛金によって得られる収益で破産者が生計を立てていて、破産者にとって不可欠な財産であることがあります。この場合、破産者が給与所得者である場合との比較から、売掛金のうち破産者にとって不可欠な部分について、自由財産の範囲の拡張を認めて破産者自身に回収させ、又は、破産管財人が回収した上で破産者に返還するのが相当なときがあります。

②　保険については、破産者や家族が現に使用中である場合や、保険の再加入が認められないために保険契約を継続する必要性がある場合には、破産者の自由財産から解約返戻金相当額を破産財団に組み入れさせて、保険契約を解約せず解約返戻金を換価しない扱いが一般的です。破産者に解約返戻金相当額を破産財団に組み入れる資力がない場合に、保険契

約を継続する必要性や破産者の資力などを考慮して、自由財産の範囲を拡張するのが相当なときもあります。

　もっとも、医療保険については、医療費が高額である場合、高額療養費制度を利用することにより、全国健康保険協会（協会けんぽ）、健康保険組合等から一定額を超える部分の支給を受けることができること（厚生労働省ウェブサイトhttps://www.mhlw.go.jp/content/000333279.pdf参照）、後期高齢者医療制度の被保険者である場合、現役並み所得者を除き、75歳以上で一定以上の所得がある方は、窓口負担が令和4年10月以降は2割とされ、高額療養費の自己負担限度額（1か月当たりの窓口負担の上限額）も相当低額に抑えられており、低所得者については保険料の軽減措置があること、要介護状態の場合、介護保険の利用により負担額を低額に抑えることができることなどから、自由財産の範囲を拡張して保険を継続する必要性が高くないこともあります。

③　退職金債権については、その8分の1相当額が破産財団を構成します。破産者の収入（自由財産）の中から破産財団に組み入れるのが一般ですが、退職金の額が高額な場合には、破産者の収入や生活状況に照らし、その組入れの期間が相当長期間にわたることも少なくありません。この場合、破産者の収入や生活状況等を考慮の上、退職金の8分の1相当額の全額に満たなくても、一定額の組入れがあれば、その余については、自由財産の範囲を拡張するのが相当なときがあります。

④　財産目録に記載がない破産財団に属する財産が、破産管財人の調査によって発見された場合には、自由財産の範囲を拡張するのは不相当であるのが一般です。

(4)　具 体 例

前記(1)のとおり、自由財産の総額が99万円を超えるような拡張については、慎重な判断が必要です。東京地裁倒産部で、99万円を超える自由財産の範囲の拡張が認められた例としては、破産者自身が病気である場合や、介護を要する親族があって、破産者の収入が乏しい場合などに限られています。具体例は、『破産・民再の実務（破産編）』381頁にも紹介されていますが、

そのほかに自由財産の範囲の拡張が問題となった例（99万円以内の拡張の例を含みます。）として次のものがあります。

【99万円以内の財産について拡張を認めた事例】

① 医療保険の解約返戻金44万円を換価した現金のうち、10万円について拡張を認めた事例

破産者（30歳代後半）は、収入月額25万円ですが、勤務先の会社の業績が悪化しており、給料の減額が見込まれること、他に手持ち現金等がほとんどないこと、拡張を認めても一定程度の配当が可能であること等の事情がある一方、現時点では、単身者で多額の生活費は要しないという事情があることに鑑み、医療保険の解約返戻金44万円を換価した現金のうち、10万円について拡張を認めました（簡易配当事案）。

② 生命保険の解約返戻金61万円について拡張を認めた事例

破産者（40歳代前半）は、十二指腸潰瘍及び鬱病にり患し、その治療費等を支出する必要があること、妻と子の3人世帯ですが、現在失業中であり、妻の収入も月額15万円程度であること、他に手持ち現金等がないこと等の事情に鑑み、生命保険の解約返戻金61万円について拡張を認めました（異時廃止事案）。

③ 預貯金64万円について拡張を認めた事例

破産者（60歳代後半）は、同時に破産した法人の代表者であり、現在失業中であること、妻、長男（同時に破産手続開始の申立て）及び孫2名の5人世帯であり、長男の収入も月額20万円程度であること、他に手持ち現金等がないこと、預金のうち約50万円が差押禁止財産である国民年金の給付を原資としていること、上記法人所有の借地権付建物に居住しており、明渡しのために引越費用を支出する必要があること等の事情に鑑み、預貯金64万円について拡張を認めました（異時廃止事案）。

④ 退職金見込額の8分の1である78万円について拡張を認めた事例

破産者（50歳代後半）は、20年以上前から鬱病にり患し、数年前から休職中で給料が支払われておらず、その収入は、健康保険組合からの月額25万円の給付金のみであり、生活費や医療費を支出すると手元にほとんど残らない

こと、別居中の妻子からの援助も望めないこと、引継予納金20万円を納付すると、他に手持ち現金や預金がほとんど残らないこと等の事情に鑑み、退職金見込額の8分の1に当たる78万円について拡張を認めました（異時廃止事案）。

⑤　生命保険の解約返戻金23万円及び株式換価代金33万円（合計56万円）のうち、33万円の範囲で拡張を認めた事例

　破産者（30歳代前半）は、単身世帯で収入は月額18万円ですが、離婚した妻が監護する子のアトピー性皮膚炎の治療や小学校での課外活動のために臨時の支出（月額5〜6万円）を要すること、他に手持ち現金等がないこと等の事情がある一方、上記支出に関しては、当面の期間に必要とされる分を超えて破産財団から支弁するのは相当でないことに鑑み、生命保険の解約返戻金23万円及び株式換価代金33万円（合計56万円）のうち、33万円の範囲で拡張を認めました（異時廃止事案）。

⑥　売掛金114万円及び預金78万円について、99万円の範囲で拡張を認めた事例

　破産者（30歳代後半）は、内装業を営む個人事業主であり、売掛金が唯一の生活の糧であること、妻及び子5名の7人世帯であること、従前の売上高は月額約100万円でしたが、直近は月額20万円程度にとどまり、経費を控除すると利益が出ないこと、他に手持ち現金等がないこと等の事情がある一方、破産者は引き続き上記事業を営んでおり、今後は収入を得る見通しがあることに鑑み、売掛金114万円及び預金78万円のうち99万円の範囲で拡張を認めました（簡易配当事案）。

【99万円を超える財産について拡張を認めた事例】

⑦　預金148万円のうち、120万円の範囲で拡張を認めた事例

　破産者（60歳代後半）は、収入月額20万円（うち年金12万円）ですが、高齢で、靱帯骨化症にり患していて、手術を要する事態も予想されるなど症状が悪化しており、就労も不安定であること、現在居住中の賃貸住宅を2年以内に転居しなければならないこと、負債の内容が全て長男を主債務者とする保証債務であること、預金の原資が給料や年金であること、手持ち現金等もほ

とんどないこと等の事情がある一方、現時点では、単身世帯で多額の生活費を要せず、定期的な年金収入もあるという事情に鑑み、預金148万円のうち120万円の範囲で拡張を認めました（異時廃止事案）。

⑧　生命保険の解約返戻金205万円について拡張を認めた事例

　破産者（60歳代前半）は、同時に破産した法人の代表者であり、妻との2人世帯で、収入は月額約29万円（妻の収入及び年金を含みます。）でしたが、アルバイト中であって不安定な稼働形態であること、10年近く前から発作性心房細動の病状があって通院中であり、将来発作を起こす可能性があって、入院特約付の生命保険を維持する必要性があること、病状に照らして今後同種の保険に加入することが困難であること、他に手持ち現金等はないこと、負債総額が14億円に上り、生命保険を換価しても配当率が極めて小さいこと等の事情に鑑み、生命保険の解約返戻金205万円について拡張を認めました（異時廃止事案）。

⑨　現金3600万円（生命保険の生前給付金を原資とするもの）のうち、500万円の範囲で拡張を認めた事例

　破産者（70歳代前半）は、同時に破産した法人の代表者ですが、脳腫瘍及び悪性リンパ腫にり患し、要介護5の認定を受け、起き上がるのも容易でない状態であること、これまで破産者を介護していた妻も要支援2の認定を受け、自宅介護が不可能となったこと、破産者は年金収入を得るのみであり、医療費及び生活費も考慮すると赤字が生じる見込みであること、胃瘻による栄養補給（医療行為）を実施することができる介護専門施設に入所する必要があり、入居金として500万円程度が想定されること、生命保険の生前給付金は、破産手続開始の申立て直前に破産者が要介護5の認定を受けたことにより支給されたもので、それ以前には解約しても数百万円の解約返戻金を得ることができたにとどまること等の事情に鑑み、生命保険の生前給付金を原資とする現金3600万円のうち、500万円の範囲で拡張を認めました（最後配当事案）。

⑩　現金314万円のうち、215万円（法定自由財産部分を控除）の範囲で拡張を認めた事例

破産者は、脳梗塞のため寝たきり状態にあって、月々の生活費が約24万不足する状態であったこと、都営住宅への転居を検討中であるものの入居倍率が高い上、転居は最短でも11か月後になること、転居費用は約50万円になることなどの事情にかんがみ、現金314万円から法定自由財産である99万円を控除した約215万円の範囲で拡張を認めました（簡易配当事案）。

⑪　保険給付金500万円について拡張を認めた事例

破産者は、進行性の指定難病である脊髄小脳変性症に罹患し平均余命9年であること、平均余命期間中の支出額は、控えめに見積もっても入院した場合に約421万円、入院しなかった場合に約730万円であること、保険の解約払戻金相当額約62万円が父の援助により財団に組み入れられたことなどの事情にかんがみ、保険給付金500万円の全額について、拡張を認めました（簡易配当事案）。

⑫　死亡保険金350万円のうち、150万円の範囲で拡張を認めた事例

破産者の母が、自らを契約者、受取人を破産者とする生命保険に加入していたところ、破産手続開始後に死亡し、きょうだいのいない破産者が喪主となり、母の葬儀費用257万円を負担する予定であること、上記の生命保険は、母が自らの葬儀代等を賄うために加入したようにうかがわれること、交通事故における相当な葬儀関係費用は一般的に150万円が上限であることなどの事情にかんがみ、死亡保険金350万円のうち、150万円の範囲で拡張を認めました（簡易配当事案）。

【拡張を認めなかった事例】

⑬　現金32万円について拡張を認めなかった事例

破産者（40代後半）は、32万円の預金を有しているところ、同預金は、破産手続開始直前に振り込まれた給料を原資としていること、妻と子の3人暮らしであり、妻の医療費の支出が予定されていること等の事情はあるものの、破産者の収入は月額80万円程度であること、近々相当額の賞与が支給される見込みであること、家計の状況を見ると、家賃としての支出が26万円、娯楽費等の支出が約10万円と多く、生活に窮迫している状況は認められないこと等の事情に鑑み、預金32万円について拡張を認めませんでした（簡易配

当事案）。

⑭　既に退職した破産者の未支給の退職金の４分の１である199万円につ
いて、拡張を認めなかった事例

破産者（60歳代前半）が、破産手続開始前に退職したことに伴い、破産手
続開始後に退職金799万円の支給を受けたところ、差押禁止財産として破産
財団を構成しない退職金（４分の３）が599万円であることから、妻の先天
性股関節脱臼の治療費（全額自己負担）として80万円を要することを考慮し
ても、拡張の必要性が認められず、拡張を認めませんでした（簡易配当事
案）。

Q27

不動産を任意売却する際には、どのような点に注意すべきですか。

1　任意売却の基本スタンス

⑴　速やかな任意売却に向けた準備

破産財団に属する財産の中に不動産がある場合には、速やかに不動産の任
意売却に向けた準備を進めることが必要です。すなわち、まず、占有状況等
の確認のため、遠方の物件であっても、初期の段階で１度は現地に赴くこと
が求められ、告示書（【書式14】）を貼付するなどして破産管財人が管理して
いることを公示します（Q16参照）。特に、破産者本人が居住しているよう
な場合は、破産管財人自身が当該不動産を確認するのが相当です。破産者が
法人や事業者の場合には、帳簿等が残置されていないかを確認する必要もあ
りますし、現地に赴くことによってイメージが湧きやすく、売却交渉もス
ムーズに進むという面もあります。

なお、不動産内の残置物のうち、破産者が所有する動産については換価を
要しますが、譲渡担保権などの担保権の目的とされている場合もあるため、
担保権及び第三者対抗要件の具備の有無を確認し、誤って担保価値を損なう

158　第５章　破産財団の換価等

ことのないよう留意する必要があります（集合動産譲渡担保については、**Q41**も参照してください。）。動産の換価価値が乏しい場合は、不動産売却の際に現状有姿で引き渡すこととし、買主に残置物の廃棄処理を委ねることも多い一方、残置物を廃棄した方が高額での売却が見込まれるため、産業廃棄物処理業者に廃棄処理を委託して廃棄する例もあります。他方、残置物のうち第三者が所有する動産については、必要に応じて取戻権の承認の許可を受けた上（**Q20**参照）、所有者に返還することになります。リース物件や所有権留保の付された物件が残置している場合、物件所有者が所有権放棄を希望することもありますが、不動産内に物件が残置されることによって不動産の換価価値が低くなることのないように留意する必要があります。

(2) 任意売却が可能かどうかの見極めの時期

不動産の任意売却が可能かどうかについては、第1回債権者集会が行われるまでに見極めることが求められ、売却可能性が乏しい場合には、その集会で裁判所の許可を得て破産財団から放棄する必要があります。他方、売却の見込みがある場合には、集会を続行した上で売却手続を進めることになりますが、決済までの期間については、買受人の資金調達の問題や破産者の立ち退きの問題もあり、第1回債権者集会から更に2か月程度を要することもあります。

2 別除権者との交渉

(1) 別除権者に対する説明

破産財団に属する不動産は、その大半に担保権が設定されていますので、破産管財人が不動産を任意売却する場合には、原則として、別除権者の有する担保権を全て抹消することが必要です。

別除権者が既に競売手続を申し立てている場合もありますし、任意売却に非協力的な担保権者もいるようですが、一般的には、任意売却の方が早期かつ高額に不動産を処分し得る可能性が高いこと、不法占拠者がいる事例では、破産管財人がこれを排除して売却した方がより高額での売却を見込めることなどを説明して、任意売却の交渉をすることが必要です。任意売却によ

り配当が可能となる担保権者に対しては、別除権の受戻金の取得に加えて、配当による債権回収の利益や未回収部分を貸倒れとして損金処理（償却）をする利益（法人税法基本通達9－6－2参照）があることを説明します。

　その他、別除権の受戻しに際して留意すべき点は、**Q28**を参照してください。

(2)　別除権者に対する情報提供

　別除権者との交渉に際しては、買受け希望者との売却交渉の進展具合等の情報提供を不動産業者に任せきりにせず、破産管財人自身が別除権者にこまめに情報提供するなどして任意売却に向けた積極性と誠意を示すことが効果的です。また、その情報提供に際しては、全ての別除権者宛てに同一内容の文書を随時ファクシミリ送信するなど、透明度の高い方法で行うことが重要です。

(3)　不動産を破産財団から放棄する場合

　別除権者の協力が得られない場合や、物件自体の魅力が乏しい場合などには、不動産を破産財団から放棄せざるを得ないこともあります。不動産の破産財団からの放棄については、**Q29**、**Q30**を参照してください。

3　破産者の立ち退き

　破産者が自宅として不動産を使用している場合など、破産管財人が当該不動産を売却しようとしても、破産者が立ち退きに応じないことがありますので、原則として、破産手続開始後速やかに、破産者の立ち退きを求めることが必要です。ただし、売却可能性が乏しい場合や、売却しても財団組入額が少額である場合には、不動産を破産財団から放棄した方がよいこともあり、このようなときに破産者に立ち退きを求める必要まではないのが通常ですので、破産財団からの放棄の当否につき、裁判所と協議することが必要です。破産者に立ち退きを求める場合、破産者は、既に当該不動産の管理処分権を喪失しており、破産管財人に当該不動産を引き渡すべき義務を負っていること、破産者が任意に引き渡さない場合には、破産管財人は引渡命令（破156条）を得て執行することも可能であること、破産者が自由財産から転居費用

160　第5章　破産財団の換価等

を支出できない事情がある場合には任意売却代金から一定額の転居費用を支出することも可能であることなどが、破産者に立ち退きを求める説得材料となります。

　破産者が説得に応じない場合には、引渡命令を得て執行することを検討する必要がありますが、東京地裁倒産部では、引渡命令の発令に至る例はほとんどなく、破産管財人の説得に最終的には応じているようです（Q16参照）。

4　別除権付きのままで不動産を売却する場合

　買受け希望者が別除権付きのままで不動産を購入することを承諾している場合には、例外的に、別除権付きのままで不動産を任意売却することがあります。この場合には、任意売却の2週間前までに、全担保権者に対し、任意売却する旨及び任意売却の相手方の氏名又は名称を通知することが必要です（破規56条）。別除権付きのまま任意売却した場合も、不足額責任主義（破108条1項本文）の適用を受けます（破65条2項）。

5　売却交渉

(1)　不動産業者の選定等

　破産管財人自身の人脈、不動産所在地の地元業者、別除権者が使っている業者、一般の住宅情報、破産者の関係者等を総合的に活用し、複数の不動産業者を関与させ、複数の買受け希望者に入札させるなどして競争原理を利用して交渉するのが基本です。破産管財人に選任された弁護士事務所宛てに、不動産業者からの仲介等の売り込みのファクシミリ等が送られてくることもありますので、事案に応じて、物件が全国的に点在している場合は大手の業者の中から、そうでなければフットワークの軽い業者を見極めるなどして、不動産業者を選定する必要があります。複数の業者に依頼する場合は、その旨をあらかじめ依頼する全業者に説明することが必要です。人気のある物件については、簡易入札を行うことも多いようですが、この場合は、簡易入札の方法や入札結果の概要を全ての買受け希望者等に開示することが望ましく、窓口となる業者を1社選定して、買受け希望者の内覧の求めに対応する

等の事務作業を行わせることもよく行われます。小規模な事件については、破産管財人自身が窓口となることもありますが、この場合は、買受け希望者の内覧の求めに対応するなどの一定の事務負担が生じます。

(2) 代金等の決済方法

また、売買代金及び諸経費は、原則として一括決済とし、登記手続も速やかに完了するようにして、手付金、残金分割方式は避ける必要があります。一括決済が困難な場合は、手付金は取らず、破産管財人側からいつでも無条件に契約を解除できるようにすることが必要です。そのような考慮をしないで売買契約を締結し、手付の倍返しを要することになると、破産管財人の善管注意義務違反を問われるおそれがあります。

(3) 違約金条項について

売買契約の解除の際に一定の違約金を支払う旨の約定をすることも避ける必要があります。違約金の支払を要することになった場合に、破産管財人の善管注意義務違反を問われるおそれがあります。

(4) 契約不適合責任等について

破産管財人が契約不適合責任や修補義務を一切負担しない旨の特約を設けることも不可欠です。買受人がエンドユーザーである場合、このような特約は、消費者契約法との関係で議論のあるところですが、破産管財人は事実上上記の責任や義務を負担することができないので、契約の相手方に対しては、その旨を十分に説明して相手方の納得を得ることが必要です（石田憲一・松山ゆかり「企業倒産（破産・民事再生）をめぐる諸問題」NBL939号19頁参照）。

(5) 登記の抹消嘱託

個人事件において破産登記のされた不動産を売却処分したときは、破産登記の抹消嘱託の上申が必要です（【書式26】）。

また、破産手続開始前に東京地裁保全部がした仮差押え等の保全処分の登記は、当該不動産が任意売却された場合のみ、破産管財人からの上申を受けて登記の抹消嘱託をする扱いですので、破産管財人は、保全部に対し、仮差押登記等の抹消嘱託を上申する必要があります（Q17参照、【書式15】）。破産

登記がされている場合には、破産裁判所において、破産登記の抹消と同時に仮差押登記等の抹消を嘱託することが可能ですので、任意売却後、破産登記の抹消嘱託とともに仮差押登記等の抹消嘱託の上申書を破産裁判所に提出することになります。

　仮差押登記等の抹消には、物件1個（区分所有建物につき敷地権は1筆につき1個と数えます。）につき1000円（ただし、物件が法務局1箇所につき20筆以上の場合については定額の2万円）の収入印紙が必要となりますので、上申書とともに必要な収入印紙を提出することになります。

6　マンションの滞納管理費等がある場合

　マンションの場合には、破産手続開始前の滞納管理費・修繕積立金について別除権（建物の区分所有等に関する法律7条1項による特別の先取特権）が成立し、当該物件の特定承継人に対する請求もできる（同法8条）ので、売買契約に際し、別除権＝先取特権の受戻し（破78条2項14号）を行うことになります。

　したがって、破産管財人としては、管理費等の滞納の有無についてあらかじめ調査し、別除権者との交渉においても、これを念頭に置いておくことが必要です。

7　共有不動産について

　まずは共有者に対し、共有者又はその親族等に破産者の共有持分を買い取る意向を有していないかを確認した上、共有者等による買取りが困難な場合は、共有不動産全体の売却の方が高額で売却できる可能性が高くなることから、共有不動産全体を第三者に売却する方向で共有者と交渉し、それも困難な場合は、破産者の共有持分を第三者に売却することを検討し、さらにそれも困難な場合に、共有持分の無償譲渡や破産財団からの放棄を検討するのが一般的です（放棄についてはQ29、Q30を参照してください。）。

8 不動産の任意売却の際の注意点

(1) 不動産の任意売却に際しては、図面や境界に関する資料等の必要書類を確保することが必要です。事務所の明渡しを急ぐあまり、物件の図面等まで処分してしまうと、売却に困難を生じさせることがあります。

(2) 任意売却の決済の際に、不動産業者を通じて決済することも可能ですが、登記の際の本人確認等の問題もありますので、破産管財人自身が現地に赴くことが多いようです。

(3) 賃貸不動産の任意売却については、Q37を参照してください。

Q28

別除権の受戻しについては、どのような点に注意すべきですか。

1 別除権の受戻しとは

破産財団に属する不動産を換価する際には、任意売却の方法（破78条2項1号）によるのが一般ですが、当該不動産に担保権が設定されている場合には、原則として、売却代金の中から別除権者に対して一定の金員（受戻金）を支払って担保権を抹消する（別除権の受戻し）必要があります。

2 別除権者との受戻額の交渉

別除権者と別除権の受戻しの交渉をするに当たっては、不動産の売却代金から少しでも多くの額を破産財団に組み入れるよう交渉する必要があります（Q27の2(1)参照）。財団組入額がどの程度となるかは別除権者との交渉によりますが、売却代金の5％～10％程度の金額を破産財団に組み入れる事例が多いです。別除権者との交渉の際には、担保権の抹消に要する受戻額をできる限り減少させ、その差額分を配当などの財源として破産財団に組み入れる必要があります。配当財源のほか、仲介手数料、印紙代、測量費、移転登記手続費用等の経費相当額、個人破産の場合の破産者の引越費用等を確保する

164 第5章 破産財団の換価等

ことが必要な場合もあります。なお、組入率が5％に満たない場合に、破産
管財人による任意売却を許可せず、破産財団から放棄することもやむを得な
いとして放棄を許可した事例もあり、こうした事例の存在を踏まえて別除権
者と交渉することも考えられます。

　他方、別除権者の中でも、民事執行法等の手続によれば配当がないことが
見込まれる後順位担保権者に対しては、担保権の抹消についての承諾料（い
わゆるハンコ代）として適宜の額を支払うことで抹消に同意するよう交渉す
る必要があります。この点、後順位担保権者が高額の承諾料を要求する場合
がありますが、担保権消滅許可制度（破186条）があることを説明して説得
に努めることが望まれます。担保権消滅許可制度については、**Q32**を参照
してください。

3　受戻金の充当方法

　別除権を受け戻す場合には、受戻金を別除権者の有する債権のどの部分に
充当するかが問題となります。

　別除権者と別除権の受戻しについて合意する際に、受戻金をどの部分に充
当するかについての合意ができれば、これに従うことになりますから、別除
権者との間で、受戻金を届出債権（一般破産債権）に充当するという合意を
するよう努めるべきです。

　受戻金をどの部分に充当するかについて特段の合意をしない場合には、民
法488条から491条までの規定に従うことになりますが、破産者と別除権者
（債権者）との間で合意があればそれに従うことになります。この合意が、
債権者が任意の時期に充当の指定ができる旨の合意である場合に、債権者が
弁済を受けた後1年以上が経過してから充当指定権を行使したのに対し、法
的安定性を著しく害するので、信義則上その行使が許されないとした判例
（最判平22.3.16判時2078号18頁・判タ1323号106頁）がありますので、留意が必
要です。

　そして、民法の規定に従って充当する場合、劣後的破産債権から充当され
ることがあります。このとき、受戻金全額を届出債権（一般破産債権）から

差し引くことはできなくなりますから、債権認否の際には、この点に留意する必要があります（債権届出取下書の提出があったときも、金額及び債権の種類を確認する必要があります。Q52参照）。

　なお、こうした観点から、別除権者との間で受戻条件について交渉する段階で、破産管財人側で元本充当を前提にした債権届出取下書をあらかじめ作成して別除権者に送付し、別除権者の事前確認を取っておき、これに押印したものを売買決済時に持参してもらい、一括処理する例もあります。

Q29

不動産を破産財団から放棄すべきであるのは、どのような場合ですか。

1　不動産を破産財団から放棄するに当たっての基本的なスタンス

　不動産を破産財団から放棄するに当たっては、債権者に対してより多くの配当を実現させるという要請と迅速な換価によって破産手続を速やかに終了させるという要請とを調和させながら、様々な事情を総合考慮して判断をすることが求められます。

2　法人事件の場合

⑴　原　　則

　無剰余の担保権付不動産（いわゆるオーバーローンの状態にある場合）であっても、可能な限り換価することが求められます。この場合の財団組入額は、売却代金の5％〜10％程度の事例が多いです（Q28参照）。

⑵　不動産を破産財団から放棄できる場合

　①　オーバーローンの状態にある不動産について、破産管財人の説得にもかかわらず、一部の担保権者が破産管財人において相当と考える金額での任意売却に協力しない場合には、不動産を破産財団から放棄するのが

やむを得ないことが多いと考えられます。他方、後順位の担保権者のみが任意売却に協力しない場合には、担保権消滅許可制度があることを説明して、説得に努めることが望まれます（Q32参照）。

② 無担保の不動産であっても、河川敷や、場所を特定できない原野、買受人が現れる見込みがほとんどない山林など、不動産の性質上換価が著しく困難であって、破産財団から放棄しても管理上重大な問題が生じない場合には、このような不動産を破産財団から放棄しても差し支えないと考えられます。ただし、隣接地所有者に売却できることがありますので、直ちに放棄するのは相当ではなく、売却に向けて努力することが求められます。

③ 上記①及び②のいずれにも該当しない場合であっても、相当な期間換価の努力をしたにもかかわらず（通常は第1回債権者集会までの間売却の努力をすれば、相当な期間換価の努力をしたものといえます。）、買受希望者が現れず、かつ、近い将来において買受人が現れる見込みもないときは、換価不能とみなし、破産財団から放棄しても差し支えないと考えられます。

④ なお、不動産に土壌汚染が生じている場合、PCB等の産業廃棄物や危険物が残置されている場合の対応については、**Q31**を参照してください。

3　個人事件の場合

オーバーローンの状態にある場合であっても、法人事件の場合と同様に、担保権者の協力が得られて早期の換価が可能であり、かつ、財団形成に有益であるときには、可能な限り換価をすべきです。ただし、前記2(2)の場合や、同時廃止の運用基準によれば換価を求めない不動産（1.5倍以上のオーバーローンである不動産。Q7参照）については、換価の努力をしたものの売却が困難であれば、破産財団から放棄することもやむを得ないと考えられます。

なお、仮に破産財団に属する不動産に破産者が居住しているとしても、そ

Q29　167

のことのみを理由として破産財団から放棄するのは相当ではありません。破産者に自由財産から転居費用を支出できない事情があるときは、換価代金から転居費用を支弁するなどの配慮をした上で換価するのが相当です（**Q27**参照）。

4　賃貸不動産について

賃貸不動産の処理については、**Q30**、**Q37**を参照してください。

5　破産財団から放棄するかどうかの見極めの時期

第1回債権者集会までに不動産を換価するか破産財団から放棄するかどうかを見極めることが求められます（**Q27**参照）。換価自体はその後になっても差し支えありません。なお、破産財団から放棄するかどうかについては、債権者集会において債権者の意見を聴いた上で判断する方が望ましい場合もあります。

また、固定資産税は、賦課期日である1月1日に所有名義人である者に4月1日から始まる年度1年分が課税されます（地方税法359条、343条1項、2項）ので、換価できない不動産については、年内に破産財団からの放棄の手続を執ることが求められます（**Q30**参照）。

Q30

不動産を破産財団から放棄するには、どのような手続によればよいですか。また、その際、どのような点に注意すべきですか。

1　放棄手続

⑴　担保権者に対する通知

法人事件において、担保権付不動産を破産財団から放棄しようとする場合は、その2週間前までに、全担保権者（仮登記担保権者も含まれます。）に放

棄予定であることを通知する必要があります（破規56条後段。【書式28】）。法人の場合、破産財団から放棄した不動産については清算法人に管理処分権が復帰します（最決平12.4.28判時1710号100頁・判タ1035号108頁参照）が、当該清算法人は代表者が欠けた状態となります（最判昭43.3.15民集22巻3号625頁）。そこで、放棄後に別除権者が競売を申し立てるには特別代理人の選任を要することとなり（民執20条、民訴35条、37条）、放棄後に別除権者が別除権を放棄し（破198条3項）、又は売買契約を締結するには新たに清算人を選任する必要が生じる（会478条2項）ため、別除権者に対し、破産管財人を相手方として競売の申立てや別除権の放棄をするかどうかの判断をする機会を与えるべく、上記通知が必要とされたものです。

(2) 放棄の許可の申立て

債権者集会の前に不動産を破産財団から放棄する場合には、書面（【書式29】）を用いて、個別に破産財団から放棄する許可の申立てをすることができます。ただし、不動産を破産財団から放棄する場合、放棄の当否について裁判所と事前に協議することが求められます（**Q65**参照）。

また、債権者集会において債権者の意見を聴いた上で破産財団から放棄することが望ましい場合もあります。債権者集会時に不動産の放棄許可の申立てをする場合には、債権者集会の事前打合せの際に、裁判所と放棄の当否について協議をすることになります。口頭で不動産の放棄許可の申立てをする場合、財産目録の備考欄を利用するなどして対象物件を特定することが必要です（【書式45】の末尾＊印欄参照。**Q20**、**Q64**参照）。特に、競売手続中の不動産の放棄許可の申立てについては、後に執行債権者から放棄済みであることの証明を求められることがありますので、地番や家屋番号を正確に記載する運用です。

なお、不動産の破産登記は原則として留保していますので、破産財団からの放棄に伴う破産登記の抹消登記嘱託の上申も不要です（破産登記がされていた場合は【書式30】を利用して破産登記の抹消登記嘱託を上申する必要があります。）。

このほか、破産者の所有不動産又は物上保証人所有の不動産について競売

手続が進行している場合、当事者適格（当事者の把握）の観点から、破産財団からの放棄又は破産手続の終了を、東京地裁民事第21部（民事執行センター）に、【書式38】の届出書を提出して届け出る必要があります。東京地裁以外の裁判所に競売手続が係属している場合も、【書式38】を参考に、破産財団から放棄したことを執行裁判所に届け出る必要があります。

⑶　破産財団から放棄した不動産の取扱い

破産財団から不動産を放棄した場合、当該不動産を破産者（法人の場合は、原則として破産手続開始当時の代表取締役）に引き渡します。

破産管財人は破産財団から放棄した後の不動産について管理処分権を有しませんので、当該不動産に関して何らかの問題が生じたとしても、その問題への対応は、原則として破産管財人の職務ではありません。

2　放棄に際して注意すべき事柄

⑴　固定資産税等の負担関係

個人事件の場合、破産者が当該不動産の管理処分権を回復することになりますので、破産者に不動産を引き渡します。その場合、固定資産税については、賦課期日である1月1日に所有名義人である者に4月1日から始まる年度1年分が課税され、移転登記がされても、名義人であった期間分だけを日割計算して納税することは認められません。したがって、破産財団から放棄をした翌年度分から破産者の負担となります。

マンションにおける管理費・修繕積立金・電気代等の共用部分の負担は、破産財団から放棄するまでは破産財団の負担となり、放棄後はマンションの所有者として破産者が負担することになります。

⑵　消費税の負担関係

法人事件の場合、別除権者が申し立てた競売手続により建物が売却されると、破産財団が増殖しないにもかかわらず消費税を賦課される場合があります（消費税法2条、4条、5条1項）。そこで、当該建物について消費税の賦課の可能性がある価額（同法9条1項）で買受けがされそうなときは、剰余金交付の可能性がないことを確認の上、買受人の代金納付前（民執79条）に

170　第5章　破産財団の換価等

破産財団から放棄をして消費税の負担を免れる必要があります。

(3) 賃貸不動産の放棄

放棄後の不動産の維持管理等については、個人事件であれば破産者に委ね、法人事件であれば賃借人側に管理組合等の管理体制を整えるように申し入れるか、破産手続開始当時の代表者に管理を引き継ぐ（民654条、会330条）など、一定の手当てが必要になります（Q37参照）。

(4) 借地権付建物の放棄

当該建物の担保価値を維持するため、抵当権者に地代の支払を促し、借地契約が解除されないように手当てをする必要がある場合もあります。競売手続が開始されている場合には、抵当権者による地代代払制度（民執56条1項）を活用することが可能であり、借地権を存続させたまま競売手続をすることを別除権者と調整した上で破産財団から放棄することになります（Q35参照）。

(5) 建築途上の建物

破産者が注文者として所有しているもので処分可能な状況であれば任意売却を検討しますが、これができない場合には、請負人である破産債権者に商事留置権（商521条）を認めて管理を任せることにより土地工作物責任（民717条）を回避し得る状況を整えて放棄する必要があります。任意売却も商事留置権者による管理もされない場合には取壊しを検討しますが、その費用もない場合は破産財団の範囲で可能な処理を尽くした上で放棄することになります。

Q31

破産財団の中に危険物が含まれている場合、どのように処理したらよいですか。

1 基本的な処理方針

例えば、産業廃棄物処理場等で汚水が流出するなどの公害問題が発生して

Q31 171

いたり、毒劇物が散乱したまま放置されていたりする工場や崩壊の危険性の
ある土地・建物等について、これを破産財団から放棄すると、管理者が不在
のまま放置されることになり、周辺住民に対する危険を増大させることにな
ります。

　このような場合、問題の重大性や、公益性、公害の防止・除去が第一次的
に事業者負担とされていること（廃棄物の処理及び清掃に関する法律（以下
「廃棄物処理法」といいます。）3条1項、公害防止事業費事業者負担法2条の
2）、社会的責任に配慮し、土壌汚染の場合はその調査を行って土壌の改良
をするなど、可能な限り危険物を除去するように努力することが求められ、
安易に破産財団から放棄すべきではないといえます。したがって、裁判所と
事前に協議をした上で、破産財団から破産管財人報酬見込額を除いた範囲の
資金を投入して危険物の除去に努めることが求められます。しかしながら、
この場合、危険物の含まれている財産が担保目的物であるときは、破産債権
者の犠牲の下に担保権者を不当に利することになるため（この問題点を指摘
するものとして、伊藤眞「破産管財人の職務再考」判タ1183号35頁）、破産財団
が負担すべき範囲をどのように画するかについては、破産財団の規模や危険
の切迫度等の具体的事情に応じた検討が必要です。

　除去費用を破産財団で負担できない場合は、所轄官庁、地方自治体、地元
住民に必要な措置をとるように協力を求めた上で、破産財団から放棄せざる
を得ない場合もあります。

2　事例紹介

　東京地裁倒産部に係属した事件の中には、破産財団の中に危険物が含まれ
ており、破産管財人が適切な処理をした事例が多数あります。次に、その一
部を紹介します。

(1)　土壌汚染が問題となった事例

【事例1】　六価クロム等により土壌汚染の生じた土地を、買主の負担で土
　　　　　　壌改良することを条件として任意売却した事例（異時廃止事案）

　破産会社の所有する土地が六価クロム及びトリクロロエチレンで汚染され

172　第5章　破産財団の換価等

ていることが判明しましたが、土壌改良費用を支出するに足りるだけの破産
財団はなく、その形成の見込みもありませんでした。そこで、破産管財人
は、買主が土壌改良をすることを前提とした任意売却を試みることとしまし
たが、このような土地を購入することは買主にとってリスクを伴うこと、ま
た、買主が確実に土壌改良をしないと破産管財人も第三者から損害賠償責任
を追及される危険があるため、売却先を信用のおける建売業者に限ることと
しました。結果として、過去に土壌汚染の生じた土地を購入して改良した経
験のある建売業者に売却することになりましたが、破産管財人は、売却の
際、売主は瑕疵担保責任（契約不適合責任）を負わないという条項を入れ、
かつ、買主に土壌改良工事をするという念書を差し入れさせ、第三者に被害
を及ぼすことのないように配慮しました。

【事例2】　土壌汚染の生じた土地について乏しい破産財団から費用を支出
　　　　　して可能な限り被害防止措置を講じた事例（異時廃止事案）

　破産会社は建物を賃借してメッキ加工業を営んでいたところ、工場内に硫
酸、硝酸他多数の毒物及び劇薬、産業廃棄物並びに機械装置等が残置されて
いたほか、敷地の土壌汚染が疑われました。破産管財人は、残置物について
は破産財団の負担で産廃処理をして明渡しを完了させ、「東京都土壌汚染対
策指針」により義務付けられた土壌調査を破産財団の負担で実施したとこ
ろ、基準値を超える汚染が発見されました。そこで、破産管財人は、東京都
に土壌回復の責任負担に関する意見照会をした上、関係者と交渉した結果、
敷地所有者と工場所有者とで費用を折半して土壌改良を進めてもらい、破産
管財人の工場所有者に対する原状回復義務について事実上の免除を得まし
た。

【事例3】　土壌汚染の生じた土地について、破産財団の負担で被害防止策
　　　　　を講じた上破産財団から放棄した事例（配当事案）

　破産会社の所有する工場用地は、廃棄物処理場の上に土盛りをしたもの
で、当初からの汚染に加えて、工場の稼働により部分的に強度の土壌汚染が
発生している疑いがありました。土地が広大であり、汚染の調査だけでもか
なりの費用を要する可能性があったため、破産管財人は、複数の業者から調

査費用の見積もりを取って比較検討した上、破産財団の負担により業者に委託して調査を行いました。その結果、土壌改良が必要であることが判明したため、複数の業者から工事費用の見積もりを取りましたが、その検討に当たっては、工事費用だけでなく業者の提示した工事内容の相当性も重視し、候補業者を1社に絞ってからも、当該業者の見積もりと工事内容の相当性について、更に他の業者から意見を聴取して慎重に検討しました。また、破産管財人が損害賠償等の責任を負わないよう、工事に不備があった場合には業者が全責任を負う内容の合意書を作成しました。その上で、汚染された土壌に薬剤を注入して中和し、土地上部をコンクリートで固めて汚染物質が飛散しないように封鎖する工事を行いましたが、破産管財人は、一連の作業を進めるに当たって、見積もり段階から業者を交えて行政官庁との間で検査項目と改良内容の打合せを行いました。この土地は、最終的には破産財団から放棄してその旨を行政官庁に報告し、競売手続に委ねることにしました。

【事例4】 資材置場上に持ち込まれた残土について、汚染調査・廃棄物処理を実施の上、その費用を土地売却代金から支出することとして、土地の任意売却を行った事例（配当事案）

　破産会社の所有する資材置場には、破産会社が工事現場から持ち込んだ残土が堆積しており、そこから発生する砂ぼこりについて、周辺住民から苦情が寄せられていました。また、残土の一部には汚染された土砂が含まれているとの情報が元従業員から寄せられていました。そこで、破産管財人は、行政官庁と協議の上、専門業者に依頼して残土について汚染の有無に関する調査を行ったところ、ヒ素及び油分による汚染が認められましたので、これを専門業者に搬出・処理させた上で資材置場を任意売却しました。売却の際は、別除権者と交渉し、売買代金から汚染調査及び残土の処理費用並びに一定の配当原資額を控除した額を別除権の受戻額とする旨の合意を成立させました。

⑵　PCB廃棄物の処理が問題となった事例

【事例5】　PCB廃棄物が大量に放置されていた不動産を破産財団から放棄
　　　　　するに当たり、被害防止のため行政官庁に対して詳細に事前の
　　　　　情報提供をした事例（異時廃止事案）

　破産会社の所有する土地上に、PCBを含有するコンデンサ等の動産が大量
（2トン）に放置されていました。PCB廃棄物については「ポリ塩化ビフェ
ニル廃棄物の適正な処理の推進に関する特別措置法」（以下「PCB特措法」と
いいます。）により譲渡制限がされています（同法11条）が、当時は法律が予
定しているPCB廃棄物処理施設は存在せず、設置までに10年前後要する見込
みだったため、事実上譲渡ができない状態になっていました。PCB特措法は
「事業者」を対象とした規制をしているため、破産者が法人である場合、保
管義務を承継するのが破産会社の代表者であるのか破産管財人であるかとい
う問題がありましたが、直ちに代表者にPCB廃棄物の管理を委ねることは相
当でないため、まずは破産管財人がPCB廃棄物を管理・処分する方策を検討
しました。破産管財人は、任意売却が不可能であり、処分の方策もなかった
ことから、東京都産業物対策部産業廃棄物対策課PCB処理対策係、環境省大
臣官房廃棄物・リサイクル対策部産業廃棄物課に対し、書面でPCB廃棄物の
現状を詳細に報告した上で対処を依頼するとともに、最終的な措置としては
破産財団から放棄することになる旨通知しました。そして、これに対して上
記各官公庁から具体的な指示回答がなかったこと、土地上の建物は代表者が
占有しており、代表者がPCB廃棄物を管理することも次善の策としてやむを
得なかったこと、他に管財業務はなく異時廃止相当であったことから、破産
財団からの放棄の許可を求める前に改めて上記各官公庁に連絡した上、土地
及びその上の動産を破産財団から放棄しました。

　なお、PCB廃棄物の処理については、高濃度PCB廃棄物に該当すれば中間
貯蔵・環境安全事業株式会社（JESCO）による処理が必要となり、低濃度
PCB廃棄物（高濃度PCB廃棄物以外のPCB廃棄物）に該当すれば環境大臣が個
別に認定する無害化処理認定事業者又は都道府県市の長からPCB廃棄物に係
る特別管理産業廃棄物の処分業許可を得た事業者による処理が必要になりま

Q31　175

す（『破産220問』153頁（進士肇））。最新の具体的な制度や処理の流れ、各種書式のひな型等については、JESCOのウェブサイト（https://www.jesconet.co.jp）などを参考にしてください。

【事例６】　中小企業者等処理費用軽減制度を利用してPCB廃棄物を処理した事例

　破産会社は、①高濃度PCBを使用して製造された高圧コンデンサ１台（重量39kg）、及び②低濃度PCBに汚染された油を含有する高圧トランス３台（重量各224kg、１台当たり油量59L）を所有していました。

　①の機器はJESCOの処理対象ですが、破産手続開始の約３年前にJESCOに対する機器等登録がされていました。そこで、破産手続開始後、破産管財人において中小企業等処理費用軽減制度の利用を申し込んだ上でJESCOと処理委託契約を締結し、処理費用のうち70％（当時の基準）の軽減を受けることができました（運搬経費を含めた費用合計約22万7000円）。破産手続開始から、処分完了・マニフェスト受領までに要した期間は約４か月半でした。

　②の機器は、認定無害化処理施設と処理委託契約を締結して処理をしました（運搬経費を含めた費用合計約164万4000円）。破産手続開始から処分完了・マニフェスト受領までに要した期間は約３か月半でした。

【事例７】　PCB廃棄物が放置された不動産の任意売却に成功した事例（配当事案）

　破産会社の所有する土地上に建築されている建物の屋上にPCBを含有する高圧コンデンサが２基放置されていました。破産管財人が、PCB廃棄物が残置されていること及び現状有姿売買であることを明示して入札の方法により買主を募ったところ、大手不動産会社が落札しました。破産管財人と買主は、行政官庁にPCB廃棄物の保管・処分方法を照会したところ、破産会社の代表者が保管すべきであるという回答を受けたため、破産管財人は、行政官庁に対し、代表者に保管させると不法に廃棄される危険性が高いことなどを説明した上、買主が行政官庁に対し、PCB廃棄物について適正な保管管理を行い、PCB廃棄物処理施設が完成して稼働したときには責任をもって廃棄処理する旨の誓約書を差し入れることを条件に、破産管財人が不動産を任意売

176　第５章　破産財団の換価等

却することの了承を受けました。その後、建物は取り壊されて同所にマンションが建築され、新しいコンデンサが設置される場所にPCB廃棄物が保管されることとなりました。

(3) 放射性物質の処理が問題となった事例

【事例8】 放射性物質が残置された借地の処理が問題となった事例（異時廃止事案）

　塗装業者である破産会社は、借地上及び借地上に所有する建物内に、放射性物質（ラジウム226）を含む器械部品類を大量に残置していました。文部科学省は、破産手続開始前、これら部品類をドラム缶に入れて密閉し、ドラム缶同士をチェーンでつなぐ処理を行政代執行で行いましたが、これも応急処理にすぎないもので、適切に処理するためには、放射性物質の最終処分場が設置されるまでの間、公益社団法人日本アイソトープ協会（JRIA。https://www.jrias.or.jp）に、それまでの間の保管と将来の最終処分を委ねるしかなく、そのためには1億円を超える費用を要する状態でした。他方、破産財団は換価回収した500万円を超える程度の現金しかなく、また、破産会社代表者は高齢で老人介護施設に入所中であり、財産もなく、破産会社には放射性物質の適切な管理者が存在しないという状況にありました。このような状況の中、破産管財人は、文部科学省を訪れて意見交換をし、破産財団から処分費用を到底捻出できないので、国に処理を委ねざるを得ないことを説明し、了解を得ましたが、国は、破産会社の責任者が相応の負担をすることを強く要求しました。破産管財人は、当初、国の予算措置が講じられるまでの地代を破産財団から前払いし、借地権と建物所有権を破産会社代表者に譲渡して放射性物質の管理を委ねることを検討しましたが、文部科学省の予算措置が講じられるのはいつになるか分からないという状況であった上、破産会社代表者も健康上・経済上の理由から管理を行うことには消極的でした。その後、地主の費用負担で放射性物質を借地と隣接する破産会社所有地に移動するという案も検討されましたが、費用面からこれも実現しませんでした。破産管財人は、結局、破産手続中の地代を財団債権として支払い、借地権及び建物は破産財団から放棄し、破産会社代表者を説得して、同人が破産手続終

Q31　177

了後の放射性物質の管理を行う旨の上申書を提出することで文部科学省、地主ら関係者の了解を得ました。

【事例9】　自社所有物件である洗剤等の製造工場内から未開封の放射性物質の試薬瓶が見つかり、それを処理した事例（配当事案）

　破産会社は、自社所有の工場内で洗剤等の製造を行っていました。破産管財人は、ある程度破産財団が潤沢だった（現金2億円以上）ため、工場内にある産業廃棄物やヒ素、次亜塩素酸ソーダ等の危険物について、業者に依頼して適宜処分作業を進めていました。ところが、破産管財人が工場の任意売却に向けて工場内を整理していたところ、研究施設と思われる部屋から未開封の酢酸ウラニルという放射性物質が見つかりました（酢酸ウラニルは、核原料物質、核燃料物質及び原子炉の規制に関する法律2条2項、原子力基本法3条2号に規定する「核燃料物質」に当たります。）。破産管財人は、インターネット等で処理方法を検索し、ウェブサイトに問合せ先として掲載されていた文部科学省科学技術・学術政策局原子力安全課原子力規制室に問い合わせたところ、酢酸ウラニルについては第三者への譲渡のみならず、工場外の場所に移転することについても文部科学大臣の許可を要するとのことでした。

　しかし、このまま工場内で酢酸ウラニルを保管し続けることは、工場の任意売却にも支障を来しかねず、不相当であることから、文部科学省等と協議を重ねた結果、酢酸ウラニルを適切に処理できる資格のある業者に引き渡した後、当該業者による分析の結果及び文部科学省による酢酸ウラニルの当該業者への移転、譲渡の許可を待って処理をさせることになりました。そして、破産管財人は、文部科学省からそれぞれ許可を得るとともに、破産財団から当該業者に処理費用として約75万円を支払い、酢酸ウラニルの処理を終えました。

(4)　その他の事例

【事例10】　産業廃棄物処理施設として使用していた借地の明渡しが問題となった事例（異時廃止事案）

　破産会社が焼却炉を設置して産業廃棄物処理施設として使用していた借地には、その全体にわたって、焼却炉及びコンクリート作業台が設置されたま

まの状態であり、燃えがら、木くず、スクラップ類等の大量の産業廃棄物及び複数のプレハブ倉庫・事務所が放置されたままの状態でした。破産管財人が、破産手続開始後、借地契約を解除し、借地の明渡費用の見積もりを複数業者に依頼したところ、焼却炉及び作業台につき約1000万円、それ以外の廃棄物につき約500万円の見積額となりました。これに対し、当時の破産財団は換価回収した200万円余りの現金があるにすぎず、増殖が見込まれる額も約750万円程度にすぎないという状況でした。破産管財人は、地方自治体とも対応を協議し、同自治体の条例上、焼却炉が無価値物ではなく有価物として売却譲渡できれば、廃棄物に関する条例の適用外となること、地主が、燃えがら、木くず、スクラップ類等の産業廃棄物を撤去してもらえれば、焼却炉、作業台及びプレハブ建物を残置したままで明け渡すこと並びに焼却炉を有価物として買い受けることに応じる意向を示したことから、燃えがら、木くず、スクラップ類等の産業廃棄物については最低見積金額である約300万円を破産財団から支出して業者に撤去作業を依頼し、焼却炉、作業台及びプレハブ建物については地主に数万円程度で売却することで明渡しを完了させ、破産手続開始後の賃料及び解除後の賃料相当損害金を財団債権として支払うという形で処理しました。

　【事例11】　破産財団から放棄した建物の管理費用を異時廃止後も支出できるよう工夫した事例（異時廃止事案）

　破産会社の所有するホテルについて、任意売却ができなかったため破産財団から放棄し、破産手続中に選任された清算人の管理下に置かれることになりましたが、常駐の管理人がおらず、管理費用もないため、第三者の侵入による治安上の危険、老朽化による被害、火災が発生した場合の延焼の危険といった社会問題にまで発展し、行政官庁も強い関心を抱くようになりました。そこで、破産管財人は、公租公課の支払を一部留保し、換価回収した約6000万円の破産財団から将来生じる可能性のある保守管理費用や火災保険費用として2000万円を別途保管し、破産手続廃止決定後競売手続が終了するまでの相当期間（最長2年）、清算人に対し必要な保守管理費用を支払い、なお破産財団に余剰があれば公租公課の支払等に充てるという処理をしまし

た。

Q32

担保権消滅許可とはどのような制度ですか。担保権消滅許可の
申立ては、どのような場合にすべきですか。また、商事留置権
の消滅請求とはどのような制度ですか。

1　担保権消滅許可制度の特徴

　破産法上の担保権消滅許可制度の特徴は、①事前の担保権者との間での任
意売却（財団組入額）の交渉を前提としていること（破186条2項）、②被申立
担保権者の対抗手段が定められており、全担保権者に申立書等が送達された
日から1か月内に担保権実行を証する書面を提出すれば、担保権消滅の許可
申立てについて不許可の決定がされ（破189条1項）、また、上記期間内に被
申立担保権者又は他の買受人が担保権消滅許可の申立てに係る売得金を5％
以上上回る額での適法な買受けの申出をすれば、その者との間の売買契約が
擬制され（破188条、189条1項2号、2項）、結果的に財団組入れを阻止でき
るなど担保権者との複雑な利害調整が図られていることです。

　担保権消滅許可制度の対象となる財産は、破産手続開始時に担保権が設定
されている財産であり、不動産に限られません。また、担保権は、特別の先
取特権、質権、抵当権、商事留置権のほか、仮登記担保権も含まれると解さ
れますが、不動産に設定されている抵当権について消滅許可の申立てがされ
る例が多いので、これを前提に説明します。

2　担保権消滅許可の申立ての検討

(1)　担保権者との交渉

　担保権付不動産が破産財団に属する場合、担保権者との間で別除権の受戻
しについて交渉を行い、任意売却による組入金の額について合意を目指すの
が原則です。

180　第5章　破産財団の換価等

担保権消滅許可の申立ての前提となる事前の担保権者との協議（破186条2項）の相手方には、当該目的財産から弁済を受ける見込みのない後順位担保権者は含まれないと解されますが、任意売却のために担保権を抹消するには、後順位担保権者との間でも交渉することが必要です。そして、この交渉の際に、担保権消滅許可制度について説明することで担保権者との合意ができる場合も多くあります。

(2) 担保権消滅許可の申立ての検討

担保権者との交渉が不調に終わった場合、担保権消滅許可の申立てをして任意売却を目指すか、当該目的財産を破産財団から放棄するかを慎重に検討することになります。その際には、前記1のような立法の趣旨に加えて、担保権消滅許可制度は、許可の申立てから配当終了までおよそ3か月以上の期間を要すること、担保権者から前記1の対抗手段を執られると結局財団組入れがなくなり、手続にかかったコストが無駄な結果となる上、破産管財人を信用して任意売却に応じた買受人の破産手続に対する信頼を損なうというリスクがあることも十分考慮し、具体的な財団組入額、手続の期間、手続の進行の見通しを見極め、費用対効果の観点から慎重に判断することになります。

担保権消滅許可の申立ての対象となる後順位担保権者の担保権については、担保権の設定が支払停止等の危機時期以降に行われている事案が多く、このような事案については、否認の請求によった方が簡便な場合も少なくないので、その観点からの検討も必要です。

(3) 担保権消滅許可の要件の検討

担保権消滅許可の要件としては、①担保権を消滅させることが破産債権者の一般の利益に適合すること、②担保権者の利益を不当に害することと認められないことが必要です（破186条1項）。

①については、財産を任意売却して担保権を消滅させることが破産財団の拡充・維持に資することが必要であり、破産財団への組入れが行われる場合や、迅速な換価により固定資産税のような当該財産の所有に伴う負担を免れる場合がこれに当たります。

②については、組入金の額が明らかに過大であるときや、事前協議のない
まま担保権者に不意打ち的に担保権消滅許可の申立てがされた場合が、担保
権者の利益を不当に害する場合に当たります。

上記要件を満たすと判断した場合には、法定の事項を記載した申立書（同
条3項）を裁判所に提出して、担保権消滅許可の申立てをすることになりま
すが、事前に、裁判所との間で同申立ての要否について十分に協議すること
が求められます。申立書や売買契約の内容を記載した書面は、被申立担保権
者に送達されます（同条5項）。

(4) 被申立担保権者の対抗手段

被申立担保権者は、次の対抗手段を執ることができます。

①全ての被申立担保権者に対する送達から1か月以内に、担保権の実行の
申立てをしたことを証する書面を裁判所に提出することができ（破187条）、
これが提出されれば、裁判所は担保権消滅許可の申立てに対して、不許可の
決定をします（破189条1項本文）。

また、②前記期間内に、破産管財人に対して当該担保権者等が当該財産に
つき売得金を5％以上上回る額で買い受ける旨の買受けの申出をすることが
できます（破188条）。もっとも、破産管財人が、破産者の所有する土地を一
体として売却することを前提として建物のみについて存する商事留置権につ
き担保権消滅許可の申立てをした場合に、留置権者が土地利用権のない建物
について買受けの申出をすることは、経済合理性を欠き、権利の濫用に当た
ると判断された事例があります（東京高決平24.5.24判タ1374号239頁）。

(5) 裁判所による売却許可の決定

裁判所は、対抗手段が執られなかった場合には、申立書記載の売却の相手
方に、(4)②の対抗手段が執られた場合は、最高価の買受け希望者に、売却を
許可する旨の決定をします（破189条1項）。

その上で、裁判所は、代金納付期限を定め（破190条1項）、期限内に金銭
が納付されれば担保権は消滅し（同条4項）、裁判所書記官は、消滅した担
保権に係る登記又は登録の抹消嘱託をします（同条5項）。

ここで、当該不動産の買主が融資によって売買代金を調達する場合、融資

する金融機関が、上記抹消後に直ちに当該不動産に担保権の設定登記手続を
することができなければ、融資の実行を躊躇するおそれが生じます。そこ
で、実務的には、裁判所書記官が抹消嘱託書を法務局宛てに郵便で送るので
はなく、買主の依頼した司法書士に直接交付し、その司法書士が法務局に赴
いて登記申請手続を完了することによって、融資金融機関に協力を求めると
いう方法が採られているようです（進士肇「破産法上の担保権消滅許可申立手
続を利用した実例の報告」事業再生と債権管理121号102頁参照）。

(6) 担保権消滅許可の手続の流れ

手続の流れについては、本問末尾のフローチャートを参照してください。

3 担保権消滅許可の申立ての具体例

担保権消滅許可の申立てをする典型的な例としては、配当を受け得る先順
位担保権者全員とは合意ができているにもかかわらず、配当を受けられない
後順位担保権者が不合理な高額の担保権抹消の対価（いわゆるハンコ代）を
請求するため、その者との合意ができないことが任意売却の唯一の障害であ
る場合などが考えられます。東京地裁倒産部において申立てがされた事例の
大半が、このような場合です。

なお、担保権消滅許可の申立ては、「破産債権者の一般の利益に適合する
とき」（破186条1項）に認められるものであるので、異時廃止が見込まれて
いるときにこの制度を利用できるかが問題となります。異時廃止になるかど
うかは、最終的に換価が終了した時点で明らかになるものであることを理由
に、東京地裁倒産部においても、これを認めた例がありますが、事案に応じ
た慎重な検討が必要です（石田憲一・松山ゆかり「企業倒産（破産・民事再
生）をめぐる諸問題」NBL939号27頁参照）。

4 商事留置権の消滅請求について

商事留置権（商法又は会社法の規定による留置権）については、担保権消滅
許可の制度とは別に消滅請求の制度が設けられています。これは、商事留置
権について、当該財産が破産者の継続している事業に必要なものであると

き、その他当該財産の回復が破産財団の価値の維持又は増加に資するとき
に、裁判所の許可を得て、破産財団に属する財産につき留置権を有する者に
対して、その被担保債権額が留置権の目的である財産の価額を超えるときで
あっても、当該留置権者にその財産の価額に相当する金銭を弁済して、当該
留置権の消滅の請求をすることができるというものです（破192条）。

　担保権消滅許可の制度との関係が問題となりますが、商事留置権の消滅請
求の制度が商事留置権の目的物を財団に回復することを目的としているもの
であるのに対し、担保権消滅許可の制度は、担保権の設定された財産を任意
売却する前提として利用されるものであり、その目的が異なります。

　ただし、実際には、破産財団に属する財産について商事留置権を主張する
者がいる場合であっても、留置目的物の価値が被担保債権額を下回る場合
は、換価することなく破産財団から放棄しており、目的物の価値が被担保債
権額を上回る場合は、動産の任意売却と併せて別除権（商事留置権）の受戻
しをするのが通例ですので、商事留置権の消滅請求がされる例は極めてまれ
です。

(資料) 担保権消滅許可手続の概要図

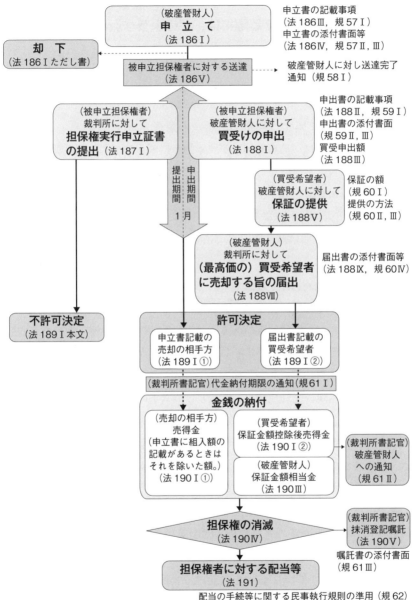

(出典) 最高裁判所事務総局民事局作成

Q33

動産・自動車を換価する際には、どのような点に注意すべきですか。

1　動産の換価

(1)　破産財団に属する動産であるかの調査

　換価できる動産は、破産財団に属する動産に限られます。破産管財人は、破産手続開始後直ちに破産財団に属する財産の占有・管理に着手することになります（Q16参照）が、破産者が占有・管理していた動産の中には、別除権（破65条）や取戻権（破62条）が認められる動産（リース物件など）もありますから、破産財団に属する動産であるかどうかを調査することが必要です。

(2)　動産の換価時期、方法

　動産をいかなる時期にいかなる方法で換価するかは破産管財人の裁量に委ねられていますが、消費期限のある食品類、季節物商品、流行性のある衣服などは、売却時期を失しないように注意する必要があります。商品、原材料その他の在庫品や什器備品も、速やかに処分しないと換価困難になります。迅速な換価の実現、売却代金の最大化及びコストの最小化を図るために適切な換価方法を選択する必要があります（『破産・民再の実務（破産編）』228頁参照）。在庫品の換価については、従前の顧客や仕入先に打診するというのも一つの方法です。売却に当たっては、破産管財人が契約不適合責任を負担できないことを説明して、相手方の理解を得ておくことも必要です。

　また、破産者に商品などを納入した業者が、破産管財人の管理下にある当該動産につき動産売買の先取特権（民321条）を主張することがあります。この動産を破産管財人が売却した場合には、先取特権者からその代金債権について物上代位に基づく差押えを受ける（民304条）おそれがありますので、代金の支払と引換えに売却することが望ましいといえます。この差押えを受ける前に代金を回収していれば、回収金は破産財団に帰属します（同条

186　第5章　破産財団の換価等

１項ただし書）。そして、この場合、差押えがされていない以上、法律上処分は禁止されていないのですから、破産管財人に対して不法行為や不当利得が成立することはまれであるとするのが実務的な感覚であると思われます（破産管財人の不法行為責任を否定した裁判例として、大阪地判昭61.5.16判時1210号97頁、東京地判平３.2.13判時1407号83頁参照）。

2　自動車の換価

(1)　自動車の換価時期

交通事故による運行供用者責任（自動車損害賠償保障法３条）の負担を避けるため、管理には注意する必要があります。換価ができない場合には、自動車税（４月１日現在の登録名義人に課税されます。）・自賠責保険料の負担を避ける意味からも、早急に、法人事件であれば廃車（登録抹消）手続を、個人事件であれば放棄手続をする必要があります。法人事件の場合、個人事件と異なり廃車手続をする必要があるのは、単に自動車を破産財団から放棄するだけでは、その後の自動車の管理者が不明確となる結果、破産管財人の責任が問われるおそれがあるからです。

所有権留保付きの場合は、残債務を完済して売却した方が有利であれば、そのように処理し、そうでなければ、取戻権を承認して売主に引き渡すことになります（いずれの場合も、自動車検査証の「使用者」が破産者のままとならないように注意する必要があります。）。その他の注意点については、**Q41**を参照してください。

(2)　破産財団に属する自動車が盗まれていた場合

盗難車両は、まずその発見・回収に努めるべきですが（自動車登録原簿から発見できた例があります。）、発見できない場合は、個人事件であれば破産財団から放棄し、法人事件であれば、廃車手続をする必要があります。この場合の廃車手続は、警察へ盗難届を出し、その受理証明を添付して運輸支局に申請をすれば可能です。債権者が代物弁済として持ち去ったような場合には、警察が盗難届を受理しないので廃車手続ができませんが、便法として、所在不明につき財団から放棄したとの事情を都税事務所に説明して、自動車

税の課税をしない措置を講じてもらうことを検討する必要があります（自動車登録の手続は運輸支局の所管ですが、自動車税の納税窓口は東京では都税事務所です。）。

　なお、近時、自動車登録事項等証明書を悪用して窃盗等の犯罪を行うケースが増えていることから、道路運送法等の一部を改正する法律（平成18年5月19日法律第40号）等の施行に伴い、平成19年11月19日以降、自動車登録事項等証明書の交付請求に当たっては、原則として、自動車登録番号及び車台番号を明示することが必要となりましたが、通達（「登録事項等証明書の交付請求にあたっての具体的な事務処理について」平成19年11月16日付け国自情第43号各運輸局自動車技術安全部長、沖縄総合事務局運輸部長宛て自動車交通局技術安全部自動車情報課長通達）によれば、裁判手続の書類として同証明書が必要な場合において、車台番号を明示することができないときは、申立書（記載事項については同通達別紙2参照。本問末尾の資料のとおり）を提出することにより、自動車登録番号のみを明示すればよいものと定められています。一般に車台番号は、自動車検査証又はエンジンルーム内の刻印によらなければ覚知できないことから、破産管財人が同検査証及び自動車のいずれも保管・管理していない場合、これを覚知することができないことも多いと思われますが、管財事務に必要な場合も、同通達所定の「裁判手続きの書類として登録事項証明書が必要不可欠な場合」に該当するので、同証明書の交付請求に当たり、車台番号の明示は不要であると解されます。

(3)　自動車税の還付等の調査

　自動車を廃車した場合には、自動車税の還付等が生じる場合もありますので、この点の調査も必要です。

（資料）

申　立　書

氏　　名　　　　　　　印
住　　所

　私、○○○○は、（自動車に対する仮差押命令の申立て等、具体的な裁判手続きを記載する）に下記債務者等が記載された登録事項等証明書が必要となるため、対象となる車両の写真を添えて同証明書の交付を請求します。
　なお、交付された証明書は裁判手続き以外の目的で使用することはありません。

記

自動車登録番号
債 務 者 名
債 務 者 住 所

当該車両の写真（自動車登録番号がわかるもの）

※債権者より裁判手続きを委任されている場合は、委任状を添付してください。

Q34

債権等を換価・回収する際には、どのような点に注意すべきですか。

1 債権等の換価・回収に当たっての基本的なスタンス

　売掛金等の債権や株式等の有価証券は、破産財団を形成する主要な財産です。破産財団に属する債権や有価証券については、申立代理人が、売掛金目録、貸付金目録、有価証券目録等を作成して、破産管財人に引き継ぐことになります（『破産申立マニュアル二版』116頁以下〔糞毛良和〕、119頁以下〔金山伸宏〕）が、これらをもとに債権等の存否や回収可能性について調査することになります。

　債権回収のために調査が必要な場合には、申立代理人に対し、補充調査や追加資料の収集を依頼する（破規26条2項）ことが相当な場合も多く、債権等の存否について争いがある場合には、破産者に証拠資料の提示を求めることも必要です。

　また、債権を回収する際には、債権が消滅時効にかからないようにする必要があります。また、債権回収の交渉の際に、相手方が相殺を主張する場合も多くありますが、その場合には、そもそも相手方の債権が存在するのか、相殺禁止（破72条）に該当しないかを検討する必要もあります。

2 売　掛　金

　売掛金の回収の成否は破産管財人の熱意と手腕によるところが大きいです。売掛金が破産財団に帰属するかを調査した上で、売掛先の債務者に対して、請求書を送付したり内容証明郵便で督促を繰り返したりするなどして、法的手段を辞さない厳しい姿勢で督促し、相手方が資力があるにもかかわらず支払に応じないときには、訴訟提起を検討する必要があります。

　売掛先が多数の事案では、売掛先に対して請求書（【書式39】【書式40】）を発送して、破産管財人の口座に売掛金を振り込むように請求するのが相当な

場合もあります。

衣料品等に係る売掛金については、返品の特約があるとか委託販売であるといった主張をして商品を返品してくる売掛先があります。しかし、平常時に返品を受け付けるのは取引の継続を前提としたサービスであり、一般的に返品を受け付ける特約があるのは例外的ですから、安易に返品に応じることなく、売掛金を請求するのが適当なことが少なくありません。

破産者が出版社である場合、取次業者は、破産者との間の特約（取次店からの返品の受入れに対応するため、一定期間、売掛金の支払停止ができるとするもの）を根拠に、売掛金の支払を拒むことがありますが、単なる慣行にすぎないこともありますので、契約内容を確認する必要があります。また、特約が存在する場合には、取次業者に対し、一定期間の返品実績を基に、将来の返品量を合理的に算出して話し合い、早期の回収を求める必要があります。

3 貸 付 金

貸付金の回収については、基本的には売掛金の回収と同様ですが、代表者や関連会社に対する貸金債権が帳簿上計上されていても、貸付けの実態がない場合もありますので、調査の必要があります。

4 預 金

預金債権について、金融機関から、破産者に対して有する債権を自働債権とする相殺の意思表示を受けることがありますが、金融機関が債権を取得し、又は債務を負担した時期及び経緯等によっては、破産法上の相殺禁止に該当する場合がありますので、調査が必要です。金融機関が、主たる債務者の破産手続開始前にその委託を受けないで締結した保証契約に基づき、破産手続開始後に弁済したとして、破産者に対して取得した求償権を自働債権として相殺の主張をした事案について、最判平24.5.28（民集66巻7号3123頁）は、破産者に対して取得する求償権は破産債権に該当するが、当該求償権を自働債権とする相殺は、破産法72条1項1号の類推適用により許されないと判示しました。

5 信用金庫等への出資金

出資金については、脱退、払戻しの手続に相当な時間がかかることが少なくないので、破産手続開始後直ちにその手続を行う必要があります。なお、払戻し等の手続にかなり時間を要する可能性のある場合は、出資金返還請求権を破産者の近親者やサービサー等に相当額で譲渡することもあります。

6 過払金返還請求権

貸金業者からの取引履歴の開示結果や破産者の手持ち資料に基づく引直し計算により、過払金の発生が確認された場合、その回収の可否について検討する必要があります。

まずは貸金業者との交渉を進め、それでも解決が図れないときに訴えの提起を検討するという手順になります。経営難等から大幅な減額を求める貸金業者もいますが、慎重に回収可能性を検討することが必要です。

7 保証金等

破産者が賃借中の不動産の敷金、保証金については、早期に賃貸借契約を解除して明渡しを行い、賃貸人に対し返還を求める必要があります。原状回復費用についても、減額を交渉することが求められます（Q35参照）。なお、破産者が個人の場合、居住用家屋の敷金債権については、東京地裁倒産部では、自由財産の範囲内として換価不要との取扱いにしています（Q25参照）。宅地建物取引業法25条以下の営業保証金、旅行業法7条以下の営業保証金や同法22条の8以下の弁済業務保証金等については、債権者保護の手続に時間を要し、解約に6か月程度の時間を要しますので、破産手続開始決定後、速やかに解約手続を執る必要があります（『破産・民再の実務（破産編）』23頁以下参照）。

8 保険解約返戻金

解約返戻金が換価基準（Q25参照）を上回る保険について、破産者の親族から、その保険の契約者は破産者とされているが、実際に契約を締結して保

192　第5章　破産財団の換価等

険料を支払っていたのは破産者ではなく破産者の親族等であり、当該保険契約は破産財団に属しない旨の主張がされることがあります。

定期預金については、特段の事情のない限り出捐者（預金の原資を拠出した者）が預金の帰属者であるとするのが最高裁の判例です（最判昭48.3.27民集27巻2号376頁、最判昭52.8.9民集31巻4号742頁など）が、保険の契約者については、この点判示した最高裁の判例はなく、下級審の裁判例も分かれているところです。保険契約の場合、危険選択や契約管理の必要などにより保険契約者が誰であるかは保険者にとって重要な意味があり得るところであり、最終的には、保険契約を締結した事情、保険契約者を破産者とした理由、破産者の関与の程度、保険料を誰がどのような財産から負担したか等の事情を検討の上、具体的な問題ごとに妥当な解決を図ることとなると思われます。

また、破産者が受取人となる保険契約が破産手続開始前に成立したが、保険事故が発生して保険金請求権が具体的に発生したのが破産手続開始後であるという場合について、最判平28.4.28（民集70巻4号1099頁）は、保険金受取人は、当該契約の成立により、契約で定める期間内の保険事故の発生等を停止条件とする保険金請求権を取得し、この請求権は、保険事故の発生等の前であっても、保険金受取人において処分したり、その一般債権者において差押えをしたりすることも可能であると解され、一定の財産的価値を有することは否定できないことから、保険金請求権は、破産法34条2項にいう「破産者が破産手続開始前に生じた原因に基づいて行うことがある将来の請求権」に該当するものとして、破産財団に属する旨判示しました。

9 ゴルフ会員権

取引相場のあるゴルフ会員権の場合には、ゴルフ会員権市場を通じて売却すればよく、預託金会員制ゴルフクラブの会員権の場合で、預託金の償還期限が到来しており、ゴルフクラブから退会した上で預託金の返還を求めた方が破産財団にとって有利な場合には、預託金の返還を求めるのが相当です。

10　株　　式

　上場株式については、証券会社を通じて売却します。破産者と取引のあった証券会社に破産管財人名義の口座を開設し、破産管財人の印鑑証明書兼資格証明書を送って、破産者の口座から破産管財人の口座に株式を移管し、成り行きで売買するのが一般のようです（なお、阿多博文「株券電子化と各種手続(2)」NBL898号27頁参照）。非上場の譲渡制限株式であっても、発行会社に譲渡先の紹介を求めたり、破産者の知り合いである他の株主への売却を打診するなどして売却するよう努めることが求められます。

11　手　　形

　手形については、支払期日に取り立てることになります。

　破産者が有する手形について金融機関が商事留置権を有する場合には、商事留置権者は、破産手続開始後もその手形を留置する権能を有し、破産管財人からの手形の返還請求を拒むことができます。これに関し、金融機関が、債務者が債務を履行しないときは金融機関が占有している債務者の手形等を取り立てて又は処分して債権の弁済に充当できる旨の銀行取引約定の規定に基づいて、取立委任を受けた約束手形を、破産手続開始後に取り立て、その取立金を当座貸越債務の弁済に充当できるかが問題となります。再生事件の事案についてですが、最判平23.12.15（民集65巻9号3511頁）は、取立委任を受けた約束手形について商事留置権を有する者は、当該約束手形の取立てに係る取立金を留置することができるとした上で、取立金を法定の手続によらず債務の弁済に充当できる旨定める銀行取引約定は、別除権の行使に付随する合意として、民事再生法上も有効であると解するのが相当であるとし、会社から取立委任を受けた約束手形につき商事留置権を有する銀行は、同会社の再生手続開始後の取立てに係る取立金を、銀行取引約定に基づき、同会社の債務の弁済に充当することができると判示しました。この判例によれば、破産手続においても、銀行取引約定に基づいて金融機関が約束手形の取立金を債務の弁済に充当することを争うのは困難と考えられます（破産管財人に対する不法行為の成立を否定した事例として最判平10.7.14民集52巻5号1261

頁）。なお、金融機関のうち信用金庫、信用協同組合（信用組合）などは商人でないので、取立委任を受けた約束手形につき商事留置権を有しないこととなります（最判昭63.10.18民集42巻8号575頁）。したがって、商事留置権の成立を前提とするこの判例の射程は及ばす、信用金庫取引約定等に基づき約束手形の取立金を債務の弁済に充当することはできないと考えられます。

12　投資信託解約金

　破産者が、破産手続開始前に、金融機関から投資信託の受益権（アセットマネージメント会社を委託者、信託銀行を受託者とする投資信託について、分割された受益権を金融機関が販売しており、購入者が信託契約の解約の実行を請求すると、委託者から支払われる解約金が当該金融機関の購入者名義の口座に振り込まれるもの）を購入していた場合に、破産管財人がその受益権の解約の実行を請求したのに対し、金融機関から、金融機関が破産者に対して有する貸付金債権を自働債権とする相殺の意思表示を受けることがあります。

　この点について、再生事件では、再生債務者が支払停止の前に金融機関から購入して管理を委託していた投資信託受益権につき支払を停止し、金融機関がそのことを知った後に信託契約の一部解約実行請求をして解約金の支払を求めたところ、金融機関が再生債務者に対する保証債務履行請求権と対当額で相殺するとの意思表示をしたため、民事再生法93条1項3号本文の相殺が禁止される場合に当たるかどうかが争われた事案で、最判平26.6.5（民集68巻5号462頁。以下「平成26年最判」といいます。）は、金融機関が解約金債務をもってする相殺の担保的機能に対して合理的な期待を有していたとはいえず、この相殺を許すことは再生債権についての債権者間の公平・平等な取扱いを基本原則とする再生手続の趣旨に反する、と述べて、金融機関の解約金債務の負担は、民事再生法93条2項2号にいう「支払の停止があったことを再生債権者が知った時より前に生じた原因」に基づく場合に当たるとはいえず、前記相殺は許されないと判示しました。

　一方、破産事件では、破産債権者が破産手続開始時に破産者に対して停止条件付債務を負担している（破産者が停止条件付債権を有する）場合に、特段

の事情のない限り、破産手続開始後に停止条件が成就したときに、破産法67条2項後段の規定により破産債権と前記停止条件付債権とを相殺することができるとする判例（最判平17.1.17民集59巻1号1頁）の枠組みに従い、同項後段に基づく相殺が許されるか争われた事案で、最決平23.9.2（金法1934号105頁）は、相殺が許されるとした原審（大阪高判平22.4.9金法1934号98頁）に対する上告受理申立てについて不受理決定をしました。

　平成26年最判と前掲大阪高判平22.4.9との関係は必ずしも明確ではありませんが、平成26年最判の趣旨は、民事再生法93条2項2号と同様に相殺禁止の例外を定めた破産法71条2項2号にいう「支払不能であったこと又は支払の停止若しくは破産手続開始の申立てがあったことを破産債権者が知った時より前に生じた原因」に基づく場合に当たるか否かの判断にも妥当するものと思われます。

　したがって、破産管財人としては、破産者が支払停止等になり、これを投資信託受益権の販売会社である金融機関が知った後に、破産者が投資信託受益権について解約実行請求を行い、金融機関が投資信託受益権の解約金支払請求権を受働債権とする相殺を主張している場合には、平成26年最判の趣旨に照らして禁止されるものか否かを検討する必要があります。

　次に、破産債権者である金融機関を販売者とする投資信託受益権を換価する場合においては、金融機関が破産者の支払不能を知った後に解約実行請求がされていることは明らかですので、平成26年最判を踏まえて交渉を行う必要があります。また、相殺の当否に関する紛争を防止するために、解約実行請求をする前に、金融機関との間で投資信託受益権の解約金請求権を受働債権とする相殺が禁止されることを確認する合意をしておいたり、このような合意ができないときは、受益権の口座管理機関を反対債権のない他の金融機関に振り替えた上で解約実行請求をしたりするなどの工夫をすることが考えられます。金融機関が振替を拒む場合には、その法的根拠を十分に確認する必要があります。これ以外の投資信託商品についても、契約条項を確認の上、相殺を避ける工夫が求められます。

Q35

賃借人が破産した場合、賃貸借契約は、どのように処理すれば
よいですか。

1 破産手続開始時に賃貸借契約が終了していない場合

⑴ 双方未履行の双務契約としての処理

賃借人が破産した場合、賃貸借契約自体が双方未履行の双務契約に当たり
ますので、破産管財人が当該賃貸借契約を解除するか履行請求をするかを選
択することになります（破53条1項）。

賃借権の譲渡が可能な場合や事業継続等の理由から契約を維持する必要が
ある場合には、履行を選択することになりますが、通常は、賃料債務の発生
を避けるため、早急に解除を選択することになります。

破産手続開始前に賃借人が解約の申入れをしたものの、解約予告期間条項
があるため破産手続開始時に解約予告期間が満了していない場合、破産管財
人が破産法53条1項に基づき解除権を行使して契約終了時期を早めるという
ことも考えられます。しかし、破産管財人が上記条項に拘束されるか否かの
問題があります（後記⑶でも説明します。）ので、月額賃料額や賃料未払の有
無、敷金・保証金の有無及び額、原状回復費用の見込額、管財業務の煩多の
程度、残務整理の必要性等を考慮して、賃貸人と交渉して契約終了時期を早
めることや、契約終了時まで当該賃借物件で管財業務を行うことなどを検討
する必要があります。

⑵ 破産管財人が解除を選択した場合の処理

破産管財人が解除を選択した場合、破産手続開始前の賃料債権は破産債権
になります（破2条5項）が、破産手続開始後の賃料債権は財団債権となり
（破148条1項2号、4号又は8号）、契約終了後、明渡しまでの間の賃料相当
損害金は、それが破産管財人の行為によって発生したものと評価される場合
には財団債権になります（同項4号。最判昭43.6.13民集22巻6号1149頁）。な
お、賃貸借契約上、賃料相当損害金の額については賃料額の倍額ないしそれ

以上とする条項が存する場合がありますが、財団債権として認められる額は、あくまで破産管財人の行為と相当因果関係のある損害額、すなわち、賃料相当額であると解されます（東京高判平21.6.25判タ1391号358頁）。

原状回復費用については、原則として財団債権（破148条1項4号、8号）になるとする見解（『伊藤・破産民再五版』404頁）と、その発生原因である毀損行為や改修工事などが破産手続開始前に存在する場合には、破産債権になるという見解（『新・実務大系』215頁以下〔富永浩明〕、『破産220問』147頁〔小林信明〕）があります。ただし、破産債権となることを肯定する見解によっても、破産管財人が破産手続開始後も一定期間事業継続のために原状変更部分を使用するなど、破産財団が原状変更の利益を享受している場合には、財団債権となり得ます。実務上の処理としては、敷金・保証金と精算するなど原状回復に現実の費用支出を伴わない方法で和解をする例が多いようです。ただ、原状回復費用は往々にして多額の請求をされがちですので、上記の各見解も参考にして、できる限り賃貸人と交渉して敷金・保証金の回収に努めることが求められます（**Q34**参照）。

(3)　違約金条項等が存する場合の対応

賃貸借契約上、解除又は解約に際し、解約予告期間条項、敷金等放棄条項、違約金条項が設けられている場合があります。これらの条項の破産手続開始後の効力等を巡っては、破産管財人が破産法53条1項に基づく解除権を行使する場合は適用されない、当該条項は公序良俗に反するなど様々な見解があり、下級審裁判例をみても事案に即した判断がされているようです。基本的には契約解釈の問題であり、当該条項自体が破産管財人には適用されない、あるいは適用範囲を限定的に解することも可能な事案もあると思われます。したがって、当該契約の目的・内容や賃貸借期間、賃料額、解除後の残存期間等の諸事情を考慮して、個別具体的に判断することになりますので、これらの事情を考慮しながら賃貸人と交渉し、円満解決することが求められます。

例えば、東京高判平24.12.13（判タ1392号353頁）は、中途解約がされた場合には貸主が保証金の3割を償却する旨の特約及び借主が書面で解約を申し

入れた場合には6か月後に解約の効力が生じる旨の特約に基づき、保証金の3割相当額及び解約申入れ後6か月間の賃料相当額を請求した事案において、当該保証金償却特約は、借主の事情により契約が終了した場合の違約金を保証金で担保する旨を定めた規定であって、法定解除権（再生法49条1項）の行使による場合にも適用されるとして、保証金の3割相当額の請求を認めた一方で、解約申入れから6か月後に解約の効力が生ずる旨の特約については、文言上、6か月間の賃料に相当する額を支払って即時に解約することを認めた規定とは解し難いことなどから、法定解除権の行使による場合には適用されないとして、賃料6か月相当額の請求を認めないとの判断をしました。また、札幌高判平25.8.22（金法1981号82頁）は、契約上、①一定の注文者解除事由に該当した場合には、注文者による解除が行える旨の特約とともに、②注文者解除権が行使された場合には違約金が発生する旨の特約が定められている事例について、管財人による破産法上の法定解除は、約定による注文者解除権による解除とは異なるとして、違約金条項の適用がないと判断しました。このほかにも、東京地判平21.1.16（金法1892号55頁）は、6か月前までの解除予告に代えて賃料・共益費6か月分（1200万円）を支払い、即時解除することができる旨の約定のある賃貸借契約が締結された事案において、当該約定は解除権を認めた規定であって、他の事由により契約が終了したときに違約金を支払う旨を規定したものではないと判断し、名古屋高判平12.4.27（判タ1071号256頁）は、期間15年、賃料月額150万円、敷金2500万円、建設協力預託金5000万円とする自動車用品販売店の賃貸借契約が締結された事案において、中途で解約申入れがされた場合は敷金及び建設協力預託金の未返還分の合計相当額の違約金が発生し、この違約金請求権を自働債権とし、敷金及び建設協力預託金未返還分の返還請求権を受働債権として相殺する旨の相殺契約の定めは、破産債権者全体の公平を考慮すると、賃貸人の合理的な期待の範囲内で相殺を認めるべきであるとして、2100万円の範囲内で相殺を認めています。

(4) 借地権付建物を所有している場合

借地権自体は法律上譲渡が可能であり、借地権そのものが経済的価値を有

することから、借地権付建物に抵当権等の担保権が設定されているか否かにかかわらず、地主に買取りを打診するなどして換価を試み（地主以外の者への売却に当たっては地主の承諾を得る必要があるところ（民法612条1項）、実務上、地主に対し借地権価格の一部を承諾料として支払うことが多いようですが、できるだけ低額となるよう交渉することが求められます。）、換価努力をしても換価ができない場合には、破産財団からの放棄を検討することになります。この場合、破産手続開始後、換価又は破産財団から放棄をするまでの間の地代は財団債権となります（破148条1項2号、4号又は8号）。

　もっとも、借地権付建物に担保権が設定されている場合には、当該建物の担保価値を維持するため、担保権者に地代を支払うよう促し、借地契約の解除を避ける必要がある場合もあります。既に競売手続が開始されている場合には、担保権者による地代代払制度（民執56条1項）を活用して、借地権を存続させたまま競売手続が進むよう担保権者と調整をした上、破産財団から放棄をすることになります（**Q30**参照）。

　また、借地権付建物が無担保である場合には、換価が困難であるとして最終的には破産財団からの放棄がやむを得ないとしても、放棄の許可の申立ての前に、地主に事情をよく説明するとともに、当該建物を地主に廉価ないし無償で譲渡する、賃貸借契約を合意解除して建物収去・土地明渡義務の免除を受けるなどの努力をすることが望まれます。

2　破産手続開始時に賃貸借契約が終了している場合
⑴　目的物の明渡しが終了していない場合
　この場合、破産管財人は、目的物の明渡し等を行う必要があります（明渡し業務については、**Q36**を参照）。
⑵　目的物の明渡しが終了している場合
　この場合、原状回復もされていれば、破産管財人は敷金・保証金の精算、返還を求めることになります。もっとも、原状回復費用については、過大な請求や敷金等からの不相当な控除がされていないかどうかを検討する必要があります。

原状回復が未了の場合、賃貸人の原状回復請求権は、破産手続開始前の原因に基づいて生じた財産上の請求権として破産債権になると解されますが、実際には、敷金・保証金と精算するなどの方法で和解をする例が多いようです。

Q36

不動産の明渡し業務はどのように行えばよいですか。また、破産手続開始時に不動産明渡請求訴訟が係属していた場合、どのように対応すればよいですか。

1　破産管財人の明渡し業務の留意点

(1)　最初に行うべき事柄

　破産管財人は、就職後直ちに破産財団に属する財産の管理に着手する義務があります（破79条）。したがって、直ちに賃借ないし使用借物件のある現地に赴き、当該物件が破産管財人の管理下にあることを「告示書」（【書式14】）を貼付するなどして公示をし（**Q16**参照）、当該物件内にある会計帳簿類等を搬出し、リース物件が残置されている場合にはリース会社に連絡してリース物件の引揚げを要請することなどが必要になります。

　また、当該物件内にある什器備品類等の撤去、処分を行い、できるだけ早期の明渡し完了を目指しますが、敷金・保証金がある場合には、原状回復費用の負担を抑えつつ、賃貸人との間で現状有姿での明渡しの了解を求めて交渉することが多いようです。

(2)　什器備品類の処分の仕方

　什器備品類については、第三者所有物件が混在している場合も少なくありませんので、それが破産財団に属する財産であることを確認する必要があります。その上で、処分業者にゴミ等の廃棄物の処分と併せて買取りを依頼することが多いようです。どのような処分業者に依頼するかは破産管財人の裁量に委ねられますが、信頼の置けない業者に依頼したため、後日、その業者

Q36　201

が不法投棄等を行ったとして問題になる事態は避ける必要があります。したがって、きちんとした産廃マニフェストを備えた業者に依頼することが求められます。

(3) 工場の場合

工場は、最も明渡しが困難な物件の一つです。危険物や産業廃棄物、土壌汚染の有無等の確認が必要となります（なお、**Q31**参照）。また、原状回復費用が多額に及び、破産財団からの支出が困難な場合が多いのが通常ですので、できるだけ早期に現地に赴いて現状を把握した上、現状有姿での明渡しの了解や差入れ保証金等との精算を求めるなどして、賃貸人と交渉する必要があります。

2　不動産明渡請求訴訟が係属中の場合の 破産管財人の受継の要否

(1) はじめに

破産者を当事者とする破産財団に関する訴訟手続は、破産手続開始により中断します（破44条１項）。

破産手続開始時に破産者を被告とする不動産の明渡し、未払賃料、賃料相当損害金の請求訴訟が係属中の場合、当該訴訟は「破産財団に関する訴訟手続」に当たりますので、中断します。

そこで、中断した訴訟については、次のとおり対応することになると考えられます（なお、係属中の訴訟の中断、受継の一般論については、**Q46**を参照）。

(2) 破産管財人の対応

ア　明渡請求について

破産手続開始前の原因に基づいて生じた財産上の請求権は、原則として破産債権になります（破２条５項）が、破産財団（法定財団）に属しない財産であって現有財団となっている財産の給付を内容とする債権的請求権は、取戻権になります（破62条、『条解破産三版』487頁。なお、『伊藤・破産民再五版』468頁は、債権であっても、破産管財人の支配権を否定し、自己への引渡しを求めうる内容の権利である場合には、取戻権の基礎とされると説明しています。）。そ

202　第５章　破産財団の換価等

うすると、賃貸借契約終了に基づく不動産明渡請求は、取戻権の行使といえ、「破産債権に関しないもの」（破44条2項）に当たると考えられます。

したがって、破産管財人は、明渡請求の訴訟物が賃貸借契約の終了に基づく原状回復義務の履行としての目的物返還請求権である場合、中断した訴訟を受継することができます（賃貸人である原告から受継申立てがあった場合、破産管財人は受継を拒むことができないと解されています。）。

明渡請求の訴訟物が所有権に基づく妨害排除としての明渡請求権である場合も、同じく取戻権の行使といえますので、上記と同様、破産管財人は中断した訴訟を受継することができます。

イ　未払賃料請求について

未払賃料請求訴訟の訴訟物は、賃貸借契約に基づく賃料請求権であり、破産債権に当たります。

したがって、未払賃料請求訴訟は中断し、原告である賃貸人が破産債権の届出をし、債権調査手続で確定した場合には当然に終了すると解され、破産管財人又は届出破産債権者が全部又は一部を認めなかった場合には、原告の受継申立てを受けて、異議を述べた者の全員が当該訴訟を受継することになります（破127条1項）。

ウ　賃料相当損害金請求について

賃料相当損害金請求訴訟は、賃貸借契約終了の日の翌日から不動産の明渡しに至るまでの分を請求しているのが通例です。そして、不動産の明渡しが破産手続開始前に既に終了している場合には、賃料相当損害金請求権は破産債権となりますので、上記イと同様になります。

これに対し、破産手続開始時に不動産の明渡しが完了していない場合において、破産手続開始後も破産財団に属する財産（破産財団に属しない法定自由財産は除かれます。）が賃借物件内に残置されているなど、破産管財人が賃借物件を占有していると認められるときは、破産手続開始後の賃料相当損害金は財団債権になります（破148条1項2号、4号）。

したがって、破産手続開始日以降の賃料相当損害金請求の部分は、財団債権に関する訴えとして破産管財人が受継することができ、他方、破産手続開

始日の前日までの賃料相当損害金請求の部分は、破産債権となりますので、上記イと同様になります（最判昭59.5.17判時1119号72頁参照）。

なお、賃貸借契約上、賃料相当損害金の額については賃料額の倍額ないしそれ以上とする条項が定められている場合がありますが、財団債権として認められる額は、破産管財人の行為と相当因果関係のある損害額、すなわち、賃料相当額であると解されます（東京高判平21.6.25判タ1391号358頁）。

エ　実務の対応

このように、明渡請求訴訟の受継の要否については、当該訴訟の請求内容や破産管財人の占有の有無等で対応が変わってきますが、一般的には、賃貸人と交渉して現状有姿で明け渡すなどの合意をした上、訴訟は破産管財人が受継して取下げ等により終了させることが望まれます。

Q37

賃貸人が破産した場合、賃貸借契約は、どのように処理すればよいですか。

1　賃貸借契約自体の処理の基本的な考え方

(1)　賃借人が対抗要件を備えている場合

賃借人がいわゆる第三者対抗要件を備えている場合、保護の必要性が高いことから、破産法53条1項、2項は適用されず、破産管財人が同条1項に基づく解除をすることはできません（破56条1項）。また、賃貸人の破産は、借地借家法所定の解約申入れ等の正当事由には当たりません。

もっとも、賃借人の賃料不払等の事由があれば債務不履行を理由とする解除が可能であることはいうまでもありません。

(2)　賃借人が対抗要件を備えていない場合

これに対し、賃借人が対抗要件を備えていない場合、双方未履行の双務契約として、破産管財人が解除又は履行請求の選択権を有することになります（破53条1項）。

204　第5章　破産財団の換価等

2　賃貸借契約を解除できない場合の処理

(1)　賃貸不動産の任意売却

　破産管財人が破産法53条1項に基づく解除権を行使できない結果、賃貸借契約は存続することになり、賃貸人の賃料債権は破産財団を構成し、賃借人の有する債権は財団債権となります（破56条2項）。

　したがって、破産財団増殖の観点から、賃料を収受しつつ賃借不動産の換価を試みることになります。この場合、賃借人から明渡しを受ける方が破産財団にとって有益であると判断した場合には、敷金・保証金返還請求権の放棄と引き換えに適正な立退料を支払うという和解をする場合もあります。他方、賃貸中のままで売却した方が、賃料収入による利回りの観点から高額で換価できる場合もあります。この場合には、当該不動産の維持管理に努めるとともに、任意売却に際し、敷金・保証金関係の承継の有無を明らかにし、必要な精算を行う必要があります。

　なお、任意売却を試みても売却できない場合、破産手続の迅速処理の観点から、破産財団からの放棄を検討することになりますが、賃貸不動産を破産財団から放棄した場合、後記(2)の法律関係になるため、破産者が自然人であれば、破産者に管理を委ねることになり、法人であれば、破産手続開始時の代表者に管理を委ねるなど適切な管理が期待できるような措置を講じる必要があります。

　また、既に別除権者が物上代位により賃料債権を差し押さえている場合、破産財団に賃料収入が入らないため、賃貸物件がマンションであると、マンションの管理費を支払うことが困難になることがあります。そのため、破産手続開始時から任意売却までの間のマンション管理費や修繕積立金の負担について、当該別除権者と協議をする必要があります。

(2)　賃貸不動産を破産財団から放棄した場合の法律関係

　破産財団に属する財産を放棄した場合、当該財産に対する破産管財人の管理処分権は消滅し、破産者の権限が復活します（最決平12.4.28判時1710号100頁・判タ1035号108頁）。したがって、破産管財人が賃貸不動産を破産財団から放棄した場合、賃貸人たる地位は破産管財人から破産者に承継され、敷金

返還義務についても破産者に承継されると解されます。

Q37の2

賃貸人が破産し、賃借人から敷金・保証金返還請求権について
破産債権の届出があった場合、どのように取り扱えばよいです
か。

1 敷金・保証金返還請求権につき
破産債権の届出があった場合の取扱い

(1) 敷金返還請求権の法的性質

　敷金は、未払の賃料、賃料相当損害金、原状回復費用等を担保するもので
あり、敷金返還請求権は、目的物の返還時に上記の被担保債権を控除して残
額があることを停止条件として発生する債権です（最判昭48.2.2民集27巻1
号80頁）。

　そして、停止条件付債権を有する破産債権者は、その破産債権をもって破
産手続に参加することができます（破103条4項）が、最後配当又は簡易配当
の除斥期間内に条件が成就しなければ配当から除斥されます（破198条2項、
205条）。

(2) 債権認否の仕方

　したがって、敷金返還請求権について破産債権の届出があった場合、敷金
返還請求権が停止条件付債権であることを念頭に置いて、債権調査に当たっ
て、次のような対応をすることになります。

　① 債権調査の時点で明渡しが完了している場合

　まず、敷引特約の有無を確認し、敷引特約があればそれに従います。その
上で、未払賃料等があればそれを控除した残額を、なければ控除しない残額
を債権額として認めます。

　② 債権調査の時点で明渡しが完了していない場合

　上記(1)のとおり敷金返還請求権は目的物の返還の際に被担保債権の額を控

206　第5章　破産財団の換価等

除した残額について生じる停止条件付債権であることからすれば、その条件が成就しない限り、具体的な返還額が確定できないとして、届出額の全額について異議を述べる方法が考えられます。他方、具体的な返還額は確定できないとしても、敷金返還請求権の実在性及び敷金として差し入れられた額に疑義はないことを重視すれば、契約上の返還予定額を認める旨の認否をするという方法も考えられます。その場合には、債権認否表の備考欄に「停止条件付債権」であることを付記することが必要です。最後配当の除斥期間経過前に明渡しが完了し、停止条件が成就した場合には、未払賃料等を控除したのちの実際の敷金額が明らかになりますので、滞納賃料等の控除対象とされた金額については、その部分について法198条2項の定める配当加入要件である「行使可能な状態」に至らなかったものとみて、明渡しにより現実化した額を債権認否一覧表の備考欄に記入したうえで、債権調査で確定した債権の額にかかわらず、当該現実化した額に基づいて配当表を作成します（『破産管財手続の運用と書式』280頁）。

(3) 配当時の取扱い

上記(2)①のとおり、既に明渡しが完了しており、具体的な金額で敷金返還請求権が債権調査手続において確定している場合には、他の一般破産債権と同様に取り扱って差し支えありません。

これに対し、上記(2)②のとおり、明渡しが完了していない場合、最後配当又は簡易配当の除斥期間内に条件成就があったことの証明がない限り、債権調査手続で確定しているとしても、配当から除斥されます（**Q74**参照）。したがって、最後配当又は簡易配当を行うに当たっては、敷金返還請求権につき債権調査手続で確定しているからといって、直ちにその確定額を配当の対象に加えるべきではなく（配当表にも配当の対象にはしない旨を付記します。）、除斥期間内に条件成就の証明があった場合に限り、配当表を更正して配当の対象に加え、証明がなかった場合には、配当から除斥するように注意する必要があります。

2　賃借人から賃料の寄託請求があった場合の取扱い

　敷金返還請求権を有する賃借人は、後に相殺をするため、破産管財人に対し、敷金返還請求権の限度で賃料の寄託を請求することができます（破70条後段）。したがって、寄託請求を受けた場合、弁済を受けた賃料につき、破産管財人用の口座（**Q13**）と分別して管理する必要があります。

　破産管財人が寄託した場合、最後配当又は簡易配当の除斥期間内に賃貸借契約が終了し、明渡しが完了すれば、賃料債務に対する従前の弁済は無効とされ、寄託金は賃借人に返還され、賃料未払の状態として敷金から差引計算をすることになります（『条解破産三版』564頁）。

　例えば、賃借人Ａが賃料月額10万円、敷金100万円の約定で賃借しており、賃貸人Ｂが平成26年3月31日に破産した場合、賃借人Ａは、破産管財人Ｃに対し、同年4月以降に支払った賃料につき、敷金額100万円の限度で寄託を請求することができます。

　その後、賃借人Ａが破産管財人Ｃとの間で同年9月30日をもって賃貸借契約を合意解除し、明け渡した場合、同年4月1日から9月30日までの賃料合計60万円は、破産管財人Ｃが寄託をしていますので、全額が賃借人Ａに返還されます。そして、上記期間分の賃料の弁済はなかったものとなりますので、敷金100万円から未払賃料60万円を差し引いた40万円の限度で敷金返還請求権が発生し、破産債権となります。

3　保証金の場合の取扱い

　保証金返還請求権については、その性質が敷金返還請求権と同様のものと認められれば、敷金と同様の処理をし、そうでなければ、その性質に応じた個別的な処理を検討することになります。

Q38

請け負った工事の途中で請負人が破産した場合、請負契約は、どのように処理すればよいですか。注文主が破産した場合は、どのように処理すればよいですか。

1　請負人の破産の場合

⑴　処理方法の選択

　請負人が破産した場合について、最判昭62.11.26（民集41巻8号1585頁）は、契約の目的である仕事が破産者以外の者において完成することのできない性質のものでない限り、双方未履行の双務契約に関する規定（破53条等）が適用されるとしています。

　そこで、破産管財人としては、①事業の継続による破産財団の増殖が十分に見込まれる場合などには、裁判所の許可（破36条）を得て事業を継続することもあり得ます（**Q42**参照）が、そうでない場合には、②個々の請負契約につき履行を選択し、従前の従業員を履行補助者等として雇用したり、従前の下請業者に依頼するなどして仕事を完成させ、報酬を財団に帰属させるか、③請負契約につき解除を選択し、出来高に相当する額の報酬を注文主に請求することになります（破53条1項）。通常は、契約不適合責任や事故発生時の労災補償の問題などを考慮すると工事続行は困難であることから、解除を選択することが多いといえます。

⑵　請負契約の解除を選択する場合の処理

　出来高に相当する報酬金額は、通常、報酬全額に出来高割合を乗じて算定することから、既施工部分の確定が重要となります。そのためには、破産手続開始後、早期に工事現場を破産管財人の管理下におき、注文主と立ち会って写真撮影するなどして、既施工部分を確認することが考えられます。

　その上で、従業員の協力を得て、工事明細書等を基に各工事項目に対応する報酬額を計算して出来高相当額を算定するなど、事案に応じた適切な方法で出来高金額を算定することになります。早期に清算を終えて工事再開への

道筋を立てるためには、請負契約の解除の時点で、注文主に対し、正当な出来高金額の支払確保も必要であることや早期の清算が関係当事者の利益に資することを説明して、注文主の方でも出来高金額の算定をするよう促すのが相当でしょう。その後、工事現場ごとに、発注額、出来高金額、既払額や根拠資料を開示して、双方の認識の相違点を解消していく交渉を行うことが考えられます。

　注文主からは、①工事が未完成である、②残工事を続行するために他の業者に発注して当初予算を超過する費用が生じている、③出来高部分に瑕疵があるなどの主張がされることがあります。①については、工事が可分であり、注文主が既施工部分を受領して残工事を続行する場合には、既施工部分の限度で注文者が利益を受けているので、注文主は出来高金額の支払を拒むことができないと考えられます（民法634条）。②については、超過費用について注文主は原則として損害賠償請求権を取得し得るにすぎず、当該損害賠償請求権は、破産手続開始後に破産管財人の解除により生じた破産債権（破54条1項）と考えられます。このような場合に、注文主が、当該損害賠償請求権を自働債権とし、破産財団に属する出来高相当残額の請負報酬請求権を受働債権として相殺を行うことは、破産法72条1項1号の類推適用により許されないとする裁判例があります（東京地判平24.3.23判タ1386号372頁）ので、こうした裁判例も踏まえて粘り強く交渉することが望まれます。③については、仕事の瑕疵に基づく損害賠償請求権を自働債権とする相殺は、②と異なり許されると考えられますが、瑕疵の有無や損害額の算定は困難な事柄であり、和解的解決が相当な場合も多いと考えられます。

⑶　破産手続開始前に請負契約が解除されていた場合の処理

　⑵の①で述べたところによれば、工事が可分であり、注文者が既施工部分を受領して利益を得ている場合には、既施工部分について報酬を請求することが考えられます（民法634条）。もっとも、報酬の請求を受けた注文者が、請負人である破産者の支払の停止の前に締結された請負契約に基づき注文者の破産者に対する違約金債権を取得した場合、その違約金債権の取得は、破産法72条2項2号に掲げる「支払の停止があったことを破産者に対して債務

を負担する者が知ったときより前に生じた原因」に基づく場合に当たるとして、違約金債権を自働債権とし報酬債権を受働債権として相殺することが許されるとした判例があります（最判令2.9.8民集74巻6号1643頁）。

2　注文主の破産の場合

(1)　処理方法の選択

　注文主の破産の場合には、破産法の特則である民法642条が適用されるため、解除を選択する場合には、同条1項前段による法定解除をすることになります。

(2)　請負契約を解除する場合の処理

　請負契約が同項の規定により解除された場合には、既にされた仕事の結果は破産財団に属するものとされています（最判昭53.6.23金法875号29頁）。出来高部分が破産財団に属する場合、請負人の取戻権の行使は認められません。工事目的物を占有する請負人が破産手続開始前に有していた商事留置権の留置的効力を主張する場合が考えられます（最判平10.7.14民集52巻5号1261頁）が、その場合は、受戻し（破78条2項）又は商事留置権消滅請求（破192条）を検討します。

　民法642条1項前段に基づき請負契約を解除した場合、請負人が既にした仕事の割合に応じた報酬や費用の請求権は、破産債権となります（同条2項）。この場合において、請負人の出来高金額を確定する必要があるのは前記1(2)と同様ですが、注文主が元請業者で、1つの現場に複数の下請業者（部品の納入業者を含む。）が関与している場合には、既施工部分を各業者の工事成果に割り付け、下請代金額を算定する必要があります。

Q39

使用者が破産した場合、雇用契約は、どのように処理すればよいですか。労働者が破産した場合、どのように処理をすればよいですか。

1 使用者の破産の場合

(1) 破産管財人が確認すべき事項

多くの場合、破産手続開始前に破産者が全従業員を解雇しているか、自主退職していると思われますが、使用者が破産しても雇用契約は当然には終了せず、解雇によって契約が終了します。

したがって、破産管財人への就職が内定した段階から申立代理人や破産者（及びその代表者等）から従業員の解雇等、雇用契約が終了しているか否か、未払労働債権の有無、未払がある場合にはその内容や労働者健康安全機構による未払賃金立替払制度の利用の要否、賃金台帳等の有無等を確認しておくことが求められます。

なお、破産法86条は、破産管財人は、破産債権である給料又は退職手当の請求権を有する者に対し、破産手続に参加するのに必要な情報を提供するよう努めなければならない旨規定しています。従業員は自ら未払賃金等の金額を正確に計算して届出をすることは困難であることが一般であるため、事案の状況に応じて可能な限り、未払賃金等を計算した資料を従業員に対して提供するなど、権利行使の機会を確保することが望ましいといえます。また、雇用契約の終了時期と破産手続開始との先後にかかわらず、申立代理人や破産者の人事担当者等の協力を得ながら、従業員の退職に伴う諸手続が円滑に行われるように助力する必要があります。具体的には、①失業保険の給付に必要な雇用保険被保険者資格喪失届、離職証明書、②保険の切替えに必要な健康保険・厚生年金保険被保険者資格喪失届、③税金の処理に必要な給与所得者異動届出書や源泉徴収票の発行をすることが考えられます。

⑵　**破産管財人への就職が内定した段階で雇用契約が既に終了している場合**

　未払労働債権の有無を確認し、未払がある場合には、それが財団債権に当たるか優先的破産債権に当たるかを確認し、債権の届出を促すほか、必要に応じて未払賃金立替払制度の利用に必要な書類を作成します。

　また、事業継続や多数の売掛先からの売掛金の回収、膨大な商品在庫の処分、経理状況の把握等の必要から、破産手続開始後、破産管財人が管財業務の補助者として必要な従業員を雇用する場合もあります。

　破産手続開始後に破産管財人が従業員を補助者として雇い入れた場合、その賃金は財団債権（破148条1項2号）として破産財団の負担となります。

⑶　**破産管財人への就職が内定した段階で雇用契約が継続している場合**

　破産手続開始前に破産管財人候補者が申立代理人や破産者と打合せを行い、従業員の雇用を継続しつつ清算を行う必要があると判断すれば、管財業務に必要な従業員は解雇することなく破産手続開始の決定を受け、雇用契約の処理は破産管財人において行うこともあります。

　また、解雇予告手当は未払賃金立替払制度の対象になりませんので、破産財団においてこれを負担する必要があります。そこで、破産手続開始の直前に破産者が、又は破産手続開始後に破産管財人が解雇予告を行い（労基20条1項）、予告期間中に従業員を清算業務に従事させることによって、破産財団から解雇予告手当を超える賃金の支出が生じることを防止しつつ、清算業務の進展を図る場合もあります。

　このほか、破産者が破産手続開始時までに従業員を即時解雇した上、破産手続開始後、破産管財人において必要な範囲で従業員を破産管財人の補助者として雇い入れ、財団債権（破148条1項2号）として賃金を支払う場合もあります。

　この点につき、『破産申立マニュアル二版』176頁以下〔田川淳一〕には、破産手続開始前に解雇予告にとどめておくことが相当な場合に関する記述があり、参考になります。

2 未払給料、退職金、解雇予告手当の財団債権性

(1) 未払給料の財団債権部分の計算方法

　未払給料のうち、財団債権となるのは「破産手続開始前3か月間の給料」（破149条1項）であり、破産手続開始日の3か月前の応答日から破産手続開始日までの期間（破産手続開始日当日は含みません。）における労働の対価に相当する部分です。これ以外の部分は優先的破産債権になります。

　例えば、X会社が令和5年7月10日に破産手続開始の決定を受け、従業員Yは同年6月30日付けで即時解雇され、同年1月1日からの給料（月額30万円、諸手当込）が未払であり、給料の計算は毎月20日締めの当月25日払という場合、未払給料のうち財団債権部分は次のとおりとなります。

　まず、破産手続開始日（7月10日）の3か月前である4月10日（期間の初日である7月10日は不算入です。民法140条本文）から解雇日である6月30日までの未払給料部分が財団債権になります。

　そして、期間が1か月に満たない場合、日割計算をすることになります。具体的には、例えば、日割計算につき「休日を除いた実労働日数とする。」旨の賃金規程等の定め、労使慣行があればこれに従い、これがない場合、対象となる期間の総日数を日割計算の際の分母とします（『破産220問』390頁）。したがって、計算式は次の①ないし④となり、その合計額は80万6452円となります。

　　　　① 　4/10〜4/20　　　30万円×11日／31日≒10万6452円

　　　　② 　4/21〜5/20　　　　　　　　　　　　＝30万円

　　　　③ 　5/21〜6/20　　　　　　　　　　　　＝30万円

　　　　④ 　6/21〜6/30　　　30万円×10日／30日＝10万円

(2) 退職金の財団債権部分の計算方法

　退職金は、退職前3か月間の給料の総額又は破産手続開始前3か月間の給料の総額のいずれか多い方の金額までが財団債権になり（破149条2項）、それ以外の部分は優先的破産債権となります。

　給料の場合と異なり期間制限ではなく金額の制限であり、また、退職の時期にかかわらず、当該部分は財団債権とされますので、注意が必要です。

上記(1)の例で、退職金規程によれば退職金の額が100万円の場合、このうち財団債権部分は次のようになります。

まず、退職前3か月間の給料の総額は、退職日（即時解雇日）が6月30日ですから、その3か月前である3月30日から6月29日（民法140条本文により退職日当日は不算入）までの間の給料総額であり、次のとおり合計90万2903円になります。

① 3/30～4/20　　　30万円×22日／31日≒21万2903円
② 4/21～5/20　　　　　　　　＝30万円
③ 5/21～6/20　　　　　　　　＝30万円
④ 6/21～6/29　　　30万円×9日／30日＝9万円

次に、破産手続開始前3か月間の給料の総額は、破産手続開始日が7月10日ですから、その3か月前である4月10日から7月9日（民法140条本文により破産手続開始日当日は不算入）、実際にはその前の退職日（即時解雇日）である6月30日までの額であり、次のとおり合計80万6452円となります。

⑤ 4/10～4/20　　　30万円×11日／31日≒10万6452円
⑥ 4/21～5/20　　　　　　　　＝30万円
⑦ 5/21～6/20　　　　　　　　＝30万円
⑧ 6/21～6/30　　　30万円×10日／30日＝10万円

以上によれば、退職前3か月間の給料の総額の方が高いことになりますので、未払退職金100万円のうち財団債権となるのは90万2903円となり、その余の9万7097円は優先的破産債権となります。

なお、未払給料のほかに未払退職金がある場合には、給料部分、退職金部分それぞれにつき財団債権部分と優先的破産債権部分を区別する必要があります。

(3) 解雇予告手当の財団債権該当性

破産手続開始前3か月間に労働基準法20条1項所定の解雇予告期間を置かず、かつ、解雇予告手当を支払わずに解雇をした場合の解雇の効力については、使用者が即時解雇に固執する趣旨でない限り、解雇の意思表示後30日の経過後か、意思表示後に同項に基づく解雇予告手当の支払をした時から、解

雇の効力が生ずるとされています（最判昭35.3.11民集14巻3号403頁）。しかし、従業員は、破産手続開始の申立てがされた状況下では、解雇の効力を争わず、解雇予告手当を請求するのが通常です。

解雇予告手当が破産法149条1項の財団債権に当たるか否かは争いがありますが、東京地裁倒産部では、破産管財人から、解雇予告手当も同項にいう「給料」に当たるとして財団債権の承認許可の申立てがあれば、これを適法なものと認める運用をしています。

したがって、上記(1)の例で、6月20日に解雇予告をされたにとどまる場合は、従業員Yの解雇予告手当が全額未払であれば、破産手続開始前3か月間の給料の額の範囲内において、上記(1)の未払給料のうちの財団債権部分に加え、平均賃金30日分の解雇予告手当も財団債権となります。

平均賃金の計算方法は労働基準法12条によりますが、上記(1)の例によって解雇予告手当の額を計算しますと、次のとおり29万3478円となります（ただし、上記(1)の未払給料のうちの財団債権部分と解雇予告手当の額の合計額が破産手続開始前3か月間の給料の額である80万6452円を超えるため、最終的に財団債権として認められる額は80万6452円となります。）。

① 平均賃金計算期間（解雇予告日の前日に最も近い締切日以前の3か月間）3/21〜6/20＝92日

② ①の期間における賃金総額90万円

③ 解雇予告手当額　90万円（②）／92日（①）×30日≒29万3478円

(4) 財団債権に当たらない未払給料、退職金、解雇予告手当の取扱い

破産手続開始前に生じた未払給料、退職金、解雇予告手当のうち、上記(1)ないし(3)で財団債権性が否定されたものは、優先的破産債権になります（破98条1項、民306条2号、308条）。したがって、優先的破産債権に当たる未払給料、退職金、解雇予告手当については、破産法の定める債権の届出、調査を経て、配当を受けることになります。

もっとも、これらの債権を有する届出破産債権者が、これらの破産債権の弁済を受けなければその生活の維持を図るのに困難を生ずるおそれがある場

合は、最後配当、中間配当、同意配当又は中間配当の許可があるまでの間、財団債権又は他の先順位若しくは同順位の優先的破産債権を有する者の利益を害するおそれがないときに限り、裁判所の許可を得て、これらの破産債権の全部又は一部の弁済をすることができます（破101条1項）。

実務的には、ある程度の破産財団が形成されたものの、最後配当、簡易配当まで時間がかかる見込みであるなどの事情がある場合に、同条の許可に基づいて弁済がされています。

3　労働者健康安全機構による未払賃金立替払制度

この点については、**Q40**を参照してください。

4　「労働者」性の判断

破産者の業種・業態や債権者の有する債権の発生原因の捉え方のいかんにより、当該債権が破産法149条1項の「給料」又は同条2項の「退職手当」に当たるか否か、民法306条2号、308条の「雇用関係に基づいて生じた債権」に当たるか否かが問題となる場合があります。

この点については、**Q55**を参照してください（なお、『破産220問』392頁以下〔松田康太郎〕参照）。

5　労働者の破産の場合

(1)　雇用契約の取扱い

労働者が破産した場合、破産管財人は労働者の雇用契約につき管理処分権を有しませんので、解約権の行使はできません。また、使用者も、労働者が破産した事実のみを捉えて解雇することは許されないと解されています。

(2)　退職金債権の取扱い

退職金債権は、破産手続開始時点の差押可能部分、すなわち、給付の4分の1相当部分（民執152条2項）は破産財団を構成しますが、現に退職していない場合、どのようにしてこの退職金債権を換価するかは難しい問題です。東京地裁倒産部では、退職金債権が将来債権であること等を考慮してその価

値を評価し、原則として退職金債権額の8分の1（既に退職した場合又は近く退職予定の場合は4分の1）相当額を破産者の自由財産から組み入れさせる（財団組入額が20万円以下となる場合は、組入れを求めない。）ことで破産財団から退職金債権を放棄する運用をしています。ただし、事案によっては、財団組入額が退職金債権額の8分の1に満たない場合であっても、財団組入額や破産者の生活状況等を勘案した上で、残余につき退職金債権を放棄する、又は自由財産の範囲の拡張により換価しないこともあります（Q26参照）。

(3) 未払給料等債権の取扱い

未払の給料等債権（賞与、時間外手当等も含む。）は、破産手続開始時点の差押可能部分（民執152条1項）が破産財団を構成し、破産手続開始後の労務提供の対価となる賃金部分は新得財産となります。

したがって、月額払の給料の場合、破産手続開始前の部分を日割計算する必要がありますが、実務上は、その金額の多寡や事案により具体的な財団組入額を検討しているのが実際です（自由財産の範囲の拡張により財団組入額をゼロとする場合も少なくありません。）。

Q40

独立行政法人労働者健康安全機構の未払賃金立替払制度は、どのようなものですか。

1 未払賃金立替払制度の概要

労災保険の適用事業で1年以上事業活動を行っていた事業主（個人、法人の別、労災保険手続加入の有無、保険料納付の有無は問いません。）の労働者（労働基準法9条の労働者に限ります。）は、その企業が破産した場合において、その破産手続開始の申立日の6か月前の日から2年間の期間内（破産手続開始の申立て6か月前から同申立ての1年6か月後までの間）に退職し、かつ、未払賃金額等について破産管財人の証明を受けたときは、独立行政法人労働者健康安全機構（平成28年4月1日、労働者健康福祉機構から改組されました。以

218　第5章　破産財団の換価等

下、本問において「機構」といいます。）から未払賃金の立替払を受けること
ができます（賃金の支払の確保等に関する法律2条2項、7条、賃金の支払の確
保等に関する法律施行令（以下、本問において「令」といいます。）3条1号）。

この制度により立替払の対象となるのは、未払の定期賃金及び退職手当の
合計額の80％の金額（さらに、下表のとおり、退職時の年齢に応じて一定の限度
額があります。）とされています。なお、未払の定期賃金及び退職手当の中で
も、退職日の6か月前の日から立替払請求の前日までの間に支払期限が到来
しているものに限られる点に注意する必要があります（令4条）。

【立替払の限度額】

退職日の年齢	未払賃金総額の限度額	立替払上限額
45歳以上	370万円	296万円
30歳～44歳	220万円	176万円
30歳未満	110万円	88万円

定期賃金及び退職手当に該当しないもの、例えば、賞与その他臨時的に支
払われる賃金や解雇予告手当、賃金に係る遅延利息、慰労金、実費弁償とし
ての旅費等は立替払の対象外となります。また、未払賃金であっても退職日
の6か月前の日より前に支払期限が到来している場合やその総額が2万円未
満の場合は立替払を受けることができません（令4条）。

未払賃金の額は、税、社会保険料及びその他の控除金を控除する前の額が
基準となります。ただし、その他の控除金の中でも、事業主が従業員に対し
て債権を有しており、当該賃金から控除が予定されているもの（社宅料、会
社からの物品購入代金、貸付金返済金等）については控除された額が基準とな
ります。

立替払の請求ができる期間は、破産手続開始後2年間です（賃金の支払の
確保等に関する法律施行規則17条3項）。

Q40 219

2　破産手続開始の申立てに際しての注意点

　立替払の対象となるものは、未払賃金及び退職手当に限られており、解雇予告手当は含まれていませんので、申立て前に労働債権の一部の弁済をする場合、何から弁済するかによって従業員が実際に受け取ることのできる総額に差が生じることもあり得ます。

　また、立替払の対象となるものは、賃金台帳及び退職手当規程等により確認可能なものに限られますので、申立代理人としては、これらの書類をまず確認する必要があります。そして、従業員にこの制度の利用を勧めるとともに所定の必要書類の作成を促し、破産手続開始後に破産管財人が速やかに証明書の発行業務を行い、従業員が立替払を受けることができるよう準備することが求められます。特に、前記1のように、立替払の請求ができるのは破産手続開始の申立日の6か月前の日以降に退職した従業員に限られるため、事業停止に伴い退職した従業員がいる場合に破産手続開始の申立てが遅れると、立替払を受けられなくなる可能性がありますので注意が必要です（なお、破産手続開始の申立日が基準となるため、申立後破産手続開始までに時間を要した場合であっても、立替払の可否には影響はありません。）。

　なお、中小企業（令2条2項各号参照）については、事業活動に著しい支障を生じたことにより、労働者に賃金を支払えない状態になったことについて労働基準監督署長の認定があった場合についても立替払の請求をすることができますから、事案によっては、申立代理人において、破産手続開始の申立てをする前に、労働基準監督署長の認定を求めることを検討する必要もあります。

3　管財業務における注意点

(1)　請求の勧奨の検討

　当初は破産財団が十分にあって労働債権の全額弁済が見込まれていたために立替払の請求の準備をしていなかったものの、その後事情が変わって労働債権の全額弁済が難しくなる場合もあります。そのような場合や、優先的破産債権の配当時期が相当程度先になると考えられる場合には、破産管財人か

ら退職した従業員に対してこの制度の利用を勧め、請求のための所定の書類の作成に協力してもらうことを検討する必要があります。

なお、この制度の利用を勧めるに当たり、証明書の交付に必要な事項の調査（その留意点は(2)及び(3)のとおりです。）、債権の確定等を適切に行う必要があります。また、前記1のとおり、立替払の請求ができるのは、破産手続開始後2年間に限られますので、請求の時期が遅れないよう注意する必要があります。

(2) 証明の際の留意点

破産管財人は、退職した従業員に証明書を交付した場合には、その審査に必要な証拠書類（破産手続開始申立書の写し、破産手続開始決定正本の写し、登記事項証明書、未払賃金額及び立替払額等を証明するもの等）を機構に送付する必要があります。

機構によれば、破産管財人の証明に際しては次のような点に留意すべきであるとのことですので、証明を行うに当たり、機構が速やかに立替払の認定をできるよう十分な調査を行い、資料等を整えることが求められます。

ア 客観的な資料の確認

賃金台帳、労働者名簿及び勤務記録の有無を確認する必要があります。これらの基本的な資料が現存しない場合は、労働者の受け取っていた給料明細等の客観的な資料に基づき証明するか否かを検討する必要があります。

イ 退職金の支給実績の確認

退職金制度のない破産会社においては、以前退職した労働者に退職金が支給されていたかの確認をする必要があります（支給根拠が不明確である立替払請求がされた事例や、誤って他社の退職金規程を添付して立替払請求がされた事例があるとのことです。）。

ウ 事前相談が相当である場合

次のような場合には、証明の前に機構に相談することが相当です（特に、①及び②については、請求はされたものの立替払の認定に困難を来す事例が散見されるとのことです。）。

① 立替払の要件や手続などに疑問がある場合（例えば、業務執行権のある

取締役、代表者の親族、非常勤の顧問、いわゆる一人親方、建設手間請従業者等、労働者性の判断が困難な場合や、未払期間中に事業活動をしているかどうかが不明確であるなど、証明することに疑問がある場合等。)

② 客観的な資料（前記ア）が乏しい場合

③ 証明書を交付した者に対して、立替払が行われる前に財団債権の弁済や優先的破産債権の配当が行われる場合（二重払いを避けるため。）

④ 多数の立替払請求（100名以上）が見込まれる場合

⑤ 船員について立替払の証明をする場合

(3) 従業員の債権届出について

従業員は各自の認識する未払労働債権を届け出ることになりますが、立替払における証明額と齟齬があると認否において負担がかかること、いったん届出がされると機構による立替払後に名義変更が必要となること（機構が賃金債権を代位取得することについて、後記4参照。）などから、破産管財人から、従業員に対し、連絡があるまでは債権届出書の提出を留保してもらうように案内することがあるようです。

(4) 立替払金の税務上の扱い

立替払金は、租税特別措置法29条の6により退職手当などの金額として取り扱われます（立替払を受けた場合の源泉徴収票の記載方法については、租税特別措置法通達29の6－6参照）。

4 立替払後の取扱い

立替払をした機構は、その限度で労働者の労働債権を代位取得します（民499条1項）。この代位取得した債権の破産手続上の扱いについては議論のあるところですが、東京地裁倒産部では、最判平23.11.22（民集65巻8号3165頁）等を踏まえ、もともと財団債権であった部分については財団債権として、もともと優先的破産債権であった部分については優先破産債権として認めるという運用をしています（Q47参照）。

立替払の充当の順位は、機構の取扱いによると、退職手当、定期賃金の順、退職金又は定期賃金に弁済期が異なるものがあるときは、それぞれ弁済

期が到来した順としているようです。

(参考) 機構のウェブサイト（書式や各種言語の説明資料等も提供されています。）

https://www.johas.go.jp/chinginengo/miharai/tabid/417/Default.aspx

Q41

譲渡担保、所有権留保、リース契約については、どのように処理すればよいですか。

1　譲渡担保、所有権留保、リース契約の法的性質

　譲渡担保、所有権留保、フルペイアウト方式によるファイナンス・リース契約の法的性質については、担保権（破産法上の別除権。破65条）との理解が一般的です（譲渡担保につき最判昭41.4.28民集20巻4号900頁、所有権留保につき最判平22.6.4民集64巻4号1107頁、フルペイアウト方式によるファイナンス・リース契約につき最判平7.4.14民集49巻4号1063頁、最判平20.12.16民集62巻10号2561頁参照）。したがって、一般的には、別除権の目的である財産を受け戻した上で任意売却し、破産財団を増殖させることが可能であるといえます。もっとも、実際は、別除権を受け戻して任意売却しても費用がかかるのみで、破産財団にとってプラスとならないことの方が通常であろうと考えられます。このような場合には、実務上、取戻権（破62条）を承認して目的物を引き渡し、目的物の価値と被担保債権額との差額の清算を受けるという方法も採り得ます。この場合の取戻権の承認は、実質的には別除権者に別除権の目的物を引き渡して別除権の行使をさせ、目的物の価値と被担保債権額との差額を清算させるものです。なお、最判昭57.10.19（民集36巻10号2130頁）は、ファイナンス・リース契約について、リース会社に返還時の目的物の価値とリース期間満了時における残存価値との差額を残リース料債権の支払に充当するなどの清算義務を認めています（目的物に価値がない場合でも、取戻

Q41　223

権を承認した上で取戻権者に代わって廃棄処分をすることにより、リース会社の破産債権を確定させることができる点で意味があります。）。

ところで、リース契約には、フルペイアウト方式のファイナンス・リースのほか、ノンフルペイアウト方式のファイナンス・リース、オペレーティング・リース、メンテナンス・リースなど、いくつかの種類があります。これらのリース契約の取扱いについては、当該リース契約の実態に即して、個々の事案ごとに判断する必要があります。契約内容によっては、双方未履行の双務契約として破産法53条による解除又は履行の選択を検討すべき場合もあると考えられます（『破産・民再の実務（破産編）』Q54参照）。

2 集合動産譲渡担保、集合債権譲渡担保への対応

(1) 集合動産譲渡担保

商品の卸売業者等の破産で、倉庫内の在庫商品について集合動産譲渡担保権が設定されている場合があります。集合動産譲渡担保は、目的物の「所在場所」「種類」「量的範囲」等により目的物の範囲が特定される場合には、その有効性が認められ（最判昭54.2.15民集33巻1号51頁、最判昭62.11.10民集41巻8号1559頁）、占有改定による引渡し（前掲最判昭62.11.10）や動産譲渡登記（動産及び債権の譲渡の対抗要件に関する民法の特例等に関する法律（以下「特例法」といいます。）3条1項）により対抗要件を具備することができ、譲渡契約時に対抗要件が具備されると、集合物としての同一性が損なわれない限り、担保権設定後新たにその構成部分となった動産を包含する集合物にも対抗要件具備の効力が及びます（前掲最判昭62.11.10）。

(2) 集合債権譲渡担保

集合債権譲渡担保については、譲渡担保権の目的とされる債権がその発生原因や譲渡に係る額等をもって特定されていることに加え、発生時期や弁済期に関する始期と終期を明確にするなど、譲渡人が有する他の債権から識別できる程度に特定される場合には、その有効性が認められ（最判平11.1.29民集53巻1号151頁、最判平12.4.21民集54巻4号1562頁）、確定日付のある証書による通知・承諾（最判平13.11.22民集55巻6号1056頁）又は債権譲渡登記（特例

法 4 条）により対抗要件を具備することができます。

(3) 有効性（特定性要件の有無）・対抗要件の具備等についての検討

実際の集合動産譲渡担保権設定契約・集合債権譲渡担保権設定契約においては、上記の特定を欠くものも少なくありません。また、債権者の中には、契約上譲渡担保権の目的となっていない物件まで含めて別除権を主張する者もあります。したがって、譲渡担保権設定契約書の内容を確認するなどして、その有効性・範囲をよく吟味し、併せて担保権者が有効な対抗要件を備えているかについても確認する必要があります。

(4) 否認権行使の検討

破産者が、危機時期に、特定の既存の債務について、集合動産譲渡担保権や集合債権譲渡担保権を設定することがあります。また、譲渡担保権設定契約自体は問題とならないときであっても、破産者が譲渡担保権者の利益を図るために、意図的に在庫商品や売掛金債権を増加させるような事案もあります。このような場合、譲渡担保権設定契約又は動産・債権の集合物への流入行為についての否認権行使を検討する必要があります（『伊藤・破産民再五版』595頁）。

なお、債権譲渡人について支払停止又は破産手続開始の申立てがあったことを停止条件とするいわゆる停止条件付集合債権譲渡担保について、最判平16.7.16（民集58巻 5 号1744頁）は、このような契約は旧破産法72条 2 号（危機否認）に基づく否認権行使の対象となる旨判示しており、この判示内容の射程は現行破産法上の偏頗行為否認（破162条）にも及ぶものと解されています（否認権行使については**Q44**を参照）。

(5) 譲渡担保権の有効性を争わないときの対応

集合動産譲渡担保権や集合債権譲渡担保権の設定が有効であり、対抗要件も具備している場合、破産管財人としては、担保権の実行を受け入れざるを得ないことになりますが、担保権者が担保権を実行するに当たっては、対象動産の保管場所への立入り、対象債権の残高やその内容を証する注文書・納品書等の証拠書類の提供等、破産管財人の協力が必要となる場面も少なくありません。そこで、担保権者との間で、対象動産の処分価格の一定割合を破

産財団に組み入れることを条件に担保権の実行に破産管財人が一定の協力を
する旨の協定を締結するのが一般です。

　なお、集合債権譲渡担保の効力が、倒産手続開始後に発生する債権にも及
ぶか否かについては学説上争いがあります（代表的なものとして、伊藤眞「倒
産処理手続と担保権―集合債権譲渡担保を中心として」NBL872号60頁）が、清
算型手続である破産手続において破産手続開始後に債権が発生する事態は少
ないと思われます。

3　所有権留保の自動車に関する注意点

　自動車の売買において、信販会社、販売会社、購入者の三者間で、購入者
が販売会社から自動車を買い受けるとともに、信販会社は売買代金を販売会
社に立替払し、購入者は、自動車の登録名義のいかんを問わず、販売会社に
留保されている自動車の所有権が、信販会社が販売会社に代金を立替払する
ことにより信販会社に移転し、購入者が立替金債務及び立替金に係る手数料
債務を完済するまで信販会社に留保されることを承諾するとの内容の契約が
締結されることがあります。このような契約を締結した後、購入者が再生手
続開始の決定を受けたという事案において、前掲最判平22.6.4は、信販会
社は、購入者の再生手続開始の時点で当該自動車につき自己を所有者とする
登録がされていない限り、留保所有権を別除権として行使することは許され
ない旨判示しました。破産の場合でも、立替金債務及び立替金に係る手数料
債務を完済するまで信販会社に所有権が留保されるという上記のような契約
がされた場合において、信販会社の別除権行使が認められるためには、破産
手続開始の時点で登録名義を有している必要があると考えられます。なお、
所有権を信販会社に留保し、自動車の登録名義を販売会社としつつ、当該登
録を信販会社の対抗要件として認める旨の特約が締結されている場合があり
ますが、これのみでは、判例の趣旨に照らせば、信販会社に別除権（留保所
有権）の行使を認めることはできないと解されます。

　もっとも、最判平29.12.7（民集71巻10号1925頁）は、割賦払での自動車購
入者と販売会社との間で当該自動車の所有権が売買代金債権を担保するため

に販売会社に留保するとともに、代金債務を保証会社が連帯保証し、保証会社は破産者が割賦払を怠ったときには通知・催告なくして保証債務の履行として残代金全額を支払うことができ、その場合には、民法の規定に基づき代金債権及び上記留保所有権を行使できることなどが合意されたところ、保証会社が販売会社に保証債務の履行として売買代金残額を支払った後、購入者の破産手続が開始した場合において、その開始の時点で当該自動車につき販売会社を所有者として登録がされているときは、保証会社は、上記合意に基づき留保所有権を別除権として行使することができる旨判示しました。保証会社は、代位弁済によって、購入者に対して取得する求償権を確保するために、販売会社の購入者に対する売買代金債権及びこれを担保するための留保所有権を行使することができることから、自動車につき保証会社を所有者とする登録なくして、販売会社から法定代位によって取得した留保所有権を別除権として行使できることになるからです。

　したがって、所有権留保特約付売買契約において、破産者以外の者に留保所有権の対抗要件が具備されている場合、留保所有権の被担保債務がどのようなものであるか、合意の性質・内容等を精査した上で、信販会社等が、法定代位その他当該信販会社等が目的物そのものについて対抗要件具備を要しない形で留保所有権を取得したといえるか否かを検討することになります。そして、信販会社に別除権（留保所有権）の行使が認められない場合には、破産管財人は、破産財団に属する財産として自動車を換価することができますが、登録名義を有する販売会社が、立替金が完済されていないことを理由に、登録名義の移転に必要な書類の交付を拒むことがありますので、販売会社と交渉する必要があります。東京地裁倒産部では、販売会社に売却代金の５％程度の少額の解決金を支払って登録名義の移転を受けて破産管財人が売却した例や、販売会社ないし信販会社に売却を委ね、売却代金から10％〜20％程度の解決金を差し引いた残額を破産財団に組み入れた例などがあります。このとき、オーバーローンではない事案については、余剰分は当然に破産財団に組み入れる必要がありますので、解決金の額は残ローン額の何％という形で定めることになり、売却代金額の何％という形で定めないようにす

Q41　227

ることが必要です。

ところで、軽自動車については、軽自動車検査協会発行の自動車検査証上の名義は対抗要件とはならないと解されており、一般の動産と同じく、引渡しが対抗要件となるものと解されます。そうすると、軽自動車については、仮に信販会社が自動車検査証上の名義を有していたとしても、同社は直ちに留保所有権を主張することはできないと考えられますので、注意が必要です。

Q42

事業の継続は、どのような場合にすべきですか。

1　事業の意義

破産管財人は、裁判所の許可を得て、破産者の事業を継続することができます（破36条）。ここにいう「事業」は、個人・法人、営利・非営利を問いませんが、破産財団に属する財産に関する事業である必要があります。したがって、専ら破産者の一身専属的な能力に基づき技術的、学問的給付を目的とする弁護士や芸術家の業務、周旋業、仲立業等の破産者自身の行為を基本とする業務はここにいう「事業」に当たりません。また、破産管財人自身が行う事業であることが必要です。実務上、例えば、小規模な飲食店等を自営する破産者の破産事件において、破産者に営業させ、その収益から、破産財団を構成する什器備品等の代金相当額を組み入れさせる場合がありますが、これは換価のために破産者の自由財産から資金を調達させ、それをもって破産財団に属する事業用財産を破産者に売却するものですから、ここにいう「事業」の継続には当たりません。

2　事業を継続する場合とは

清算型の倒産手続である破産手続では、破産手続が開始されれば事業を廃止するのが原則であり、事業の継続は、破産財団を有利に換価するための手

段として一定の制約の下に認められる例外的な措置です。したがって、事業継続の経費を差し引いたとしても破産財団の増殖が相当程度見込まれる場合であることが原則です。ただし、例外的に、より大きな不利益を防ぐために事業を継続する例や社会的影響を考慮して事業を継続する例がないわけではありません。

3 事業継続の具体例

(1) 事業の継続による破産財団の増殖が十分に見込まれる場合

家具の製作業者で、仕掛品や材料が相当数ある一方、既に確定した注文もあり、これに応じて加工すると、相当の利益が見込まれるのに対し、加工せずに部品等として処分すると極めて廉価にしかならないといった場合で、個別の双方未履行双務契約の履行の選択では迂遠なときに、事業を継続した例があります。

(2) より大きな不利益を防ぐために事業を継続する場合

破産財団の増殖が必ずしも見込まれない場合であっても、事業を継続しないと、多額の損害賠償や違約金などの財団債権が発生するときには、破産財団の減少を防ぐ意味で事業を継続することがあります。

(3) 社会的影響を考慮して事業を継続する場合

破産財団の増殖が必ずしも見込まれない場合であっても、事業を廃止することで社会的な混乱が生じるときには、これを避けるべく事業を継続することがあります。入院患者のいる病院の破産、多数の予約が既にされているホテル業者の破産、生徒が残っている学校の破産、次年度の使用が予定されている教科書の出版社の破産、地方公共団体と契約を締結して行われている公益的事業者（除雪作業）の破産で他の事業者が引き継ぐまでに当該事業を継続する必要があった場合などの例があります。

4 事業継続に当たり考慮すべき点

事業を継続するかどうかを判断するには、次のとおり、さまざまな点からの考慮が必要になります。したがって、破産管財人が事業継続を検討する場

Q42　229

合は、許可の申立てに先立ち、裁判所と事前協議を行うことが不可欠です。

(1) 財団債権の負担

多額の財団債権の負担を賄い得る破産財団が形成されることが必要です。仕入れ等のランニングコストが借入れなどをすることなく確保でき、現金取引に耐えられること、従業員の給料が確保できることが前提となります。この点で、個人事業の場合は事業継続が不可能なことが多いといえます。

(2) 人材の確保

人材の確保、特に営業に専念できる信頼のおける者がいることが必要です。その意味で、代表者及び主要な従業員の協力が不可欠です。もちろん、営業の内容に破産管財人が影響を及ぼし得ることが前提となりますから、経理、業務のチェック体制を確立しておかなければなりません。

(3) 短期の継続期間

破産手続における事業継続は、再建が目的でなく、あくまで清算に向けてのものですから、民事再生のような再建を目指す永続的な状態での営業になってはいけません。したがって、比較的短期間の継続期間を定めておく必要があります。

Q43

訴えの提起や保全処分の申立て等は、どのような場合にすべきですか。また、訴訟等の追行上、留意すべき点は何ですか。

1 訴えの提起等の判断

破産財団に属する財産の換価・回収や債権調査などの管財業務を遂行していく上で、訴えの提起や保全処分の申立てをする必要がある場面が生じます。

どのような場合に訴えの提起や保全処分の申立て等をすべきかについては、基本的には通常の民事訴訟の提起や民事保全の申立て等における判断と異なることはないといえますが、破産事件特有の考慮要素もあります。具体

230 第5章 破産財団の換価等

的には、①勝訴及び和解成立の見込みがあるか否か、②請求額と訴え提起の
コストを比較した場合の経済合理性（訴訟手続等に費やされる期間、これに
よって回収できると見込まれる金額、訴訟手続等による回収により債権者への配
当に資するだけの破産財団の収集が可能か、これらの追行費用を支出できる破産
財団があるかなど。）等を考慮して、慎重に判断することになります。判断に
迷う場合は、破産裁判所と協議するほか、債権者集会等で破産債権者の意向
を確認するというのも一つの方法です。

　破産財団が乏しいにもかかわらず、訴えの提起等が必要な場合は、訴訟費
用について訴訟上の救助（民訴82条。実務上は、貼用印紙代についてのみ付与
される例が多いようです。）を受けられるよう、裁判所書記官が無資力証明書
（【書式37】）を発行しますので、必要な場合は破産裁判所への連絡が求めら
れます。無資力証明書を受訴裁判所に提出する際には、添付の「書記官発行
の無資力証明書について（説明とお願い）」（【書式37－2】）も併せて提出して
ください。また、保全手続上の担保は救助の対象にはなりませんが、保全裁
判所に担保額に関する上申をする際の資料として無資力証明書を発行するこ
ともあります。このほか、債権者集会で破産債権者に費用の予納を打診する
方法も考えられます。

2　裁判所の許可

　破産管財人が訴えの提起をするには破産裁判所の許可が必要です（破78条
2項10号。訴え提起許可申立書（【書式36】）を利用します。）。なお、100万円以
下の価額を有するものに関するときは、許可を要しないとされています（破
78条3項1号、破規25条）が、破産手続の進行にかかわる特に重要な事項で
すので、破産裁判所との事前の協議が求められます。

　なお、「訴えの提起」には、反訴や訴訟参加といった訴え提起と性質上同
じものを含むほか、争いはありますが、上訴も含むと解されます。また、督
促手続、民事保全法等に基づく保全処分の申立て、更には借地非訟のような
非訟手続の申立て、遺産分割調停の申立ても含まれます（Q20参照）。

3 訴訟等の追行上の留意点

　訴訟の追行は費用や時間がかかる上、管財業務の長期化を招く大きな原因でもあります。そこで、長期化を防ぐためにも、訴訟提起後も破産裁判所に対して訴訟の経過等を適宜報告する必要がありますし、節目においては訴訟の進行方針について破産裁判所と相談することが必要です。なお、報告や相談を書面で行う場合の書面は、破産法上、裁判所への提出を義務付けられたものではないので、閲覧等の対象にはなりません（破11条）。

　訴訟等において、和解による解決を選択したり、訴えや申立ての取下げを選択したりする場合は、改めて破産裁判所の許可が必要です（破78条2項11号、12号）。これらについても、100万円以下の価額を有するものに関するときは許可を要しないとされています（破78条3項1号、破規25条）が、訴えの提起と同様、破産裁判所との事前の協議が求められます。訴訟上の和解は、その利用を積極的に考慮してよいと考えられます。一概にはいえませんが、受訴裁判所に和解案の提示を求め、それに従って和解するというのが、結論において合理的な場合が多いでしょうし、破産者や債権者の納得も得られやすいと思われます。

　なお、本案において和解する際に「訴訟費用は各自の負担とする」旨の条項を設けた場合（負担割合を定めない場合も同じです。民訴68条参照）には、訴訟救助が猶予の決定にすぎない（同法83条参照）ことから、後日、救助を受けた訴訟費用の支払を求められますので注意が必要です。

　破産手続開始時に既に係属中の訴訟等の受継に関しては、**Q46**を参照してください。

Q44

否認権の行使に当たり、どのような点を検討すべきですか。

1 否認対象行為の把握

　管財業務を進める中で、申立書類や帳簿類の検討、代表者等関係者からの

232　第5章　破産財団の換価等

事情聴取、債権者からの情報提供等により、詐害行為や偏頗行為の存在が判明することがあります。このような場合、否認権の行使を検討することになります。

否認対象行為の典型例としては、次のようなものが考えられます。

① 詐害行為・無償行為否認

　ア　親族等に対する贈与

　イ　不相当な価額による事業譲渡（いわゆる第二会社方式としての会社分割を含む。なお、相当な価額による事業譲渡についても、破産法161条1項の要件を満たす場合には、否認権行使を検討することになります。）

② 偏頗弁済否認

　ア　代理人のいわゆる介入通知後の給料差押え

　イ　危機時期以降における給料天引きの方法による勤務先からの借入れに対する返済

　ウ　危機時期以降における親族、知人、一部取引先等に対する偏頗弁済

③ 対抗要件否認

　ア　危機時期以降における所有権移転登記又は（根）抵当権設定登記

　イ　危機時期以降における売掛先等に対する債権譲渡通知

なお、会社分割について詐害行為取消権の対象になるか否かについては争いがあるところですが、最判平24.10.12（民集66巻10号3311頁）は、株式会社を設立する新設分割がされた場合において、新たに設立する株式会社にその債権に係る債務が承継されず、新設分割について異議を述べることもできない新設分割をする株式会社の債権者は、詐害行為取消権を行使して新設分割を取り消すことができる旨判示しました。この判示の趣旨からすれば、破産管財人が会社分割を否認することができる場合があると考えられます。

2　支払停止の判断

実務上、否認権の行使を検討する際には、支払停止があったか否かの判断が重要になる場合が多いといえます（破162条1項1号イ、同条3項参照）。

最判平24.10.19（判時2169号9頁・判タ1384号130頁）は、債務者の代理人で

ある弁護士が債権者一般に対して債務整理開始通知を送付した行為は、①上記通知に、上記債務者が自らの債務整理を弁護士に委任した旨並びに当該弁護士が債権者一般に宛てて上記債務者、その家族及び保証人への連絡及び取立て行為の中止を求める旨の各記載がされていたこと、②上記債務者が単なる給与所得者であり広く事業を営む者ではないことなど判示の事情の下においては、上記通知に上記債務者が自己破産を予定している旨が明示されていなくても、破産法162条1項1号イ及び3項にいう「支払の停止」に当たる旨判示しました。本判決が判示するとおり、債務整理開始通知に債務者が自己破産を予定している旨の明示的な記載がなくとも、その送付行為が支払停止に該当する場合があることになりますが、本判決は事例判断であるので、個別の事案においては、債務整理開始通知の文言、通知の時期、債権者一般に対して発送されているか否か等を総合的に判断した上で、支払停止に当たるか否かを検討する必要があります。また、本判決の補足意見を踏まえれば、一定規模以上の企業の私的整理の場合には、より慎重な判断が求められることになります。

　ところで、事案によっては、債務整理開始通知の発送から破産手続開始の申立てまで相当期間が経過している例もありますが、債務整理開始通知の発送後に客観的に支払不能状態が解消されている場合には、当該通知の発送は否認権行使の要件としての支払停止に該当しないと解されます。また、債務者による弁済等の行為から破産手続開始の申立てまでに1年以上経過している場合には、支払停止の悪意を理由とした否認はできなくなります（破166条）ので、注意が必要です。さらに、弁済等の行為が破産手続開始の申立てから1年以内に行われている場合であっても、当該通知から破産手続開始の申立てまでに1年以上が経過している場合には、支払不能の法律上の推定が及ばなくなる点（破162条3項括弧書き）にも注意が必要です。もっとも、破162条3項括弧書きは、当該通知から破産手続開始の申立てまでに1年以上が経過している場合でも、当該通知の時点では支払不能であったことが事実上推認されることや当該通知が支払不能の間接事実として機能することまでは否定されないと解されますので、当該通知から破産手続開始の申立てまで

に1年以上経過していることをもって直ちに否認することができないことにはならないと考えられます。

なお、債務整理開始通知の送付が支払停止に該当するか否かは、否認の場面だけではなく、相殺禁止の場面でも問題になり得ます。例えば、債務整理開始通知の送付行為後に給料の天引きを続けた債権者に対しては、相殺禁止の規定（破71条1項3号）の適用があると考えられます。

3　保全措置及び相手方との交渉

破産管財人がこれらの事実を発見し、否認権を行使する余地があると考えた場合は、登記を対抗要件とする財産について処分禁止の仮処分等を申し立てたり、第三債務者に対して債権譲渡が無効である旨の通知をして破産管財人に弁済させたりすることを検討することになります（なお、破産手続開始前の保全管理中の場合は、否認権のための保全処分（破171条）の活用も考えられます。）。

また、相手方に対し、内容証明郵便等で否認対象行為であることを指摘して、財産の返還を請求することを検討することになります。

なお、売掛金債権等につき債権譲渡がされたことから、第三債務者が供託をした場合、通常、供託所は破産手続が開始されたことを知らないので、破産管財人としては、直ちに当該供託所に上申書を提出し、譲受人に対する払渡しを防止する必要があります。

4　否認権の行使方法

否認権は、否認の訴え、否認の請求又は抗弁によって行使します（破173条）。抗弁による行使の例としては、①不動産販売業者が破産した場合において、破産手続開始前に不動産を買い受けて所有権移転登記を経由していた買主が、破産管財人を被告として目的不動産の明渡しを求める訴訟を提起した場合に、破産管財人が売買契約の否認を抗弁として主張する例、②商品売買の買主が破産し、代金債権が破産債権として届け出られたが、破産管財人がこれを認めず、売主が破産債権査定の申立てをした場合に、破産管財人が

Q44　235

売買契約の否認を抗弁として主張する例などがあります（『条解破産三版』1217頁）。

　なお、否認の訴えや否認の請求事件は破産裁判所の専属管轄です（破173条）ので、東京地裁に係属する破産事件に関する否認の訴えや否認の請求は東京地裁の専属管轄ということになりますが、東京地裁の事務分配上、否認の訴えは通常部で審理されるのに対し、否認の請求は倒産部で審理されます。

5　東京地裁倒産部における否認の請求の手続の流れ

　否認の請求をするについて破産裁判所の許可は不要です（否認の訴えの提起の場合には許可が必要です。）が、同請求をするに当たっては裁判所との事前の協議が求められます。同請求の際は、破産管財人において、相手方に対し、請求書及び疎明資料の各副本を直送します（破規2条4項）。

　否認の請求がされますと、破産裁判所は、概ね2週間程度先に審尋期日を指定します（破174条3項）。審尋期日は原則として1回で終了し、審尋終了後はできる限り速やかに判断することとしています。

　否認の請求の手続の中で和解が成立する場合も多く、審尋期日に和解調書を作成する例もあります（このほか、手続外で和解協議が調い、請求の取下げにより終局する例も多くあります。）が、簡易迅速に債務名義を取得するための手続という否認の請求手続の性質上、和解協議のために審尋期日を何度も重ねるという運用はしていません。

6　否認の訴えの提起と否認の請求との選択

　否認の訴えを提起するか、否認の請求をするかは、破産管財人が適切に判断する必要があります。判断要素としては、相手方が争っているか否か、立証にどの程度の困難が伴うか、否認の請求を認容する決定がそのまま確定する見込みがどの程度あるか等が考えられます。

　例えば、相手方の主観的要件については、これを推認させる間接事実を証明（疎明）できるか否かが重要となりますが、そうした事実を裏付ける書証

が存在しないときは、破産者本人、破産会社の代表者や従業員の証人尋問が必要になる場合が多いので、このような場合は、否認の請求によるより、当初から否認の訴えを提起すべきであると考えられます。また、否認の請求を認容する決定がされたとしても、決定書の相手方への送達から確定までは1か月を要すること、相手方が同決定に対する異議の訴え（破175条）を提起した場合は、結局訴訟手続による決着が必要になるため、かえって手続が長期化するおそれがあることから、争点が複雑多岐にわたる事案である等、仮に否認の請求を認容する決定がされても相手方から異議の訴えが提起されることが予想される場合も、当初から否認の訴えを提起すべきであると考えられます。

7 否認の訴え・否認の請求における請求の趣旨

否認の訴え又は否認の請求における請求の趣旨を記載する際、特に注意すべき点は次のとおりです。

(1) 否認の宣言は不要

否認の請求・否認の訴えの法的性質については争いがありますが、実務では給付・確認訴訟説を採っています。したがって、請求の趣旨において、否認の宣言（例えば「破産者と相手方との令和○○年○○月○○日付売買契約を否認する。」といったもの）を求める必要はありません。

(2) 不動産の処分行為に関する否認

不動産の処分行為に関する否認の場合は、抹消登記ではなく、否認の登記（破260条1項）を求めることになります。

ア 原因行為を否認する場合

「相手方（被告）は、請求人（原告）に対し、別紙物件目録記載の建物について○○法務局令和○○年○○月○○日受付第○○○号抵当権設定登記原因の破産法による否認登記手続をせよ。」

イ 対抗要件を否認する場合

「相手方（被告）は、請求人（原告）に対し、別紙物件目録記載の建物について○○法務局令和○○年○○月○○日受付第○○○号抵当権設定登記の破

産法による否認登記手続をせよ。」

(3) 債権譲渡ないしその対抗要件の否認

ア 第三債務者が支払を留保している場合

「請求人（原告）と相手方（被告）との間において、請求人（原告）が別紙債権目録記載の債権を有することを確認する。」

なお、福岡高判昭32.11.26（下民集 8 巻11号2191頁）は、転付命令による債権の移転が否認された場合には、平成29年法律第44号改正前の民法467条（改正民法467条 1 項に相当）を類推し、債権の復帰について対抗要件を必要とするものと解するのが相当であるから、受益者は債権が破産財団に復帰したことを第三債務者に通知すべき義務があるとしていますが、実務上は、このような通知を求める請求を掲げることはしないのが一般的です。

イ 第三債務者が供託している場合

「請求人（原告）と相手方（被告）との間において、請求人（原告）が別紙供託金目録記載の供託金について還付請求権を有することを確認する。」

ウ 相手方が取立て済みの場合

(6)参照

(4) 動産に対する譲渡担保権設定行為の否認

ア 占有を対抗要件とする動産譲渡担保権が設定され、相手方（被告）に対し占有改定による引渡しがされているが、破産管財人が現実に占有している場合

「請求人（原告）と相手方（被告）との間において、別紙動産目録記載の動産について、相手方が譲渡担保権を有しないことを確認する。」

イ 占有を対抗要件とする動産譲渡担保権が設定され、相手方（被告）が目的物を現実に占有している場合

「相手方（被告）は、請求人（原告）に対し、別紙動産目録記載の動産を引き渡せ。」

(5) 金銭給付の否認

「相手方（被告）は、請求人（原告）に対し、金○○円及びこれに対する令和○○年○○月○○日［破産者からの受領日］から支払済みまで年○分［商

事法定利率又は民事法定利率］の割合による金員を支払え。」

　偏頗弁済などの金銭給付の否認の場合には、相手方は破産財団に対して破産者から受領したのと同額の金銭の返還義務を負いますが、加えて、相手方は、受領した日から起算した法定利息を支払う義務を負います（最判昭40.4.22民集19巻3号689頁）。法定利息の利率については、否認の対象となった行為が令和2年4月1日よりも前で商行為に基づく場合には年6分の商事法定利率（平成29年法律第45号による改正前の商514条。最判昭40.4.22民集19巻3号689頁参照）、令和2年4月1日よりも前で商行為に基づくもの以外の場合には年5分の平成29年法律第44号による改正前の民事法定利率、令和2年4月1日以後の場合は商行為に基づくか否かを問わず年3分の民事法定利率（民404条2項）と解されます。ただし、民事法定利率は、3年ごとに変動するものとされています（変動利率。民404条3～5項）。

(6)　価額償還を求める場合

　「相手方（被告）は、請求人（原告）に対し、金○○円及びこれに対する本件否認の請求書（本訴状）送達の日の翌日から支払済みまで年○分［商事法定利率又は民事法定利率］による金員を支払え。」

　否認権の行使は、破産財団を原状に復させます（破167条1項）が、目的物が既に滅失し、又は第三者に譲渡された場合は、目的物自体を破産財団に回復することが不可能ですので、目的物の返還に代わり価額の償還を請求することができます。また、目的物を破産財団に取り戻すことは可能であっても、既にその価値が減少しているような場合にも、減価分について価額の償還を請求できると解されます（『伊藤・破産民再五版』650頁）。さらに、破産法160条1項若しくは3項又は161条1項で否認する場合には、目的物の返還に代えて相手方の利得額について償還を請求することができます（破168条4項）。

　なお、償還すべき価額の算定基準時については議論がありますが、形成権である否認権の行使によって初めて目的物が破産財団に復帰し、破産管財人の管理処分が可能になることから、否認権行使時、すなわち否認の請求書が相手方に送達されたとき、否認の訴えの訴状が被告に送達されたとき又は抗

弁の提出がされたときと解するのが相当です（最判昭42.6.22判時495号51頁、最判昭61.4.3判時1198号110頁）。

　また、同じ理由により、遅延損害金は、否認権行使時から発生すると考えられます。

8　否認の登記

(1)　否認の登記の申請

　登記の原因である行為あるいは登記が否認されたときは、破産財団が原状に復する（破167条1項）ので、これを公示するため、破産管財人は、否認の登記を法務局に申請する必要があります（破260条1項）。否認の登記は、否認の相対的効力を踏まえ、抹消登記又は移転登記に代えて、否認による物権変動という特別の物権変動を公示するために認められた特別の登記です。

　登記申請書には、「登記の目的」として、登記の原因である行為の否認の場合は、「○番所有権移転登記原因の破産法による否認」と記載し、登記の否認の場合は、「○番所有権移転登記の破産法による否認」と記載します。また、否認の登記の申請書には、登記原因を証する書面として、否認の訴えに係る請求を認容する判決の判決書の正本及び確定証明書又は否認の請求を認容する決定の裁判書の正本及び確定証明書を添付する必要があります。

(2)　否認の登記等の抹消

　破産管財人が否認の登記がされた不動産を任意売却し、破産者から買受人への所有権移転登記をする場合など否認の登記に係る権利に関する登記をするときは、登記官は、職権で、①当該否認の登記のほか、②否認された行為を登記原因とする登記又は否認された登記、③②に後れる登記があるときは当該登記を抹消しなければならないとされています（破260条2項）。

　また、裁判所書記官は、否認の登記がされている場合で、①破産手続開始の決定の取消し又は破産手続廃止の決定が確定したとき、②破産手続終結の決定があったとき、③破産管財人が否認された行為を登記原因とする登記又は否認された登記に係る権利を放棄し、否認の登記の抹消の申立てをしたときは、職権で、法務局に上記の否認の登記の抹消を嘱託しなければなりませ

ん（同条4項）。この場合には、速やかに、否認の登記のされている登記事項証明書を裁判所に提出する必要があります（破規81条2項）。

Q45

法人の役員の責任の追及をするに当たり、どのような点を検討すべきですか。

1　役員の違法行為の把握

　法人の事業が破綻に至る過程では、その役員の業務執行について違法行為がみられることも少なくありません。そして、違法行為に起因する役員に対する法人の損害賠償請求権は、法人の破産財団を構成することになりますから、破産管財人としては、これを行使することによって破産財団を増殖することが求められます。

　役員の違法行為の典型例としては、次のようなものが考えられます。

①　自己又は他の役員に対する過大な報酬の支給

②　関連会社又は自己の経営する会社に対する過大な融資又は債務の免除

③　違法配当

④　法人財産の横領

⑤　法人財産の廉価売却

2　保全措置

　破産管財人は、破産裁判所に対し、役員の責任に基づく損害賠償請求権につき、当該役員の財産に対する保全処分を申し立てることができます（破177条1項）。法人の役員は破産者の内部者（破161条2項1号参照）とみなされることを考慮し、立担保は不要とされています（『伊藤・破産民再五版』664頁）。

　この保全処分の被保全権利は役員に対する損害賠償請求権という金銭債権であることから、保全処分の内容は仮差押え（民保20条）が原則となりま

Q45　241

す。不動産、預貯金、有価証券等がその対象になります。

　なお、裁判所は、破産手続開始の申立てから当該申立てについての決定があるまでの間においても、緊急の必要があるときは、債務者や保全管理人の申立てにより又は職権で保全処分をすることができます（破177条2項）。

3　役員の責任の追及の方法

　役員の責任の追及の方法としては、損害賠償請求訴訟の提起のほか、役員責任査定の申立て（破178条）が可能です。役員責任査定手続は、当該破産事件を担当している裁判所で審理されます。

　他方、会社法847条に基づく役員に対する責任追及等の訴えの管轄は、破産裁判所のある裁判所ではなく、破産者である株式会社の本店所在地を管轄する地方裁判所の専属管轄です（会848条）ので、注意が必要です。

4　東京地裁倒産部における役員責任査定の申立ての手続

　役員責任査定の申立てをすることについて破産裁判所の許可は不要ですが、申立てに当たっては破産裁判所との事前の協議が求められます。申立書及び疎明資料の各副本については、破産管財人から相手方に直送します（破規2条4項）。

　損害賠償請求を受ける役員の手続保障のために、破産裁判所は、査定に関する裁判をする際には、役員を審尋しなければなりません。そこで、役員責任査定の申立てがありますと、破産裁判所は、同申立てから2週間程度先に審尋期日を指定します（破179条2項）。審尋期日は1回で終える場合もありますし、複数回重ねる場合もあります。

　役員責任査定手続中に和解が成立する場合も多く、審尋期日に和解調書を作成する例もあります。

5　役員責任査定の申立てをするに当たっての検討事項

　役員責任査定の申立てがされる事例は多くありません。これは、法人とその役員についてともに破産手続開始の申立てがされて同時に破産手続が係属

242　第5章　破産財団の換価等

するのが大半であること、法人が破産する場合はその役員も既に資産を法人の経営に費やしていることが多く、その回収可能性に乏しい場合が多いことが理由であると考えられます。

また、役員の責任に基づく損害賠償請求権の原因となる事実を疎明する必要がありますが、書証が少なく、関係者の供述に依拠する部分が多いときは、当初から訴訟を提起すべき場合が多いといえます。

さらに、申立てを認容する決定がされたとしても、決定書の相手方への送達から確定までは1か月を要すること、相手方がこの決定に対する異議の訴え（破180条）を提起した場合は、結局訴訟手続による決着が必要になるため、かえって手続が長期化するおそれがあることから、争点が複雑多岐にわたる事案や相手方の経営判断が問題となる事案等、仮に認容決定がされても相手方から異議の訴えが提起されることが予想される場合も、当初から損害賠償請求訴訟を提起するのが相当であると考えられます。

Q46

破産者に関して係属中の訴訟については、どのように処理すればよいですか。

1 破産手続開始による中断

破産財団に属する財産に関する訴訟、財団債権に関する訴訟、破産債権に関する訴訟、債権者代位訴訟、詐害行為取消訴訟は、いずれも破産手続開始の決定によって中断します（破44条1項、45条1項）。なお、破産手続開始の決定がされた旨の受訴裁判所への連絡については、通常は訴訟当事者が行うものと考えられますが、破産管財人においても、上記の連絡をしているかどうか、訴訟当事者に確認することが望まれます。

これに対し、破産者の自由財産に関する訴訟、破産者の身分関係に関する訴訟、会社が破産した場合における設立無効の訴えや株主総会決議取消の訴えなどの破産会社の組織法上の争いに関する訴訟などは中断しませんし、破

Q46　243

産管財人による受継が問題になることもありません。

2 破産財団に属する財産に関する訴訟及び 財団債権に関する訴訟

破産財団に属する財産に関する訴訟（①破産者の財産権に基づく給付訴訟等の積極訴訟と②破産者に対する所有権に基づく返還請求訴訟等の消極訴訟があります。）及び財団債権に関する訴訟は、破産管財人又は相手方から受継の申立てができ（破44条2項）、破産管財人は相手方からの受継の申立てを拒絶できません。破産管財人から受継の申立てをするかどうかについては、当該財産の換価価値及び収益の有無・程度、破産財団に占める割合、当該財産の維持費等の要否・負担額、受継後の訴訟終了までに要する期間、勝訴又は有利な条件による和解の見込みの有無・程度、主要な債権者の意向等を総合考慮して判断すべきであり、破産手続を迅速かつ有意義に進める観点から当該財産の管理処分権を放棄し、当該訴訟手続を受継しないという選択をすることも検討する必要があります（『新・実務体系(28)』435頁〔片山憲一〕参照）。いずれを選択するにしても、破産裁判所との事前の協議が必要です。

3 破産債権に関する訴訟

破産債権に関する訴訟について、東京地裁倒産部においては、異時廃止事案では債権認否を留保する扱いです（Q51参照）ので、破産管財人が訴訟を受継することは通常ありません。

配当事案では、債権調査期日において認否をすることになりますが、異議なく債権が確定すれば、訴訟は目的を達し、当然に終了します。他方、異議を述べられた場合、当該破産債権者は、異議者等を相手方として破産法125条2項所定の期間内に訴訟手続の受継の申立てをしなければならないことになります（破127条1項、2項）。そして、この受継の申立てがされれば、当該訴訟は、異議者との間の債権確定訴訟に切り替えられ、訴訟が続行されます。

なお、配当事案であっても、債権認否は配当手続に入る直前の債権調査期

244　第5章　破産財団の換価等

日まで行わないのが通例ですが、破産手続開始当時、破産債権に関する訴訟が係属中で、かつ、破産管財人が債権調査期日において当該破産債権について認めない旨の認否をすることを予定している場合は、遅かれ早かれ上記のような債権確定手続を経ることが必要になることが見込まれますので、できる限り破産債権の確定手続を前倒しするため、例外的に、早い段階で債権認否を行って訴訟を受継しておくことが望まれます（**Q51**参照）。

また、異時廃止が強く見込まれる事案において、中断中の訴訟の原告が訴えの取下げを希望する場合があります。ところが、訴えの取下げに被告の同意を要するときに、異時廃止事案においては債権認否を留保するという上記の原則を貫くと、原告はいつまでも取下げができないことになります。このような不都合を回避するため、中断中の訴訟の原告が取下げを希望している事案については、例外的に、異時廃止事案であっても、当該訴訟に係る破産債権についてのみ債権認否を行い（通常は、当該債権の全額を認めない旨の認否になります。）、破産管財人が訴訟を受継した上で、訴えの取下げに同意するという処理を行うことも考えられます。このような処理を要するときは、破産裁判所との事前の協議が必要です。

4 債権者代位訴訟及び詐害行為取消訴訟

　債権者代位訴訟や詐害行為取消訴訟は、破産管財人が原告側を受継することができます（破45条2項）。破産管財人は、債権者全体の利益を代表する立場にあるので、従来の訴訟状態が有利であると判断される場合は受継をするのが相当です。これに対し、不利と判断した場合、相手方から受継の申立てがあっても拒絶することができるか否かについては争いがありますが、破産法45条2項が相手方に受継申立権を認めている以上、受継を拒絶できないと解されます。具体的な事例の処理については破産裁判所との事前の協議が必要です。

　受継する場合、必要に応じて請求の趣旨を変更します。すなわち、債権者代位訴訟の場合は「債務者への支払・引渡」を「破産管財人への支払・引渡」に、詐害行為取消訴訟の場合は「詐害行為の取消し」を「否認」に変更

することになります。詐害行為取消訴訟が、破産管財人による受継後、否認訴訟に切り替えられた場合は、専属管轄裁判所である破産裁判所（破産事件が係属している地方裁判所）に移送されることになります（破173条2項）。

5　非訟事件（労働審判、民事調停、家事審判・調停、借地非訟、民事保全等）

　労働審判、民事調停、家事審判・調停、借地非訟、民事保全等の非訟事件手続においては、民事訴訟法の中断の規定は類推適用されないと解されています。また、受継については、借地非訟事件手続法37条1項、家事事件手続法44条1項に明文の規定がありますが、手続の対象が破産債権に関するものである場合、破産事件における債権調査手続を経ずに承継することができるかという論点があります（関連する論考として、川畑正文「非訟事件手続における民事訴訟法等の規定の類推適用について」判タ1251号60頁、島岡大雄「非訟事件の当事者につき倒産手続が開始された場合の非訟事件の帰趨」島岡大雄ほか編『倒産と訴訟』（商事法務、平成25年））。この論点については未だ十分な議論が尽くされているとはいえない状況ですので、対応については破産裁判所とよく協議をする必要があります。

第 6 章

6

財団債権及び公租公課

Q47

財団債権には、どのようなものがありますか。

1 財団債権の範囲

　財団債権に該当する債権の代表的な例としては、①破産管財人の報酬請求権、破産財団に属する財産の破産手続開始後に生じた固定資産税、自動車税、消費税、譲渡所得税等の請求権、破産財団に属するマンションの破産手続開始後に生じた管理費等の請求権（破148条1項2号。Q82参照）、②破産手続開始前の原因に基づいて生じた租税等の請求権（公租公課）であって、破産手続開始当時、まだ納期限の到来していないもの又は納期限から1年を経過していないもの（同項3号。Q49、Q82参照）、③破産手続開始後に破産財団に関して生じた賃料、賃金、水道料金等の公共料金等の請求権（同項7号、8号、55条2項。なお、下水道料金の請求権は、地方自治法231条の3第3項、附則6条3号、下水道法20条によって公課とされているため、上記②に従った扱いがされます。Q56参照）、④破産手続開始前3か月間の破産者の使用人の給料の請求権（破149条1項）及び破産手続終了までに退職した使用人の退職手当の請求権のうち退職前の3か月間の給料の総額又は破産手続開始前3か月間の給料の総額のいずれか多い方の額に相当する額（同条2項。Q39、Q55参照）、⑤日本司法支援センター（法テラス）が立替払いした引継予納金や官報公告費用等の返還請求権（破148条1項1号）があります。

　これらの債権が財団債権とされる理由としては、破産手続の遂行のために必要な費用で、債権者全体の利益のために支出されるもの（破148条1項1号、2号。上記①及び⑤）、破産手続の遂行過程で破産管財人の行為等に基づいて発生する債権で、ある者の負担において破産財団が利益を受けたことに着目し、公平の見地から財団債権と認めたもの（同項4号ないし8号。上記③）、特別の政策的考慮に基づくもの（同項3号、149条1項、2項。上記②及び④）が挙げられます。

　なお、再生手続における共益債権（民再119条等）は、再生手続の廃止等に

248　第6章　財団債権及び公租公課

よる牽連破産（破250条1項）において財団債権として扱われます（民再252条
6項。**Q90**参照）。

2　財団債権を第三者が弁済した場合の取扱い

(1)　判例の立場

　破産手続中に財団債権（原債権）を破産者以外の第三者が弁済した場合、
当該第三者が弁済による代位によって取得した当該財団債権を破産手続によ
らずに権利行使することができるか否かという問題があります。

　この点について、最判平23.11.22（民集65巻8号3165頁）は、従業員らの給
料債権（財団債権）を破産者のために弁済した者が、弁済による代位により
取得した原債権を行使して破産管財人に対してその支払を求めたという事案
において、弁済による代位が、原債権の求償権を確保するための一種の担保
権として機能させるという制度趣旨であることに鑑みると、「求償権を実体
法上行使し得る限り、これを確保するために原債権を行使することができ、
求償権の行使が倒産手続による制約を受けるとしても、当該手続における原
債権の行使自体が制約されていない以上、原債権の行使が求償権と同様の制
約を受けるものではないと解するのが相当である。そうであれば、弁済によ
る代位により財団債権を取得した者は、同人が破産者に対して取得した求償
権が破産債権にすぎない場合であっても、破産手続によらないで上記財団債
権を行使することができるというべきである。このように解したとしても、
他の破産債権者は、もともと原債権者による上記財団債権の行使を甘受せざ
るを得ない立場にあったのであるから、不当に不利益を被るということはで
きない。」と判示しました。

　また、最判平23.11.24（民集65巻8号3213頁）は、弁済による代位により民
事再生法上の共益債権を取得した者について、再生手続によらないで上記共
益債権を行使することができる旨判示しました。

(2)　管財業務における留意点

　前記1のとおり、破産法上の財団債権に当たるものとしては、租税等の請
求権（破148条1項3号）、給料請求権や退職金請求権といった労働債権（破

Q47　249

149条)、破産財団に属する財産の管理等によって生じた請求権（破148条1項2号）などがあり、これらの財団債権を第三者が弁済した場合に当該第三者による原債権に係る支払請求を受けた破産管財人は、前記(1)の各判例を踏まえると、次のように取り扱うのが相当であるといえます。

① 財団債権に当たる労働債権（破149条）や破産財団の管理等に係る費用等の私債権（破148条1項2号）を第三者が弁済した場合

この場合、当該第三者は、任意代位（民499条）又は法定代位（民500条）により破産者に対して求償権を取得するとともに原債権（財団債権）を取得しますから、上記求償権が破産債権にすぎない場合であっても、代位した原債権に係る支払請求については財団債権性を肯定すべきであり、その金額が100万円を超える場合には、破産管財人としては、財団債権の承認許可の申立てをするのが相当です。

労働者健康安全機構によって財団債権に当たる給料債権、退職金債権が立替払された場合も同様です。

② 財団債権に当たる租税等の請求権（例えば、破産手続開始の1年前までに納期限が到来していない法人税や所得税等（破148条1項3号）、破産手続開始後に生じた破産財団に属する不動産に係る固定資産税等（同項2号））を第三者が弁済した場合

租税等の請求権を第三者が弁済（納付）した場合、前記(1)の各判例の射程は及ばないと解されます。なぜなら、この各判例の判示は、弁済による代位により、原債権が代位弁済者に移転することを前提としているところ、租税等の請求権については、第三者が弁済（納付）しても原債権（租税等の請求権）が移転することはないからです（租税等の請求権を第三者が弁済した場合には、当該請求権を担保するために設定されている抵当権につき代位し得るのみです。国税通則法41条2項参照）。

下級審裁判例も財団債権性を否定しています（東京地判平17.3.9金法1747号84頁、その控訴審である東京高判平17.6.30金法1752号54頁。再生手続における共益債権性に関するものとして東京地判平17.4.15金法1754号85頁。）。

3　財団債権の存否及び額に争いがある場合

　破産管財人と財団債権者の間で財団債権の存否や額に争いがある場合、財団債権者は、破産管財人を相手に当該財団債権に係る給付訴訟や確認訴訟を提起することができ、破産管財人も、財団債権不存在確認訴訟を提起することができます（なお、財団債権に基づく強制執行はできません。破42条1項）。

　もっとも、当該財団債権が公租公課の場合には、上記の方法で決着を図ることはできず、破産管財人において、賦課等の前提となった行政処分の取消し等を求める手続をする必要があります。具体的には、国税については国税通則法75条以下で定める不服申立て、地方税については地方税法19条以下で定める不服申立て、公課については当該公課の根拠法令上の不服申立てに関する定め、あるいは行政不服審査法ないし行政事件訴訟法による不服申立てによることになります。

　配当見込み事案の場合、財団債権の存否及び額に争いがあると破産債権の弁済原資が確定しませんので、決着を待って配当手続（簡易配当・最後配当）を行うか、中間配当を検討することになります（Q66参照）。

　異時廃止見込み事案の場合、財団債権の存否及び額に争いがあっても、破産財団をもって破産手続の費用を支弁するのに不足すると認められるのであれば、異時廃止決定が可能です（破217条1項）。この場合、破産管財人は、

　異時廃止決定の確定後に財団債権を弁済することになります（破90条2項本文）が、争いのある財団債権について、当該財団債権者のため供託することになります（同項ただし書。Q48参照）。

Q48

財団債権は、いつ、どのようにして弁済すればよいですか。

1　財団債権者の権利行使

　財団債権は、破産手続によらないで破産財団から随時弁済を受けることができる債権です（破2条7項）。しかし、財団債権は破産手続の開始により初

めて観念し得るものであり、破産法の定めに従い、破産手続上の機関である破産管財人により弁済されるという意味において、弁済時期等につき破産手続による制約を当然に受けることになります。

　また、破産管財人の立場からみた場合、財団債権は破産債権に先立って弁済を受け（破151条）、財団不足の場合には破産手続が廃止され、財団債権は破産法の定めに従った順序で弁済を受けることになりますので、破産財団の換価、配当手続の遂行のため、破産管財人において、できるだけ早期に財団債権の存在を把握することが重要です。そのため、財団債権者は、破産手続開始の決定があったことを知ったときは、速やかに財団債権を有する旨を破産管財人に届け出るものとされています（破規50条1項）。

2　財団債権の弁済時期

(1)　配当見込み事案の場合

　財団不足とならないことが明らかな事案では、公租公課の延滞税や遅延損害金の発生を防ぐため、早期に財団債権の弁済を行うことが求められます。また、破産管財人は、配当許可後であっても、財団債権の存在が、最後配当の場合は配当額の通知（破201条7項）、簡易配当の場合は配当表に対する異議期間満了（破205条、200条1項）、同意配当の場合は同意配当の許可（破208条3項）、中間配当の場合は配当率の通知（破209条3項、211条）、追加配当の場合は追加配当額の通知（破215条2項、5項）の時までに明らかになった場合には、その財団債権を弁済する必要があります。具体的には、財団債権の弁済とともに、破産債権者に対する配当額を減額した配当表の更正（破199条1項1号）を行うことになります（Q74参照）。これに対し、上記各時点で破産管財人に知れていない財団債権者は、配当をすることができる金額をもって弁済を受けることができません（破203条、205条、209条3項、215条2項）。

　もっとも、配当額の通知時等までに破産管財人に知れていない財団債権であっても、配当通知後に新たに破産財団に属する財産が見つかり、追加配当が実施される場合には、破産債権者への配当に先立って弁済する必要があり

252　第6章　財団債権及び公租公課

ます。

(2) 財団不足の場合

　破産財団をもって破産手続の費用を支弁するのに不足すると認めるとき
は、異時廃止決定をしなければなりません（破217条1項）。そして、破産管
財人は、異時廃止決定が確定したときは、財団債権を弁済することになりま
す（破90条2項本文）が、破産財団で財団債権の総額を弁済するのに足りな
いことが明らかになった場合、まず破産管財人報酬（最優先で支払がされま
す。最判昭45.10.30民集24巻11号1667頁参照）、次に法テラスの立替費用などの
手続費用（破148条1項1号）や破産財団の管理、換価に関する諸費用（同項
2号。保全管理人が権限に基づいてした債務者の財産の管理及び換価に関する費
用の請求権（同条4項）を含みます。）を他の財団債権に優先して弁済し（破
152条2項）、それ以外の財団債権については、法令に定める優先権にかかわ
らず債権額に応じて按分弁済をします（破152条1項）。この点は、優先的破
産債権に対する配当手続における優劣（破98条2項）とは異なりますので、
注意が必要です。

　また、異時廃止の場合の財団債権の弁済時期は、上記のとおり異時廃止決
定の確定後とされています（破90条2項本文）が、東京地裁倒産部では、破
産手続の迅速化、管財業務の合理化等の観点から、任務終了計算報告集会
（以下、単に「計算報告集会」といいます。）と破産手続廃止に関する意見聴取
のための集会を同一期日で指定し、その集会で要件が満たされていれば異時
廃止決定を行い、計算報告集会を開く運用としています（Q66参照）。この
場合、当該計算報告集会期日までに破産管財人が財団債権の弁済を完了して
いないのが通常ですが、その場合も、破産管財人による当該財団債権の弁済
は確実なものとして計算報告集会を終える扱いとしています。したがって、
計算報告集会までに破産管財人に知れていない財団債権者は、当該弁済原資
から弁済を受けることはできなくなると解しています（『破産・民再の実務
（破産編）』424頁）。

　なお、それほどの破産財団が形成できない事案において、破産管財人が財
団債権（例えば、賃借物件の明渡し・原状回復に伴う費用など）の随時弁済を行

Q48　253

うと、破産管財人報酬等の管財手続費用に不足を来す場合があります。したがって、財団不足として異時廃止見込みの事案では、最終の債権者集会の前に裁判所と打合せを行い、破産管財人報酬の内示を受けた上、財団債権の弁済が可能な額を確定させる必要があります。もっとも、個人破産の異時廃止事案では、租税債権が非免責債権とされており（破253条1項1号）、異時廃止後も破産者本人は納税義務を免れませんので、延滞税の発生を防ぐために、破産者本人が任意で自由財産の中から税金を支払う場合があります。

(3) 財団債権の弁済のための供託

財団債権の全部又は一部を弁済する場合において、当該財団債権者が弁済の受領を拒み、又はこれを受領することができないとき、あるいは財団債権が第三者に譲渡された等の事情により破産管財人において過失なく財団債権者を確知できないとき（例えば、労働債権者の所在が不明の場合など）は、民法494条により供託することができます。

また、異時廃止の事案において、財団債権の存否及び額について争いがある場合には、当該財団債権者のために供託をすることになります（破90条2項ただし書）。

3 財団債権の承認許可の申立て

100万円以下の財団債権については、裁判所の承認の許可は不要です（破78条3項1号、2項13号、破規25条）。

また、100万円以下として許可不要の財団債権を弁済した場合には、その処理経過を最終的な収支計算書で簡潔に記載して明らかにしておくことが求められます。なお、ここでいう100万円以下とは、当該財団債権者に対して支払われる金額ではなく、当該財団債権の額であることに注意する必要があります。例えば、120万円の財団債権を承認する場合、財団不足により当該財団債権者への弁済額が100万円以下であっても、裁判所の許可が必要です。また、複数の同種の財団債権を承認する場合（例えば、複数の従業員に対する未払給料の請求権を承認する場合）、個々の債権額は100万円を超えないが、これらの債権の合計額が100万円を超えるときには、裁判所の許可は不

要です。

Q49

公租公課は、どのように処理すればよいですか。

1 公租公課とは

　公租公課は、破産法上、「租税等の請求権」、すなわち、国税徴収法又は国税徴収の例によって徴収することのできる請求権であると定義されています（破97条4号）。

　公租として主なものは、国税（法人税、所得税、消費税等）、地方税（道府県民税・市町村民税、事業税、固定資産税、自動車税等）があります。

　また、公課として主なものとしては、健康保険料（健康保険法183条）、厚生年金保険料（厚生年金保険法89条）、国民健康保険料（国民健康保険法79条の2、地方自治法231条の3第3項）、国民年金保険料（国民年金法95条）、労働保険料（労働保険の保険料の徴収等に関する法律30条）、下水道料（下水道法20条、地方自治法231条の3第3項、附則6条3号）があります。もっとも、国民健康保険については、保険料を徴収するか、目的税である国民健康保険税（地方税法5条6項5号、703条の4）を課するかは市町村の選択に委ねられており（国民健康保険法76条）、市町村が国民健康保険税を選択した場合、国民健康保険税は地方税と同順位に扱われるため、公課ではなく公租と扱われます。

　このほか、国税徴収の例により徴収することができるものとして、放置違反金（道路交通法51条の4）、保育所など保育料の費用（児童福祉法56条）、返還を命じられた国からの補助金等（補助金等に係る予算の執行の適正化に関する法律21条、2条1項）、行政代執行に要した費用（行政代執行法6条）、生活保護費の返還債務（生活保護法63条に基づく返還債務は平成30年10月1日以降に支弁された保護費に係るもの（同法77条の2第2項）、同法78条に基づく返還債務は平成26年7月1日以降に支弁された保護費に係るもの（同法78条4項、77条の

Q49　255

2 第 2 項)) などがあり、これらも公課になります（なお、『破産220問』372頁以下〔萩原経＝村松剛〕を参照）。

2　公租公課の破産法上の区分について

(1)　公租公課の破産法上の位置付け

公租公課は、破産法上、財団債権（破148条 1 項 3 号など）、優先的破産債権（破98条）及び劣後的破産債権（破99条 1 項 1 号、97条 3 号～ 5 号）に分かれますが（Q82参照）、ここでは、財団債権に該当する公租公課と優先的破産債権に該当する公租公課の取扱いを対比して説明します（なお、本問末尾の資料「公租公課フローチャート」も参考にしてください。）。

(2)　公租の場合

A　本税について

①　破産手続開始前の原因に基づいて生じた公租のうち、

　　a　破産手続開始当時、まだ納期限（ここでいう「納期限」とは、法定納期限ではなく、具体的納期限を指すと解されます。）が到来していないもの又は納期限から 1 年を経過していないものは、財団債権（破148条 1 項 3 号）となります。

　例えば、破産手続開始日が令和 5 年10月 1 日の場合、具体的納期限が令和 4 年10月 1 日以降のものについては 1 年を経過していないため財団債権となりますが、同年 9 月30日以前のものについては 1 年を経過しているため、次の b のとおり優先的破産債権になります。

　「破産手続開始前の原因に基づいて」の意味についてはQ82を参照してください。また、具体的納期限については、次の 3 で説明します。

　　b　a 以外のもの（破産手続開始当時、納期限から 1 年以上経過しているもの）は、優先的破産債権（破98条 1 項、国税徴収法 8 条、地方税法14条）になります。

②　破産財団に関して破産手続開始後の原因に基づいて生じた公租のうち、

　　a　破産財団の管理、換価に関する費用に該当するものは、財団債権に

256　第 6 章　財団債権及び公租公課

なり（破148条1項2号）、他の財団債権に優先します（破152条2項）。

例えば、破産管財人が破産財団に属する商品や不動産を売却した場合の消費税、破産手続開始後に発生した不動産の固定資産税や自動車税などが挙げられます。

  b a以外のものは、劣後的破産債権（破99条1項1号、97条4号）になります。

B 延滞税・利子税・延滞金（以下「延滞税等」という。）について

① A①aの公租に係る延滞税等は、破産手続開始前に生じたか否かを問わず、財団債権になります。

② A①bの公租に係る延滞税等は、

破産手続開始時までに生じたものは、優先的破産債権になります。

破産手続開始後に生じたものは、劣後的破産債権になります。

③ A②aの公租公課に係る延滞税等は、財団債権となります（破148条1項4号。なお、本税の場合（A②a）と異なり、財団債権相互間の優先性はありません。）。

④ A②bの公租公課に係る延滞税等は、劣後的破産債権（破99条1項1号、97条3号）となります。

C 加算税・加算金について

加算税（国税通則法2条4号に規定する過少申告加算税、無申告加算税、不納付加算税及び重加算税）又は加算金（地方税法1条1項14号に規定する過少申告加算金、不申告加算金及び重加算金）については、納期限を問わず、劣後的破産債権（破99条1項1号、97条5号）になります。

(3)　公課の場合

基本的には、上記(2)と同じであり、具体的納期限がいつかによって財団債権と（優先的又は劣後的）破産債権が区分されることになります。

具体的納期限については、次の**3**で説明します。

Q49　257

3 公租公課の具体的納期限について

(1) 公租の場合

前記2のとおり、公租公課が財団債権になるか否かは、法定納期限によってではなく、具体的納期限によって決まります。法定納期限とは、法律が本来の納期限として予定している期限であって、納税義務の消滅時効の起算日となり、その翌日が延滞税の計算期間の起算日となる日を指し、具体的納期限とは、これを過ぎると督促状による督促を受け、10日を経過すると滞納処分の対象になるとされる日（国税通則法37条、40条）を指します。

そして、所得税、法人税、相続税などの納付すべき税額が納税者の申告により確定する申告納税方式（同法16条1項1号）の場合には、法定申告期限が同時に法定納期限とされており、期限内申告によって確定した税額は、法定納期限と具体的納期限が一致します（同法35条1項）。

他方、住民税、固定資産税などの納付すべき税額が課税庁の処分（賦課）により確定する賦課課税方式（同法16条1項2号）の場合や、源泉徴収による国税、登録免許税などの納付すべき税額が法律の定めに基づいて当然に確定する自動確定方式（同法15条3項）の場合には、具体的納期限は徴収のための納税告知書を発する日の翌日から起算して1か月を経過する日（同法36条2項、国税通則法施行令8条）となります（Q83を参照）。

なお、令和元年7月1日現在の主要な公租の法定納期限及び具体的納期限を解説したものとして、『破産管財手続の運用と書式』228頁～230頁が参考になります。

(2) 公課の場合

公課の場合、公租と異なり統一的な法規はないため、それぞれの根拠法によることになります。

公課のうち、国税でいうところの申告納税方式のものは労働保険料などの一部であり、社会保険料（健康保険料等）など大部分の公課は、賦課課税方式又は自動確定方式です。そして、後者については、法定納期限の前に送付される通知書に納期限が記載されており、これが法定納期限であるとともに具体的納期限となります（『破産220問』370頁〔敷地健康〕、『破産管財手続の運

用と書式』225～226頁）。

　なお、令和元年7月1日現在の主要な公課の法定納期限を解説したものとして『破産管財手続の運用と書式』231頁が参考になります。

4　公租公課、労働債権等の優劣関係

(1)　異時廃止事案の場合

　異時廃止事案において、財団債権に該当する公租公課への弁済額は、原則として債権額に応じた按分額になります（破152条1項）。したがって、財団債権たる公租公課の弁済に当たり、公租と公課を区別する必要はありません。

　もっとも、破産法148条1項1号、2号に該当する場合は、例外的に他の財団債権に先立って弁済することになります（破152条2項）。

(2)　配当事案の場合

　これに対し、優先的破産債権に該当する公租公課については、優先的破産債権間の優先順位が、民法、商法その他の法律の定めるところによる（破98条2項）ので、特に注意を要します。

　大まかにいえば、①公租（国税、地方税）、②公課（各種社会保険料、下水道料など）、③私債権（優先的破産債権に該当する労働債権等）の順に優先順位が定められています（国税徴収法8条、地方税法14条及びこれらの準用）。同順位の優先的破産債権に全額配当できない場合には、按分して配当することになります（破194条2項。なお、公租公課について、国税徴収法及び地方税法では交付要求先着手主義を採用していますが、破産手続は適用除外となっています。国税徴収法13条、地方税法14条の7）。

　したがって、配当原資が公租公課の全額を支払うのに足りない場合は、公租と公課とを区別して、優先順位に従って配当する必要があります。

　具体的には、配当原資が優先的破産債権に該当する公租（国税及び地方税）の合計額に満たない場合は、公租の額に按分して配当します。

　また、配当原資が、公租（国税及び地方税）の合計額を超えるが、優先的破産債権に該当する公租公課の合計額に満たない場合は、公租（国税及び地

方税）に全額配当した上で、残額を公課に按分して配当します。

　配当原資が、公租公課の合計額を超えるが、優先的破産債権の全額に満たない場合は、公租公課に全額配当した上で、優先的破産債権に該当する私債権について、一般の先取特権の順位に従って（同順位のものは按分して）配当します。

　なお、公租公課は債権調査の対象とならず、他の債権者が異議を述べることもできません（破134条1項）ので、配当の対象が優先的破産債権に該当する公租公課のみにとどまる場合は、それ以外の破産債権についての債権認否を留保したまま、簡易配当又は最後配当を行う扱いです（**Q51**参照）。

5　交付要求書における公租公課の区別

　交付要求書には、①滞納者の氏名及び住所又は居所、②交付要求に係る国税の年度、税目、納期限及び金額その他が記載されます（国税徴収法施行令36条1項、地方税法68条6項、331条6項）。

　そして、国税の場合、交付要求書に添付される滞納税金目録が財団債権用、優先的破産債権用、劣後的破産債権用にそれぞれ区別されており、地方税の場合、交付要求書の様式は様々ですが、交付要求書又は滞納金額明細書の表題部に、財団債権用、優先的破産債権用、劣後的破産債権用と明記しているもの、交付要求書末尾に破産法114条分などと注記しているもの等があります。

　公租公課につき交付要求がされた場合、交付要求書の記載をもとに財団債権、優先的破産債権、劣後的破産債権の区別をしていくことになりますが、課税庁側の理解が誤っていた等の理由で交付要求書の記載に誤りがある場合があります。したがって、交付要求書の記載内容をそのまま鵜呑みにすることなく、課税庁に問い合わせるなどして前記**2**で述べた具体的納期限がいつであるかを確認し、本問末尾の公租公課フローチャートも参考にしながら、当該公租公課が財団債権、優先的破産債権、劣後的破産債権のいずれに該当するかを確定していくことが求められます。

260　第6章　財団債権及び公租公課

6 交付要求がない場合の破産管財人の対応

実務上、破産管財人の手元に課税庁からの納税通知書があるものの、交付要求がないという場合もあります。

公租公課のうち、財団債権である国税や地方税については、破産管財人に対し交付要求をすべきことが定められており（国税徴収法82条1項、地方税法73条の36第4項）、公課についても同様と解されます。

また、公租公課のうち、優先的破産債権と劣後的破産債権については、裁判所にその旨の届出をすべきことが定められています（破114条1号）。

しかしながら、破産管財人が、最後配当の配当額の通知時（簡易配当の場合は配当表に対する異議期間満了時）までに財団債権の存在を知ったときは、当該財団債権の支払義務があります（Q48、Q74参照）。したがって、財団債権である公租公課については、交付要求の有無にかかわらず、上記の時点でその存在を知った以上、課税庁に具体的な金額を確認した上で支払う必要があります。

他方、優先的破産債権又は劣後的破産債権である公租公課については、破産債権届出期間の制限に服しませんし、破産債権の除斥に関する規定（破198条）も適用されないと解されますので、理論的には、配当表の確定（除斥期間の経過から更に1週間経過後。破200条）に至るまで届出自体は可能といえます。しかしながら、配当手続が進んだ後に優先的破産債権である公租公課の届出（交付要求）を受けますと、事後の手続が煩雑になります。したがって、破産管財人としては、特に優先的破産債権である公租公課の存在を知った場合には、速やかに交付要求（破産法114条1号の届出）を促すのが望ましいといえます（『破産220問』374〜375頁〔成瀬裕〕参照）。

(資料）公租公課フローチャート

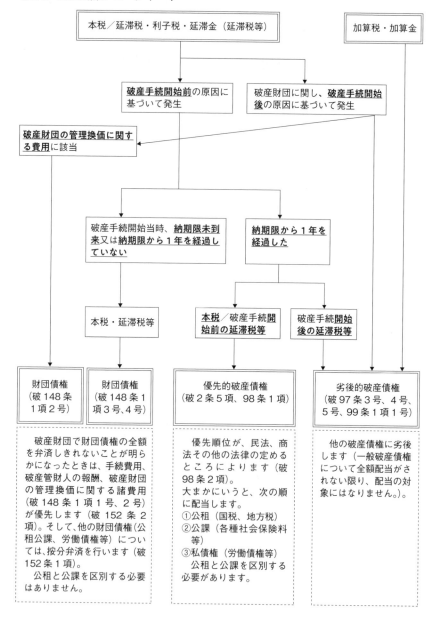

第 7 章

債権調査

7

Q50

東京地裁倒産部では、債権者に対する破産手続開始の通知や、債権者からの債権届出書の提出等は、どのように行われていますか。

1 債権者に対する破産手続開始の通知

(1) 破産手続開始時に判明している債権者

破産手続開始時に判明している債権者（破産手続開始申立書添付の債権者一覧表に記載された債権者）に対しては、裁判所から、①破産手続開始通知書、②債権届出書用紙、③債権届出書を破産管財人事務所に提出するための封筒表書見本及び債権者集会場の案内図を送付しています。

(2) 破産手続開始後に判明した債権者

破産手続開始後に判明した債権者に対しては、破産管財人から、上記①〜③の書類を直接送付する扱いです（ファクシミリ送信でも構いません。）。

債権者に対する送付後、裁判所には、「新たに判明した債権者への発送（送信）報告書」（【書式51】）を提出する運用です。

2 債権届出書の破産管財人への直送

東京地裁倒産部では、在京三弁護士会との協議結果に基づき、平成13年10月2日から、債権届出書の破産管財人への直送を実施しています。すなわち、債権届出書及び交付要求書の送付先を「破産管財人気付」とし、破産管財人事務所が当該事件における裁判所の「書類受領事務担当」とする形で、破産管財人への直送を行っています。ここでいう「債権届出書」には、債権届出取下書（【書式54】）や破産債権名義変更届出書（【書式55】）などの関連書類を含みます。

これに対し、裁判所に直接提出された債権届出書や交付要求書等は、その都度破産管財人に交付し、破産管財人において管理をすることになります。

264 第7章 債権調査

3 債権届出書の取扱い

債権者から直送された債権届出書は、破産管財人において管理し、これに基づき債権認否の準備等を行うことになります。債権認否のミスを防止するため、債権届出書の取扱いに留意する必要があります。

特に留意を要する事項を挙げると、次のとおりです。また、債権認否段階の注意事項として、Q51も参照してください。

(1) 別件の破産管財人にも選任されている場合

ある事件（A事件）の債権届出書を、別の事件（B事件）の債権届出綴りに誤って綴り込むことは、A事件で届出債権者を脱落させ、B事件で届出債権者でない者を届出債権者として取り扱うという過誤につながります。特に、法人とその代表者、夫婦や親子などの関連事件がある場合は、どの事件についての債権届出書なのかを慎重に確認し、債権届出書の記載自体が曖昧であれば、その記載の趣旨を届出債権者にも確認することが求められます。

(2) 債権届出書が複数提出されている場合

債権者から、債権額が同一の債権届出書が複数提出されることがあります。この場合、同一の債権について複数の債権届出書を提出しているのか（届出書の正本・副本を送付した趣旨のことがあります。）、又は複数の債権について債権届出書を提出しているのか（債権者が、債権額が同一の債権を複数有している場合もあります。）を確認し、債権の二重計上や脱落が生じることのないよう注意が必要です。

(3) 債権届出書及び証拠書類の綴りが厚くなる事案

債権届出書及び証拠書類の綴りが厚くなる事案では、後に債権調査を行う段階で、一部の債権届出書を見落としやすくなります。債権届出書ごとにインデックスシールを貼付するといった工夫例もあります（シールの貼付ミスにも注意する必要があります。）。

(4) 名義変更届出書や債権届出取下書の処理

代位弁済等に伴う破産債権の名義変更届出書や、債権届出取下書は、債権届出書の提出から相当期間経過した後に送付されることもあって、見落としやすいものです。名義変更届出書等が送付された都度、該当する債権届出書

の直後に綴った上、債権届出書の一枚目に名義変更等がされた旨を付記しておくといった工夫例もあります。

　なお、債権の全部ではなく一部について名義変更や取下げがされることがありますので注意が必要です（**Q51**参照）。

4　債権届出書等の提出

　債権届出書及び交付要求書の綴りは、手続終了の際に裁判所に提出することになります（異時廃止事案では、最終の財産状況報告集会時に提出する扱いですが、その後の財団債権の弁済に必要であれば、交付要求書の写しをとっておくと便宜です。また、配当事案では、債権届出書等の綴りに基づき配当を実施した後、任務終了計算報告集会の1週間前に計算報告書と併せて提出する扱いです。）。なお、債権届出書を裁判所に提出した後に破産管財人事務所に債権届出書が送付されてきた場合、異時廃止又は手続の終了を当該債権者に告知すれば債権届出書の廃棄の同意が得られることが多いと思われますが、そうでない場合には、裁判所に提出することになります。

Q51

債権調査は、どのように行えばよいですか。

1　債権調査の意義について

　債権調査とは、裁判所に届け出られた債権について、破産債権としての適格性、債権の存否、額、優先劣後の順位及び別除権者の届け出た予定不足額の当否について調査することをいいます。

　調査・確定の手続としては、①調査期間方式と書面方式（破116条1項）、②調査期日方式と口頭方式（同条2項）の組合せがあり、条文上は、①の方式で行うことが原則です。債権届出期間満了後の届出に係る特別調査は、①②のいずれの方式もあり得ます（同条3項）。

　いずれの方式によるかは、裁判所が破産手続開始時に同時処分（破31条1

項3号）として事案に応じて定めます。東京地裁倒産部では、原則として全件について②の調査期日方式と口頭方式を採用し、債権調査期日を指定するとともに、同期日に破産管財人の認否並びに破産債権者及び破産者の異議を確認しています。

なお、租税等の請求権及び罰金等の請求権は調査の対象とならず、これらの請求権については、破産法116条から133条までの規定は適用されません（破134条1項）。

2　破産債権の認否について

破産債権者が配当を受けるためには、破産債権の確定が必要です。

破産債権者は、破産債権の届出を行い、裁判所書記官は、届出があった破産債権について破産債権者表を作成し（破115条）、破産管財人は、届出債権についてその額、優先・劣後の有無、別除権の予定不足額に係る認否をします（破117条、121条1項。ただし、東京地裁倒産部では、別除権の予定不足額の認否は原則として留保する取扱いです。**Q52**参照）。

債権調査の結果、破産管財人が認め、他の届出破産債権者が異議を述べなかった破産債権は確定し、裁判所書記官が破産債権者表に調査の結果を記載すると、破産債権者表の記載は、破産債権者の全員に対して確定判決と同一の効力を有することとなります（破124条）。

3　債権調査の内容について

破産管財人は、債権届出書添付の証拠書類、破産者から提出を受けた帳簿類、破産者（法人の場合は代表者や経理担当者等の関係者）の説明等の資料に基づいて債権調査を行います。後記4のとおり、東京地裁倒産部では、配当が見込まれない事案については債権認否を留保したまま手続を終了させる取扱いとしていますが、そのような場合であっても、債権調査の過程で破産財団に属すべき資産が発見されたり、免責不許可事由の存否や裁量免責の当否に関わる事情が判明したりする場合があるため、ひととおりの債権調査をする必要があります。

Q51　267

届出債権の調査に当たっては、届出債権者に事前に資料の提出を求める（破規32条4項）などして十分な主張・立証の機会を与えることが必要です。また、単に証拠書類が不足しているにすぎない場合や債権届出書の記載に誤りがある場合のように、証拠書類の追加や債権届出書の訂正があれば異議（「認めない」という認否）を述べずに済む場合は、事前に当該債権者に連絡を取ってその処理を進めた上で、債権調査期日に臨む必要があります。

　なお、破産手続開始から時間が経過すると、証拠書類が散逸したり、経理担当者等の関係者からの協力が得られにくくなり、証拠書類の追加や事実関係の確認に困難を来すこともありますので、債権届出書及び証拠書類の確認は、受領後速やかに行うことが求められます。

4　配当が見込まれない事案について

　異時廃止で終了する事案では、前記3の債権調査はするものの、債権認否は留保したまま手続を終了します。これは、債権認否は配当のために行うものであり、配当がない場合には債権調査の結果発表は不要であるという考え方に基づくものです。

　したがって、債権調査の結果である債権認否一覧表の提出は不要であり、個別の債権者に対する異議通知も留保する扱いとしています。

　ただし、「情報の配当」という観点から、債権者集会で債権者から負債総額や債権調査の結果について質問があった場合には、破産管財人において債権認否を留保していることを断った上で、申立書記載の債権者一覧表や提出された債権届出書等に基づき、おおまかな負債総額等について口頭で説明するのが相当な場合もあります。

　なお、優先的破産債権に属する労働債権を、財団債権に属する労働債権と誤解して随時弁済してしまうと、他の優先的破産債権に対する配当原資が不足する事態に陥ることもあります。このような事態が生じないよう、財団債権と優先的破産債権の区別にも注意する必要があります（**Q39**参照）。

5 配当が見込まれる事案の債権認否

(1) 優先的破産債権に対する配当にとどまる場合

優先的破産債権に対する配当にとどまる場合、優先順位（大まかにいうと、①公租、②公課、③私債権の順）に従い配当を実施する必要があります（破98条2項参照）。この点、財団債権の場合に原則として按分弁済によること（破152条）と混同して、按分弁済による配当を実施しないよう注意が必要です。

ア　配当の対象が優先的破産債権に属する租税等の請求権（公租公課）のみにとどまる場合、配当手続は行うものの、公租公課に対する債権調査は行わず、債権認否を留保したまま手続を終了します。これは、公租公課について債権調査の規定の適用が除外されている（破134条1項）ため、公租公課に対する債権調査は行われず、それ以外の破産債権についても、配当がない以上、債権調査の結果発表は不要であるという考え方に基づくものです。

ただし、あくまで配当手続である以上、財団債権のように随時弁済することはできません。また、破産債権者表を作成する必要があります（破134条1項、115条参照）ので、配当表と一体化した優先的破産債権（公租公課）一覧表及び配当表（【書式50】）を提出する扱いです。

イ　これに対し、優先的破産債権のみの配当にとどまる場合であっても、公租公課以外の優先的破産債権（労働債権等）に対する配当があるときには、債権認否を行います。上記アと同様の理由で、この場合に認否を行うのは公租公課以外の優先的破産債権のみとし、配当のない一般破産債権についての認否は留保したままとしています。

(2) 一般破産債権に対する配当が見込まれる場合

破産管財人は、債権調査期日に、債権認否及び配当表（【書式48】【書式49】）等に基づいて調査結果の報告をすることになります。

一般破産債権者以外の債権者が多い場合は、一般破産債権と優先的破産債権を区分けし、それぞれについて認否表を作ると便利です。この点、優先的破産債権に該当する公租公課に対しては認否を行いませんので、破産管財人は、優先的破産債権に該当する公租公課に関して債権認否一覧表を作成する

場合、届出金額及び優先債権の表示を記載するのみで足り、認否欄の記載は不要です（【書式49】の債権者番号1の記載方法を参照）。

　債権認否を行う場合は、認否漏れを防止するという観点から、全ての届出債権について認否を行うこととし、一部の債権についてのみ認否を行うような虫食い的認否は避けるのが相当です。特定の破産債権についてのみ認否する必要が生じた場合には、裁判所との事前協議が必要です（**Q46**参照）。

　債権者集会（債権調査期日）を続行する場合、その期日には債権認否を行わず、財産の換価終了後の期日でこれを行うのが通例です。ただし、特定の届出債権に対し異議を述べると当該届出債権者から破産債権査定の申立て等がされる可能性が高く、債権確定に時間がかかり手続が遅延するおそれがある場合等には、財産の換価終了前であっても債権認否を行うことがありますので、裁判所と事前協議をすることが必要です。

6　債権認否に当たっての注意点

　破産管財人が認めた破産債権は、他の破産債権者から異議が述べられなければ確定します。誤った認否（届出債権の認否を誤った場合のみならず、一部の届出債権の認否を脱落した場合も含みます。）をすると、これを事後的に修正することは困難であり、配当ミスに直結しますので、債権認否は十分注意して行う必要があります。

　なお、債権認否に当たって特に注意すべき事項は、次のとおりです。

⑴　誤記、見落とし等

　債権認否一覧表を作成する際、届出金額や認否額を誤記したり、債権届出書綴りを十分確認せずに一部の債権届出書を見落とすようなケアレスミスがないように注意が必要です。

⑵　債権届出書の編綴の誤り

　ある債権届出書を関連事件の債権届出書綴りに綴ってしまい、当該債権者を関連事件の債権者として扱ってしまう、債権届出書の取下書の存在を看過し、当該債権を配当対象に加えてしまうというような編綴ミスがないように、債権届出書の綴り方にも注意を払うことが必要です。

⑶ 代位弁済の事実に対応した処理の失念

　全部の代位弁済に伴う名義変更を看過し、原債権者を配当すべき債権者として扱ってしまう（あるいは、一部の代位弁済がされたにすぎず、原債権者も残債権につき債権者として扱うべきなのに、原債権者を脱落させてしまう）、同一の債権につき複数の債権届出書が提出されたが、複数の債権が届け出られたと誤解し、債権認否一覧表に二重計上してしまう（あるいは、金額が同じだが異なる債権の債権届出書が各別に提出されたが、同一の債権が届け出られたと誤解し、債権認否一覧表から脱落させてしまう）等の事態が生じないよう、債権届出書の記載内容の確認も十分に行う必要があります。

7　破産債権の届出がない場合や 届出が全て取り下げられた場合

　破産手続開始の決定が確定した後に、債権の届出をする者がない場合又は届け出られた債権が全て取り下げられた場合、破産手続開始の決定を取り消す余地はありません。

　そこで、東京地裁倒産部においては、財団の規模により、異時廃止決定（配当可能財団がない場合）又は職権による破産手続終結の決定（配当可能財団がある場合）をしています（『破産・民再の実務（破産編）』140頁参照）。

Q52

別除権付破産債権の債権調査においては、どのような点に注意すべきですか。

1　別除権付破産債権の要件・効果

　破産債権が別除権付債権といえるためには、①破産財団に属する財産に破産法2条9項所定の担保権が設定されていること、②その被担保債権が破産債権であることが必要です。したがって、破産者が債務者兼担保権設定者であればその債権は別除権付債権となりますが、破産者以外の者が物上保証を

している場合にはその債権は別除権付債権になりません。

破産者が連帯保証人兼物上保証人の場合には、議論がありますが、破産者（連帯保証人）は主債務者の債務を物上保証しているにすぎず、被担保債権が保証債務でない以上、当該保証債務は別除権付債権には該当しないと考えられます。

なお、マンションに係る破産手続開始前の滞納管理費請求権も、別除権（建物の区分所有等に関する法律7条による特別の先取特権）付破産債権ですので注意が必要です（**Q27**参照）。

また、責任保険契約の被保険者に対して、当該責任保険契約の保険事故に係る損害賠償請求権を有する者は、保険給付を請求する権利について、先取特権を有します（保険法22条）。このため交通事故の加害者が破産した場合、被害者は保険給付を請求する権利につき、別除権者となります。

別除権付破産債権者は、別除権の行使によって弁済を受けることができない債権額（不足額）についてのみ、破産債権者として権利を行使することができます（破108条1項本文。不足額責任主義）。

2　認否の仕方

(1)　予定不足額の認否について

別除権付破産債権者は、債権者集会において、不足額についてのみ、破産債権者として議決権を行使することができます。ここでいう「不足額」は、担保権が実行される等して初めて確定するものですから、別除権者である破産債権者が議決権を行使するためには、「債権の額」のほか、「別除権の行使によって弁済を受けることができないと見込まれる債権の額」（いわゆる予定不足額）を届け出て（破111条2項）、破産管財人から予定不足額として認められる必要があります。

ただし、債権者集会の決議事項は限定されたものとなっており（破40条1項柱書、159条参照）、議決権を確定するために予定不足額を認否する必要が乏しいことから、東京地裁倒産部では、予定不足額の認否は原則として留保して差し支えなく、債権届出書に予定不足額の記載がなくても届出を促す必

要もないという運用をしています。

(2)　債権認否及び配当について

ア　別除権付破産債権については、債権認否では、他の債権と同様、当該債権の存否及び額について認否を行いますが、除斥期間の満了前に、不足額を疎明（中間配当の場合。破210条1項）ないし証明（最後配当及び簡易配当の場合。破198条3項、205条）しなければ配当から除斥され、配当の対象となりません。

具体的な手順としては、債権認否及び配当表（【書式49】）の債権者番号2の記載のように、債権認否の結果を記載し、別除権付破産債権であることを明示した上で配当額を0円とした配当表を作成します。そして、この配当表に基づき配当許可の申立てを行い、除斥期間満了前に不足額の証明がなければ、当該別除権付破産債権者に対する配当額を0円として配当を実施します。これに対し、除斥期間満了前に不足額の証明があったときは、当該別除権付破産債権者も配当対象として配当額を改めて計算し、配当表の更正（破199条1項3号。更正の方法は**Q74**参照）をした上で、更正後の配当表に基づき配当を実施することになります。

この点、別除権の実行がされていないこと等を理由として債権の認否を留保したり、異議を述べる対応を執る例もみられますが、そのような対応をしなくとも直ちに配当の対象になるわけではないので、上記のとおり、当該破産債権が別除権付債権であることを明示した上で、その存在及び額が認められるか否かを調査して認否すれば足ります。

なお、別除権者が「別除権の目的である財産」等（破111条2項）を記載せずに、単純に破産債権として届け出た場合でも、破産管財人の調査で別除権の存在が認められる場合には、別除権付破産債権の届出として処理して差し支えありません。

イ　別除権の受戻金について、民法の規定に従って充当する場合、劣後的破産債権から充当されることがあります。このとき、受戻金全額を届出債権（一般破産債権）から差し引くことはできなくなりますから、担保物の受戻し後に債権認否をする際には留意が必要です（**Q28**参照）。

3 別除権付破産債権者に対する配当について

別除権付破産債権者に対する配当が可能な場合は、次のとおりです。

① 別除権を放棄した場合（破108条1項ただし書）

抵当権の放棄は、その当時の目的物の所有者に対する意思表示によってその効力が生じ（最判昭44.1.16民集23巻1号18頁）、別除権の目的物が破産財団に属している場合は、破産管財人に対する意思表示によって、別除権の放棄の効力が生じます。なお、別除権付破産債権者が別除権を放棄して対抗要件としての抹消登記を備える必要があるかについて争いがありますが、東京地裁倒産部では、放棄の意思表示に加えて別除権に係る担保権の抹消登記が必要であると解しています。

② 別除権の目的である財産を受け戻して不動産の任意売却をした場合（別除権の目的である財産を受け戻した場合）

受戻代金の支払に関する留意点についてはQ28を参照してください。

また、別除権者が、不足額の証明方法として実務的に多用される不足額確定報告書を提出しない場合であっても、破産管財人が別除権目的物を受け戻して任意売却を実施しているため、破産管財人において、不足額を充当計算によって確定し得るときは、当該別除権者に対して不足額確定報告書の提出を求め、不明点があれば更に問い合わせるなどして不足額を認定するのが相当であり、破産管財人が当該別除権付破産債権に不足額がないものとして配当を実施したときには、破産管財人は、当該別除権者に対し、善管注意義務違反による損害賠償責任を負うとした裁判例（札幌高判平24.2.17金判1395号28頁参照）があり、注意を要します。

③ 別除権の実行（競売による売却）によって不足額を疎明（中間配当の場合。破210条1項）又は証明（最後配当及び簡易配当の場合。破198条3項、205条）した場合

ここでいう不足額の「証明」とは、例えば競売の場合は、競売手続における配当表の確定を要すると解され、売却許可決定や代金納付があったのみでは足りません。

④ 担保権消滅許可に基づき金銭が納付された場合（破190条4項）

274 第7章 債権調査

⑤　不動産に根抵当権が設定され、極度額を超える部分が存在する場合

この場合、極度額を超える部分（破196条3項、198条4項参照）については、不足額の証明を要することなく配当加入が認められます。額の算定は、配当許可の日を基準にします。

⑥　破産管財人と別除権付破産債権者との間で、破産手続開始後に、被担保債権の範囲を限定・減額する合意（別除権協定）がされ、破産債権の全部又は一部が担保されなくなった場合（破108条1項ただし書参照）。

この場合、担保されなくなった破産債権部分については、不足額の証明を要することなく配当加入が認められます。もっとも、破産手続では、民事再生等の再建型倒産手続と異なり、目的物の事業利用の必要等から別除権の行使を避けるために別除権協定を締結する必要がある等の事情は通常認められず、かえって他の債権者の配当率の低下につながることから、別除権協定を締結する例は、後記4の場合を除き、ほとんどありません。

4　届出債権者が全て別除権付破産債権者である場合の処理

届出債権者が全て別除権付破産債権者であり、いずれも不足額を証明できない場合は、残余金は、原則として破産者に返還することになります。ただし、破産者に残余金を返還することが不相当であるという特段の事情がある場合には、別除権付破産債権者の意向も確認した上で不足額の合意（別除権協定の一種）を締結し、配当することを検討することも考えられます。このような場合には、事前に裁判所と協議する必要があります。

Q53

複数債務者に対する破産債権の債権調査においては、どのような点に注意すべきですか。

1　分割債務関係の認否

分割債務は、各債務者が分割した債務を独立して負担するので、数人の分

割債務者の全員又は一部の者が破産手続開始の決定を受けた場合、債権者は、分割された各債務に対応する債権について破産債権者として権利を行使することになります。

したがって、破産管財人は、分割された各債務に対応する債権について認否することになります。

2 共同債務関係の認否

(1) 開始時現存額主義

数人の全部義務者の全員又は一部の者が破産手続開始の決定を受けた場合、債権者は、破産手続開始時に有する債権の全額について、それぞれの債務者の破産手続において破産債権者として権利を行使できます（破104条1項）。ここにいう全部義務者とは、不可分債務（民430条）、連帯債務（民436条）、不真正連帯債務、連帯保証債務（民458条）又は手形の合同債務（手47条）を負っている者をいいます。

また、他の全部義務者が破産手続開始後に債権者に対して弁済その他の債務を消滅させる行為をしたときでも、その債権の全額が消滅した場合を除き、その債権者は、破産手続開始時に有する債権の全額について権利を行使することができます（破104条2項。開始時現存額主義）。

(2) 弁済等があった場合の認否

ア 破産手続開始前に弁済等があった場合

破産手続開始前に、全部の弁済、相殺等の債務消滅行為（以下「弁済等」といいます。）があった場合、破産手続開始時に債権が現存していないことになるため、当該届出債権の全額について異議を述べることになります。

これに対し、破産手続開始前に一部の弁済等があった場合、破産手続開始時に現存する債権額が破産債権となるため、債権者が弁済等の額を控除せずに届出をしてきたときには、弁済等の額の部分について異議を述べることになります。

イ 破産手続開始後に弁済等があった場合

破産手続開始後に他の全部義務者から一部の弁済等があった場合（他の全

部義務者の破産手続において配当を受けた場合も同様です。）、その債権の全額が消滅した場合を除き、破産債権額に影響はありません（破104条2項）。ここでいう債権の全額が消滅した場合とは、特定の債権について全額が消滅した場合を指します（後述4参照）。

　したがって、破産管財人は、破産手続開始後に債権全額について弁済等を受けた債権者が届出をしてきた場合、取下げを促すか、異議を述べることになります。

　これに対し、破産手続開始後に一部の弁済等を受けたにすぎない債権者は、破産手続開始時の現存額について、それぞれの全部義務者の破産手続において権利行使をすることができます。そこで、破産管財人は、破産手続開始後に債権の一部について弁済等を受けた債権者が、破産手続開始時の現存額の届出をしてきた場合であっても、異議を述べることはできません。これは、債権者が、他の全部義務者から破産手続開始後に一部の弁済等を受けた結果、債権者に対する配当金額が当該債権者の実体法上の残債権額を上回る可能性がある場合でも変わりません。破産債権者が破産手続開始後に他の全部義務者から債権の一部の弁済等を受けた場合において、破産手続開始時における債権の額として確定したものを基礎として計算された配当額が実体法上の残債権額を超過するときは、その超過する部分は当該債権について配当することになります（最決平29.9.12民集71巻7号1073頁参照）。ただし、そのような配当を受けた債権者と一部の弁済等をした求償権者との間で不当利得の問題が生ずることは別論となりますので、慎重な対応が必要です。そのため、全部義務者の一部の弁済等により原債権者の債権額を超える配当を行う可能性が判明した場合には、配当の処理方針について裁判所に相談してください。

　また、それぞれの全部義務者の破産手続による配当の合計額が債権額を超えるような場合、当該債権者に対し、不当利得返還請求権を行使せざるを得なくなります。そのような不都合が生じる可能性がある場合、当該債権者の配当合計額が債権額を超えることのないよう、当該債権者に対し、債権届出の一部を取り下げるよう促したり、一部について異議を述べたりすることも

考えられます。

　なお、他の全部義務者が、破産手続開始後、破産債権者の有する債権を受働債権として相殺する意思表示をし、かつ、破産手続開始前に相殺適状にあった場合には、相殺による債権消滅の効力が相殺適状時に遡及する（民506条2項）ため、破産手続開始前に相殺された額が減少していたことを前提に認否することになります。

　　ウ　破産手続開始後に第三者が弁済等をした場合

　他の全部義務者ではない第三者が、破産手続開始後、破産債権の一部の弁済等をした場合、破産法104条2項は適用されず、債権額は減少すると考えられます。

　したがって、当該債権者がその額を控除せずに届出をしてきた場合、その部分につき異議を述べることになります。

3　保証関係の認否

(1)　保証債務の認否

　保証人について破産手続開始の決定がされた場合、債権者は、破産手続開始時に有する債権の全額について、債権者として権利行使をすることができます（破105条）。そこで、主たる債務者である法人とその保証人である代表者個人がいずれも破産手続開始の決定を受けた場合、債権者は、法人に対する債権と代表者個人に対する債権のいずれについても、それぞれの破産手続においてその現存額につき債権届出をすることができます。

　したがって、破産管財人は、債権者が法人と代表者個人の双方の破産手続において全額の債権届出をしてきた場合であっても、異議を述べることはできません（当該債権者の配当合計額が債権額を超える場合の処理は、前記2(2)イと同様です。）。

　なお、破産者が保証人兼物上保証人である場合において、破産管財人が物上保証の目的物となっている物件を任意売却したときに、売買代金から別除権（担保権）の受戻代金が支払われることを考慮して、他の破産債権者に対する配当原資を確保する等の観点から、破産債権のうち受戻金額に相当する

278　第7章　債権調査

額について任意に取り下げられることがあります。しかし、任意の取下げがされない場合は、開始時現存額主義（破105条）が適用されますので、受戻金額相当額につき異議を述べることはできません。

(2) 保証人の求償権についての認否

ア 事前求償権

他の全部義務者となる保証人が事前求償権を届け出ることも可能です（破104条3項本文）が、既に債権者が破産債権について届出をしている場合は、保証人は権利を行使することができない（同項ただし書）ので、異議を述べることになります。債権者から届出がない場合でも、将来その可能性があれば異議を述べておくのが適当です。債権者集会前に届出の有無を確認し、債権者から届出がない場合には異議を撤回するという方法もあります。

イ 事後求償権

破産手続開始後に保証人が一部の弁済等をした場合であっても、債権者の破産債権には影響を及ぼさず（破104条2項）、債権者の有する破産手続開始時の債権全額が破産債権となります。これに対し、一部の弁済等をした保証人は、その求償権について破産債権者として権利を行使することはできません（破104条4項）ので、保証人の求償部分の届出には異議を述べることになります。

なお、届出債権者と一部弁済者の連署による名義変更届が提出された場合は、届出債権者の権利放棄、当事者の順位を同順位とする合意又は届出債権者が優先権を主張しない届出と解し、届出債権者から一部弁済者への一部の名義変更として扱うことも考えられます。

これに対し、破産手続開始後に保証人が全部の弁済をした場合は、保証人は、その求償権の範囲内において、債権者が有していた権利を破産債権者として行使できる（破104条4項）ので、債権者の届け出た債権について名義変更手続を執った上で、配当の対象に加えます。

なお、信用保証協会等の保証人による代位弁済がされた事案では、全額が代位弁済されずに一部にとどまっていることがありますので、債権届出書と名義変更届出書の各債権の内容・金額を照合し、代位弁済が全部又は一部の

いずれであるのか十分確認した上で、処理方法を検討する必要があります
（**Q63**参照）。

　　ウ　物上保証人の求償権

　上記ア及びイは、物上保証人の求償権にも準用されます（破104条5項）。
そこで、債権者が、破産手続開始後、物上保証人から弁済等を受けた場合で
あっても、債権者は、債権の全額の弁済でない限り、破産手続開始時に有し
ていた債権の全額について破産債権者として権利を行使することができ（破
104条2項）、破産債権の額には影響がありません。

　　エ　第三者から弁済があった場合

　前記2(2)ウと同様です。全部義務者ではない第三者が、破産手続開始後、
破産債権の一部又は全部を弁済した場合、破産法104条2項は適用されず、
債権額は減少すると考えられます。

4　複数の破産債権について
　　総額に満たない弁済等がされた場合

(1)　最判平22.3.16の事案の概要及び判決骨子

　最判平22.3.16（民集64巻2号523頁。以下「平成22年最判」といいます。）
は、A（債権者）が、B（債務者）に対し5口の債権を有しており、B及び
C（物上保証人）がそれぞれの所有不動産につき、これら5口の債権を被担
保債権とする根抵当権を設定していたところ、Bについて破産手続開始の決
定がされ、その後、B及びCの不動産の任意売却による弁済を受けたが、そ
の弁済額は、5口の債権の総額を満足させるには足りなかったという事案に
おいて、Aの破産債権の額がいくらかが問題となったものです。

　すなわち、開始時現存額主義（破104条5項、同条2項）の適用について、
被担保債権とされた複数債権の総額が満足されない限り、「その債権の全額
が消滅した場合」（同項）に当たらず、破産手続開始時に現存していた複数
債権の総額が破産債権となるとの考え方と、個別債権ごとにみて、うち全額
弁済された個別債権については、「その債権の全額が消滅した場合」に当た
るとして、当該債権額を減じた額が破産債権となるとの考え方のいずれによ

るべきかが争われました。

平成22年最判は、後者の考え方を採用し、「債務者の破産手続開始の決定後に、物上保証人が複数の被担保債権のうちの一部の債権につきその全額を弁済した場合には、複数の被担保債権の全部が消滅していなくても、上記の弁済に係る当該債権については、同条（注・破104条）5項により準用される同条2項にいう『その債権の全額が消滅した場合』に該当し、債権者は、破産手続においてその権利を行使することができない」と判示しました。

(2) 平成22年最判を踏まえた対応

破産管財人としては、平成22年最判を踏まえ、複数の破産債権について、破産者や他の全部義務者により総額に満たない弁済等がされた場合には、複数の破産債権のうちどの債権に充当されたのか、その充当関係を確認して債権認否等を行う必要があります。

なお、弁済した者が誰か、弁済が債権認否の前か後かという観点から、破産管財人の執るべき対応を整理すると、次のとおりです。

破産管財人の対応		
	債権認否前の弁済等	債権認否後の弁済等
破産者の弁済等	充当関係を確認の上、弁済等による減額分につき債権認否で異議を述べる。	充当関係を確認の上、弁済等による減額分につき届出の取下げを促す（他の債権者に対する配当原資が増加することになる。）。 任意の取下げに応じないときは、配当を実施せざるを得ないと解されるが、破産管財人が債権者に対し不当利得返還請求権を行使する。
	＊　別除権の目的である不動産の任意売却による一部弁済の場合には、別除権の不足額が確定したとして、弁済後の債権額に基づき配当をすれば足り、異議を述べたり、届出の取下げをしたりする必要はない。	
他の全部義務者の弁済等	充当関係を確認の上、全額が消滅した個別債権がある場合には、弁済等による代位分につき届出名義の変更を促す。 債権者・他の全部義務者間で充当関係に争いがあり、双方から届出がされた場合は、充当関係を確認の上、そのいずれかに異議を述べる。	充当関係を確認の上、全額が消滅した個別債権がある場合には、弁済等による代位分につき届出名義の変更を促す。 債権者・他の債権者・他の全部義務者間で充当合意の効力に争いがある場合は、基本的には債権者に対し配当を実施せざるを得ないと解される（後は債権者・他の全部義務者間での不当利得の問題）。

Q54

手形・小切手債権及び原因債権の債権調査においては、どのような点に注意すべきですか。

1　認否の際の注意点

　手形・小切手債権については、債権届出書に手形・小切手の写し（裏面を含む。）を添付して、債権届出をすることになっています（破規32条4項1号）。

添付された手形・小切手の写しについて、①白地補充の有無（補充により
手形債権が発生します。）、②裏書の連続（又は抹消）、③遡求権保全の有無
（白地手形の支払呈示は遡求権を保全しません。）等の各点を確認の上、認否す
る必要があります。これらの手形要件について資料等の追完要求に応じない
場合は、「手形要件不備」として異議を述べます。

　その上で、手形抗弁の存否を検討する必要があります。特に融通手形の場
合には、異議を述べておくのが相当です。届出債権者が第三者的地位を有す
る破産管財人であっても、破産管財人ということだけでは融通手形の抗弁は
切断されません（最判昭46.2.23判時622号102頁）。

　なお、手形・小切手債権については、既に手形割引等をしていて届出債権
者が実際には手形・小切手を所持していないのに、割引先等から受領した写
しを証拠書類として添付した事例もありますので、債権認否に先立ち、届出
債権者から手形・小切手原本の呈示を受け、その所持を確認することが相当
です。

2　手形債権と原因債権がある場合の認否

　原因債権について約束手形が振り出されている場合、特別な合意のない限
り、「支払のために」振り出されたものとされ、手形債権と原因債権とが併
存することになります。いずれの債権を届け出るかは、当該債権者の選択に
委ねられます。

　これに対し、手形債権と原因債権の双方について届出がされた場合、債権
者が重複して配当を受領する理由はありませんので、一方について、当該債
権者に対し取下げを促すか、異議を述べることになります。この点に関し、
東京地判平20.9.19（金法1861号33頁）は、基礎となる事実関係を共通にし、
選択的な関係にある複数の債権について破産債権の届出がされた場合、破産
手続内においては両者を一つの債権として取り扱うのが正当な取扱いである
というべきであり、破産債権が確定するまでは、選択的な関係にある複数の
債権について債権届出を格別にすることは一応考えられるが、そのうち一つ
の債権が確定した場合にはその余の債権の確定を求める実益はなく、その破

産債権を0円と査定すべきである旨判示しています。

　なお、法律上手形債権と原因債権は別個のものですので、破産管財人が手形債権の届出に対して異議を述べた場合に、債権者が届出債権を原因債権に訂正することは認められません。ただし、破産管財人が債権調査期日で債権認否を行う前に債権者から訂正の申出があった場合には訂正を認めるのが相当です。

3　原因債権を有する者が手形を割り引いている場合の認否

　原因債権の支払のために受領した手形を手形割引等により譲渡している場合であっても、譲渡人は、破産者に対する原因債権を有しているので、これを届け出ることは可能です。

　ただし、手形の割引先が手形所持人として手形債権を届け出た場合、その届出は認められるため、当該原因債権について異議を述べる必要があります。

4　中間利息の控除について

　破産手続開始から1年以上経過後に支払期日が到来する債権について、破産手続開始後支払期日までの間の中間利息は劣後的破産債権となります（破99条1項2号）。すなわち、中間利息の控除は年単位（1年未満の端数は切捨て）で計算しますので、手形債権のうち、破産手続開始から1年が経過しない間に支払期日が到来するものは、額面額をそのまま一般破産債権と認め、中間利息を劣後的破産債権として控除する必要はありません。支払期日が破産手続開始から1年以上経過後に到来する場合に限り、中間利息の控除が必要になります。

　なお、中間利息を控除する場合には、届出債権者にあらかじめ控除させる必要はなく、一般債権として届け出られても、破産管財人において中間利息を計算してこれを劣後的破産債権として認否すれば足ります。

　中間利息控除後の金額は、次の計算式に基づいて算出できます。

284　第7章　債権調査

【計算式】
中間利息控除後の金額＝額面金額÷｛(0.03×破産手続開始から支払期日までの年数＊）＋1｝
＊　1年未満の端数は切捨て

Q55

優先的破産債権に該当する労働債権の債権調査においては、どのような点に注意すべきですか。

1　給料債権の認否

(1)　給料債権の破産手続上の取扱い

　破産手続開始前に発生した未払給料のうち、「破産手続開始前3か月間の給料」（破産手続開始日の3か月前の応当日から破産手続開始の前日までの期間における労働の対価に相当する部分）に該当するものは、財団債権となり（破149条1項）、それ以外のものは、優先的破産債権となります（破98条1項、民306条2号、308条。具体例については、**Q39**参照）。

　この点、直前3か月間の支給日に支払われる給料の総額という意味ではないので、注意が必要です。

　これに対し、破産手続開始後に生じた給料債権は、財団債権となります（破148条1項2号、8号）。

(2)　給料債権の意義

　給料債権とは、退職金を除き、賃金、給料、手当、賞与その他名称のいかんを問わず、使用者が労働者に対し労働の対価として支払うもの全てが含まれます（労基11条）。家族手当や超過勤務手当のほか、休業手当（労基26条）、労働災害補償（労基75条以下）も含まれます。

　出張旅費は、もともと業務費として使用者が負担すべきものなので、労働者が立て替えたとしても、労働の対価としての給料債権には当たりません（優先的破産債権には該当します。）。これに対し、通勤手当は、その支給基準

が定められている限り、給料債権に当たります。

2 解雇予告手当の認否

　解雇予告手当（労基20条）は、即時解雇の効力を発生させるための給付の性質を有することから、労働の対価としての「給料」には当たらないとして、破産法149条１項の財団債権には該当しないとの見解もありますが、実務上は、従来から給料債権に含まれるものとして処理されています。東京地裁倒産部では、労働者の当面の生活の維持という法の趣旨や破産手続開始後に解雇された場合との均衡等を考慮して、破産手続開始前３か月間に使用者が労働者に対して解雇の意思表示をした場合の解雇予告手当について、破産管財人から、給料該当性を認めて財団債権として支払いたい旨の許可の申立てがあれば、これを適法なものとして許可しています。

　この考え方によると、破産手続開始前３か月間の給料の額の範囲において、３か月間に生じた未払給料に加えて30日分の解雇予告手当が財団債権となります。

3 退職金債権の認否

　まずは、退職金請求権の存否（退職金規程や退職金を支払う慣行の存否、当該従業員がこれに該当するか否か等）を確認する必要があります。

　破産手続の終了前に退職した従業員の退職金は、退職前の３か月間の給料の総額、又は破産手続開始前３か月間の給料の総額のいずれか多い方の金額に相当する額が財団債権となります（破149条２項）。給料の場合と異なり期間制限はなく、破産手続開始前３か月間に退職した場合に限られませんので、注意が必要です（Q39参照）。

　財団債権に該当する「給料の総額」の範囲は、前記１の給料債権の範囲と基本的に同一です。それ以外の部分については、退職金の支給基準が労働協約、就業規則等によって明確に定められている場合には、賃金の後払的性格を有する（最判昭44.9.2民集23巻９号1641頁）ので、優先的破産債権となります。支給基準を定める明確な規程がなくても、退職金算定の根拠が客観的

に明らかであり、それに基づいて支払う慣行があると認められる場合も同様です。他方、退職金算定の根拠が客観的に明らかでないにもかかわらず、破産会社の代表取締役が破産手続開始の申立ての前に支払を約束したからといって直ちに「退職手当の請求権」として認めることには慎重を要します。

4　役員報酬の認否

　取締役等の役員報酬請求権は、あくまで法人との委任契約に基づく報酬請求権であり、「使用人の給料」でも「雇用契約に基づいて生じた債権」でもないので、そもそも労働債権に該当しません。

　しかし、従業員を兼務し、従業員として賃金も得ている場合には、賃金としての性質を有する部分について、給料債権（財団債権又は優先的破産債権）となります。

5　工賃債権の認否

　雇用契約に基づいて生じた債権か、それとも請負契約に基づいて生じた債権かが問題となることがありますが、その仕事に従事している人の数や、対価の額、収入の安定性、場所的関係、指揮命令関係の有無、継続性、専属性などを考慮し、実態に即して個別的に判断することになります。

　なお、貨物配送の報酬債権について、雇用関係に基づくものではなく、請負契約に基づくものであるとして、優先的破産債権性を否定した裁判例（名古屋高金沢支判昭61.7.28判タ620号207頁）があります。また、労働者の認定について、車の持込み運転手が労働基準法及び労働者災害補償保険法上の労働者に当たらないとした判例（最判平8.11.28判時1589号136頁）や、作業場を持たずに1人で工務店の大工仕事に従事する形態で稼働していた大工が労働基準法及び労働者災害補償保険法上の労働者に当たらないとした判例（最判平19.6.28判時1979号158頁）も参考になると考えられます。

6　社内預金返還請求権の認否

　雇用関係に基づいて生じた債権か否かが問題となります。従業員が任意に

預け入れているものである限り、優先的破産債権にはなりません（東京高判昭62.10.27判タ671号218頁）。

7　付加金の認否

　付加金（労基114条）については、労働者の請求により裁判所がその支払を命ずることによって初めて使用者の支払義務が発生するものであり、使用者の労働基準法上の義務違反に対する制裁的性質を有するものである（最判昭35.3.11民集14巻3号403頁）ことに照らせば、①破産手続開始時までに付加金の支払を命ずる裁判がされていない場合には、破産手続開始前の原因に基づいて生じたとはいえないから破産債権とはならず、②破産手続開始時までに同裁判がされていた場合には、破産債権となるものの、雇用関係に基づいて生じたとはいえないから、労働債権とはならないと解されます。

8　認否の際の注意点

　破産管財人は、労働債権について、債権届出に際して優先的破産債権であることが明らかにされていなくとも、破産者の資料等から優先的破産債権であることが認められる場合には、優先的破産債権として処理して差し支えありません。同様に、財団債権に該当する労働債権が債権届出書に記載されていても、財団債権として処理して差し支えありません。

　この場合、財団債権と認定して支払う額については、債権調査の際に、異議を述べることになります（この点を明確にするためには、債権認否一覧表の備考欄に財団債権であることを明記するのが一般です。）。

　独立行政法人労働者健康安全機構が未払賃金の立替払（Q40参照）をした場合、その限度で労働者の賃金債権を代位取得する（民499条）ため、破産管財人は、財団債権部分については財団債権として支払い、優先的破産債権部分については届出債権の名義変更手続を経て、優先的破産債権者として認否することになります（Q47、『破産・民再の実務（破産編）』Q93参照）。

　なお、労働債権についての財団債権と優先的破産債権との振り分けについては、Q39で参考例を紹介していますので、併せて参照してください。ま

288　第7章　債権調査

た、令和2年法律第13号により、令和2年4月以降に発生した賃金について
は、消滅時効の期間が3年となっている（同労働基準法115条では消滅時効の
期間が5年とされていますが、同法143条により当分の間3年とされています。）
ことにもご留意ください。

Q56

継続的供給契約に基づく債権の債権調査においては、どのよう
な点に注意すべきですか。

1 継続的給付の義務を負う双務契約の意義

破産法55条にいう「継続的給付の義務を負う双務契約」とは、反復的な給
付が対価的な牽連関係をもって行われる契約を意味しますが、破産手続を進
めるにつき必要不可欠な継続的給付の義務を負う双務契約に限定されるわけ
ではありません。

そして、同条は、破産手続開始の申立て前の供給の対価と、同申立てから
破産手続開始までの供給の対価とを分け、前者については、それを破産債権
とした上で、その弁済がないことを理由としては相手方は破産手続開始後の
給付を拒絶できないとし（同条1項）、後者については、これを財団債権と
しています（同条2項。なお、同項括弧書により、破産手続開始の申立ての日が
属する期間内の給付の対価を含みます。例えば、電気料金が毎月末日締めで計算
されており、破産手続開始の申立てが1月15日にされた場合には、同月1日から
同月15日までの電気料金は、破産手続開始前であっても財団債権になります。）。

破産法55条2項の適用場面については議論のあるところですが、同項は、
同条1項を受けて、破産手続開始後において破産者に対して継続的給付の義
務を負う双務契約の相手方がした給付を対象にしているものと解釈できるこ
と、そもそも同条が設けられた趣旨が、破産手続においても同手続開始後に
一定の継続的給付契約が履行されることが管財業務の遂行に必要な場合があ
ることを考慮した結果に基づくものであることに鑑みると、同条2項は、破

Q56 289

産管財人が破産法53条によって基本契約の履行を選択した場合に適用される
規定であると解するのが相当です（『伊藤・破産民再五版』399頁以下参照）。
このように解すれば、管財業務に必要ではない継続的供給契約を速やかに解
除することによって、破産法55条2項に基づき財団債権となる債権の範囲を
調整することができます。

2　日用品の供給に係る継続的供給契約に基づく債権の認否

　日用品の供給に係る継続的契約に基づく債権（民306条4号参照）の認否
は、次の表のとおりとなります。

	法人	自然人
下水道	公課（地方自治法231条の3第3項、同法附則6条3号、下水道法20条） ①　破産手続開始当時、納期限の到来していないもの（納期限については**Q49**参照） 　→　財団債権（破148条1項3号） ②　破産手続開始当時、納期限から1年を経過していないもの 　→　財団債権（破148条1項3号） ③　それ以外のもの 　→　優先的破産債権（破98条1項。公課に該当し、認否不要。）	
上水道 電　気 ガ　ス 電　話	破産債権 （破産手続開始前全部）	優先的破産債権（認否は必要） （破産手続開始前6か月分、民306条4号、310条）
	＊ただし、破産手続開始の申立て後同手続開始前にした給付に係る請求権（一定期間ごとに債権額を算定すべき継続的給付については、申立ての日の属する期間内の給付に係る請求権を含む。）は、財団債権（破55条2項）です。 　したがって、申立ての日を含む算定期間の上水道、電気、ガス料金及び電話料金は、全て財団債権となります。	

　もっとも、個人事件におけるいわゆるライフラインに関する債権について
は、破産者としては破産手続開始後も従前の契約を継続する意向であるのが
通常です。このような場合は、実務上、破産者と協議の上、本来財団債権と
なる部分も自由財産での負担を求める例が多いところです。

Q57

外国通貨金銭債権の債権調査においては、どのような点に注意すべきですか。

1　認否の際の注意点

　外国通貨金銭債権（破103条2項1号ロ）を有する破産債権者は、それを破産手続開始時の為替相場に従って内国通貨（円価）に換算、評価し直して届け出るものとされており、その額が債権調査の対象になります。

　為替相場についていずれの地のものを基準とすべきかが問題となりますが、手続は法廷地法によるとの準拠法の原則及び債権者平等の原則などの理由から、破産手続開始の決定を行った地の為替相場によるべきであり、具体的には、破産手続開始の日の前日の東京外国為替市場の終値を基準とする運用をしています。

　換算レートは、電信為替売相場と同買相場との中間値や、銀行間相場の終値ではなく、電信為替売相場を基準とする運用です。

2　円価に換算、評価しないままの債権届出の処理

　届出債権者が円価に換算、評価しないまま外国通貨金銭債権を届け出た場合、これを不適式な届出として補正命令を発する、又は破産債権者表に加えないといった対応をすることも考えられますが、実務上は、破産債権者が届出事項の変更として後に評価額を記入したり、破産管財人が換算、評価を行うなどして処理しています。

Q57　291

Q58

養育費請求権等の債権調査においては、どのような点に注意すべきですか。

1　養育費請求権（民766条、749条、771条、788条）について

　破産手続開始前の時点において、協議、調停、審判、判決又は和解によって将来にわたり継続的に支払期日が到来する養育費請求権（以下単に「養育費請求権」といいます。）のうち、既に支払期日が到来しているものは、一般破産債権となり、配当加入することができます。非免責債権（破253条1項4号）に該当しますが、優先性はありません。

　これに対し、破産手続開始時点で支払期日の到来していない養育費請求権は、破産手続開始前の原因に基づく請求権とはいえないので、破産債権には当たらないと考えられ、破産手続によらずに回収可能となります。すなわち、破産手続中においても、破産者の新得財産に対して強制執行することができる反面、破産手続において配当加入することはできません。

　この点に関して、養育費請求権は、破産手続開始後に支払期日が到来するものについても破産債権に当たるのではないかとの議論もあるところですが、養育費請求権が、義務者に扶養能力があることを主要な原因事実として日々発生する権利であることに着目し、破産手続開始前の原因によって生じた債権ということはできず、破産債権ではないと解するのが相当です。

　なお、破産者が、破産手続開始前の時点において養育費の一括支払を約しているような場合、一括支払の合意がなければ支払期日が到来していないために本来配当加入できない期間の養育費請求権についても配当加入できる反面、破産手続が係属する限り配当手続によらなければ養育費の支払を請求できず、養育費請求権の債権者は破産者の新得財産に対して強制執行することができないという不利益を被ることになり、その処理について事案に即して対応する必要があります。このような場合は、裁判所と事前協議をすることが求められます。

2 婚姻から生ずる費用の負担の義務（民760条）に係る請求権及び扶養請求権（民877条～880条）について

破産手続開始前の時点において、将来にわたり継続的に支払期日が到来する婚姻費用及び扶養請求権のうち、既に支払時期が到来しているものも、一般破産債権となり、配当加入することができます。養育費請求権と同様に、非免責債権（破253条1項4号）に該当しますが、優先性はありません。

これに対し、支払期日が到来していないものについては、養育費請求権と同様に、配当加入することはできません。

Q59

いわゆる戦略的異議とはどのようなものですか。

1 戦略的異議とは

破産債権の存在自体を必ずしも否定するわけではないものの、届出債権者間の実質的な衡平を図るために破産管財人が異議を述べる事例が実務上見受けられ、このような認否は、一般的に戦略的異議と呼ばれています。

戦略的異議は、次のような場合に用いられることがあります。

2 否認対象行為がある場合

破産債権者が、破産手続開始前に破産者所有の動産を引き揚げている、又は一部弁済を受けているにもかかわらず、債権額全額を届け出ている場合は、破産管財人は、その弁済等に係る部分について、否認の対象になるか否かにかかわらず、異議を述べる必要があります（これは、弁済等による債権の一部消滅を理由とするものであり、本来的異議です。）。また、否認対象行為の範囲が不明確であったり、否認対象行為の回復に協力が得られないときには、破産財団の増殖を考慮し、全額について異議を述べるのが相当な場合もあります（これが戦略的異議です。）。

3 破産法人に対して特別の関係を有する者の届出債権

　破産法人の代表者などの旧経営陣、親会社、支配株主等の届出債権については、破綻に至る経営責任や公私混同が認められることも少なくなく、また、これら関係者に対し責任追及をしなければならない場合もあることから、これらの債権をほかの届出債権と形式的に平等に扱うと、破産債権者からみて道義的に釈然としないものが残ることがあります。そこで、債権届出の取下げを勧告し、これに応じないときには、信義則又は権利濫用の法理（民1条2項、3項）に照らして、異議を述べることもあります（広島地福山支判平10.3.6判時1660号112頁）。実務上は、破産法人の代表者の同法人に対する貸付金債権等は、そもそも届出がされなかったり、破産管財人の促しにより債権届出の取下げがされる例も多くみられます。

　もっとも、代表者も破産手続開始の決定を受けている場合には、代表者の同法人に対する貸付金債権等は代表者の破産財団を構成し、代表者の破産事件での破産債権者に対する配当原資にもなることから、通常は異議を述べる必要はないと解されます。

4 届出債権に変更が生ずる可能性がある場合

(1) 相殺可能な届出債権

　届出債権者が破産財団に対し破産手続開始前に生じた債務を負担しており、相殺が可能であるにもかかわらず、相殺せずに届出をしてきた場合、相殺予定額や債権の減少見込額について異議を述べることになります。これは、異議を述べずに届出債権を確定させてしまうと、その後、破産債権者が相殺の意思表示をしたり第三者が弁済したりするなどして債権額が減少しても、破産債権者がその分につき任意の取下げをしない限り請求異議の訴えを提起せざるを得なくなるとされているからです。

　もっとも、相殺が可能な状況にあり、相殺することが破産債権者一般の利益に適合する場合は、裁判所の許可を得て、その相殺をすることができ（破102条）、その分債権が一部消滅したとして本来的異議を述べることが可能です。また、届出債権者が任意の取下げをしない場合でも、債権調査後の債権

294　第7章　債権調査

額等変更一覧表（【書式56】）を利用して、届出事項の変更を行う方法（破規33条3項）もあります。

なお、銀行が破産財団に属する預金について相殺権を行使した上で、破産手続開始後相殺権を行使するまでの間の損害金を元本、利息等とともに届け出た場合の認否も問題となりますが、異議を述べるのが相当です。銀行実務上、相殺をする場合の利息及び損害金の計算は、計算実行の日までとする特約に従って処理されることもありますが、銀行の一方的計算処理によって債権額の多寡が決まるとするのは破産財団にとって不利だからです。この点につき、相殺は特段の事情のない限り相殺適状時に遡及するとして破産管財人への対抗を否定した裁判例（東京地判昭47.6.28金法660号27頁）や破産手続開始後の利息債権を含めた債権を自働債権とする相殺につき、当該利息債権は劣後債権として相殺の対象とできず、その限度で無効とした裁判例（大阪地判昭49.2.18金判423号12頁）もあります。

(2) 全部履行義務を負わない第三者からの弁済等

全部履行義務を負わない第三者からの弁済等が予定されており、破産手続開始時の債権額が減少する可能性のある場合も、原則として、その減少見込額（予定弁済額）について異議を述べるのが相当です。もっとも、上記(1)と同様、債権調査後の債権額変更一覧表（【書式56】）を利用して、届出事項の変更を行う方法もあります。

その他、全部履行義務を負う者による相殺の可能性がある場合や、破産債権者が破産者以外の者から物上保証を徴していて当該担保権の実行が可能である場合についても、債権の全額が消滅する可能性や配当により破産債権者に不当利得が生じる可能性を考慮して、異議を述べるのが相当な場合もあります。

Q60

異議がある債権について、どのように処理すべきですか。

1 異議がある債権の処理

　東京地裁倒産部では、破産管財人は、債権調査期日において届出債権の額及び優劣について異議を述べる予定の債権者に対し、一律に、債権調査期日前に、【書式52】等を用いて、適宜の方法（郵送、ファクシミリ等）で異議額・異議理由を通知する運用としています。

　これは、破産管財人が、債権調査期日に出頭していない者が有する届出破産債権について異議を述べたときは、その債権者が認否の内容を知っていることが明らかでない限り、破産管財人はその旨を当該届出債権者に通知しなければならないとされている（破規43条4項）ところ、出頭の有無や認否内容の知・不知の確認が困難な場合があるためです。

　破産管財人が当該債権調査期日で債権を認めた場合、後日異議を述べることはできなくなります。これに対し、破産管財人は、債権調査期日の内外を問わず、除斥期間が満了するまでの間（除斥期間満了前に破産債権査定の申立て期限が満了する場合は、その満了までの間）は、いつでも異議を撤回することができます。ただし、異議を述べられた債権について、申立期間内に破産債権査定申立て等の債権確定手続が執られなかった場合には、異議の撤回は、原則として認められないと考えられます。当該破産債権者から資料の追完がされれば異議の撤回をする予定であったとしても、破産債権査定申立て期間を経過してしまうと、異議の撤回ができず、当該破産債権を配当から除斥せざるを得なくなりますので、注意が必要です。

　破産管財人が異議を撤回した場合は、適宜の方法で債権者に通知（【書式53】）するとともに、債権調査後の債権額等変更一覧表【書式56】を利用して、異議を撤回した事実を裁判所に報告する必要があります（破規38条）。

2 破産管財人が異議を述べた後の手続

(1) 債権確定手続

ア 債権確定手続係属の証明期限

異議を述べられた債権者は、債権調査期日から1か月以内に、破産法の定める債権確定手続を執ることができます。

債権調査期日終了後直ちに簡易配当手続に入る場合、債権調査期日から1か月の不変期間よりも前に、配当の除斥期間（破205条、198条1項。東京地裁倒産部の標準スケジュールでは、早ければ債権調査期日終了から第3週目の火曜日。Q70参照）が満了することがあります。この場合、異議を述べられた債権者が配当に加わるためには、除斥期間の満了前に、破産債権査定申立て等の債権確定手続が係属していることを証明する必要があります（破産管財人が債権認否に先立ち送付する異議通知書（【書式52】）には、その旨の注意書きが付記されています。）。

最後配当の場合でも、配当スケジュール（Q75参照）によっては、同様のことがあり得ます（東京地判平29.11.17金法2094号87頁参照）。

イ 執るべき債権確定手続

無名義債権の場合、異議を述べられた債権者は、異議者の全員を相手方として破産債権査定申立て（破125条。Q61参照）をすることになります。そして、破産債権査定決定に不服がある者は、破産債権査定異議の訴え（破126条）を提起することができます。

ただし、破産手続開始時に異議のある破産債権に関する訴訟が係属していた場合には、異議を述べられた債権者は、異議者の全員を相手方として、当該訴訟手続の受継の申立て（破127条）をし、当該訴訟で破産債権が確定することになります。当該債権者が受継の申立てをした場合、届出債権を認めなかった破産管財人は、当該訴訟手続を受継しなければなりません（破127条1項参照）。このように、異議を述べられた債権について、既に訴訟が係属しているか否かにより債権確定手続が異なるため、破産管財人としては、当該破産債権について訴訟が係属しているか否かについても留意する必要があります。

Q60　297

これに対し、有名義債権の場合、破産者がすることができる訴訟手続（例えば、確定判決については再審の訴え）によってのみ異議を主張できるにとどまります（破129条１項）。

ウ　主張制限

債権確定手続において、破産債権者は、破産債権の額及び原因、優先的破産債権であるか否か及び劣後的破産債権又は約定劣後破産債権であるか否かについて、債権届出時と異なる主張はできません（破128条、111条１項、115条、127条１項）。例えば、債権届出時には売掛金債権を届け出たにもかかわらず、債権確定手続において、これと異なる貸金債権の存在を主張して、届け出た破産債権額を維持することはできないと解されます。

⑵　配当額の供託

配当額の通知を発した時（最後配当の場合。破201条７項）、又は異議期間満了時（簡易配当の場合。破205条、200条１項）に、異議を述べられた債権者が破産債権査定申立て等の債権確定手続を執っている場合、破産管財人は、当該債権者に対する配当額を供託しなければなりません（破202条１号。配当額の供託に関しては**Q70**、**Q73**を参照）。

したがって、債権確定手続が執られている場合、破産管財人は、当該債権者に対する配当額を改めて計算し、配当表の更正（破199条１項２号）をした上で、その配当額を供託することになります。

3　先行認否の要否の検討

異議を述べられた破産債権は、これらの債権確定手続により額等が確定することになります。破産債権の額等について争いが生じており、債権確定手続に移行することが見込まれる場合には、換価終了前の段階から債権認否を行い、早期に債権確定手続に移行させる等の配慮をする必要がありますので、裁判所と進行につき協議をすることが求められます（**Q46**参照）。

Q61

東京地裁倒産部では、破産債権査定申立ての審理はどのように行われていますか。

　債権調査期日において、破産債権の額及び優劣について破産管財人が認めず、又は届出破産債権者が異議を述べた破産債権を有する破産債権者は、その額等の確定のために、認めない旨の認否をした破産管財人及び異議を述べた届出債権者の全員を相手方として、債権調査期日から1か月間の不変期間内（ただし、債権調査期日終了後直ちに配当手続に入る事案では、債権調査期日から1か月の不変期間よりも前に配当の除斥期間が満了する場合があります。この場合には、除斥期間内に破産債権査定申立てをする必要があります。**Q60**参照）に、破産事件を担当している裁判所（東京地裁であれば倒産部）に破産債権査定申立てをすることができます（破125条1項）。

1　申　立　て

　破産管財人が異議を述べた場合、破産管財人は、当該査定手続において相手方となります。破産債権査定申立書には、証拠書類の写しを添付する必要があり（破規2条3項）、また、申立人は、相手方である破産管財人に対し、申立書及び証拠書類の写しを直送することが必要です（同条4項）。

2　審　　理

　破産債権査定申立てがあった場合、裁判所は、破産管財人その他の異議者等を審尋します（破125条4項）。東京地裁倒産部では、原則として審尋期日を開かず、書面審尋により決定する運用をしており、相手方である破産管財人には答弁書の提出を求めています。

　破産管財人は、通常、届出債権の証拠資料が不十分である場合、期限を定めて証拠資料の追加提出を求め（**Q51**参照）、十分な資料が提出された場合は異議を撤回しているため、破産債権査定申立てがされる事案では、申立人

Q61　299

の主張が予測可能と考えられることから、破産管財人には、申立てからおおむね1週間後までに答弁書の提出を求めています。

(1) 届出債権の全額について異議を述べた場合

申立ての趣旨に対する答弁として「申立人の届け出た破産債権（債権認否一覧表債権者番号○○）を0円と査定する。」との裁判を求めます。「本件申立てを棄却する。」との答弁にはなりません。

(2) 届出債権の一部について異議を述べた場合

申立ての趣旨に対する答弁として「申立人の届け出た破産債権（債権認否一覧表債権者番号○○）を○○円（注・破産管財人が認めた限度額を記載）と査定する。」との裁判を求めます。

(3) 破産債権査定申立てが不適法である場合

1か月の期間経過後の申立てである等、破産債権査定申立てが不適法であると考えられる場合、申立ての趣旨に対する答弁として、「本件申立てを却下する。」との裁判を求めます。

3 決　　定

裁判所は、審尋の結果を踏まえ、破産債権査定申立てについての決定をします。当事者双方に対しては同決定正本が送達されます。

4 不服申立て

破産債権査定申立てについての決定に不服がある者は、その送達を受けてから1か月の不変期間内に、同決定に対し異議の訴え（破産債権査定異議の訴え）を提起することができます（破126条1項）。この訴訟は通常訴訟であり、東京地裁では、民事通常事件を取り扱う部に配てんされます。なお、破産管財人が破産債権査定異議訴訟を提起する場合、訴え提起の許可が必要です（破78条2項10号。**Q20**参照）。

Q62

東京地裁倒産部では、債権届出期間経過後に債権届出がされた場合、どのような処理をしていますか。

1 債権届出期間経過後に債権届出がされた場合

債権届出期間経過後に債権届出がされた場合、次のとおり、手続の進行によって扱いが異なります。

(1) 債権届出期間経過後、債権調査期日前に債権届出がされた場合

債権届出期間経過後に届出があった債権についても、一般調査期日において破産債権の額、優先・劣後の有無、別除権の予定不足額に係る認否をすることができます（破121条7項）。

実務では、一般調査期日と同時に指定されている債権者集会までに債権届出があった場合には、当事者に異議がなければ、破産管財人が破産債権の額、優先・劣後の有無、別除権の予定不足額に係る認否をするのが通例です。

もっとも、債権届出書が債権者集会（一般調査期日）の直前に提出された場合は、破産管財人の調査等のため、必要に応じて債権者集会（一般調査期日）を続行することがあります。

(2) 債権調査期日終了後、除斥期間経過前に債権届出がされた場合

ア 一般調査期日の終了までに破産債権の届出がされなかった場合には、破産債権者に「その責めに帰することができない事由」があるときを除いて、債権届出をすることができません（破112条1項）。

東京地裁倒産部では、債権認否は、換価業務が終了した直後の債権者集会（一般調査期日）で行うのが通例で、かつ、その段階で一般調査期日を打ち切っています。

イ 一般調査期日を打ち切った後に債権届出がされた場合には、「その責めに帰することができない事由」がない限り、配当の対象に加えることはできません。届出債権者に対し、届出が遅れた理由を確認する必要がありま

す。

「その責めに帰することができない事由」がないときには、届出の撤回又は取下げを促すのが相当です。

届出債権者が届出の撤回又は取下げをしない場合（届出債権者が「その責めに帰することができない事由」を主張している場合等）には、裁判所において届出の却下の可否（上記事由の存否）を検討することになりますので、破産管財人は、早急に裁判所に連絡をする必要があります。

他方で、「その責めに帰することができない事由」があるときは、その事由が消滅した後1か月以内であれば債権届出をすることができ、特別調査期日を指定して債権認否を行うことになります（破122条）。

(3) 除斥期間経過後に債権届出がされた場合

除斥期間（簡易配当につき破205条、198条1項、最後配当につき破198条1項）の経過後は、債権届出をしても配当対象に加えることはできないと解されます。

2 新たな債権者が存在することが判明した場合

破産手続では、破産管財人の調査等によって、破産手続開始時に判明していた債権者のほかに、新たに破産債権者が存在することが判明することがあります（新たに判明した破産債権者に対する通知については、**Q50**参照。）。

債権者集会（一般調査期日）の直前に、新たな債権者が存在することが判明した場合には、当該債権者に破産手続に参加する機会を与えるため、必要に応じて債権者集会を続行することがあります。

Q63

債権者の変更があった場合、どのような処理をすべきですか。

1 配当異議期間経過前（配当額通知前）の変更

(1) 破産債権の名義変更の手順

債権届出後に、代位弁済、債権譲渡、相続、合併等によって債権者の変更があった場合、破産手続上、破産債権者の地位の承継を認める必要があります。

このような場合、破産管財人に対する実体法上の対抗要件を備えた上で（ただし、相続・合併のような包括承継の場合は対抗問題になりません。）、新旧債権者の連名で、破産管財人に対し、証拠書類を添付した「破産債権名義変更届出書」【書式55】を提出する扱いです（破113条、破規35条）。

なお、保証人等による代位弁済が一部弁済にとどまる場合は、開始時現存額主義により、一部弁済者は破産手続において求償権を行使できないことになります（破104条2項、4項。Q53参照）が、届出債権者と一部弁済者の連署による名義変更届が提出された場合には、届出債権者の権利放棄、当事者の順位を同順位とする合意、又は届出債権者が優先権を主張しない届出と解し、届出債権者から一部弁済者への一部の名義変更を認める事例も多いところです（Q53参照）。

(2) 名義変更がされた場合の債権認否表の作成における注意点

代位弁済による債権者の変更がされた場合には、債権届出書記載の債権と名義変更届出書記載の弁済対象とされた債権の内容・金額を正確に照合する必要があります。

特に、金融機関や保証会社による代位弁済の際は、届出債権の一部の代位弁済にとどまっている場合があります。この場合に、原債権者に残っている債権について債権認否書に記載することを失念しやすいので、注意が必要です。

また、代位弁済金は、当事者間の約定や民法の充当規定（民488条以下）に

Q63　303

基づき充当されます。特に、元本と遅延損害金がある場合には、遅延損害金から充当される事例が多いので、誤って元本から充当されたものとして処理することのないように注意する必要があります（債権届出書や名義変更届出書の記載自体が不明瞭なこともありますので、注意を要します。）。

　次に、具体的な事例を挙げて検討します。

【設問】
　原債権者が破産者に対し、元本100万円、遅延損害金30万円（うち破産手続開始後の遅延損害金10万円）の債権を有しており（このうち元本100万円及び破産手続開始前の遅延損害金20万円が一般破産債権、破産手続開始後の遅延損害金10万円が劣後的破産債権（破99条1項1号、97条2号）になります。）、原債権者は、一般破産債権である120万円について債権届出をしていたところ、破産手続開始後に、保証人が80万円を代位弁済し、その旨の破産債権名義変更届出書が提出されました。原債権者及び代位弁済者が有する一般破産債権の額はそれぞれいくらですか（充当は、民法488条4項、489条及び491条規定の法定充当に従うものとします。）。
　また、保証人の代位弁済額が125万円であった場合はどうですか。

【解答】
　保証人が80万円を代位弁済していた場合については、代位弁済金80万円が、①破産手続開始前の遅延損害金20万円、②破産手続開始後の遅延損害金10万円③元本のうち50万円の順に充当され（民489条1項、2項、488条4項3号参照。なお、上記①と②とでは、債務者のために弁済の利益が相等しいことから、同号により、弁済期が先に到来した上記①から充当されると解されます。）、その結果、代位弁済者が代位により取得する債権は、一般破産債権部分70万円（元本50万円、開始前の遅延損害金20万円）、劣後的破産債権部分10万円となり、原債権者には、一般破産債権部分50万円（元本50万円）が残ることになります。また、保証人が125万円を代位弁済していた場合については、代位弁済金125万円が、①破産手続開始前の遅延損害金20万円、②破産手続開始後の遅延損害金10万円、③元本のうち95万円に充当され、その結果、代位弁済者が代位により取得する債権は、一般破産債権部分115万円（元本95万円、開始前の遅延損害金20万円）、劣後的破産債権部分10万円となり、原債権者には、一般破産債権部分5万円（元本5万円）が残ります。

　このように、代位弁済金の一部が劣後的破産債権に充当された場合には、代位弁済者が代位により取得する届出債権（一般破産債権）の額が代位弁済額と一致しないことになります。特に、設問後段の場合は、代位弁済額が届出債権額以上であっても、劣後的破産債権から充当される結果、原債権者に

一般破産債権が残ることになります。債権認否表の作成に当たっては、充当関係や債権の移転、承継の範囲を確認する必要があります。

(3) 配当許可後の変更

破産管財人において配当表を作成し、これに基づき配当許可を受けた後であっても、除斥期間の満了前（最後配当につき破198条１項、簡易配当につき破205条１項、198条１項）に債権者の変更がされ、かつ、配当表に対する異議期間の満了前（最後配当につき破200条１項、簡易配当につき破205条、200条１項）に名義変更届出書の提出等によりこれが判明した場合には、届出名義の変更を認めることになります。

この場合には、破産管財人から裁判所に対し「債権調査後の債権額等変更一覧表」（【書式56】）及び「更正配当表」を提出することになります（**Q74**参照）。

2　配当異議期間経過後（配当額通知後）の変更

除斥期間の満了後に債権者の変更がされた場合や、除斥期間の満了前の債権者の変更であっても、配当異議期間経過後（配当額通知後）にこれが判明した場合は、旧債権者において具体的な配当請求権を取得します（破201条７項、205条）。

もっとも、新旧債権者が連名で破産管財人に対して名義変更届及び送金先の変更依頼書を提出したときには、配当受領権の譲渡がされたものとして、新債権者に配当金を交付することが可能です。

第 8 章

債権者集会

Q64

東京地裁倒産部では、債権者集会は、どのような方針に基づき運営されていますか。

1 債権者集会の運営方針

(1) 債権者集会招集の要否

破産法に規定されている債権者集会には、財産状況報告集会（破31条1項号）、任務終了計算報告集会（破88条3項）及び破産手続廃止に関する意見聴取集会（破217条1項）があります。

もっとも、財産状況報告集会については、これを招集しないことができる場合があること（破31条4項）、任務終了計算報告集会については、書面による計算の報告をすることができること（破89条）、破産手続廃止に関する意見聴取集会については、書面による意見聴取ができること（破217条2項）がそれぞれ定められており、また、招集の有無について裁判所の裁量が認められています（破135条1項参照）。

(2) 東京地裁倒産部の運営方針

しかし、債権者集会を開催することは、破産債権者が破産手続に参加する機会を保障するとともに、破産債権者に対する情報の開示を図ること（いわゆる「情報の配当」）により破産管財人を監督する機会を与え、破産手続の透明性・公平性を維持し、ひいては破産手続に対する国民の信頼を確保するという観点から、重要であるといえます。

また、債権者集会の席上で破産債権者の質問や意見が述べられたことを契機として、否認対象行為が発見されたり、破産管財人が把握していなかった財産が判明したりすることなどもあり、破産管財人の業務遂行上も有益であるといえます。

そこで、東京地裁倒産部では、原則として全件について債権者集会を開催する方針を採っています（例外としての債権者集会非招集型はQ81参照）。

308 第8章 債権者集会

2 債権者集会の運営方法

(1) 各手続期日の一括指定

前記1の運営方針のとおり、東京地裁倒産部では、原則として全件について債権者集会を開催しており、財産状況報告集会、任務終了計算報告集会及び破産手続廃止に関する意見聴取集会を同一日時に一括して指定し、その後も破産手続終了まで債権者集会を続行し、定期的に開催する扱いです。

また、債権者集会を開催する以上、その他の期日も同時に開催することが破産手続を効率的に進行させ、出席者の負担を軽減するためにも望ましいことから、債権者集会に併せて、債権調査期日及び免責審尋期日（個人破産事件の場合）も同一日時に指定しています。

(2) 口頭による報告・決定

ア 破産管財人の報告

債権者集会では、①破産法157条の報告書、財産目録及び収支計算書（【書式42】から【書式44】まで。これらを一括して1通の書面でまとめたものが【書式45】です。）、②破産貸借対照表（破産財団が1000万円以上の法人事件に限ります。【書式46】）、③債権認否書（認否を留保する場合を除きます。【書式48】【書式49】等）の提出を求めていますが、これ以外の報告事項については、特に必要がある場合を除き、報告書の提出を不要とし、口頭による報告にとどめています。

実際の債権者集会では、破産管財人の行った管財業務を中心に、破産財団の状況に関する事項のほか、破産手続開始申立書及び陳述書に大きな誤りがないか、破産管財人として付け加える事項があるかどうか等について、破産管財人から口頭で報告がされています。

債権者が一人も出席しない集会では、ごく簡潔な報告がされるのが通例です。これに対し、債権者が出席した集会では、いわゆる「情報の配当」という観点から、財産目録及び収支計算書や破産貸借対照表等を出席債権者に配付した上で、破産管財人から事案の内容に応じた説明がされており、出席債権者からも質問や意見等を述べてもらうよう進行することになります。

イ　裁判所の許可・決定

　各種の許可事項については、必要に応じて、債権者集会の席上で、破産管財人が口頭で許可の申立てをし、裁判官が口頭で許可し、これを経過票に記載する方式（破規1条2項、破13条、民訴119条、民訴規50条2項）を採用しています。これは、債権者集会で出席債権者が意見を述べる機会を設けた上で許可する方が望ましく、また口頭で許可の申立てをすることにより書面作成をする破産管財人の事務負担を軽減できるという理由によります。

　具体的には、換価困難な不動産や債権等について破産財団から放棄をすることについて許可の申立てをする場合等が挙げられます（なお、このような破産財団からの放棄について許可の申立てをする場合は、財産目録の備考欄などに対象物件を特定できる形でその旨を記載する扱いです。【書式43】【書式45】の末尾＊印の記載方法を参照。また、Q20、Q30も参照。）。

　このほか、破産管財人報酬の決定や、異時廃止決定も、口頭で行い、経過票に記載する扱いとしています。

Q65

いわゆる少額管財事件（通常管財係）の債権者集会の開催に向けて、どのような準備をすべきですか。

1　債権者集会に関する裁判所との打合せ

⑴　打合せの方法

　原則として、債権者集会（続行された集会も含む。）の1週間前までに、破産管財人から裁判所に対し債権者集会打合せメモ（【書式41】）をファクシミリ送信し、これを受けて裁判所から破産管財人に対し電話をして、事件の進行について打合せをしたり、破産管財人報酬額の内示をする扱いです。なお、債権者集会打合せメモが集会前日の夕方や集会当日に送信されることがありますが、裁判所が問題点を把握できないまま集会に臨まざるを得なくなりますので、できるだけ早期に送信することが求められます（Q24参照）。

電話での打合せに基づき、後記2の書面を作成して、債権者集会に持参することになります（打合せの結果に基づいて修正した財産目録及び収支計算書等の書類を、債権者集会前に改めて送信する必要はありません。）。

(2) 債権者集会打合せメモについて

債権者集会打合せメモ（【書式41】）に財団収集額、進行予定及び特記事項を記載し、ファクシミリ送信します。

この「財団収集額」として記載すべき額は、換価・回収した破産財団の総額（収支計算書の収入欄に記載すべき金額）であり、破産財団の現在残高ではありません。例えば、既に財団債権の弁済をした場合は、その弁済前の金額を記載します。また、換価した資産を自由財産の範囲の拡張により破産者に返還した場合は、その返還前の金額を記載します。

ただし、換価業務終了時点での財団収集額が1件当たり40万円以下の場合は、原則として、破産財団から事務費等を控除した残額を全て破産管財人報酬とする扱いですから、次のような事由がない限り、債権者集会打合せメモの送信は不要としています。

① 集会を続行する必要がある事案（理由を問いません。）

② 不動産の破産財団からの放棄の当否が問題となる事案（無担保又は担保余剰がある物件、被担保債権額を不動産時価で除した値が1.5倍未満のオーバーローン物件、賃貸中の物件等）

③ 自由財産の範囲の拡張の要否が問題となる事案

④ 裁量免責の当否が問題となる事案（多額の浪費がある、説明義務・調査協力義務違反がある等）

⑤ 債権者集会までに引継予納金が全額予納されていない事案

⑥ 否認権（破160条以下）行使の可否や、相殺禁止規定（破71条以下）の適用の可否が問題となる事案（検討の結果、否認権行使等をしない場合を含みます。）

⑦ 債権者の関心が高い事案や、関係者の動向に注意を要する事案（暴行・脅迫行為に及ぶおそれのある者の出席が予想される等）

⑧ その他、裁判所と事前に打合せをすべき事項がある事案

⑶ **破産管財人が債権者集会に出席することができない場合の対応**

　やむを得ない事情で債権者集会に出席することができない場合は、速やか
に破産管財人代理を選任し、裁判所の許可を得て（破77条1、2項）、事前準
備を行った上で破産管財人代理を集会に出席させてください。

2　提出書面の準備について

　債権者集会における報告は、特に必要な場合を除き、口頭で行っており
（Q64参照）、債権者集会時には、次の書面のみを提出する扱いです（なお、
法人や代表者等の複数の関連事件がある場合には、事件ごとに作成する必要があ
ります。また、①から⑤までの書面は、経過票や破産債権者表に別紙として添付
する扱いですので、押印は必要ありません。）。

　これらの書面は、裁判所用及び申立代理人用に各1通を準備することにな
りますが、破産財団の規模、債権者数及び問合せ件数等から債権者の出席が
見込まれる場合には、財産目録及び収支計算書、債権認否一覧表及び破産貸
借対照表については債権者配付用として適宜準備する例が多いところです。

（法人事件について）

---

①　破産法157条の報告書（【書式42】）

②　財産目録（【書式43】）

③　収支計算書（【書式44】）

　　＊上記①〜③を一括して1通の書面にまとめたものが、「財産目録及
　　　び収支計算書」（【書式45】）であり、これを用いるのが便宜です。

④　破産貸借対照表（【書式46】）（ただし、破産財団の総額が1000万円以上
　　の場合のみ提出すれば足ります。破153条2項、3項、破規52条）

⑤　債権認否一覧表（【書式48】、【書式49】。ただし、債権者集会を続行す
　　る場合や、異時廃止で終了する場合など、債権認否を留保する場合は不要
　　です。）

⑥　新たに判明した債権者への発送（送信）報告書（【書式51】。新たに判
　　明した債権者がいない場合は不要です。）

⑦　破産管財人口座の通帳の写し（債権者集会ごとに提出する扱いです。）

（個人事件について）

①　破産法157条の報告書（【書式42】）

②　財産目録（【書式43】）

③　収支計算書（【書式44】）

　＊法人事件と同様、「財産目録及び収支計算書」（【書式45】）を用いる
　のが便宜です。

④　債権認否一覧表（【書式48】、【書式49】。債権認否を留保する場合は不
　要です。）

⑤　免責に関する意見書（【書式79】）

⑥　新たに判明した債権者への発送（送信）報告書（【書式51】。新たに判
　明した債権者がいない場合は不要です。）

⑦　破産管財人口座の通帳の写し（債権者集会ごとに提出する扱いです。）

3　提出書面の記載方法について

(1)　破産法157条報告書（【書式42】【書式45】）

特に報告事項のある場合のみ別紙等を利用して記載し、それ以外の場合は
該当箇所にチェックします。

なお、報告書の作成日付は、当該債権者集会の日付とします。

(2)　財産目録（【書式43】【書式45】）

ア　財産目録は、破産手続開始時を基準として作成します（破153条1
項）。個人事件で、換価基準1（Q25参照）により財団を構成しない財産又
は換価等を要しないとされる財産は、財産目録に記載する必要はありませ
ん。これに対し、換価基準2以下により自由財産の範囲の拡張をする場合
は、次のように記載します。なお、自由財産の範囲の拡張の裁判は、債権者
集会においてあったものとして扱うことになります（Q26参照）。

①　自由財産の範囲の拡張をすることによって換価等をしない財産につい
　ては、財産目録の資産欄に記載した上、その備考欄に「自由財産の範囲

Q65　313

の拡張により換価しない」と記載します（【書式43】【書式44】【書式45】参照）。

② 換価等により得られた金銭の一部を自由財産の範囲の拡張により破産者に返還する場合は、収支計算書の支出欄に「自由財産の範囲の拡張により返還」と記載します（【書式43】【書式44】【書式45】参照）。

イ 破産管財人の調査の結果、ある財産が破産財団を構成しないことが判明した場合は、備考欄にその旨を記載する扱いです。

また、債権者集会において破産財団から放棄する予定の財産がある場合には、財産目録の資産の部に当該財産を記載し、備考欄に「放棄予定」と明記するか、欄外に当該財産を記載し、併せて放棄予定である旨明記します。既に放棄の許可がされた財産については、「令和○年○月○日付け放棄許可」などと明示します。なお、後日、利害関係人から、破産財団から放棄をしたことの証明申請がされる場合がありますので、放棄対象物件は財産目録中で特定する扱いです（【書式43】【書式45】の末尾＊印参照。なお、不動産の特定についてはQ30参照）。

換価未了の財産については、備考欄に管財業務の進捗状況等を適宜記載する例が多いです。

(3) 収支計算書（【書式44】【書式45】）

ア 異時廃止事案では、債権者集会と併せて、任務終了計算報告集会を開催しますので、支出の部には、裁判所から内示を受けた破産管財人報酬額を記載します。

配当事案では、債権者集会（任務終了計算報告集会）を続行しますが、同様に破産管財人報酬額を記載し、また、収支は債権者集会までに判明している限りで記載します（配当手続に必要な事務費の予定額も差し引いておきます。）。

イ なお、金額の記載を誤って収支が一致しないことがないよう注意する必要があります。また、「簡易弁済金」、「弁済表」、「成功報酬」という表現が用いられる収支計算書も見受けられますが、「簡易配当金」、「配当表」、「破産管財人報酬」と記載します。

⑷ 債権認否一覧表（【書式48】【書式49】）

ア　換価業務を終えた結果、配当が見込まれ、当該債権者集会において債権認否を実施する場合にのみ提出します（債権認否の要否についてはQ51参照）。

個別認否表（破産債権ごとの認否表）の作成は不要です。配当額の計算が終了している場合には、債権認否一覧表と配当表を一体化した「債権認否及び配当表」（【書式49】）を利用すると、出席債権者も理解しやすく便宜です。

イ　異議を述べる予定の債権については、認否予定の債権者集会（債権調査期日）前に、破産管財人において異議額と異議理由を当該債権者に対し通知しておく必要があります（破規43条4項参照。また、Q60及び【書式52】参照）。

ウ　優先的破産債権である公租公課のみに対する配当を実施する場合は、それ以外の破産債権についての債権認否を留保することになりますが、裁判所において破産債権者表を作成する必要がありますので、配当表と一体化した「優先的破産債権（公租公課）一覧表及び配当表」（【書式50】）を提出します（配当対象とならない他の債権の記載は全て不要です。Q51参照）。

⑸ 破産貸借対照表（【書式46】）

法人事件のうち、破産財団に属する財産の総額が1000万円以上の事件についてのみ提出を求める扱いです（破153条2項、3項、破規52条）。

⑹ 免責に関する意見書（【書式79】）

ア　免責に関する意見は、【書式79】を利用し、該当箇所にチェックをすれば足ります。

もっとも、事前に債権者から免責不許可事由に関する意見が出され、これに応答する場合など特に意見のある場合は、別紙等を利用して破産管財人の意見を記載することになります。

イ　破産管財人が免責不許可相当の意見を述べる場合は、具体的な免責不許可事由のほか、破産管財人の調査によっても裁量免責が相当でないとする理由を具体的に記載します。また、その場合、できるだけ早い段階（集会期日の2週間前ころまで）に、進行について裁判所と打合せをする扱いです。

Q66

いわゆる少額管財事件（通常管財係）の債権者集会は、どのように進行するのですか。

　債権者集会の出席権者は、破産管財人及び破産管財人代理、破産債権者（別除権付破産債権者を含みます。また、債権届出をした債権者に限りません。）及びその代理人、破産者及びその代理人などです。破産債権を有していない取戻権者、財団債権者等の利害関係人も、裁判所の許可を得て出席することができます。債権者集会は非公開で開催されます。

　破産者（破産法人の代表者を含む。）及びその代理人は、破産手続に関し、債権者集会において説明する義務を負っており（破40条1項1号、2号）、債権者集会に出席しなければなりません。

　なお、実務上、債権者でない者が出席を希望することがありますが、出席する権利はありませんし、これを認めることも相当ではありません。

　また、弁護士以外の者が債権者代理人として出席を希望することもありますが、弁護士が代理人である場合に比して委任関係の有無が不明確であることが多いため、委任関係の疎明を求めています。

1　異時廃止事案の進行

(1)　債権者集会

　破産管財人から、財産目録及び収支計算書（【書式45】等）に基づき、破産法157条の報告事項及び破産者の財産状況等について報告がされます（破158条。報告の内容についてQ64参照。）。なお、破産手続開始前の事情に関しては、原則として申立代理人に対し説明を求める運用です。

　その上で、破産管財人から、破産財団をもって破産手続費用を支弁するのに不足するとして、破産手続廃止（異時廃止）の申立てがされます（破217条1項）。

　併せて、破産管財人から、換価困難な資産についての破産財団からの放棄

316　第8章　債権者集会

の許可についても申立てがされます（放棄対象物件の記載に関して、【書式45】末尾の＊印参照）。

その後、出席債権者から、破産管財人の報告に対する質疑が行われ、裁判所は、破産財団からの放棄許可の当否及び異時廃止に関する意見の聴取等をした上で、破産財団からの放棄の許可や破産管財人報酬の決定等を行い、異時廃止決定をします。これらの申立て及び決定は、いずれも口頭で行われ、経過票に記載する扱いです。

なお、異時廃止事案については、配当を実施しないことから、債権認否を留保したまま手続を終了する扱いです（Q51参照）。

(2) 免責審尋期日

個人破産事件の場合は、引き続き免責審尋期日を実施します（なお、債権者の免責に関する意見申述期間の満了日を免責審尋期日当日とする扱いです。）。

まず、破産管財人が、免責に関する意見書【書式79】に基づき免責不許可事由の存否及び裁量免責の当否について意見を述べます。その上で、裁判所は、出席債権者からも免責に関する意見を聴取し、期日を終了します。

免責の許否の決定は、破産管財人及び出席債権者の意見を踏まえ、期日終了からおおむね1週間後に行われ、同決定は、申立代理人宛てに送付されます。

なお、破産者が正当な理由なく出頭しなかった場合は、債権者集会と併せて免責審尋期日を続行する扱いです。

(3) 期日終了後の事務

期日終了後、債権届出書及び交付要求書綴りを債権者集会担当裁判官に提出します（期日終了後に財団債権となる公租公課の弁済をする場合は、写しをとっておくと便宜です。）。

また、債権者から、税法上の損金処理のため異時廃止の証明を求められることがあります。そのため、破産管財人は、あらかじめ破産手続廃止決定証明申請書【書式77】を準備しておき、期日終了後直ちに債権者集会場受付において申請をして、証明書の交付を受けるのが通例です（債権者集会期日当日に書記官室で申請をしても、直ちに廃止の確認ができないため証明書を交付

することが困難です。）。その後、破産管財人から債権者に対し、証明書の写しをファクシミリ等適宜の方法で交付することになります。

2　配当事案の進行

(1)　債権者集会及び債権調査期日

債権者集会の進行は、基本的には異時廃止事案の場合と同様ですが、配当事案の場合には、財産状況の報告に引き続いて、債権認否を実施します。

破産管財人から、債権認否一覧表（【書式48】【書式49】）に基づき債権認否がされます。その上で、裁判所は、破産者及び出席債権者からの異議等の有無を確認します（破産者又は出席債権者において異議を述べる場合は、異議内容の記録化の正確性を期すため異議書の提出を求める運用です。）。

ただし、配当の対象が優先的破産債権に該当する公租公課のみにとどまる場合は、債権認否を留保したまま手続を終了する扱いです。これは、公租公課については債権調査の規定の適用が除外されている（破134条1項）ため、債権認否は行われず、また、それ以外の債権については、配当対象とならない以上債権認否は不要であると考えられることによるものです。

その上で、債権者集会を続行し、任務終了計算報告集会の期日を指定します。東京地裁倒産部では、配当手続の種類により標準的なスケジュールを定めており、簡易配当の場合には約7週間後、最後配当の場合には、通知型が約9週間後、官報公告型が約11週間後に任務終了計算報告集会の期日を指定しています（配当スケジュールに関しては、**Q70**末尾の資料及び**Q75**末尾の資料参照）。

(2)　免責審尋期日

個人破産事件の場合に、引き続き免責審尋期日を実施することは、異時廃止事案の場合と同様です。

(3)　期日終了後の事務

期日終了後、破産管財人は、速やかに、配当表を添付して配当許可の申立てをする必要があります。あらかじめ配当許可申立書（【書式58】【書式64】）を準備しておき、期日終了後直ちに集会場受付に提出し、その場で配当許可

318　第8章　債権者集会

証明書の交付を受けるのが通例です（なお、配当許可申立書は、正本・副本を準備する必要があります。また、この場合の許可権者は、「裁判所」ではなく「裁判所書記官」ですので、注意が必要です。）。

債権届出書及び交付要求書綴りは、配当実施に使用するため引き続き破産管財人において保管し、任務終了計算報告書とともに、任務終了計算報告集会の1週間前に裁判所に提出する扱いです。

3　期日を続行する場合

換価未了、債権調査未了等の理由により債権者集会を続行する場合、破産管財人から、それまでの管財業務及び調査の結果について報告がされ、出席債権者からの質疑応答を受けます。

その上で、裁判所は、次回の債権者集会の期日を指定します。なお、債権者集会を続行する場合には、債権認否を行わず、換価が終了した段階でこれを行うのが通例です。また、免責審尋期日も続行するか否かは、破産管財人の意見を踏まえた上で判断しています。

4　届出債権者が1名もいない場合（Q51参照）

異時廃止事案の場合は、前記1と同様です。これに対し、配当可能な破産財団が形成された場合でも、届出債権者が1名もいない以上、配当を実施することができませんので、職権により破産手続終結の決定をします（残余財産は、法人の場合は清算法人に引き継がれ、個人の場合は破産者本人に返還されます。）。

Q67

特定管財係の債権者集会は、どのように進行するのですか。

1 特定管財係の集会の場合

　特定管財係の債権者集会の進行方法及び準備する書面については、基本的には通常管財係の集会と同じです（Q64〜Q66参照）。

　しかし、特定管財係の事件は、代理人申立ての自己破産事件であっても大型事件や複雑困難な事件であったり、債権者申立事件や本人申立事件であったりするなど、担当裁判官及び裁判所書記官を固定した上で、個別事案に応じて、柔軟な対応が求められることがあります。

　債権者集会に関しても、次のような点で、通常管財係とは異なる扱いをしています。また、原則として全件について債権者集会を開催していることは前述したとおりですが、特定管財係では、個別事案に応じて、ごく例外的に債権者集会を開催しないで破産手続を進行させることがあります（債権者集会非招集型。Q81参照）。

(1) 債権者集会前の打合せ

　債権者集会の1週間前までに、債権者集会打合せメモ（【書式41】）を利用するなどして、進行について裁判所と打合せをする扱いです。

　この点、通常管財係の場合、財団収集額が1件当たり40万円以下の場合には、原則として債権者集会打合せメモの送信は不要との扱いをしています（Q65参照）。しかし、特定管財係の場合は、財団収集額にかかわらず、債権者集会打合せメモを送信するなどして、集会の進行について必ず裁判所と打合せをする扱いです。

　また、債権者集会前の打合せに限らず、管財業務を遂行中に裁判所と協議する必要が生じた場合には、破産管財人連絡書（【書式4】）の送信を通じた打合せに限らず、電話や面談による打合せも行っています。

(2) 配付書面の準備

　特定管財係の事件は、債権者が債権者集会に出席する例が類型的に多いと

いえます。そこで、債権者に対する「情報の配当」という観点から、破産法157条の報告書（財産目録等と一体となったチェック式のものではなく、報告事項の概略をまとめた書面を用意する例も見受けられます。）、財産目録、収支計算書及び破産貸借対照表等の書面は、債権者配付用に相当数を準備するのが通例です。

また、全国的に被害を及ぼした大規模投資詐欺事件などのように、個人債権者が多数存在する事件では、事案の概要や破産に至った経緯等、債権者集会における報告内容の概要を記載した報告書の準備を求められることもあります（Q81参照）。

このほか、債権者が多数出席することが見込まれる事件では、配付に要する時間を考慮して、債権者集会開始時刻の約10分前には配付用書面を持参し、債権者集会を定刻どおり開始できるよう留意することが望まれます。

(3) 債権認否の方法

債権認否を行う際には、出席債権者に債権認否一覧表を配付した方が、債権者において債権認否の内容を確認しやすく、債権者集会を円滑に進行させることができます。これに対し、債権者一覧表を閲覧させるにとどめる方法も考えられます。しかし、この方法では、債権者において債権認否の内容を確認しにくくなり、閲覧に時間を要することになることから、特に、出席債権者が多数見込まれる場合の債権認否の方法については、事前に裁判所と打合せをする必要があります（債権者多数事件の債権認否の方法については、Q81参照）。

(4) 裁判所に対する情報提供

債権者申立事件の場合、破産者側の協力を得られないことも多く、破産手続開始の段階では破産債権者を全て把握することが困難です。そこで、破産管財人から、破産手続開始後に判明した債権者数や、債権者からの問合せ状況等を踏まえ、出席が見込まれる債権者の人数等の情報を、事前に裁判所に提供することが望まれます。

また、出席する関係者に対する警備の必要性等に関する情報に接した場合には、裁判所に対し、速やかに情報提供をすることが求められます。

2 牽連破産事件の債権者集会の場合

　再生手続等から破産手続に移行したいわゆる牽連破産事件についても、特定管財係で担当していますが、債権者集会の進行については、前記1と同様です。

　もっとも、再生手続等が廃止された経緯については、債権者の関心も高い（このことは、特に再生計画の認可後に再生手続が廃止された事例において顕著です。）ので、破産法157条の報告事項として、再生手続開始申立書の記載を援用するのみならず、再生手続の廃止の経緯等についても説明を加えるのが通例です。

　また、牽連破産事件では、再生手続開始の申立ての棄却、再生手続廃止の決定等の後、法人については全件につき保全管理命令（民再251条1項1号、破91条2項）を発令し、特段の事情のない限り、再生事件における監督委員を保全管理人に選任し、破産手続開始の際に破産管財人に選任する運用です（Q90～Q92参照）が、債権者集会では、保全管理中の業務、特に保全管理中に事業譲渡を行った場合には、事業譲渡に至る経過や譲渡代金の相当性等について報告をするのが相当な事案もあります。

322　第8章　債権者集会

第9章

配当手続

Q68

配当には、どのような種類がありますか。

　配当手続には、破産財団に属する財産の換価終了後に行われるものとして、①最後配当（破195条以下）、②簡易配当（破204条以下）及び③同意配当（破208条）、上記換価終了前に行われる④中間配当（破209条以下）、最後配当の配当額の通知後（簡易配当の場合は配当異議期間の経過後、同意配当の場合は配当許可後）に行われる⑤追加配当（破215条）の５種類があります。

　東京地裁倒産部では、このうち最後配当及び簡易配当（破204条１項１号・財団少額型）によることがほとんどであり、これ以外の配当手続を実施する必要がある場合には、事前に裁判所と打合せをする必要があります（東京地裁倒産部における配当手続の振り分け基準については、**Q69**参照）。

1　最後配当

　最後配当は、破産財団に属する財産の換価を終了した後に行われる原則的な配当手続です（**Q75**参照）。

　最後配当は、その手続に関して、最後配当の手続に参加することができる債権の総額及び最後配当をすることができる金額を公告する方法（官報公告型・破197条１項前段）と、公告に代えて各届出債権者に対し通知する方法（通知型・破197条１項後段）に細分されます。

　東京地裁倒産部では、通知型の方が迅速に配当を実施することができ、債権者にとっても配当手続の進捗状況等を理解しやすいこと等の理由から、原則として通知型の最後配当を実施していますが、債権者数が300名を超えるなど多数の場合には官報公告型によることもあります。

2　簡易配当

　簡易配当は、最後配当と比べて、除斥期間を２週間から１週間に短縮していること（破205条による198条１項の読替え）、配当公告を要しないこと（破

324　第９章　配当手続

205条による197条の準用除外）、配当表に対する異議の手続において即時抗告が許されないこと（破205条による200条3項の準用除外）、異議手続終了後の配当額の再度の通知を省略していること（破205条による201条7項の準用除外）によって、簡易迅速な配当を実現する配当手続です（**Q70**参照）。

　簡易配当をすることができる場合として、①配当可能金額が1000万円未満の場合（破204条1項1号・財団少額型）、②裁判所が、破産手続開始決定時に、債権者において簡易配当に対する異議があれば一般調査期日の終了時までに異議を述べるべき旨の公告及び通知をし、異議がなかった場合（破204条1項2号、32条1項5号、3項・開始時異議確認型）、③以上のほか、裁判所書記官が相当と認め、後に債権者が異議を述べる機会を保障する場合（破204条1項3号、206条・配当時異議確認型）の3つがあります。

　配当手続としては、最後配当が原則型ですが、実務上は、配当可能金額が1000万円未満であることが多く、簡易配当によることが多いところです。なお、上記②の開始時異議確認型の簡易配当手続は、東京地裁倒産部では利用しない扱いです。これは、全体的には異時廃止で終局する事件が多い中で、全件について破産手続開始時に公告及び通知をすることは、債権者にとっても無用の混乱を招き合理的ではなく、また、多数の事件が係属する中で、破産手続開始時にその対象事件を選別するとすれば、かえって破産手続の開始が遅延し、破産事件全体の処理に支障が生じるおそれがあると考えられるからです。

　また、中間配当を行った場合には、簡易配当をすることは許されず、最後配当によることになります（破207条）。

3　同意配当

　同意配当は、配当可能金額にかかわらず、届出債権者の全員が破産管財人の定めた配当表、配当額並びに配当の時期及び方法に同意している場合に行う配当手続です。配当公告及び通知が省略され、配当異議手続がないため、早期に配当を実施して破産手続を終結することが可能です。

4　中間配当

中間配当は、一般調査期日の終了後であって破産財団に属する財産の換価終了前において、配当をするのに適当な金銭がある場合に、最後配当に先立って行われる配当手続です（**Q76**参照）。

破産財団の規模が大きく、配当するのに適当な破産財団が形成され、かつ、今後も換価業務が継続し、破産手続の終結まで相当程度の期間を要することが見込まれるような場合に行われます。

5　追加配当

追加配当は、最後配当の場合は配当額の通知後、簡易配当の場合は配当表に対する異議期間経過後、同意配当の場合は配当許可後に、新たに配当に充てることができる相当な財産があることが確認された場合に行う配当手続です（**Q77**参照）。

Q69

配当手続は、どのような基準で振り分けられますか。

破産法は、配当手続として、最後配当、簡易配当、同意配当、中間配当及び追加配当を定めています（これらの配当手続の概要は、**Q68**参照）。

通常、破産管財人の換価業務が終了した後に配当を行うには、最後配当、簡易配当及び同意配当のいずれかによることになりますが、東京地裁倒産部では、次の基準により配当手続を振り分けて配当を実施しています。

1　配当可能金額が1000万円未満の場合

配当可能金額が1000万円未満の場合には、簡易配当（破204条1項1号・財団少額型）を実施します。

ここでいう「1000万円未満」とは、配当可能金額であり、破産財団の残高ではありません。例えば、財団債権である破産管財人報酬や公租公課に対す

326　第9章　配当手続

る弁済額を控除した額が1000万円未満の場合には、破産財団の残高が1000万円以上であっても簡易配当を実施します。また、一般破産債権に対する配当可能金額が1000万円未満であっても、優先的破産債権に対する配当可能金額を加えると1000万円以上になる場合には、簡易配当によることはできず、最後配当を実施しますので、公租公課が財団債権と優先的破産債権のいずれに該当するか十分確認する必要があります。

　また、中間配当を実施した場合は、配当可能金額が1000万円未満であっても簡易配当によることができず、最後配当によることになります（破207条）。

2　配当可能金額が1000万円以上の場合

　配当可能金額が1000万円以上の場合は、原則として最後配当（破195条以下）を実施します。最後配当を実施する場合は、迅速に配当を実施することができ、債権者にとっても配当手続の進捗状況等を理解しやすいこと等の理由から、配当公告に代えて債権者に対する通知をする配当手続（破197条1項後段・通知型の最後配当）によるのが一般的と考えられます。もっとも、例えば、債権者数が300名を超えるなど多数の場合は、個別の通知ではなく配当公告による手続（同項前段・官報公告型の最後配当）の方がかえって簡便であると考えられます。

　これに対し、配当可能金額が1000万円以上の場合であっても、例外的に配当時異議確認型の簡易配当（破204条1項3号）によることが相当な場合もあります。例えば、債権者が多数ではなく、破産管財人が全ての届出債権を認めて破産債権が確定し、かつ、破産管財人の換価の内容について特段異議が述べられていない場合や、配当対象が公租公課のみで、配当がない一般破産債権者からの異議が見込まれない場合など、およそ債権者から簡易配当に対する異議が述べられないことが明らかな場合には、例外的に破産管財人の選択により配当時異議確認型の簡易配当を実施することが考えられます。

　しかし、配当時異議確認型の簡易配当については、簡易配当に対する異議が述べられると（この異議には理由が必要とされていません。）、簡易配当許可

を取り消した上、再度、最後配当手続をやり直すことになります（破206条）。その労力及び時間的損失を考慮すると、初めから最後配当を実施する方が手続的にも安定しており、手続的に不安定な余地を残す配当時異議確認型の簡易配当を選択することには慎重な検討が必要です。そこで、配当時異議確認型の簡易配当を実施するには、事前に裁判所と打合せをすることが求められます。

3 同意配当による場合

　配当可能金額にかかわらず、届出債権者の全員が、破産管財人の定めた配当表、配当額及び配当の時期・方法に同意している場合には、例外的に同意配当を行うことがあります。もっとも、届出債権者の全員の同意を得るためにかえって時間や手間を要すること、簡易配当の場合でも迅速に手続を終結させることが可能であることから、東京地裁倒産部では、同意配当が可能な事案であっても、ほぼ全件について簡易配当の方法によっているのが現状です。

Q70

簡易配当は、どのような手順で行われますか。

　簡易配当は、換価未了の財産の有無、未払財団債権の処理及び債権調査の終了を確認の上、以下の手順で手続を進めることになります（配当手順の流れについては、本問末尾の「配当スケジュール」及び「簡易配当スケジュール例」を参照。配当許可申請前の準備については、Q72参照）。

1 債権者集会前

　1件当たり40万円を超える破産財団が形成された場合、打合せメモ（【書式41】）を利用して裁判所に連絡をする扱いです。これに基づき、裁判所は、破産管財人の報酬額を内示し、簡易配当の可否を打ち合わせます。な

328　第9章　配当手続

お、個人の破産事件の場合に、事案によっては、破産財団から破産管財人報酬等を控除した後の残金につき、破産者の更生のための資金として相当額を自由財産の範囲の拡張として返還することがありますが、このような場合には、異時廃止とします。

なお、配当可能金額が1000万円以上の場合で、最後配当によらずに配当時異議確認型の簡易配当の利用を検討するときには、事前に裁判所と打合せをする必要があります（Q69参照）。

2　債権者集会及び債権調査期日

破産法157条の報告事項及び破産者の財産状況等の報告（債権者集会における提出書面についてはQ65、報告事項についてはQ66をそれぞれ参照）に加えて、収支計算書【書式44】【書式45】に、内示済みの破産管財人報酬額及び簡易配当（予定）金額を記入し、簡易配当予定である旨報告します。配当に必要な事務費の予定額は、財団債権（破148条1項2号）になりますので、この額もあらかじめ差し引いて配当予定金額を算出しなければなりません。

裁判所は、債権者集会を続行し、任務終了計算報告集会の期日を指定します。簡易配当の場合には、原則として7週目以降に指定します。

そして、併せて実施する債権調査期日においては、破産管財人が債権認否一覧表【書式48】【書式49】に基づいて債権調査結果を報告し、この期日で債権調査を終了します。なお、配当に関する誤りの多くは、債権認否の誤りに起因する場合が多く、配当表の更正では対応できない場合が多いので注意が必要です。

配当の対象が優先的破産債権に該当する租税等の請求権（公租公課）にとどまり、他の破産債権への配当に至らない事案については、配当手続は行いますが、債権認否を留保したまま手続を終了する扱いとしています（Q51参照）。この場合にも、裁判所書記官が破産債権者表を作成する必要があるため、配当表と一体化した優先的破産債権（公租公課）一覧表及び配当表【書式50】を提出する扱いです（公訴公課に対する配当のみの場合は、他の債権の記載は不要です。）。

債権者集会直前に新たに債権者が判明した場合等は、必要に応じ債権者集会等を続行する場合があります。

3　簡易配当許可申立て

債権者集会終了後、速やかに簡易配当許可申立書（【書式58】【書式73】）及び配当表（【書式49】【書式50】【書式57】）を提出します。

また、簡易配当の許可権者は、裁判所ではなく裁判所書記官となりますので、簡易配当許可申立書を作成する際には注意が必要です。

なお、東京地裁倒産部では、債権者集会終了後直ちに債権者集会場の受付に簡易配当許可申立書が提出されると、その場で許可証明を交付しています（ただし、許可申立書は、正本・副本を提出する必要があります。）。

配当表の作成の際に注意すべき点については、**Q72**を参照してください。

4　配当通知

債権者集会、債権調査期日が終了し、簡易配当の許可を得た後、届出をした債権者に配当見込額等を通知します（破204条2項。【書式59】。配当時異議確認型の場合は【書式74】）。ファクシミリによる通知も可能です。

通知の対象者には、破産管財人が全額異議を出した債権者や不足額を証明していない別除権者も含まれます。また、優先的破産債権のみの配当事案における一般破産債権の債権者や配当手続費用に満たないため配当額がない債権者（供託地との関係での注意点についてはQ71参照）を含めて、全ての届出債権者に通知をする必要があります。

優先的破産債権のみの配当事案において、配当のない届出債権者に対しては、【書式60】を利用するなどして通知します。

* 優先的破産債権のみの配当にとどまる事案で、【書式60】を利用して配当通知を行う場合には、同書式の「1簡易配当の手続に参加することができる債権の総額」欄は、次の①又は②の方法で記載します。
  ① 優先的破産債権であると認められる公租公課の総額（労働債権など公租公課以外の優先的破産債権にも配当がある場合にはこれも含めた優先的破産債権の総額）を記載し、併せて「（優先的破産債権のみ）」などと

330　第9章　配当手続

注記

② 優先的破産債権総額と一般（劣後的）破産債権の届出総額を合算した額を記載し、併せて「（一般（劣後的）破産債権は届出額で計算）」などと注記

【書式59】又は【書式60】（配当時異議確認型の場合は【書式74】）の通知は、破産法204条2項に基づき、全届出債権者に対してすることになりますが、東京地裁倒産部では、配当額が300円未満であり、切捨て計算により配当をしない届出債権者に対しては、【書式59】又は【書式74】の通知と併せて、【書式62】を送付して配当額が0円である理由を通知する取扱いをしています（少額配当金の取扱いについてはQ71参照）。

また、振込送金依頼書（【書式61】）も同時に送付することになりますが、振込手数料を破産財団の負担で送金する場合は、同書式に「財団負担での振込みを依頼する」旨の記載をするなどの工夫が考えられます（Q71参照）。

＊ 財団少額型の簡易配当と配当時異議確認型の簡易配当では、通知内容もそれぞれ異なりますので、それぞれの書式（前者は書式（A）【書式59】又は【書式60】）、後者は書式（B）【書式74】）を取り違えないよう注意が必要です。なお、配当時異議確認型の簡易配当の通知書の異議期間の欄には、後記6の「除斥期間等の起算日届出書」（【書式63】）の「除斥期間等の起算日」欄記載の日（通常はみなし到達日）から起算して1週間後の日付（初日算入）を記入します。

5 「除斥期間等の起算日届出書」の提出（破204条4項）

前記4の簡易配当の通知発送と同時に、裁判所に対し、「除斥期間等の起算日届出書」（【書式63】）を提出します。ファクシミリによる提出も可能です。この届出によって除斥期間等の起算日が定まり、配当異議期間や配当時異議確認型における簡易配当に対する異議期間も定まることになります。万が一届出がされなかった場合は、除斥期間が進行せず、配当手続全体のスケジュールに重大な支障が生じることとなりますので注意が必要です。

「除斥期間等の起算日届出書」は、「1 発送日」欄を記入した上、「2 みなし到達日」欄には、発送日の翌週の水曜日（当該水曜日が祝日の場合には翌営業日）を記入し（理由は後記のとおり）、「除斥期間等の起算日」欄上段の「□

Q70 331

みなし到達日と同日」の項目にチェックマークをつけて提出します。なお、配当通知はしているものの、届出書の提出が事情によりみなし到達日後になってしまった場合は、届出書提出日をみなし到達日とする扱いですので、例外として届出書の「除斥期間の起算日」欄下段にチェックマークをつけた上で届出書提出日を記載して提出します。

* 破産法204条2項から4項までによれば、破産管財人が配当の通知を行い、その通知は、通常到達すべき時に到達したものとみなされ、その時が経過した旨の届出を遅滞なく裁判所にすることとなっています。ここで、通常到達すべき時については、日本郵便株式会社によれば、東京から普通郵便を午後便で発送する場合、北海道、沖縄にはいずれも3日後には通常到達し、離島では4日後に通常到達するとのことですので、最長でも4日後であれば、ほとんどの場合、通知が通常到達したと認められると考えられます。ただし、通知を発送した曜日によって、その通常到達すべき日が土曜日や日曜日となる場合があり、除斥期間の終期を翌営業日に修正する必要が一定数出現することが考えられることから、東京地裁倒産部では、通知発送の翌週水曜日を一律に「通常到達すべきであった時」として到達したとみなされる日（みなし到達日）として固定する取扱いです（なお、みなし到達日となるべき水曜日が祝日の場合には、翌営業日がみなし到達日となります。また、みなし到達日から起算して1週間後の除斥期間満了日の火曜日（初日算入）が祝日の場合は、翌営業日が満了日となります。）。

　　また、法文上は、みなし到達日経過後に届出書を提出することになりますが、みなし到達日は、上記のように一律に固定することであらかじめ明確になっており、通知発送後にわざわざ予定された期日の経過を待つ合理性は必ずしもないこと、通知発送と同時に届出をすれば、事務としても同一の機会に一括して処理でき簡便かつ確実であると考えられることから、通知発送と同時に裁判所に届出をする扱いとしています。この場合、破産法204条4項との関係では、みなし到達日を届出日としてその日から効力を生じる旨の停止期限付きの届出と解することができ、そのような届出も有効であると解しています。

　　さらに、同項は、通常到達すべき時が経過した旨の届出として「時」を基準にした上、その「経過」後に届出することを予定していますが、厳密にいえば、みなし到達日（通知発送の翌週水曜日）の一定時（例えば午前9時00分）をもって「通常到達すべきであった時」とし、その時間が経過すればその当日に届出をしても同項に抵触しないと考えられます。したがって、通知発送と同時に届出書を提出した場合は、みなし到達日（通知発送の翌週水曜日）の一定時を経過した時点で同日に停止期限が到来したものとみて、みな

し到達日当日を届出日として扱い、その日が除斥期間の起算日となるという
取扱いをしています（「除斥期間等の起算日届出書」自体に時間の記載は必要
ありません。）。

6 除斥期間・配当異議期間等の満了

　法文上は、「除斥期間等の起算日届出書」の「提出日」から起算して1週
間が除斥期間となり、除斥期間経過から更に1週間が配当表に対する異議の
期間となります（破205条、198条1項、200条1項）。

　東京地裁倒産部では、破産管財人から、配当通知書の発送と同時に「除斥
期間等の起算日届出書」の提出を受け、同届出書を前記のように当該書面に
記載されたみなし到達日に届出の効力を生じる停止期限付きの届出として有
効なものと扱いますので、結局、「みなし到達日（初日算入）」から起算して
1週間が除斥期間となります。

　なお、配当表に対する異議期間が経過した時に破産管財人に知れていない
財団債権者は、簡易配当から除斥されます（破205条、203条）。

　　* 　異議が出ないものと判断して配当時異議確認型の簡易配当（破204条1項3
　　　号）の許可を得て配当通知をした後に、みなし到達日から起算して1週間以
　　　内に届出破産債権者が簡易配当に対する異議を述べた場合には、最後配当に
　　　移行することになります（破206条）ので、その後の手続は裁判所と協議をす
　　　ることになります。

7 配当の実施

　配当表に対する異議期間が経過した後、配当を実施します。特に裁判所か
ら配当異議があった旨の連絡がない限り、配当異議はなかったものとして配
当実施に着手して差し支えありません。

　配当実施に当たり、債権者から受領書を徴求する必要はありませんし、債
権証書への奥書も必要ありません（ただし、手形小切手等は受戻証券性を有す
るので、配当を受けるに当たり原本の呈示が必要です。）。債権者の配当金支払
請求権は取立債務です（破193条2項本文）が、配当の通知書に振込送金依頼
書（【書式61】）を同封して銀行振込みによる配当を行いますので、その振込
証明書をもって受領書に代えるという取扱いです。

Q70　333

破産債権査定の手続若しくは査定に係る異議訴訟が係属し、又は破産債権に関する訴訟が受継により係属している場合や、債権者が配当金を受け取らない場合については、供託（破205条、202条1号、3号）をして配当を完了させます。

8　配当実施報告書・計算報告書の提出

　簡易配当実施後、任務終了計算報告集会の1週間前までに、配当の実施及び任務終了の計算報告書（【書式75】）、解約した破産管財人口座の預金通帳の写し、債権届出書及び交付要求書の綴りをまとめて裁判所に提出します。振込送金依頼書の写しの添付は不要ですが、供託した場合は、供託書の写しを添付する必要があります。

9　任務終了による計算報告集会

　任務終了計算報告集会で破産手続終結の決定を行います。なお、最終の収支計算書提出後に判明する口座解約時の預金利息については、事務手続費用に充てることで足り、裁判所への報告は必要ありません。

（資料１）配当スケジュール

※ このスケジュール表は、配当実施に伴って破産管財人が行うべき事務等を週単位で示したものです。

	簡易配当 （A・財団少額型）	最後配当 （通知型）	最後配当 （官報公告型）
債権者集会	（木）（金）簡易配当の方針確定	（木）（金）最後配当の方針確定	（木）（金）最後配当の方針確定
第1週	簡易配当許可申立書（A）・配当表提出（204Ⅰ、205、196Ⅰ） 配当通知（A）発送（204Ⅱ） 除斥期間等の起算日届出書提出（205、197Ⅲ）	最後配当許可申立書・配当表提出（195Ⅱ、196Ⅰ）	最後配当許可申立書・配当表提出（195Ⅱ、196Ⅰ） 配当公告依頼（197Ⅰ参照）
第2週	（水）配当通知のみなし到達日（205、197Ⅱ）	配当通知①発送（197Ⅰ） 除斥期間等の起算日届出書提出（197Ⅲ）	
第3週	（火曜日の経過）除斥期間満了（205、198Ⅰ）	（水）配当通知のみなし到達日（197Ⅱ）	官報掲載（197Ⅰ） 最後配当公告掲載報告書提出
第4週	（火曜日の経過）配当表に対する異議期間満了（205、200Ⅰ）		
第5週	配当実施	（水）除斥期間満了（198Ⅰ）	除斥期間満了（198Ⅰ）
第6週	配当実施報告書（規63）・任務終了計算報告書（88Ⅰ）・債権届出書綴り提出	（水）配当表に対する異議期間満了（200Ⅰ） 配当通知②発送（201Ⅶ）	配当表に対する異議期間満了（200Ⅰ） 配当通知発送（201Ⅶ）
第7週	（木）（金）任務終了計算報告集会（88Ⅳ）	配当実施	
第8週		配当実施報告書（規63）・任務終了計算報告書（88Ⅰ）・債権届出書綴り提出	配当実施
第9週		（木）（金）任務終了計算報告集会（88Ⅳ）	
第10週			配当実施報告書（規63）・任務終了計算報告書（88Ⅰ）・債権届出書綴り提出
第11週			（木）（金）任務終了計算報告集会（88Ⅳ）

Q70　335

（資料２）簡易配当スケジュール例

○本スケジュール例における略語は次のとおりです。
「集会」：債権者集会及び債権調査期日を終了し次回任務終了計算報告集会を指定する集会
「届出書」：除斥期間等の起算日届出書【書式63】
「異議」：配当表に対する異議
「報告書」：配当の実施及び任務終了の計算報告書【書式75】
「報告集会」：任務終了計算報告集会
○以下の日付は架空のもので、実際のカレンダーとは祝日の設定が異なります。

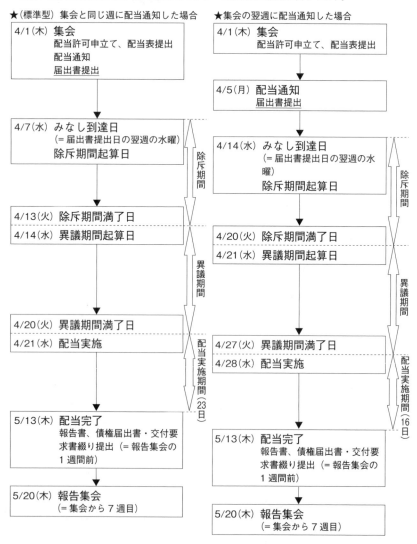

336　第９章　配当手続

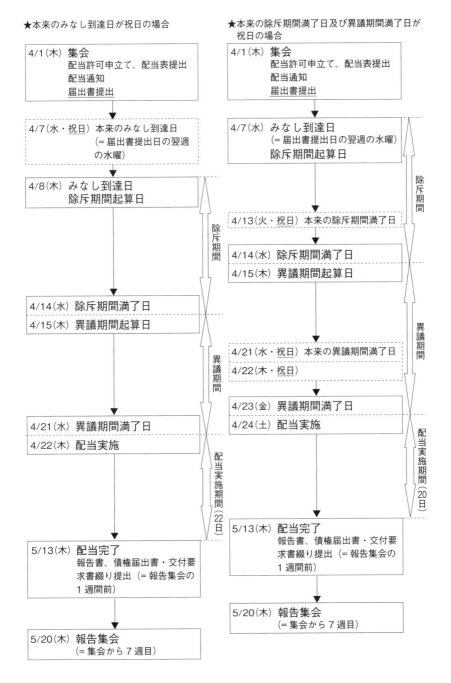

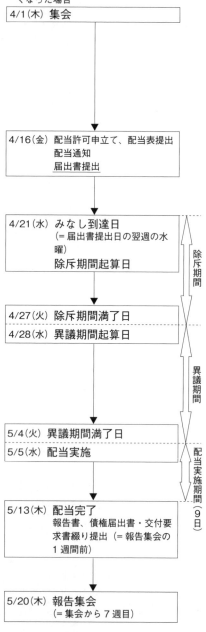

Q71

配当手続において、少額の配当金や送金手数料は、どのように取り扱われますか。

1 少額配当金の扱い

　破産手続に参加しようとする破産債権者は、自己に対する配当額の合計額が1000円未満となる場合（以下「少額配当金」といいます。）においても配当金を受領する意思があるときは、その旨を裁判所に届け出なければならないとされています（破111条1項4号、破規32条1項）。

　また、届出をした破産債権を取得し、届出名義の変更を受ける者が、少額配当金を受領する意思があるときは、その旨を裁判所に届け出なければならないとされています（破113条2項）。

　そして、破産管財人は、上記により少額配当金の受領意思の届出をしなかった破産債権者については配当をせず、当該配当額を他の破産債権者に配当しなければならないとされています（破201条5項、205条、215条2項）。

　しかし、これらの規定に従って処理する場合、配当額が1000円未満の破産債権者がいるかどうか、いる場合には、その破産債権者が少額配当金の受領意思の届出をしているかどうかを確認し、届出がなかった場合は、再度当該配当額を他の破産債権者に割り付けるという事務作業が増加することになります。また、中間配当においては、少額配当金の受領意思の届出がない債権者に対する配当額を寄託する必要があります（破214条1項6号）。

　そこで、東京地裁倒産部では、全件について、破産債権届出書用紙（【書式47】）に不動文字で少額配当金の受領意思がある旨を記載し、届出債権者においてこれを削除する等して受領意思がない旨を示さない限り、受領意思がある旨の届出がされたものとして取り扱っています（破産債権名義変更届出書用紙（【書式55】）も同様です。）。

2 送金手数料の扱い

　取立債務の原則（破193条2項本文）により、配当金の振込手数料や破産債権者が取立てに要する交通費等の費用は、破産債権者の負担となります。

　そこで、東京地裁倒産部では、配当金額が300円未満の破産債権者に対しては、費用倒れになることを考慮して、配当に関する通知（簡易配当の場合は【書式59】【書式74】、最後配当の場合は【書式65】【書式67】）に、配当額が配当事務費用に満たない旨の通知（【書式62】）を同封して通知し、配当しない扱いとしています。また、300円以上1000円未満の配当については、郵便切手を送付する形で配当することもできるという扱いとしています。

　もっとも、配当金額が300円未満の場合でも、配当事務費用を破産財団が負担して全額を一律に配当する方が事務作業としては簡便である場合もあるため、東京地裁倒産部では、破産管財人の判断で、次のような方法を採ることで、持参債務とする合意（破193条2項ただし書）が成立したものとして、送金手数料を破産財団の負担とし、300円未満の配当についても一律に実施する取扱いも選択できることとしています。

　すなわち、配当通知の際の振込送金依頼書（【書式61】）に「財団負担での振込みを依頼する」旨の記載をして送付し、その返送をもって当該債権者と破産管財人との間に送金手数料を破産財団の負担とする旨の合意が成立したとして扱うものです。この点、振込送金依頼書の返送と関係なく一律に合意した扱いをすると、破産債権者が受領しなかった場合に、供託所の管轄が破産債権者の所在地になるおそれがありますので、注意が必要です。

　また、上記の送金手数料の破産財団負担の取扱いは、少額配当金の有無とは関係なく実施することも可能です（この場合、各届出債権者に対する配当金額から送金手数料を控除して配当するのではなく、あらかじめ全ての届出債権者に対する送金手数料を配当事務費として控除して配当可能金額を算出し、その上で各届出債権者に対する配当額を割付け計算することになります。）。

Q72

配当表を作成する際には、どのような点に注意すべきですか。

1 配当の準備

まず、配当に先立って、①換価業務、②財団債権の支払、③債権調査が全て終了していることを点検します。

①については、破産手続開始申立書や債権者集会の際に作成した財産目録等と預金通帳等を照合して、換価未了の財産がないかを確認します。換価不能な財産は、裁判所の許可を得て破産財団から放棄します。なお、法人とその代表者の双方の破産事件の破産管財人に就職している場合に、双方の事件の換価が終了し、いずれも配当を実施するときは、一方の破産管財人として他方の破産事件に債権届出をしていたとしても、同時に配当をすることができます。

②については、公租公課、労働債権等のほか、破産管財人報酬や配当事務費用、将来の納税額（なお、延滞税の減免の申請が必要な場合もあります。**Q89**参照）等の未払財団債権額を、漏れなく破産財団の残高から控除しておきます。特に、公租公課は、破産管財人の見落としや課税庁の交付要求漏れなどにより、後から判明すると配当に大きく影響しますので、注意が必要です。場合によっては配当の原資がなくなり、配当許可を取り消す必要が生じることもあり得ます。また、延滞税の有無及び額についても課税庁に照会しておくと、配当表の更正の手間も省けます。

③については、東京地裁倒産部では、換価終了後の債権調査期日に債権認否を行う運用です。債権認否に先立ち、それまでの債権者や債権額の変動が確実に反映できるよう、関連事件を含めて、債権届出書等の点検を適切に行う必要があります。また、債権認否に当たっては、証拠書類を慎重に確認し、疑問がある場合には届出債権者にその旨指摘して主張立証の機会を与えるとともに、証拠書類の追加や届出書の訂正等の補正を促す等して、不必要な異議を述べることなく債権調査を終了できるよう、十分な準備が望まれま

す（**Q51**参照）。

2 配当表の記載事項

　配当表の記載事項は、①配当に参加することができる破産債権者、②配当に参加することができる破産債権額、③配当することができる金額です（破196条1項、205条等）。

　①は、届出債権につき、債権調査において異議が述べられず、又は債権確定手続において破産債権の存在及び額が確定した債権者です。⑦異議を述べられた破産債権について債権確定手続（破産債権査定手続や破産債権査定決定に対する異議の訴え、破産手続開始時に係属していた破産債権に関する訴訟の受継等）が係属していることの証明がない場合、④停止条件付債権や期限付債権について停止条件未成就や期限未到来の場合、⑦別除権付債権について不足額の証明がない場合など、破産法198条により配当から除斥される債権者に対しては、配当表作成に先立って、その証明の見込み等を照会することが相当な場合もあります。

　②に関しては、異議を述べられた破産債権につき債権確定手続が係属中の場合など、破産法202条各号に定める場合には、破産管財人は、直ちに配当表を更正した上で（**Q74**参照）当該債権者に対する配当額を供託しなければならないことに注意が必要です。

　③は、換価終了後の破産財団から財団債権の支払に必要な金額を控除した金額です。各債権者の配当額は、③を②で除した割合（配当率）を、各債権者の配当に参加することができる破産債権額に乗じて求めますが、③と各債権者の配当額の合計額に差額が生じたときは、これを事務手数料に充てることで足ります（配当率等の計算につき、後掲の資料「配当率計算書（参考例）」参照）。

3 誤りやすいポイント

　配当表の作成に当たり、誤りやすいポイントは、次のとおりです。債権認否の段階での注意事項（**Q51**）と併せて参考にしてください。

342　第9章　配当手続

(1)　代位弁済等がされた場合の充当関係

代位弁済による名義変更届は、その体裁によっては、全部弁済なのか一部弁済なのか（原債権者が債権者として残るのか否か）、一部弁済としても、代位弁済金が元本に充当されたのか損害金（劣後的破産債権のこともあります。）に充当されたのか等が判然としない例が少なくないようです。

また、破産者所有不動産の任意売却による別除権の受戻しでも、受戻金の充当で同様の問題が生じます（Q28参照）。債権認否前のみならず、債権認否後の異同を含め、新旧債権者に充当関係を十分確認する必要があります。

(2)　破産者が物上保証人兼連帯保証人である場合

この場合には、保証債務を被担保債権とするものではありませんから、この保証債務に係る届出債権は、別除権付債権ではないものと扱われます（Q52参照）。したがって、不足額の証明も不要で、届出債権の全額が配当の対象となります。

なお、この債権は、破産手続開始後に他の全部義務者から一部弁済を受けても、原債権者が破産手続開始時に現存する債権の全額につき、配当に参加することができます（開始時現存額主義・破104条2項。Q53参照）。

(3)　優先的破産債権内の配当の順序

複数の優先的破産債権がある場合の優先順位は、破産法98条2項の規定に従います（おおよそ公租、公課、私債権の順になります。）。財団債権の按分弁済（破152条）の場合とは取扱いが異なりますので注意が必要です（Q49参照）。

また、公租公課及び労働債権については、そもそも財団債権と優先的破産債権の区分にも注意する必要があります（労働債権について、Q39参照）。

(4)　別除権付債権の不足額の証明

別除権付債権は、除斥期間内に不足額を証明しない限り、配当に参加することができません（破198条3項、205条）。

実務上、別除権の目的物が実際に換価され、債権者の受領金額が確定したことを示す書面（任意売却の際の領収書や、競売手続における確定した配当表等）が提出されたときに、この証明があったものと取り扱っています。例え

（資料）配当率計算書（参考例）

1　財団現在額	

配当日を令和5年2月20日と決め、前日の2月19日に預金を解約することを前提に預金利息（定期預金、普通預金）を計算する。※1

①	普通預金	¥948,850
②	①の配当日までの利息	¥0（少額のため算入しない。）
③	定期預金	¥44,800,176
④	③の配当日までの利息	¥0（少額のため算入しない。）
	合計	¥45,749,026

2　配当費用を算出

①	官報公告費用	¥43,071 ※2
②	債権者宛通知	¥16,058 ※3
	（債権者数　37、通知回数　1　）	
	合計	¥59,129

3　今後発生する事務手数料をあらかじめ控除する。

概算額　¥5,000

コピー代、用紙代、通信費、転居先不明の債権者の住所の調査費用等です。

4　破産管財人報酬　¥4,000,000

5　上記1〜4から配当金を算出　1−（2＋3＋4）

＝　¥41,684,897 …A

6　配当率を計算

A÷　　　　配当に加えるべき債権の総額
＝　A÷　　¥841,558,427
＝　　0.04953298

この配当率で各債権者ごとの配当金を計算すると41,684,877円となり、20円の誤差が生じますので、この20円を事務手数料に算入します。

7　最終的に、これから支出する額は、次のとおり

①	配当費用	¥59,129
②	配当金	¥41,684,877 −20円
③	事務手数料	¥5,020 ＋20円
④	破産管財人報酬	¥4,000,000
	合計	¥45,749,026（＝1）

※1　配当日までに発生する利息については、その額が少額であることが明らかな場合には、配当率計算の際に配当原資に加える必要はありません。解約後、事務手数料に算入して処理してください。

※2　最後配当（官報公告型）の場合のみ計上します。官報公告費用（掲載料金）については、あらかじめ申込み予定の官報販売所（政府刊行物センター等）にお問い合わせください。1行（22文字）3263円×行数×1.1（消費税含）となります。

※3　最後配当（官報公告型）、簡易配当（財団少額型、異議確認型）の場合は、債権者数×1回分、最後配当（通知型）の場合は、債権者数×2回分の郵便料金が必要となります。

344　第9章　配当手続

ば、競売では、売却許可決定や代金納付があっただけでは、証明として不十分です（Q52参照）。

(5) 配当表の記載

債権認否表と一体となった配当表の書式（【書式49】）では、「配当額」の欄に「認める債権額」などの誤った金額を記載してしまうミスも生じ得るところです。また、配当表の書式には「配当に加えるべき債権の額」（破196条1項2号）の欄が設けられていますが、不足額が確定していない別除権付き債権のように、認める債権額と配当に加えるべき債権額が異なることもあるため、過誤防止の観点から、両者が同額になる場合も含め、「配当に加えるべき債権の額」欄に記載してください。

それ以外にも、配当通知前に、配当表の記載誤りがないかどうか、いま一度確認する等の慎重な対応が求められます。

Q73

破産債権査定申立て等の債権確定手続が係属している場合には、どのように配当手続を進めればよいですか。

1　債権確定手続

債権の一般調査期日（東京地裁倒産部では、全件について期日方式を採用しています。Q51参照）において、破産債権の額や優劣について、破産管財人が認めず、又は届出破産債権者が異議を述べた破産債権を有する破産債権者は、その額等の確定のために、債権を認めなかった破産管財人及び異議を述べた届出債権者の全員を相手方として、破産事件を担当している裁判所（東京地裁であれば倒産部）に破産債権査定の申立てをすることができます（破125条1項）。そして、破産債権査定の申立てについての決定に不服がある者は、同決定に対し異議の訴えを提起することができます（破126条1項）。また、当該債権について破産手続開始当時に訴訟が係属していた場合には、破産債権者は、異議者等の全員を相手方として訴訟手続の受継を申し立てるこ

Q73　345

とになります（破127条1項）。

これらの破産債権査定手続や訴訟に係る裁判により、破産債権の額等が確定することになります。破産債権の存否等について争いが生じており、債権確定手続に移行することが見込まれる場合には、換価終了前の段階から債権認否を行い、早期に債権確定手続に移行させる等の配慮が必要ですので、裁判所と進行につき打合せをすることが求められます。

なお、破産債権査定手続については、**Q61**を参照してください。

2 債権確定手続が係属している場合の配当手続

債権確定手続が係属している場合の配当手続は、次のとおりです。

(1) 配当表の更正等

配当表の提出前（破196条、205条参照）に債権確定手続が係属している場合は、異議を述べられた破産債権が認められることを前提として配当表を作成します。

これに対し、配当表の提出前に債権確定手続が係属していない場合には、破産管財人が認めない債権を除いて配当表を作成している例が多いところです。しかし、破産債権査定の申立て、訴訟の受継申立てを除斥期間内にしたことの証明が破産管財人にされた場合、破産管財人は、当該申立てに係る破産債権が認められることを前提とした配当表に更正する必要があります（破199条1項1号、205条）。

(2) 配当額の供託

当該破産債権に対する配当は、とりあえず留保することになりますが、最後配当の場合には配当額の通知時までに、簡易配当の場合には配当に対する異議申立期間満了時までに債権が確定しなかったときは、配当額を供託する必要があります（破202条1号）。

(3) 債権確定後の事務

債権確定手続に係る債権の額等が全て認められた場合、供託されていた配当金は、当該債権者が全額受領することになります。

これに対し、債権の額等が認められなかった場合、供託されていた配当金

346 第9章 配当手続

の処理が必要となりますので、破産管財人連絡書（【書式４】）等により裁判所と打合せをした上で、追加配当（破215条）等を検討することになります。

なお、債権確定手続が、破産管財人と当該債権者との間の訴外和解等で決着した場合、供託金の還付に当たり、法務局との関係で、当該債権者の本人確認書類や印鑑証明書の提出を求められることがあるので、注意が必要です。

3 破産者から異議が述べられた破産債権について

債権調査期日において、破産者から破産債権につき異議が述べられたとしても、破産管財人が認め、他の債権者から異議が述べられなかった債権は確定しますので（破124条１項）、配当手続には特に影響しません。

Q74

配当表は、どのような場合に更正する必要がありますか。

1 配当表の更正

(1) 配当表の更正の意義等

破産管財人は、配当許可を受けたときは、遅滞なく配当表を作成しなければなりません（破196条、205条）が、その後に配当表の記載事項に変更が生じたときは、配当表を更正しなければなりません（破199条）。

ただし、最後配当の場合は配当額の通知、簡易配当の場合は配当表に対する異議期間の満了後は、各破産債権者に具体的な配当金請求権が発生します（破201条７項、205条）ので、配当表の更正をすることはできません。

(2) 配当表の更正の方法

配当表の更正は、破産管財人が職権で行うこととされ、裁判所の許可は必要ありません。また、更正した配当表に基づく再度の配当許可、配当公告及び配当通知等も不要ですが、配当額が減少する破産債権者には、事情の説明を兼ねて通知することが相当な場合もあります。

配当表の更正は、具体的には、裁判所に対し、①更正配当表（従前の配当表に必要な修正を加え、表題を「配当表（更正）」又は「更正配当表」とし、修正のある債権者の備考欄に更正事由を記載したもの（【書式57-2】））、②債権額等が変更された場合には、債権調査後の債権額等変更一覧表（【書式56】）、③配当原資が変動した場合は、変動後の収支計算書を提出するという方法で行う扱いです。また、更正前後を通じて、①～③の書面に矛盾が生じるような誤記等がないよう注意する必要があります。認否時に使用した「債権認否及び配当表」（【書式49】）を利用していた場合、債権認否後は、異議の撤回を除き認否の変更はできませんので、債権認否時に「債権認否及び配当表」（【書式49】）を利用していた場合、これを修正して更正配当表を作成するのではなく、認否部分（債権の種類、届出債権額、認否額）を含まない更正配当表の書式を作成するのが一般的です。

　なお、配当表の更正が必要な事情が判明した場合は、速やかに裁判所に連絡する必要があります。

2　破産法199条所定の更正事由がある場合

　破産管財人は、配当表の提出後、配当に関する除斥期間（破198条1項、205条）の満了前に、次の更正事由が生じた場合には、直ちに配当表を更正します。

(1)　破産債権者表を更正すべき事由が生じた場合（破199条1項1号）

　債権確定手続による債権の確定、異議ある破産債権の異議の撤回、債権届出の取下げ、届出債権の名義変更など、破産債権者表の記載を変更する必要が生じた場合には、これに基づき作成される配当表も更正が必要です（届出債権者からの資料の追完を受けて異議の撤回を予定していた場合であっても、除斥期間を経過すると異議の撤回ができなくなることについてはQ60参照）。

　また、停止条件付破産債権又は期限付債権について、除斥期間の満了前に停止条件の成就又は期限の到来があった場合（破198条2項参照）についても、上記同様に配当表の更正をして、これらの債権についても配当の対象とすることが必要です（停止条件付債権となる敷金・保証金の扱いについてはQ

348　第9章　配当手続

37の2参照）。

(2) 債権確定手続の係属について証明があった場合
（破199条1項2号）

債権調査において異議等が述べられた無名義の破産債権について、債権確定手続が係属していることの証明がされると、当該破産債権は、配当表の記載事項である「配当の手続に参加することのできる債権」に追加されます。

そこで、当該債権者に対する供託金（破202条1項）を確保するため、配当表の更正が必要になります。債権確定手続の係属の証明は破産管財人に対して行われることが必要であり、具体的には、各確定手続の係属証明を提出することが考えられますが、破産管財人が債権調査において認めない旨の認否をし、債権確定手続の相手方になったときは、債権者にこの証明の提出を求めない取扱いですので、更正を失念しないよう注意が必要です（なお、債権確定手続が係属する場合の配当手続につきQ73参照）。

(3) 別除権付債権について不足額の証明等があった場合
（破199条1項3号、2項）

別除権付債権について、債権の全部又は一部が別除権により担保されないことになったとき（別除権の放棄や受戻しがされたとき等）や、不足額が確定したことが証明されたとき（別除権の目的である不動産について競売手続の配当表が確定し、当該配当表が提出されたとき等）は、当該不足額等が「配当の手続に参加することができる債権」となるため、配当表の更正が必要になります。

3 その他の更正事由がある場合

最後配当の場合は配当額の通知前、簡易配当の場合は配当表に対する異議期間の満了前に、新たに配当に充てることができる財産が発見されたときは、当該財産を原資に加えて配当を実施するため、配当表の更正が必要になります（破201条6項）。なお、財産の発見がそれ以後であったときは、追加配当を実施します（破215条）。

また、上記時期までに財団債権が判明して配当財源が減少したとき（破

203条、Q48参照）や、配当表に書き損じや計算間違い等の明白な誤記がある
とき（破13条、民訴257条参照）も、解釈上更正が認められています。もっと
も、最後配当の場合は配当額の通知、簡易配当の場合は配当表に対する異議
期間の満了後は、各破産債権者に具体的な配当金請求権が発生します（破
201条7項、205条）ので、その後に明白な誤記がある場合の更正をすること
はできないと解されます。

　以上の配当表の更正事由等を整理すると、次の表のとおりです。この表に
該当しない事由の場合には、債権認否の誤りに起因する場合が多く、債権認
否後は、異議の撤回を除き認否の変更はできませんので、その対応について
は、裁判所と相談する必要があります。

事　　由	条　　文	発生時期	提出書面
破産債権者表を更正すべき事由の発生	破199 I ①	除斥期間 満了まで	①更正配当表 ②債権額等変更一覧表
破産債権確定手続の係属証明	破199 I ②		①更正配当表
別除権不足額等の確定	破199 I ③ II		①更正配当表 ②債権額等変更一覧表
新たな配当原資の判明	破201 VI	最後配当→配当額の通知まで 簡易配当→配当表に対する異議期間満了まで	①更正配当表 ③収支計算書
財団債権の増加	破203参照		
配当表の誤記や計算違い等の明白な誤りの発見	破13 民訴257		①更正配当表
配当表に対する異議の認容	破200 II	限定なし	

4　配当表に対する異議と配当表の更正

　配当表の記載に不服のある届出破産債権者は、配当に関する除斥期間が経
過した後1週間に限り、異議を申し立てることができます（破200条1項）。
異議の内容は、破産債権の額や順位に誤りがあることなど、配当表の記載事
項に関するものに限られ、既に確定した破産債権の内容に関する主張は、異

議事由とはなりません。裁判所が異議に理由があると認めるときは、破産管財人に対し配当表の更正を命ずる決定がされます。この決定は当事者に送達されませんが、これに従って破産管財人が配当表を更正し、この更正配当表が閲覧・謄写の対象となります（同条2項、4項、破11条1項、2項）。

配当表に対する異議申立てがあると、異議申立てに係る手続の終了まで、配当を実施できません（破201条1項）。異議申立てに係る手続の終了とは、具体的には、最後配当の場合には、異議申立てに対する裁判に即時抗告がされたときには、その即時抗告に対する裁判がされるまでですが、簡易配当の場合には、即時抗告が認められていないので、異議申立てに対する裁判がされるまでとなります（破200条3項、4項、205条）。

異議の申立てがあったときは、裁判所書記官から破産管財人にその旨を通知します（破規65条）ので、破産管財人は、配当手続を止める必要があります。特にそうした連絡がないときは、異議申立ての有無を確認することなく、配当を実施することになります。

Q75

最後配当は、どのような手順で行われますか。

1　最後配当と簡易配当との相違点

最後配当は、①除斥期間が2週間であること（破198条1項。なお、簡易配当の場合の除斥期間は1週間です。）、②配当表に対する異議の申立てについての裁判に対し即時抗告をすることができること（破200条3項）、③配当額の通知を省略できないこと（破201条7項）が簡易配当と異なっています。

2　最後配当の種類

最後配当には、最後配当の手続に参加することができる債権の総額及び最後配当をすることができる金額について、官報公告をする方法（官報公告型）と、届出をした破産債権者に通知をする方法（通知型）があります。

Q75　351

東京地裁倒産部では、通知型の方が迅速に配当を実施できること等の理由から、原則として通知型の最後配当を実施していますが、債権者数が300名を超えるなど多数の場合には、官報公告型の方が適切と考えられます。

3　最後配当を行う場合

最後配当は、①配当可能金額が1000万円以上の場合、②配当時異議確認型の簡易配当の通知をした後、届出破産債権者が異議を述べたために簡易配当の許可が取り消された場合、③中間配当を実施した場合（破207条）に実施します。

上記①及び③の場合、破産管財人は、換価未了財産の有無、未払財団債権の処理及び債権調査の終了を確認の上、後記4の項目に沿って手続を進めることになります（配当のスケジュールについては本問末尾の「最後配当スケジュール例」及びQ70末尾の「配当スケジュール」参照）。上記②の場合、任務終了計算報告集会の続行の要否及び期日の調整等、その後の進行について裁判所と打合せをする必要があります。

4　最後配当の手順

(1)　債権者集会前

打合せメモ（【書式41】）を利用して最後配当によって配当をする旨及び官報公告型を利用するか通知型を利用するかを裁判所に連絡します。これによって、債権者集会の進行や破産管財人報酬額等に加えて、最後配当の手続について打合せをします。

(2)　債権者集会及び債権調査期日

簡易配当を最後配当と読み替えるほか、Q70の簡易配当における債権者集会及び債権調査期日の項を参照してください。

ただし、最後配当の場合、除斥期間が2週間であることなどから、任務終了計算報告集会の期日は、原則として、官報公告型は債権者集会の終了から第11週目以降の日、通知型は債権者集会の終了から第9週目以降の日を指定します。

(3)　最後配当許可申立て

債権者集会終了後、速やかに最後配当許可申立書（【書式64】）と配当表（【書式49】【書式50】【書式57】）を提出します。

簡易配当と同様、最後配当の許可権者は、「裁判所」ではなく「裁判所書記官」ですので、許可申立書作成の際には注意が必要です。

配当表の作成の際に注意すべき点は、**Q72**を参照してください。

(4)　最後配当の官報公告又は通知（破197条1項）

ア　官報公告型

最後配当の許可後、速やかに配当公告をします。

公告は、官報販売所（政府刊行物センター等）で、所定の用紙に最後配当の手続に参加することができる債権の総額、最後配当をすることができる金額を記入し、官報公告費用を添えて申し込みます。申込みの際に官報公告の掲載日を教示されるので、掲載報告のために控えておく必要があります。官報公告費用については、申込み予定の官報販売所に問い合わせていただくことになります（1行（22文字）3263円×行数×1.1（消費税を含む。）となります。）。

除斥期間の起算日を確認するために必要となりますので、官報公告依頼後、直ちに裁判所に官報公告掲載日を報告することが求められます（【書式68】）。

イ　通　知　型

最後配当の許可後、速やかに届出債権者への通知を行います（【書式65】）。簡易配当の場合と同じく、破産債権全額に異議等が述べられた破産債権の債権者や不足額を証明していない別除権付破産債権者に対しても通知が必要ですし、優先的破産債権のみの配当事案における他の債権者や、配当額がない債権者を含めて、全ての届出債権者に対して通知を出す必要があります。

優先的破産債権のみの配当の場合の、配当のない届出債権者に対しては、【書式66】を利用して通知します。また、配当額が300円未満であり、切捨て計算により、配当をしない債権者に対しては、【書式65】の通知と併せて、

【書式62】の通知をするのが東京地裁倒産部の運用です。

　法文上は、最後配当の手続に参加することができる債権の総額、最後配当をすることができる金額のみが通知事項となっていますが、債権者から、総額のみを通知されても具体的な配当見込額が不明であるとの問合せを招くことが予想されますので、簡易配当の場合と同様に、配当通知の際に配当見込額も通知し、併せて振込送金依頼書（【書式61】）を送付して、前倒しで手続を進める取扱いです。

　配当通知の具体的な手続は、Q70の簡易配当の項を参照してください。

(5)　「除斥期間等の起算日届出書」の提出

　通知発送と同時に「除斥期間等の起算日届出書」（【書式63】）を裁判所に提出する扱いも、簡易配当の場合と同様です（破197条3項）。

　この届出に基づいて除斥期間や配当異議期間が定まることになるので、必ず提出しなければなりません。

> ＊　「除斥期間等の起算日届出書」の「2みなし到達日」欄は、簡易配当と同じく、通知発送日の翌週の水曜日を記載します（2週後の水曜日ではありません。）。

(6)　除斥期間・配当異議期間の満了

　官報公告型は公告が効力を生じた日から、通知型は「除斥期間等の起算日届出書」における起算日（通知発送の翌週水曜日＝みなし到達日）から起算して、いずれも2週間が除斥期間となり、除斥期間経過後1週間が配当表に対する異議期間となります（破198条1項、200条1項）。簡易配当の場合（1週間）と除斥期間の長さが異なりますので注意が必要です。

(7)　配当額の定め及び通知（破201条）

　配当表に対する異議期間が経過した後、遅滞なく配当額を定めて、直ちに通知書（【書式67】。官報公告型の場合は【書式69】）により通知し、配当を行います。配当額の通知により、破産債権者は配当金請求権を取得します。

> ＊　優先的破産債権のみの配当の場合における配当のない届出債権者に対する通知は、【書式66】を利用して行います。また、配当額が300円未満のために配当をしない届出債権者に対する通知は、【書式67】又は【書式69】に加えて

354　第9章　配当手続

【書式62】を送付する扱いです。

　配当額の通知を発したときに破産管財人に知れていない財団債権者は破産財団から弁済を受けることができなくなります（破203条）。逆にいえば、通知書発送前に財団債権が判明ないし発生すると計算を改める必要が生じるので、配当表に対する異議期間経過後は遅滞なく配当通知をする必要があります。

　⑻　**配当の実施**
　⑼　**最後配当実施報告書・計算報告書の提出**
　⑽　**任務終了による計算報告集会**

⑻から⑽までは、いずれも**Q70**の簡易配当での取扱いと同様です。

（資料）最後配当スケジュール例

○本スケジュール例における略語は次のとおりです。
「集会」：債権者集会及び債権調査期日を終了し次回任務終了計算報告集会を指定する集会
「届出書」：除斥期間等の起算日届出書【書式63】
「異議」：配当表に対する異議
「報告書」：配当の実施及び任務終了の計算報告書【書式75】
「報告集会」：任務終了計算報告集会
○以下の日付は架空のもので，実際のカレンダーとは祝日の設定が異なります。
○本来のみなし到達日や除斥期間満了日等が祝日の場合については，Q70末尾の「簡易配当スケジュール例」を参照してください。

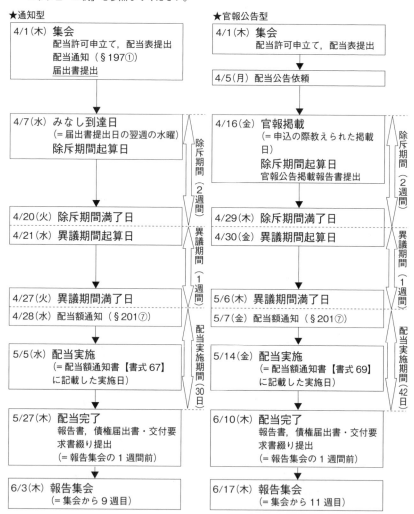

Q76

中間配当は、どのような場合に、どのような手順で行われますか。

1　中間配当の意義

破産管財人は、一般調査期間の経過後又は一般調査期日の終了後であって、破産財団に属する財産の換価の終了前において、配当するのに適当な破産財団に属する金銭があると認めるときは、最後配当に先立って、裁判所の許可を得て、届出をした破産債権者に対し、中間配当することができます（破209条1項）。

東京地裁倒産部では、破産財団の規模が大きく、配当するのに適当な破産財団が形成され、かつ、今後も換価業務が続き、終結まで一定程度の期間が見込まれるなどの場合に、例外的に中間配当を実施することがあります。

2　中間配当をする場合

中間配当を実施するかどうかは、破産財団の形成額、残余の管財業務の内容及びこれに要する期間、今後の破産財団の収集、換価の見込み、財団債権の支払予定額及びその支払時期、中間配当を行う労力及びコスト、債権者数、債権額及び債権者の意向等を総合して決めます。

中間配当の実施の要否については、上記の諸事情を十分考慮する必要がありますので、破産管財人において中間配当を実施するのが相当と判断した場合には、事前に裁判所と打合せをする扱いです。

3　中間配当の手順

中間配当の手順については、最後配当に準じます（破209条3項）ので、Q75を参照してください。最後配当との手順の違いは、次のとおりです。

(1)　中間配当の許可

破産管財人は、裁判所に対し中間配当の許可の申立てをします（破209条

2項）。最後配当及び簡易配当の場合は、裁判所書記官の許可を得ることになっていますが、中間配当の場合は、配当可能額や中間配当の必要性等の実質的判断が要求されますので、裁判所の許可が必要とされています。

中間配当を実施する場合は、未払財団債権の処理及び将来の財団債権の支出予定の確認、未了管財業務の確認、債権調査終了の確認等をした上、中間配当許可申立書（【書式70】）を提出します。また、配当可能額の算出に当たっては、今後見込まれる公租公課や手続費用等の財団債権の支出予定額を控除しておく必要があります。

(2) 配当額の寄託

破産法214条1項各号に掲げる事由、すなわち、①異議等のある破産債権であって、債権確定手続が係属しているもの（1号。なお、債権確定手続については、Q50参照）、②租税等の請求権又は罰金等の請求権で、審査請求、訴訟（刑事訴訟を除く。）等の不服の申立ての手続が終了していないもの（2号）、③別除権（準別除権を含む。）に係る破産債権で、中間配当に関する除斥期間内に不足額の疎明（破210条）があったもの（3号）、④停止条件付債権又は将来の請求権である破産債権（4号）、⑤解除条件付債権である破産債権であって、担保（破212条1項）が供されていないもの（5号）、⑥いわゆる少額配当受領意思の届出（破111条1項4号、113条2項）をしなかった破産債権（6号）の各破産債権者は、中間配当手続には参加することができますが、中間配当金を受けることはできず、配当金は寄託されることになります。

(3) 破産債権者に対する通知

破産管財人は、配当表に対する異議期間経過後、遅滞なく、配当率を定めて、中間配当に参加できる破産債権者に通知しなければなりません（破211条）。

4 中間配当に当たり考慮すべき点

(1) 将来生じる財団債権の見込み

将来生じる財団債権の見込額を予測し、現状の破産財団の形成額と比較し

て、中間配当が可能な金額を検討する必要があります。中間配当をしてしまったために、その後生じた財団債権の一部の支払が不能になることは避けなければなりません。

(2) 債権調査が終了していること

中間配当の対象となる破産債権は、債権調査が終了していなければなりません。届出期間経過後に届け出られた債権であっても、破産管財人及び破産債権者の異議がないときは、一般調査期日において調査・認否の対象となります（破121条7項）が、中間配当を実施する場合は、その段階で債権調査期日を打ち切ることになります。その後に届け出られた債権は、一般調査期日終了後の届出である以上、その責めに帰することができない事情によって届出ができず、その事由が消滅した後1か月以内に届出をした場合など、特別調査の対象になる場合を除き、原則として除斥され、最後配当に参加することもできません。

(3) 弁済許可制度の利用

優先的破産債権となる労働債権に対しては、中間配当によらずに、弁済許可の制度（破101条1項）を利用することも考えられます。特に、一般破産債権者が多数存在するが、優先的破産債権のみの配当にとどまることが見込まれる事案では、破産債権者に対する配当通知を要しないという利点があります（**Q39**参照）。

Q77

> 追加配当は、どのような場合に、どのような手順で行われますか。

1 追加配当の意義

追加配当は、最後配当の場合は配当額の通知後、簡易配当の場合は配当表に対する異議期間経過後、同意配当の場合は同意配当の許可後、新たに配当に充てることができる相当の財産があることが確認されたときに、裁判所の

許可を得て行われます（破215条1項）。

　なお、破産手続終了後であっても、破産財団に帰属すべき財産を発見したときは、破産管財人の管理処分権が存続する場合もあると考えられます（Q78参照）。

2　追加配当をする場合

　配当額の通知等の後に、新たに資産（売掛金、保険解約返戻金、出資金、税金の還付金、破産者が他の倒産手続の債権者として受けた弁済金や配当金等）が発見されたときや、債権査定異議訴訟等の債権確定手続で破産管財人が勝訴し、異議等を述べられた破産債権について供託した配当金等があるときに、追加配当を検討することになります。

　追加配当を行うか否かについては、追加配当の手続費用等を考慮しても、追加配当し得る額であるかどうか、債権者数、債権額、追加配当を行う労力及びコスト等を総合して決めることになりますので、新たな資産が見つかった場合は、裁判所に相談する必要があります。

3　追加配当の手順

　追加配当の手順については、次のとおりです。

(1)　追加配当の許可

　破産管財人は、裁判所に対し追加配当の許可の申立てをします。最後配当、簡易配当及び同意配当の場合、裁判所書記官の許可を得ることになっていますが、追加配当の場合は、配当可能額や追加配当の必要性等の実質的判断を要しますので、裁判所の許可が必要になります。

(2)　債権者に対する通知等

　破産管財人は、裁判所の許可を得た後、最後配当、簡易配当又は同意配当について作成した配当表に基づき、遅滞なく、追加配当に参加できる破産債権者に対する配当額を定め、これを破産債権者に対し通知をします（破215条1項、3項ないし5項）。

　追加配当は、最後配当、簡易配当又は同意配当の補充として行われるもの

360　第9章　配当手続

ですから、除斥期間を定めて新たな配当表を作成する必要はなく、最後配当又は簡易配当について作成された配当表によるとされています（破215条3項）が、実務上は、改めて、各債権者に対する追加配当額を記載した配当表を作成するのが通例です（【書式71‐2】）。また、最後配当、簡易配当又は同意配当の段階で債権者は確定していますので、配当の公告又は通知をせず、配当額の通知のみを行うことになります（除斥期間はありませんので「除斥期間等の起算日届出書」の提出は必要ありません。）。

追加配当の許可の申立てについては、【書式71】を、配当額の通知については、【書式72】を使用することになります。

(3) 計算報告

追加配当を実施した場合は、破産管財人は、遅滞なく、裁判所に書面による計算の報告を行いますが、計算報告のための集会は開催しません（破215条6項）。

第 章

破産手続の終了と免責の調査

Q78

破産手続が終了した後、どのような残務がありますか。また、破産手続終了後、破産財団に帰属すべき資産が発見された場合はどのようにしたらよいですか。

1 帳簿の保管

　破産手続の終了が確定すると、帳簿の保存義務は、法人の場合には法人の元代表者に、自然人（商人）の場合には破産者本人に移りますが、帳簿の引渡しができない場合には、重要でないものは廃棄し、重要なものは破産管財人が保存することになります。その場合、東京地裁倒産部では、破産手続の終了時から3年間保存した後は廃棄して差し支えないという取扱いをしています。平成29年の民法改正で、弁護士が職務に関して受け取った書類の責任について、事件終了時から3年の短期消滅時効を定めた民法171条は削除された後も、上記取扱いに変更はありません。

　また、医療法人等の破産事件では、破産管財人の善管注意義務の一環として、診療録等を保存すべき場合もあります。この場合には、関係法令上の法定の保存期間を参照しつつ、一定期間保存することが望まれます。

　なお、破産管財人が帳簿等を保存する場合、保存費用は財団債権となります（破148条1項2号）ので、破産管財人は、当該費用をあらかじめ破産財団から差し引いておく必要があります。特に、帳簿が大量にあり、倉庫等を借り受ける必要があるときには、注意を要します（『破産220問』233頁〔鶴巻暁〕参照）。

2 破産手続終了後の資産の発見

　破産手続終了後に、本来破産財団に帰属すべき資産の存在が新たに判明する事例がまれに見受けられます。新たに判明した財産について破産手続終了後にも破産管財人の管理処分権が残っているといえるかについては、見解が分かれていますが、当該財産をもって追加配当の対象とすることを予定し、

又は予定すべき特段の事情があるときは、当該財産に対する破産管財人の管理処分権は消滅しないとの考え方も示されています（最判平5.6.25民集47巻6号4557頁参照）。

そこで、東京地裁破産倒産部では、新たな資産が発見されたときは、破産管財人と裁判所で協議をして、その対応を検討しています。そして、法人の破産事件が中心ですが、売掛金、土地収用の補償金、出資金、租税還付金、株式、保険解約返戻金が発見された等、相応の資産の存在が判明し、破産管財人において容易に取得・換価して破産財団を形成できる場合等には、破産管財人の管理処分権が例外的に残っているものと扱った事例もあります。その上で、当該資産を換価して形成された破産財団については、追加配当等を検討することになります。

なお、破産管財人の管理処分権が残っている資産の換価を行う場合には、いったん破産手続を終結した後であっても、破産管財人の資格証明書及び印鑑証明書を発行しています。もっとも、破産手続中に破産財団から放棄された資産については、管理処分権が残っているとして扱うことはできません（Q30参照）。また、破産財団の増殖に資さない新たな業務への対応は消極的に考えられます（この場合、これらの財産は、法人事件では清算法人、個人事件では破産者個人の管理処分権が復活し、その者の管理処分に委ねられることになります。最決平12.4.28判時1710号100頁・判タ1035号108頁参照）。

以上は、終了の原因が配当による終結でも異時廃止でも同様であるとの扱いをしています。

3　手続の進行

新たな資産の換価等が終了し、その結果、配当が可能な程度の破産財団が形成された場合は配当をし、配当に適しない程度の少額である場合は、破産管財人に対する追加報酬や事務費として扱っています。

配当終結決定後に財産が発見され、これにより更に配当が可能な事案であることが判明した場合は、裁判所で破産管財人の追加報酬を定め、追加配当の許可後、破産管財人が、最後配当、簡易配当又は同意配当について作成し

た配当表に基づいて追加配当を実施します（**Q77**参照）。

また、異時廃止後に財産が発見され、破産管財人の追加報酬や財団債権の追加弁済額を控除しても、なお配当が可能であると判明したため、債権者集会及び債権調査期日を再度指定した上で、配当を実施した事例もあります（『破産・民再の実務（破産編）』Q132参照）。

Q79

免責調査の際には、どのような点に注意すべきですか。

1　免責審尋

破産法では、破産者に対する免責審尋の実施が任意的なものとされていますが、東京地裁倒産部では、免責審尋期日が債権者にとって重要な手続参加の機会であり、手続の適正を担保する上でも重要な機能を有していること、即日面接（破産手続開始の申立てがされた日及びその後3営業日以内に申立代理人と面接を行い、破産手続開始の決定をする運用。Q6参照）により、破産手続開始の決定をするまでに破産者が裁判所に出頭することが予定されていないため、免責審尋を実施しないと、裁判所が、破産者本人と一度も対面しないまま免責の判断をすることとなり、免責手続に対する一般的な信頼を損ねるおそれがあること、破産者の経済的更生を図る上でも好ましくないことなどから、全件につき免責審尋（破8条2項）を実施しています。

また、破産法では、免責許可の申立てがあった場合、破産手続開始後、1か月以上の意見申述期間を定め、その期間を官報公告するとともに知れている債権者に通知することとされています（破251条）が、免責審尋期日は、この意見申述期間の満了日と同日に指定し、債権者集会と同時に開催します。

2　調査対象及び調査結果の報告（破250条）

破産法では、免責の調査の対象は、免責不許可事由の有無のみならず、破

産手続開始に至った経緯その他裁量免責の判断に必要な事情（破252条2項）を含むこととされていますが、東京地裁倒産部では、免責の判断においては破産管財人の調査結果を重視していますので、破産管財人は、全件について、裁判所の個別的な調査命令の有無にかかわらず、広く裁量免責の可否についても調査・報告をすることになります（なお、破産管財人が調査の結果の報告として行う免責の当否の意見は、破産法251条に基づく破産管財人の意見申述とは異なりますので、同条1項の期間制限は受けません。）。

免責に関する報告については、チェック方式の意見書（【書式79】）を免責審尋期日に提出し、免責の当否の意見を口頭で簡潔に述べるのが通常です。

3　免責調査の際の注意点

(1)　同時廃止事件との違い

免責の理念は、①誠実な破産者に対する恩典と②債務者の経済的更生の2点にあるとされています。したがって、単に過去の免責不許可事由（破252条1項各号）の有無だけでなく、破産者が破産手続に誠実に協力したか否か、特に総債権者の代表者としての地位も存する破産管財人に適切に情報を開示したか否か、債権者への「情報の配当」の実現に貢献したか否か（上記①の観点）、破産者に経済的更生の可能性があるか否か（②の観点）という点も含め、総合的な観点から調査をする必要があります。

同時廃止事件との違いは、破産手続開始後の事情です。とりわけ破産管財人に対する説明義務及び調査協力義務（破40条1項1号、250条2項）の履行は、債権者に対する「情報の配当」への寄与という意味で、債権者・債務者双方にとって有利な事情です。「金銭」配当への評価だけでなく、「情報」の配当に対する破産者の貢献度も評価するのが相当です。これは同時廃止事件では意識されることがない視点であり、十分考慮の上、調査することが求められます。

なお、「情報」の配当に対する破産者の貢献は、裁量免責の可否の判断における重要な考慮要素となるものの、その評価の程度については一定の限界があることを示唆する裁判例として、東京高決平26.3.5（金法1997号112

頁）があります。

(2) 調査方法

　調査は、債権者からの具体的な指摘がない限り、申立書及び陳述書（又は代理人作成の報告書）に大きな誤りがないか否かという観点から行います。

　ただし、破産者の通帳の記載や転送郵便物及び債権者から提供された情報から、破産手続開始・免責許可申立書に記載のない破産者の財産が発見される場合があります。この場合、その財産が破産財団に属するものであれば換価するのはもちろんですが、免責の観点からは、破産者が当該財産を隠匿する意図があったかについて判断するため、申立書に当該資産を記載しなかった理由についても調査する必要があります。さらに、破産者がかつて保有していた財産を費消していたことが判明した場合、財産の隠匿や不利益処分等の破産財団の価値を不当に減少させる行為をしていないか、浪費又は賭博その他の射幸行為によって財産を減少させる行為をしていないかという視点から、費消した財産の使途についても調査をする必要があります。

　東京地裁倒産部では、破産者が支払不能に陥った後に金額の大きい保険を解約してその返戻金を全て費消し、返戻金を受領した事実及びこれを費消した事実について虚偽の説明をし、最終的にほとんど配当ができなかった事案や、破産手続開始の申立て直前に受領した多額の現金を全て費消し、その使途について合理的な説明をしなかった事案、多額の財産を隠匿し、財産状況について虚偽の説明を繰り返した事案について、いずれも破産法252条1項1号及び11号の免責不許可事由があり、裁量免責も相当でないとして免責不許可の決定をした例があります（原雅基「東京地裁破産再生部における近時の免責に関する判断の実情」判タ1342号4頁、平井直也「東京地裁破産再生部における近時の免責に関する判断の実情（続）」判タ1403号5頁、村上若奈「東京地裁倒産部における近時の免責に関する判断の実情（令和版）」判タ1518号5頁参照）。また、近年では、SNSの投稿内容から多額の遊興費の支出等がうかがわれるにもかかわらず、破産者名義の預金の取引履歴の具体的な説明を拒否した事案や、破産手続開始時に保有していた多額の暗号資産の存在を秘匿し、資産はないと虚偽の説明をしていた事案、債権者の情報提供により

破産手続開始後に風俗営業店の利用を継続し、そのための新たな借入れをしていたにもかかわらず、破産管財人や裁判所に虚偽の説明を繰り返していたことが発覚した事案について、いずれも説明義務違反（破産法252条1項11号）等の免責不許可事由があり、裁量免責も不相当であるとして免責不許可の決定をした例があります。

4　免責の判断時期

　基本的には、第1回の債権者集会で同時開催した免責審尋期日（意見申述期間の満了日）において破産管財人から調査の結果の報告がされた場合には、その後、おおむね1週間程度で免責の許否の判断をします。破産手続が続行になる場合においても、破産法は免責の許否決定が可能であるとしている（破248条1項、253条1項本文参照）ので、破産者の協力の面で破産管財人の業務に支障を生じるおそれがないときには、免責の許否の決定をすることがあります。破産手続が続行になる見込みの場合には、上記の観点から、免責審尋期日を併せて続行する必要の有無についてもあらかじめ方針を検討した上で期日に臨むことが求められます。なお、免責審尋期日のみを続行する取扱いは行っていません。

5　意見申述がされた場合又は即時抗告があった場合

　意見申述期間中に債権者から免責について意見申述がされた場合には、申立代理人や当該債権者の意見を聴取するなどの必要な調査をした上、債権者集会において、調査結果を踏まえた意見を口頭で報告することになります。また、破産管財人の意見どおりの免責許可の決定に対し、債権者から即時抗告（破252条5項）がされた場合、裁判所が、破産管財人に対し、即時抗告に対する意見書の提出を求めることがあります。

6　免責不許可意見の場合

　債権者の意見や申立代理人の反論を踏まえて、免責不許可の具体的内容（具体的不許可事由と裁量免責も不相当の理由）を記載した意見書を提出しま

す。免責不許可の意見を述べる予定である場合には、免責審尋期日前のできるだけ早い段階（遅くとも当該期日の2週間前頃まで）に裁判所との協議を行う運用です。

7 免責調査型の事件について

免責不許可事由があって免責の許否が問題となる場合、かつては同時廃止決定後、破産者に自由財産から一定額（おおよそ負債額の数％から10％程度）を積み立てさせ、債権者に按分弁済をさせた上で裁量免責決定をする運用（いわゆる免責積立て）が一般的に行われていました。しかし、この運用には、免責審理が長期化し、債権者にとって迅速な債権償却ができないこと、一定額での免責はモラルハザード（倫理の喪失）を招致しかねないこと、裁判官の社会経験や価値観の相違に基づく判断の幅が大きいことなどの問題点が指摘されていました。

そもそも免責積立ての趣旨は、破産者の誠実性を証明させて裁量免責の判断材料にすることにあります。そうであれば、破産管財人において、総債権者の立場に立って総合的な観点から破産者の誠実性を調査し、その旨の報告があれば、積立てをさせる必要はありません。これが免責調査型の基本的な考えです。この場合、前記3に記載のとおり、同時廃止事件に比べて、裁量免責が認められる可能性は高くなるといえます。かつて行われていた免責積立ての運用は完全に廃止されており、もちろん一部免責もありません。

なお、免責調査型の定着に伴い、管財手続の新たな利用形態が生まれました。それは、必ずしも免責不許可事由の存在が明白でなくても、問題のある多重債務者の経済的更生を実現するために、管財手続を利用して、申立代理人と破産管財人の両者の協力と支援によって多重債務者の根本的な問題を解決しようとする試みです（免責調査型のクレジットカウンセリング的機能）。

7年内再度の免責の申立てなど、免責不許可事由が明らかな場合には、申立代理人又は破産管財人が破産者に対し、日本貸金業協会と全国銀行協会が平成31年3月29日より実施している貸付自粛制度への登録を促して借入れを繰り返すことを防止する例もあります。

第11章 債権者申立事件、本人申立事件や債権者多数の事件等の運用

Q80

債権者申立事件・本人申立事件について、どのような点に留意すべきですか。

1　東京地裁倒産部における債権者申立事件及び本人申立事件の取扱い

　債権者申立事件においては、債務者に代理人弁護士が選任されている場合もあるものの、その場合でも、当該代理人弁護士に通常の自己破産事件の申立代理人と同様の協力を期待するのは困難な面があります。また、いわゆる本人申立事件においては当然ながら代理人弁護士は存在しません。そこで、東京地裁倒産部では、このような事件類型については、申立代理人と破産管財人との連携・協働を前提とするいわゆる少額管財手続を扱う通常管財係ではなく、担当裁判官・裁判所書記官を固定する特定管財係において扱うこととしています。

　なお、特定管財係において扱う事件類型としては、このほか、①債権者が300名以上の大型事件、②保全管理命令の発令を要する事件、③消費者被害事件、在外資産が多く存在するなどの渉外関連事件、労使紛争の存在する事件、事業継続が必要な事件、役員等関係者に対する責任追及が必要な事件等の複雑・困難な事件があります（『破産・民再の実務（破産編）』146頁以下参照）。

2　申立書等副本の受領等

　債権者申立事件・本人申立事件については、原則として裁判所が申立書等の副本を預かっていますので、破産管財人候補者に内定した場合は、速やかに裁判所において副本を受領することになります。

3　債務者及び申立債権者との接触

　債権者申立事件は、破産手続開始につき争いのある事件が多いため、裁判

所は、破産手続の開始を相当と判断した段階でも、申立債権者及び債務者に
対し、事前に発令の見込みや時期を伝えないことが一般的です。そのため、
破産管財人候補者の段階で、申立債権者と面談したり、債務者から事情を聴
取することは、原則として避けていただくことになります。

4　破産者との打合せ

　債権者申立事件・本人申立事件の場合、破産者からの事情聴取について
は、次の点に注意が必要です。

　すなわち、破産者は、破産手続において、破産管財人に対して非協力的な
ことも多く、財産を隠匿したり、逃亡を図る例も少なくありません。

　そのため、破産管財人は、破産手続開始から日を置かずに、破産者（代表
者）を破産管財人の事務所に呼び出すなどして、事情聴取を行う必要があり
ます。特に、収支の明細、資産の状況及び財産の評価額について詳細に事情
を聴取するとともに、裁判所から破産者に送付されている注意事項書（【書
式9‐2】【書式10‐2】）の記載内容や郵便物の管理などについて、分かり
やすく説明しておくことが重要です。なお、債権者申立事件については、申
立債権者との連絡も重要となります。

5　破産債権者に対する破産手続開始の通知の発送事務等

　債権者申立事件では、申立債権者には、裁判所から破産手続開始通知書等
を送付しますが、それ以外の債権者については、破産手続開始時に判明して
いる破産債権者であっても、破産管財人から通知を送付（ファクシミリも
可）していただく運用です。

　債権者申立事件では、当初から破産債権者の全体が判明していないのが通
常ですので、新たな債権者が判明する都度、破産管財人から通知を送付し、
新たに判明した債権者への発信（送信）報告書（【書式51】）を裁判所に提出
する扱いです。

Q80　373

6 予納金について

(1) 財団組入手続

　債権者申立事件・本人申立事件の場合、予納金は、申立人（申立債権者・本人）から裁判所に全額納付されますので、破産管財人は、次の財団組入手続を執る必要があります。

　ア　担当書記官は、破産手続開始後直ちに、官報公告に必要な額を残した財団組入金を破産管財人口座に入金する手続を執ります。

　イ　破産管財人は、それに備えて、「金銭及び有価証券の保管場所の口座」を開設した上（Q13参照）、破産手続開始時に交付済みの「財団組入等支払請求書」に記名し、口座番号を記入して、担当書記官に提出します。

　ウ　財団組入金は、裁判所出納係から上記口座に直接振り込まれます（担当書記官から裁判所出納係への手続依頼後、速やかに入金されます。）。

(2) 債権者申立事件の予納金等の取扱い

　債権者申立事件の場合の予納金は、破産管財人報酬などの手続費用を確保するために申立債権者に予納させたものであり、配当財団となるものではありません。

　すなわち、上記手続費用を確保する必要がなくなった場合、申立債権者は破産財団に対して予納金の返還を請求することができ、これは財団債権（破148条1項1号）に該当します（申立債権者が予納した郵便切手や貼用した印紙に要した費用も同様です。）。この財団債権の順位は、実務上、第1順位である破産管財人報酬に次いで第2順位とされています。

　したがって、破産手続開始後に破産管財人報酬を賄える程度の破産財団が形成された場合には、速やかに、予納金を申立債権者に返還する必要があります。返還すべき額は、予納金（財団組入金（破産管財人口座に振り込まれた金額）＋官報公告費用（1万4786円））に予納郵券代（6000円）及び貼用印紙代（2万円）を加えた額です。返還の可否や金額等については、債権者集会前に裁判所と打合せをする必要があります。

　なお、異時廃止が見込まれる事件について、公租公課等を先に弁済すると予納金の返還ができなくなるおそれがありますので、注意が必要です。

374　第11章　債権者申立事件、本人申立事件や債権者多数の事件等の運用

7 破産手続開始の決定に対する即時抗告

破産手続開始の決定に対する即時抗告には執行停止の効力がないので、管財業務は通常どおり進行させることになります。もっとも、事案によっては、慎重な対応をすることが相当な場合もあるので、破産者の重要な財産の換価等を行う場合は、裁判所に相談する必要があります。

8 免責の調査について

免責の調査については、代理人申立ての自己破産事件の場合と同様ですが、債権者申立事件の場合は、破産手続開始の申立てと免責許可の申立てとの間に間隔があるため、免責についての意見申述期間の定め方が異なる場合があります。したがって、裁判所と打合せをして進行について確認する必要があります。

また、債権者申立事件の場合、免責許可の申立ては、破産手続開始の決定の確定から1か月という期間が限定されていることに留意し、必要に応じて破産者に手続教示を行うことが望まれます（破248条）。特に、破産者が破産手続開始の決定に対する即時抗告、特別抗告を申し立てている場合、特別抗告には確定遮断効がないため（民訴334条1項参照）、破産手続開始の決定が確定するのは特別抗告の棄却ないし却下の決定の時点ではなく、抗告棄却決定が告知された時点となりますので、注意が必要です。

Q81

債権者多数の破産管財事件（100名超）については、どのような点に留意すべきですか。

1 債権者多数の破産管財事件の特徴

債権者が多数（100名超）の破産管財事件（以下「債権者多数事件」といいます。）では、申立てが自己申立てなのか債権者申立てなのか、また、破産者が法人なのか個人なのかにかかわらず、破産管財人として、債権者・債務者

間の様々な利害調整のみならず、債権者相互間の利害調整の場面が増えるため、他の破産管財事件と比べて破産管財人の負担が大きいといえます。また、債権者多数事件の場合、資産及び負債の額が多額に上ることが多いため、換価業務はもちろんのこと、従業員の労働債権や公租公課等の処理、債権調査等の管財業務が複雑多岐にわたる傾向があるといえます。さらに、投資詐欺等の消費者被害型の事件では、被害者が全国に点在し、しかも、比較的高齢の方が多く、被害感情や被害回復の観点から、破産手続開始前の資金流出等の資産調査に関心が持たれる傾向がみられ、他方で、会計帳簿等が散逸・廃棄されていたり、警察等の捜査機関に押収されていたりして破産管財人の手元にないことが多いため、破産管財人の管財業務の負担は相当重いものがあるようです。

　これまで東京地裁倒産部に係属した債権者多数事件の処理を通じて、破産管財人が管財業務を行う上で留意された点や工夫例等を紹介します。

2 専用電話・ファクシミリの開設、破産管財人室等の設置、ウェブサイトの開設等

⑴ 専用電話・ファクシミリの開設

　債権者多数事件について破産手続が開始されますと、破産手続開始通知を受けた多数の破産債権者等が、破産管財人に対し、一斉に架電して様々な問合せや苦情等の連絡をしてくることが見込まれます。そのため、破産債権者に送付される破産手続開始通知書に破産管財人の所属する法律事務所の電話番号を当該事件の連絡先として掲載しますと、問合せ等の電話が殺到し、他の弁護士業務に支障を来すおそれがあります。

　過去の事例をみますと、破産管財人において新たに当該破産管財事件専用の電話回線を設けて対応した例や、特に債権者数が300名を超えるような事案では、破産手続開始通知書に破産管財人の所属する法律事務所の電話番号ではなく、ファクシミリ番号を掲載した例があります。

⑵ 破産管財人室の設置

　ある程度の規模の大きな事案（例えば、上場会社や全国に事業展開をしてい

るような会社の破産事件）では、当該破産会社の本社事務所等に破産管財人室を設置し、破産会社の有する電話回線・ファクシミリ、コールセンターを利用し、あるいは破産管財人が独自にコールセンター業務を請け負う業者に依頼してコールセンターを設け、債権者からの問合せに対応した例もあります。

(3) ウェブサイトの開設、電子メールによる問合せ、相談の対応

また、事案によっては、破産会社が開設していたウェブサイトを利用して、あるいは破産管財人が独自のウェブサイトを開設して、破産管財人就任の挨拶や債権者にとって当面必要な情報の提供、Q&Aを掲載した例もあります。インターネットが普及した現在では、ウェブサイトの活用は、後で説明する債権者に対する情報提供という観点からも有用です。

このほか、事案にもよりますが、破産会社が有していたインターネット上の電子メールアドレスを利用する形で、電子メールで債権者からの質問、相談に対応した例もあります。

(4) 警察等に対する情報提供

消費者被害型の事件では、破産手続開始決定通知を受けた破産債権者が、警察・消費者保護団体等に問合せをすることが考えられます。そのため、破産管財人が、破産手続開始後速やかに、警視庁や消費者保護団体の相談窓口に電話連絡し、破産会社について破産手続が開始したことや破産管財人から破産債権者に送付した文書の内容等について情報提供をした例もあります。

3 破産管財人による破産手続開始通知の発送事務等

(1) 破産手続開始通知書の発送等

破産規則7条は、「裁判所は、破産手続（中略）の円滑な進行を図るために必要があるときは、破産管財人の同意を得て、破産管財人に書面の送付その他通知に関する事務を取り扱わせることができる。」旨規定しています。

東京地裁倒産部においても、債権者多数事件等において破産管財人の理解・協力が得られる場合には、破産財団の費用で破産手続開始通知書等の発送事務を破産管財人に依頼しています（具体的な発送手順等については本問末

Q81 377

尾の資料1を参照）。

その際、事案によっては（例えば、当該破産会社が旅行会社であり、旅行債権者が多数いるような場合）、債権者からの問合せ等に対応する観点から、破産手続開始通知書に併せて、破産管財人が独自に作成した文書を同封する場合もあります。もっとも、この場合には、事前に裁判所との間で同封文書の文案等について協議をすることが求められます。

なお、破産管財人の求めに応じて、裁判所が作成する破産手続開始決定通知書に、当該破産会社ないし破産管財人が開設したウェブサイトのURLを掲載することもあります。

このほか、債権者多数事件において、当初から異時廃止が見込まれる場合や、配当見込みが明らかでない場合には、管財業務の負担軽減という観点から、後記(2)のとおり、破産手続開始時に債権届出期間及び債権調査期日の指定を留保することがあります（破31条2項）。しかし、そのような事案であっても、破産手続開始時に判明している破産債権者に対し、破産手続が開始されたことや破産管財人の氏名、財産状況報告集会（債権者集会）の期日を通知する必要があります（破32条3項1号）。破産手続開始通知は、裁判所の封筒を用いて普通郵便で行うのが一般的ですが、債権者が数百名を超え、上記のように破産財団が乏しくて異時廃止見込みの場合には、破産管財人が破産財団の費用で圧着はがきを用いた破産手続開始通知書を準備し（本問末尾の資料2を参照）、破産債権者に対し通知をする事務を行うこともあります。

(2) 破産手続開始時に債権届出期間及び債権調査期日の指定をするか否かの判断

破産法は、破産手続開始の決定と同時に破産管財人の選任、債権届出期間及び債権調査期日を指定するものとしています（破31条1項）。しかし、当初から異時廃止が見込まれる事案や、投資詐欺等の消費者被害型事件で、破産手続開始時に被害金額や被害者数の把握はもとより、資産状況も明らかでなく、配当見込みがあるのか明らかでない事案等においては、債務者代理人や破産管財人候補者の意見も聴いた上、破産手続開始時に債権届出期間及び債権調査期日の指定を留保する場合があります（破31条2項）。この場合、ある

程度破産財団の換価業務が進み、配当の見込みが明らかになった時点で、債権届出期間及び債権調査期日を指定し（破31条3項）、破産債権届出書を判明している破産債権者に発送することになりますが、この発送事務については、破産管財人の同意を得て、破産管財人において行う扱いです。

(3) 破産債権届出書の工夫

　債権者多数事件においても、破産債権届出書については、裁判所が準備した定型のもの（【書式47】）を用いるのが一般的です。しかし、投資詐欺等の消費者被害型事件や消費者金融会社の破産事件における過払金債権者等の場合には、破産債権者の有する債権の属性に応じた異なる取扱いをする場合もあります。

　過去の事例をみますと、①投資詐欺等の消費者被害型の事件で、破産者が関連で複数いる場合に、1通の破産債権届出書をもって関連の複数の破産事件についても債権届出があったものと扱った例、②消費者被害型の事件で、関連で複数いる破産者AないしCのうち、Aについて債権調査が先行して行われることになり、B及びCについては債権届出期間及び債権調査期日の指定が留保されている場合に、B及びCについて将来債権調査が行われる場合に備えて、1通の破産債権届出書に、将来、B及びCにつき債権調査が行われる場合には、上記届出書を援用してB及びCに対しても債権届出をしたものとみなす旨を明記した例、③消費者被害型の事件における被害者債権者や、消費者金融会社等における過払金債権者を対象として、破産債権届出書にあらかじめ破産管財人が把握している金額を不動文字で記載し、異なる金額の届出をしたい場合には二重線で抹消して債権者の認識している金額を記入するよう求めた例等があります。

4　破産管財人団の組成

　債権者多数事件の場合、前記のとおり管財業務は複雑多岐にわたることが多く、これを破産管財人1名でこなすことは困難です。そこで、破産手続開始と同時に、裁判所の許可を得て破産管財人代理を選任し（【書式11】）、いわゆる破産管財人団を組成することが多いようです。この破産管財人代理

は、同じ法律事務所の弁護士に限らず、倒産事件処理に精通している別の法律事務所の弁護士が選任されることも少なくないようです。破産管財人代理の選任に当たり、資格上の制限等はありません。

　破産法上、裁判所は、破産管財人を複数選任することができるほか（破74条1項、76条1項）、法人を破産管財人に選任することも可能であり（破74条2項）、各庁の実情に即して、複数名の破産管財人が選任されたり、弁護士法人が破産管財人に選任され、当該弁護士法人に所属する破産管財人候補者が職務行為者に指定される（破規23条2項）こともあるようです。しかしながら、東京地裁倒産部では、破産管財人候補者を多数有していること、破産管財人候補者同士の連携、ネットワーク等が存することなどから、破産管財人としては弁護士1名を選任し、選任された破産管財人が裁判所の許可を得て別の弁護士を破産管財人代理に選任し、破産管財人団を組成して債権者対応や資産保全・換価等に当たることが通例です。

5　郵便転送嘱託の上申

　債権者多数事件の場合、例えば、破産会社の本店のほか、支店、営業所が複数ある場合や、登記上も記録上も表れない事業所が判明した場合に、裁判所は、資産調査の一環として、破産会社宛ての郵便物を破産管財人に対し転送する旨の嘱託をすることができます（破81条1項）。また、嘱託した郵便転送について、後日、取消し又は変更をすることができます（同条2項）。もっとも、破産管財人において、破産手続開始後も本店、支店、営業所で残務処理ないし管財業務の一部（換価業務、労働債権の処理、顧客対応等）を行う必要がある場合もありますので、どの時点でどの事業所等に対する郵便物の転送嘱託の上申をし、又は郵便転送の取消し又は変更の上申をするのかを検討する必要があります。

　郵便転送嘱託の上申に関しては、**Q22**を参照してください。

6 債権者に対する情報提供

(1) 債権者集会における報告

破産法31条1項2号は、裁判所は、破産手続開始の決定と同時に財産状況報告集会の期日を定めることを要する旨規定する一方、同条4項は、裁判所は、破産手続開始時に判明している破産債権者の数その他の事情を考慮して財産状況報告集会を招集することが相当でないと認めるときは、財産状況報告集会の期日を定めないことができる旨規定しています。

しかしながら、東京地裁倒産部では、破産管財人が選任される全事件について、「情報の配当」という観点から、原則として、債権者多数事件であっても債権者集会を開催する運用としており、債権者集会においては、破産管財人が債権者に対し、破産に至った経緯や財産状況、配当見込み等についての報告・説明を行い、質疑応答が行われています（例外的に債権者集会を招集しない場合について、後記10参照）。

(2) ウェブサイト等による情報の提供

また、事案によっては、破産会社又は破産管財人が開設した前記2⑶のウェブサイトを利用して、適宜の時期に債権者向けに情報を提供したり、債権者集会の結果を後日ウェブサイトに掲載する旨をアナウンスして、債権者集会に出席しない債権者が不利益な扱いを受けないようにしている例もあります。

このほか、破産手続開始時から間もない時期に、申立代理人が破産者（債務者）主催の債権者説明会を開催し、破産管財人が同席又は傍聴をした事例や、破産管財人が債権者説明会を開催し、特定の債権者（顧客等）向けに管財業務の進捗状況等を報告した事例もあります。もっとも、この場合、裁判所が開催する破産法所定の債権者集会との関係が不明確になるおそれがありますので、裁判所主催の債権者集会とは別に債権者説明会を開催する必要がある場合には、事前に裁判所と十分に協議をする必要があります。

7 債権者集会の運営

(1) 債権者集会の開催場所

債権者多数事件の場合、第1回債権者集会に出席する債権者数を予測することは、なかなか困難です。

東京地裁倒産部の場合、債権者多数事件の債権者集会は、庁舎内の103債権者集会室を使用して開催していますが、事案によっては外部の施設を借用して債権者集会を開催することもあります。

(2) 債権者集会の実際

債権者集会前の打合せ、準備及び集会当日の運営は、基本的には通常管財係や特定管財係の場合と同様ですが（Q64～Q66、Q67参照）、債権者多数事件については、当日の債権者集会の進行等につき、事前に裁判所側と十分な打合せを行うことが望まれます。

また、債権者多数事件、特に消費者被害型事件では、「情報の配当」の観点から、債権者に情報提供するための書面（破産法157条の報告書の要旨、財産目録及び収支計算書）を用意することが通例です。

8 債権調査の工夫

破産法上、債権調査の方式としては書面による調査方式（期間方式。破117条以下）と期日における調査方式（期日方式。破121条以下）があり、東京地裁倒産部では、原則として期日方式を採用しています（Q51参照）。

ところで、債権者多数事件において、破産管財人が債権調査期日で認否を行う場合、様々な支障が生じることがあります。すなわち、破産管財人の判断で債権者集会（兼債権調査期日）に出席した届出破産債権者に認否書の写しを配布する場合（債権者集会終了後に破産管財人が回収する場合も含む。）には、届出破産債権者は認否書を見て自己の届出債権の認否内容を確認することができるばかりでなく、他の届出債権の内容をも知ることができ、直ちにその場で異議を述べることが可能であるなど、債権者集会の円滑な進行に資するところがあります。しかしながら、届出破産債権者が多数に上る場合、破産債権の認否書も当然に厚くなりますので、出席した届出破産債権者全員

382 第11章 債権者申立事件、本人申立事件や債権者多数の事件等の運用

に認否書の写しを配布することは現実的ではありません。また、届出破産債権者の多くは、自己の届け出た債権が破産管財人の調査の結果認められたのか否かに関心があり、他の届出破産債権者の届出内容に対する関心は低いと考えられます。さらに、破産管財人が届出破産債権の全部又は一部について異議を述べる場合、債権調査期日の前に当該債権者に対し、異議通知書（【書式52】）を送付して異議の内容を知らせているのが通常です（Q60参照）から、破産管財人から異議を述べられた届出破産債権者は、既に認否結果を知っているといえます。

これまでの運用をみると、破産管財人において、債権認否を行う際、異議を述べる予定の債権者に対しては事前に異議通知書を送付済みであり、異議通知をしなかった債権者については、届出額どおりに認めている旨の説明を行うほか、破産管財人が用意した認否書の写しを債権者集会室に配置した机に備え置き、集会終了後に債権者に適宜閲覧してもらう例や、認否書が数十枚ないし数百枚に及ぶ場合には、破産管財人において、届出破産債権者名であいうえお順に並べ替えてファイルに編綴した認否書を数部用意した上、債権者集会室に近接した別の場所に認否書の閲覧場所を設け、集会終了後に債権者を上記閲覧場所に誘導して閲覧をしてもらう例（破産管財人において検索用のパソコンとパソコンを操作する補助者を準備し、債権者が認否書から自己の届出破産債権の認否結果を探し出せない場合の対応に当たった。）などがあります。これらの場合、認否書を閲覧した届出破産債権者が他の届出破産債権の内容につき異議を述べる場合に備え、債権者集会の席上、裁判官から、債権調査期日を本日の○○時まで続行とする扱いをすること、異議を述べる場合には○○時までに書面で書記官室に申し出てもらいたい旨のアナウンスをしています。

いずれにせよ、債権者多数の事件における債権者集会の運営については、裁判所側と事前に十分な打合せをすることが求められます。

9 配　当
配当についても、基本的な考え方は、通常管財係や特定管財係における場

合と同様です（Q68〜Q77参照）。

　もっとも、債権者多数（特に300名超）の場合、簡易配当や通知型の最後配当では届出破産債権者に対する通知事務等の負担が大きいことから、官報公告型の最後配当手続を選択するのが一般的といえます。

　また、消費者被害型の事件では、破産管財人による換価や資産調査等が終了するまで相当長期にわたる場合が多いため、被害の早期回復の観点から中間配当を求められることもあります。この場合、中間配当をする場合のコストや配当率、他に財団債権が存在しないかどうか、債権者の意向等も踏まえて、その可否を慎重に判断することになります（中間配当についてはQ76参照）。

　このほか、配当すべき破産債権者が多数の場合、金融機関によっては1日に受け付ける配当金の振込手続の件数を制限していることもあるようですので、配当完了までのスケジュールを策定するに当たっては、配当金の振込手続を行う予定の金融機関との調整が必要な場合もあります。

10　債権者集会非招集型

　東京地裁倒産部では、原則として全件について債権者集会を開催しており、財産状況報告集会（破31条1項2号、）、任務終了計算報告集会（破88条3項）及び破産手続廃止に関する意見聴取集会（破217条1項）を同一日時に一括して指定し、併せて、債権調査期日（破116条2項）及び免責審尋期日（個人破産事件の場合）も同一期日に指定する扱いです（債権者集会の運営方針についてはQ64参照）。

　しかし、財産状況報告集会は、知れている破産債権者の数その他の事情を考慮し招集することが相当でないと認めるときは、期日を定めないことができるとされ（破31条4項）、破産手続廃止に関する意見聴取は書面でも可能であり（破217条2項）、任務終了計算報告も書面で行うことができるとされています（破89条）。また、債権調査についても、期間調査方式と書面方式（破116条1項）を採用することができます。このように、法律上は、一度も債権者集会等を開催せず、破産手続を終えることも可能となっています。

そこで、東京地裁倒産部では、債権者数が多数に及んでいるものの、債権者相互間に利害対立がなく、債権額が比較的少額であり財団の形成や債権調査について具体的な関心のない者が大半で、当初から財団の構成が予想可能であり、財団状況報告を早期に終了でき、配当に至るほどの財団形成が見込めないことが当初から予測できるような事案を中心として、特定管財係及び合議係に係属する事件の一部について、財産状況報告集会、破産手続廃止に関する意見聴取集会、任務終了計算報告集会、債権調査期日及び免責審尋期日のいずれに関しても、債権者集会等の開催のための期日を指定せず、破産手続を進行させることがあります（債権者集会非招集型）。

　債権者集会非招集型を採用するかどうかは、破産手続開始の申立て後、当該事案の概要を踏まえ、裁判所と管財人候補者との間で協議をし、十分な意見交換を行った上で判断することになります（東京地裁で非招集とされた事例について、南雲大輔「東京地方裁判所における債権者集会非招集型の実情等」金法2199号50頁参照）。

（資料1）

破産管財人の皆様へ

令和4年4月

東京地裁民事第20部

破産手続開始通知等の発送依頼について

　債権者が多数の事件において，管財人のご理解・ご協力が得られる場合には，破産手続開始通知書等の発送を管財人にお願いしているところでありますが，今般，その処理要領を改訂致しましたので，ご覧いただきますようお願い致します。

1　発送文書について

　　破産管財人から債権者に発送していただく文書は，破産手続開始時に裁判所から破産管財人にお渡しする開始関係文書のうちの下記3枚です。

　　なお，破産管財人からご希望があれば，この3枚については，開始時以前にお渡しすることも可能ですので，書記官室までご相談ください。

　□　「破産手続開始通知書」

　　破産手続開始の官報公告とともに，破産法32条3項に基づき「知れている債権者」に通知することとされているものです。

　□　「破産債権届出書」

　　債権届出書に事件番号・破産者名が記載されています（届出書の左肩部分）。法人・個人をお間違えにならないようご確認のうえ発送してください。

　□　債権届出用「封筒表書見本」

　　（注）　民事再生事件からの牽連破産事件については，上記□ないし□に加え，みなし届出に関する注意書の同封をお願いすることがあります。

2　封筒・郵券について

　　上記の各文書を，以下の封筒・郵券を用いて，債権者一覧表記載の各債権者に発送してください。

　□　発送用封筒

　　宛名の記載された封筒（いずれも事件番号が記載されたもの）を前記1の書面とともに書記官室でお渡しします。

次頁に続きます。

386　第11章　債権者申立事件、本人申立事件や債権者多数の事件等の運用

破産手続開始通知等の発送依頼について

□　発送用郵券

　　郵便切手又は相当額の現金（債権者数×84円）を引継予納金とは別に破産管財人に引き継ぐよう裁判官から債務者代理人に依頼していますので，当該郵便切手及び引継現金（破産財団）から支出してお求めください。破産手続開始通知を発送する時点でまだ申立代理人から郵便切手又は相当額の現金の引継がない場合には，破産管財人において一時立て替えていただき，後に引継現金（破産財団）から支出を受けてください。

　　なお，債権者が多数の場合は，最寄りの郵便局から「料金別納」により発送して頂く方法が便利です。この方法の場合，個々の封筒への切手貼付は必要ありませんし，現金による料金納付も可能です。詳しくは，最寄りの郵便局にお問い合わせください（発送の際，郵便局に提出する申込用紙には，「差出人」欄に東京地方裁判所民事第20部，「発送代行業者」欄に破産管財人名をそれぞれ記入してください。押印はともに不要です。）

3　同封書面（破産管財人作成）について

　　事案によっては（破産会社が旅行会社など），債権者からの問い合わせが予想される事柄について，破産管財人において，破産手続開始通知書にあわせて，破産管財人が独自に作成された文書を同封される場合がありますが，このような場合には，あらかじめ，裁判所に同文書案をお示しください。

　　破産管財人作成の同封文書の内容については，債権者から裁判所にも多数の問合わせが予想されますので，ファクシミリにて事前にご連絡ください。

4　発送事務に携わっていただく事務の方の確保について

　　発送事務を迅速かつ円滑に進めるため，破産財団の費用で臨時に事務の方を確保していただいたり，発送事務を外部業者に委託しても差し支えありません。その場合，それらに要した費用は，収支計算書に記載して明らかにしていただけば結構です。

　　外部業者への委託は，債権者数2400名で約35万円（返信用封筒まで購入），債権者1万9000名で約256万円（うち発送業者の費用は約46万円，郵便切手代等が約210万円）という事例がありました。なお，外部業者に委託する場合は，個人情報保護の観点から，名簿の取扱いには十分ご注意ください。

（資料２）

事件番号　令和５年（フ）第0000号
破産者　株式会社○○○○

破産手続開始通知書

東京地方裁判所民事第20部特定管財○係
裁判所書記官　○　○　○　○

○○○○を運営していた株式会社○○○○（代表者代表取締役○○○○／東京都○○区○○町０丁目０番０号○○ビル０階）に対し、破産手続開始決定がされましたので、次のとおり通知します。

1　破産手続開始日時　令和５年０月０日午後０時

2　破産管財人　弁護士　○　○　○　○
東京都○○区○○町０丁目０番０号○○ビル０階
○○法律事務所

3　財産状況報告集会の日時及び場所
令和５年０月０日午後０時00分
103集会場（中目黒庁舎１階）
この集会に出席する義務はありません。

財産状況報告集会において、破産財団をもって破産手続の費用を支弁するに不足する場合は、①破産手続廃止に関する意見聴取のための集会。②破産管財人の任務終了による計算報告集会も併せて実施します。

4(1)　破産者に対して債務を負担している者は、破産者に弁済してはなりません。
(2)　破産者の財産を所持している者は、破産者にその財産を交付してはなりません。

（注意事項）

1　当裁判所は、本破産事件について、破産者の財産で債権者に対する配当ができない可能性が高いと考え、破産債権の届出期間と破産債権の調査をするための期日を当面定めないこととしました（破産法31条2項）。
破産管財人において、破産財団の調査を進め、改めて、債権者に対する配当の見込みが生じた場合は、破産債権届出期間等について連絡をさせていただきますので、当面、破産債権届出書の提出は必要ありません。
なお、住所等の連絡先が変更したときは届け出てください。

2　前記1の記載にかかわらず、交付要求を行う官庁においては、随時、破産管財人に対して交付要求をおこなってください。

3　破産手続の進行については破産管財人まで、破産手続開始前の事情及び債権についての照会は、申立人代理人までお願いします。

【破産管財人】
TEL　03-0000-0000　FAX　03-0000-0001

【申立人代理人】
弁護士　○○　○○
TEL　03-0000-0002

第 12 章

12

破産管財人の税務

Q82

租税債権は、破産法上、どのように位置づけられますか。

1 破産手続開始前の原因に基づく公租公課

　破産法は、破産手続開始前の原因に基づいて生じた租税等の請求権であって、破産手続開始当時、①まだ納期限の到来していないもの、又は②納期限から1年を経過していないものを財団債権とし（破148条1項3号）、それ以外は優先的破産債権としています（破98条1項、国税徴収法8条、地方税法14条）。ここで、「破産手続開始前の原因に基づ」くとは、納税義務が破産手続開始前に成立していることを意味し、その法定納期限（国税通則法2条8号参照）が到来していることまでは要しません。納税義務の成立時期は、具体的には、次のとおりです（国税通則法15条2項）。

①　所得税：暦年の終了の時（1号）

②　源泉徴収による所得税：利子、配当、給与、報酬、料金その他源泉徴収をすべきものとされている所得の支払の時（2号）

③　法人税・地方法人税：事業年度の終了の時（3号）

④　消費税等：課税資産の譲渡等をした時又は課税物件の製造場からの移出若しくは保税地域からの引取りの時（7号）

2 破産手続開始後の原因に基づく公租公課

　破産法は、破産手続開始後の原因に基づく公租公課を原則として劣後的破産債権としています（破99条1項1号、97条4号）が、破産財団の管理・換価及び配当に関する費用の請求権は、財団債権とされ（破148条1項2号）、例えば、破産財団に属する財産を売却することによって生じる消費税がこれに当たります。

3 納期限の意義

　納期限には、法定納期限（法律が本来の納期限として予定している期限で、

390　第12章　破産管財人の税務

納税義務の消滅時効の起算日とされ、また、その翌日が延滞税の計算期間の起算日とされています。）と具体的納期限（その日までに納付しなければ履行遅滞に陥り、督促の上滞納処分を受けることになる期限をいいます。）がありますが、財団債権と優先的破産債権とを分ける基準となる納期限とは、具体的納期限を指すと解されており、交付要求書には、交付要求に係る税について、年度、税目、税額のほか、具体的納期限を記載するものとされています（国税徴収法施行令36条1項2号、地方税法68条6項、331条6項、701条の65第6項等参照）。

　所得税、法人税等の申告納税方式の租税の場合には、一般に法定申告期限が法定納期限とされており、期限内申告によって確定した税額については、法定納期限と具体的納期限が一致します（国税通則法35条1項）。なお、具体的納期限の意義については**Q49**も参照してください。

4　延滞税、利子税又は延滞金

　破産手続開始前の原因に基づいて生じた租税等の請求権につき、破産手続開始後に生ずる附帯税のうち、延滞税、利子税又は延滞金は、それが財団債権となる本税について生じたものであれば財団債権とされ（破148条1項4号参照）、優先的破産債権である本税について生じたものは劣後的破産債権とされます（破99条1項1号、97条3号）。また、加算税（国税通則法に規定する過少申告加算税、無申告加算税、不納付加算税及び重加算税）又は加算金（地方税法に規定する過少申告加算税、不申告加算税及び重加算税）は、破産手続開始前の原因に基づくものを含めて劣後的破産債権となります（破99条1項1号、97条5号。以上につき**Q49**参照）。なお、破産管財人には、延滞税・延滞金の減免を得るよう努めることが求められます。この点については**Q89**を参照してください。

Q82　391

Q83

租税は、どのようにして確定しますか。また、租税の徴収はど
のように行われますか。

1　租税の確定

　租税の確定の方式としては、①申告納税方式、②賦課課税方式、③自動確
定方式があります。

(1)　申告納税方式

　納付すべき税額が納税者の申告によって確定することを原則とし、申告が
ない場合又は申告が不相当な場合に、課税庁の更正又は決定によって税額を
確定する方式で、地方税では申告納付といいます（国税通則法16条1項1号、
地方税法1条1項8号）。国税では、申告納税方式が原則的・一般的となって
います。

国　　税	所得税、法人税、相続税、地方法人税、贈与税、消費税など
地方税	法人住民税、法人事業税、地方消費税など

(2)　賦課課税方式

　納付すべき税額が専ら課税庁の処分である賦課決定によって確定する方式
です（国税通則法16条1項2号。なお、地方税法1条1項7号参照）。賦課決定
は、国税では、課税標準申告書の提出義務がある場合で、納付すべき税額が
申告されたとおりに決定されたときは納税告知書、それ以外の場合は賦課決
定通知書を送達することにより（国税通則法32条3項）、地方税では納税通知
書を納税者に交付することにより（地方税法1条1項6号、7号）、それぞれ
行われます。国税では、申告納税方式を適用することが困難な場合に例外的
に用いられていますが、地方税では原則的な方法として用いられています。

392　第12章　破産管財人の税務

国　税	加算税など
地方税	個人の道府県民税、個人の事業税、不動産取得税、自動車税、市町村民税、固定資産税、軽自動車税など

(3)　自動確定方式

納付すべき税額が、納税義務が成立するのと同時に、特別の手続を要しないで法規の定めに基づいて当然に確定する方式です（国税通則法15条3項）。

国　税	予定納税に係る所得税、源泉徴収による国税、自動車重量税、印紙税（一部を除く）、登録免許税、延滞税・利子税など

2　租税の徴収

(1)　納税の告知

次の国税・地方税については、納税の告知（納税告知書の送達）がされ、具体的納期限が指定されて、納税義務の履行が請求されます（国税通則法36条2項、地方税法13条1項）。国税の納期限（具体的納期限）は、原則として、告知書を発する日の翌日から起算して1か月を経過する日とされています（国税通則法施行令8条）。なお、申告納税方式では納税の告知はされませんので、法定納期限がそのまま具体的納期限となります。

①　賦課課税方式による国税・地方税（過少申告加算税、無申告加算税、申告納税方式による国税の重加算税を除く。）

この場合は、賦課決定通知書（国税）・納税通知書（地方税）と同時に納税告知書が送達されるのが通常です。

過少申告加算税等の加算税は、賦課決定通知書が発せられた日の翌日から起算して1か月を経過する日が具体的納期限となります（国税通則法35条3項）。

②　自動確定方式による国税のうち、源泉徴収による国税、自動車重量税、登録免許税で法定納期限までに納付されなかったもの（国税通則法36条1項）

Q83　393

⑵　**督促・滞納処分**

　納税者が具体的納期限までに租税を完納しない場合には、原則として督促
状により督促が行われます（国税通則法37条１項、地方税法66条１項等）。前記
のとおり、申告納税方式による場合、納税の告知はされませんので、確定し
た税額が法定納期限までに納付されないときは、直接督促がされることにな
ります。

　督促によってもなお完納されないときは、滞納処分が行われます（国税徴
収法47条１項１号、地方税法68条１項１号等）。

⑶　**交付要求**

　納税者が具体的納期限までに租税を完納しない場合であって、滞納者の財
産に対して強制換価手続が開始されているときは、税務署長（国税）・徴税
吏員（地方税）は、その執行機関に対する交付要求により、換価代金のうち
から滞納税額に相当する金額の配当を求めることができます（国税徴収法82
条１項、地方税法73条の36第４項等）。破産手続の場合、執行機関は原則とし
て破産管財人ですが、財団債権に当たらない租税債権の届出は、一般破産債
権と同様、破産事件を取り扱う裁判所に対して行うものとされています（破
111条１項）。

　交付要求は、交付要求書を送達する方法により行われます（国税徴収法82
条１項）。交付要求書には、交付要求に係る税について、年度、税目、税額
のほか、具体的納期限を記載するものとされています（国税徴収法施行令36
条１項２号、地方税法68条６項、331条６項等）。交付要求書の記載については
Q49を参照してください。

　交付要求するためには、具体的納期限を経過していることが必要ですが、
督促手続を経る必要はありません。

Q84

法人の破産事件における法人税の申告、還付の請求は、どのように行えばよいですか。

1　破産手続開始後における破産管財人の税務

　法人の破産管財人は、就職から終局に至るまで、種々の税務処理を行う必要が生じます。破産法人にかかわる主な税は、法人税、消費税、地方税であり、破産管財人は、これらについて、適時に、破産管財人として必要な税務申告、納付等の手続を検討することになります。

　法人税に関しては、平成22年度の税制改正（平成22年法律第6号）により、平成22年10月1日以降に解散する清算（内国）法人の課税方式が、清算所得課税（財産法）から通常の所得課税（損益法）に変わり、法人税の申告方法も変わりました。

　また、平成26年度の税制改正（平成26年法律第11号）により、地域間の税源の偏在性を是正し、財政力格差の縮小を図ることを目的として、法人住民税法人税割の税率引下げにあわせ、地方交付税の財源を確保するため、国税である地方法人税が創設されました。これに伴い、平成26年10月1日以後に開始する事業年度から、法人税の納税義務のある法人は、地方法人税の納税義務者となります（地方法人税法4条）。

2　法人税の申告について

(1)　破産会社の事業年度

　申告の前提として、当該法人の事業年度の把握が不可欠です（国税通則法15条2項3号、法人税法74条1項）。

　法人税法は、事業年度の意義を定めています（同法13条1項）が、破産会社が事業年度の途中で破産手続開始となった場合、法人税法上の事業年度は、その事業年度の開始の日から解散の日（すなわち破産手続開始決定の日）までの期間及び解散の日の翌日からその事業年度終了の日までの期間を、そ

れぞれ一事業年度とみなすこととなっています（いわゆる「みなし事業年度」。同法13条1項、14条1項柱書、同項1号）。また、清算中の法人の残余財産が事業年度の中途において確定したときは、その事業年度の開始の日から、残余財産の確定の日までの期間が一事業年度となります（同法14条1項5号）。なお、株式会社が破産手続開始の決定により解散した場合で、当該破産手続が終了していない場合は、清算株式会社とはならず（会社法475条1号参照）、清算事務年度（同法494条1項）は観念されません。

X会社の事業年度は毎年6月1日から翌年5月31日までであり、X会社が令和2年9月1日に破産手続開始の決定を受け、令和5年3月15日に換価業務が終了した場合を仮定して説明をすると、各事業年度は、次のとおりとなります。

解散事業年度
＝事業年度開始の日～破産手続開始の日まで
設例でいえば、令和2年6月1日～同年9月1日までになります。

清算事業年度（第1期）
＝破産手続開始の日の翌日～事業年度の末日まで
設例でいえば、令和2年9月2日～令和3年5月31日までになります。

清算事業年度（第n期）
＝事業年度末日の翌日～事業年度の末日まで
設例でいえば、清算事業年度（第2期）は令和3年6月1日～令和4年5月31日までになります。

清算確定事業年度（残余財産確定事業年度）
＝事業年度末日の翌日～残余財産確定の日まで
設例でいえば、令和4年6月1日～令和5年3月15日までになります。

⑵　税務申告

ア　解散事業年度よりも前の事業年度の税務申告

破産管財人に対しては、実務上、解散事業年度よりも前の事業年度についても税務申告を求められる場合があるようですが、破産管財人には法律上の申告義務はないと考えられます。もっとも、具体的な状況によっては、税務関連事項について有利な取扱いを受けるために申告を行うべき場合もあり、また、破産管財人として申告したいと考えても関連情報が不十分であるなど、事情は様々であり、具体的事案に応じた対応が必要となります。

イ　解散事業年度の税務申告

破産法人の破産手続開始時の事業年度（解散事業年度）の所得に対する法人税は、破産手続開始日に納税義務が生じます（国税通則法15条2項3号）ので、財団債権になります（破148条1項3号）。

破産管財人は、破産手続開始の日の翌日から2か月以内に、その年度の所得をベースにした確定決算に基づいて納税申告書を税務署長に提出する必要があります（法人税法74条1項）。

なお、災害等やむを得ない理由によりこの期間内に申告書を提出できないような場合に期限の延長申請をすることができる制度があります（同法75条）。また、会計監査人の監査を受ける会社であること、会計監査人の監査を必要とはしないが定款において事業年度終了の日から3か月以内に株主総会を開催する旨を定めていることを理由とした延長申請を事前に提出していた会社は、3か月以内に申告期限が延長されています（同法75条の2）。

破産管財人がこの申告義務を負うか否かについては疑義がありますが、この申告をすることによって、欠損金の繰戻還付（同法80条）等の既に納めた税金の還付を受けられることもあり、また、会社の旧代表者が申告しないと無申告加算税が賦課され得ることから、実務的には申告をしている場合が多いようです（『破産220問』444頁以下〔内藤滋〕、446頁以下〔須藤英章＝柴田義人〕）。

ウ　清算事業年度の税務申告

平成22年度の税制改正（平成22年法律第6号）により、従来の清算所得課

税制度（法人の清算中の各事業年度の所得については法人税が課されず、残余財産が確定した時に清算所得が存する場合に限って法人税が課される制度。）は廃止され、平成22年10月1日以降に破産手続開始の決定を受けた法人については、通常の事業年度と同様、所得に応じて課税されるようになりました。すなわち、当該事業年度の益金から損金を控除した所得金額が発生した場合に、欠損金の控除を超える部分について法人税が課税されます。

破産手続中の破産法人に所得が生ずる場合としては、①資産を簿価よりも高価に処分したとき（資産譲渡益）、②特定の債務につき債権者から免除を受けたとき（債務免除益）などが考えられます。ただし、その場合に常に法人税が課されると円滑な清算を阻害するおそれがあるため、通常の繰越欠損金（青色欠損金）や災害損失欠損金の損金算入が認められるほか、内国法人が解散（破産）した場合に、残余財産がないと見込まれるときは、清算中に終了する事業年度前の各事業年度において生じた欠損金額のうち、いわゆる期限切れ欠損金について、青色欠損金及び災害損失欠損金の控除後かつ最後事業年度の事業税の損金算入前の所得金額を限度として損金の額に算入することが認められています（法人税法59条3項）。そのため、債務超過である破産法人は、通常は課税されることはないと思われますが、期限切れ欠損金の使用については法人税の申告が必要になります（同条4項）。

清算事業年度においては破産管財人に税務申告の義務があるとされており、解散事業年度と同様、原則の申告期限は各事業年度の終了の翌月から2か月以内ですが、申告期限の延長の特例を受けている場合には1か月の延長が認められます（法人税法75条の2第1項）。

破産管財人としては、還付申告を行うことで破産財団を増殖することができる場合のみならず、破産法人の所得が生じる場合にも、税務申告をしないと税務処理が問題になる場合がありますので、留意が必要です。

エ　清算確定事業年度の税務申告

法人の破産の場合、清算確定事業年度についても、清算事業年度と同様、所得は発生しないことが多いと考えられます。

ところで、清算確定申告は、残余財産が確定した日の翌日から1か月以内

にしなければならないものです（法人税法74条2項。破産手続における配当は、同条項の「残余財産の最後の分配」には該当しません。）が、破産手続における残余財産がないことの確定日をいつと解するかについては争いがあります。この点、東京地裁倒産部では、破産財団に属する財産全部の換価処分を完了した日であると解しています。

清算確定事業年度においては、申告期限の延長の適用は認められていません（法人税法75条の2第1項は同法74条2項の場合を対象としていない。）。

したがって、破産管財人としては、換価処分の終了後、速やかにその結果を記載した収支報告書（還付が見込まれる預金利子等に対する源泉税を含む必要はありません。）を裁判所に提出して、確定申告をすることになります。その際、必要があれば、裁判所書記官から換価が完了した旨の証明書（換価完了証明申請書は【書式76】）の交付を受けることができます（『破産220問』448頁以下〔篠田憲明〕）。

3 更正の請求

単純な計算ミスや税法解釈の誤りによって過大な申告をした場合などには、税務署長に対し更正の請求をすることができます（国税通則法23条1項）。

更正の請求ができる期間は、平成23年12月2日より前に法定申告期限が到来する国税については法定申告期限から1年、同日以後に法定申告期限が到来する国税については法定申告期限から5年（法人税の純損失等の金額に係る更正の請求は、平成30年3月31日までに開始した事業年度に係るものは9年、同年4月1日以後に開始した事業年度に係るものは10年）です。

法人税の計算は、一般に公正妥当と認められる会計処理の基準に従うものとされています（法人税法22条2項、4項）。制限超過利息等についての不当利得返還請求権（いわゆる過払金返還請求権）に係る破産債権が、貸金業者の破産手続において確定した場合に、当該過払金の受領の日が属する事業年度の益金の額を減額する計算をすることは一般に公正妥当と認められる会計処理の基準に従ったものとはいえないとして、貸金業者の破産管財人による法

人税の更正の請求が認められなかった事例があります（最判令2.7.2民集74巻4号1030頁）。

4　還付の請求

解散事業年度にかかる税務申告で、破産法人が還付を受けられるのは次のような場合です（『破産220問』446頁以下〔須藤英章＝柴田義人〕）。

(1)　欠損金の繰戻し還付

破産法人が青色申告法人であって、破産手続開始決定日前1年以内に終了したいずれかの事業年度、又は破産手続開始決定日の属する事業年度（解散事業年度）において欠損が生じている場合に（法人税法80条4項）、欠損金額が生じた事業年度（欠損事業年度）開始の日前1年以内に開始したいずれかの事業年度において法人税が発生していて、法人税が発生した事業年度（還付所得事業年度）から欠損事業年度までの間、連続して青色申告書を申告期限内に提出しているときは（同条3項）、欠損金の繰戻しによる還付請求書を破産手続開始後1年以内に提出することにより、還付所得事業年度において納付した法人税額の一部につき、繰戻し還付の請求をすることができます（同条4項、9項）。

欠損事業年度の確定申告書を申告期限内に提出していなかったり、破産手続開始後1年を超えてから繰戻し還付請求書を提出していたりすると、欠損金の繰戻し還付を受けることができなくなるため、破産管財人としては期限を徒過しないように注意が必要です。

(2)　控除不足額の還付

ア　利子及び配当等に対する所得税額等の還付

破産法人が有する有価証券や預金について、利子や配当等があった場合に、その所得について源泉徴収がされているとき（所得税法212条3項）は、確定申告書に所得税額等の控除不足額を記載することにより、その金額に相当する源泉徴収所得税額が還付されます（法人税法78条、74条1項3号、68条、所得税法174条）。

利子や配当に関する源泉は、元本となるものの種類に応じて、国税部分と

地方税部分の両方又は国税のみが課せられているものがあり、復興税や租税特別措置法の期限切れ等のために税率の変更も多く生じていることから、配当計算書等の支払明細で源泉所得税額の内訳をよく確認する必要があります。

イ　中間納付額の還付

事業年度が6か月を超える法人は、前期6か月分相当の法人税額が10万円を超える場合には、事業年度開始の日以降6か月を経過した日から2か月以内に中間申告をしなければなりません（法人税法71条）。その中間申告に係る法人税を納付しているとき（同法76条）は、解散事業年度の確定申告書に中間納付額の控除不足額を記載することにより、その金額に相当する中間納付額が還付されます（法人税法79条1項、74条1項5号）。

消費税について、中間申告により納付をしていた場合も、法人税と同様に申告書を提出することで、過大な納付部分について還付を受けることができます（消費税法53条1項）。

ウ　消費税の還付

一般課税が適用される消費税の課税事業者の破産の場合に、解散事業年度における課税売上割合（売上高の中に課税売上高が占める割合）が95％以上であることなど所定の要件を満たしたときで、かつ、課税売上げに係る消費税額から課税仕入れに係る消費税額を控除しきれなかったときは、当該控除しきれなかった金額を確定申告書に記載（消費税法45条1項5号、46条1項）することにより還付を受けることができます（同法52条1項）。

また、売掛金等の債権の全部又は一部が回収不能であることが確定した場合の回収できなくなった金額に係る消費税額（同法39条）、課税資産の譲渡等につき、返品を受けた、又は値引き若しくは割戻しをしたことにより、売上に係る対価の返還があった場合のその返還等の金額に係る消費税額（同法38条）について、還付を受けることができます。

(3)　過大申告の減額更正に伴う過納金の還付

過去の確定申告の内容が誤っており、税金を納めすぎている場合には、更生の請求（国税通則法23条）を行うことにより、還付を受けられる可能性が

あります。

　仮装経理により過大申告がされている法人税について減額の更正をした場合、通常、過納法人税額は直ちに還付されることなく、その減額更正の日の属する事業年度後5年以内に開始する各事業年度の所得に対する法人税額から順次控除されることになっています（法人税法70条）が、破産の場合には、その後の法人税額が発生する余地がないので、控除されていない残額は直ちに還付されます（同法135条3項）。

　減額の更正を受ける対象には、仮装経理をした事業年度の申告期限から5年を経過するまでという期間制限があり、減額を受けるには、それを受けようとする事業年度の修正の経理をして、その決算に基づく確定申告書を提出する必要があります（同法129条2項）。

　なお、ここにいう仮装経理とは、架空売上げ、架空在庫の計上、仕入債務の過少計上といった事実に反する経理のことを指し、貸倒損失を計上しないであるとか、資産の評価益を上げるなどといったことは税法解釈の誤りであり、粉飾経理には該当するものの、仮装経理には該当しないので、注意が必要です。

5　まとめ

　以上のとおりですから、前年度に法人税を納付又は滞納している場合や、解散事業年度に中間納付額（滞納も含む。）や源泉徴収税額がある場合には、忘れずに確定申告をし、還付を受けることができる場合には、その請求をすることが求められます。

　申告書や添付資料の作成のために必要がある場合には、税理士の補助を受けるのも一つの方法です（Q19参照）。適切な申告を怠ると、還付金を受けられず、又は免れることができた法人税を財団債権として支払わなければならないことになりますので、注意が必要です。

　なお、還付等の額が小さく手続に要する費用にも満たない場合には、還付請求の当否等につき、裁判所と協議をすることが求められます。

Q85

法人の破産事件における消費税については、どのように税務申告を行えばよいですか。

1 消費税について

(1) 課税の対象、計算方法

消費税は、原則として、国内において事業者が事業として対価を得て行う資産の譲渡、貸付け及び役務の提供と外国貨物の輸入を課税対象とするものであり（消費税法4条）、管財業務上、特に注意をすべき「資産の譲渡等」（消費税法2条1項8号）は、建物の譲渡と商品の譲渡がこれに当たります（「資産の譲渡等」のうち、土地や土地の上に存する権利の譲渡及び貸付け（消費税法施行令8条）、その他消費税法別表第二に掲げるものは非課税です（同法6条1項）。）。

そして、消費税は、課税期間中の課税標準（消費税が課される取引の売上金額から消費税及び地方消費税を控除した税抜きの金額）に係る消費税額から課税期間中の課税仕入れに係る消費税額を控除して、納付税額を計算します（消費税法30条以下）。

この課税期間は、原則として事業年度であり（消費税法19条1項2号）、法人税の課税期間である事業年度（Q84の2(1)）と基本的に同じです。

(2) 解散事業年度における確定申告・還付

解散事業年度に課税資産の譲渡等があった場合において、納付すべき消費税が見込まれる場合には、確定申告をしておく必要があります。

また、売上げに係る消費税額から仕入れ等に係る消費税額を控除し、控除不足額が生じたときは、消費税の確定申告又は還付を受けるための申告を行うことにより、還付を受けることができます（消費税法52条、45条1項、46条1項）（『破産220問』450頁〔三森仁〕）。

Q85 403

⑶ 清算事業年度、清算確定事業年度における確定申告
（資産売却に伴う消費税）

消費税法上、会社は事業者となり、国内において行った課税資産の譲渡につき消費税を納める義務があります（消費税法2条、4条、5条1項）。

破産会社は「事業として」の反復性と継続性を有しないとして、納税義務は生じないとの見解もありますが、消費税法45条4項に「清算中の法人につき」消費税を課す趣旨の規定があり、破産の場合に法人税法第3章第2節（清算）の規定の適用が認められるとする判例の流れからすると、消費税の確定申告、納付義務はあると解されます。その場合の消費税は、破産財団の換価に関する費用として、財団債権になると解されます（破148条1項2号）。

したがって、消費税法6条所定の非課税資産以外のものを売却する場合には、外税にして転嫁しておくことが望ましいといえます（外税にしておかないと内税とみなされます。）。

課税対象の典型としては、上記⑴のとおり建物の売却が挙げられます。土地の譲渡・貸付け（一時的に使用させる場合や駐車場その他の施設の利用に伴って土地が使用される場合は除かれます。）は課税の対象とはなりません（消費税法6条1項別表第二第1号、施行令8条）。

なお、基準期間（その事業年度の前々事業年度）の課税売上高が1000万円以下の事業者については小規模事業者として消費税の納税義務を免除されています（いわゆる免税事業者。消費税法9条1項、2条1項14号）。もともと小規模な破産会社は免税事業者に該当する可能性が高く、また、大規模な破産会社でも破産手続開始から2年以上経過している場合には2事業年度前の売上げがないことが多いので、免税事業者に該当する可能性があります。いずれにしても、消費税の申告に際しては、破産会社の規模にかかわらず、その事業年度が課税事業者に該当するか、免税事業者に該当するかの確認が必要です（『破産220問』453頁以下〔上野保〕）。

また、令和5年10月1日からは、消費税の軽減税制度の適格請求書等保存方式（いわゆるインボイス制度）が開始され、消費税の計算方法が変わりました。また、従来は免税事業者だった者も、インボイス発行事業者として課税

事業者になるケースがあります（平成28年法律第15号による改正後の消費税法
9条1項参照）ので、注意が必要です。

2　リース物件の返還と消費税について

　法人の破産事件において、破産者の本社や工場等にリース物件が存在する
ことはよくみられます。そして、当該リース物件に係る権利義務関係を取戻
権構成とみるのか別除権構成とみるのかはともかく、破産手続開始後、速や
かにリース物件をリース会社に返還し（Q41参照）、後日、リース会社との
間で、当該リース物件の売却価額を確認し、その売却価額相当分については
破産債権の届出の一部取下げを促す処理がされていると思われます。

　しかし、平成19年度の税制改正により、平成20年4月1日以降に締結され
たリース契約の対象であるリース物件の返還行為については、破産債権への
充当額を対価とする破産管財人のリース会社に対する代物弁済とされ、当該
充当額を基準とした消費税が財団債権として発生する可能性があります（消
費税法2条1項8号、同法施行令45条2項1号、消費税基本通達9−3−6の
3）。

　他方、破産者が、リース取引につき、会計上賃貸借処理を行っており、そ
のリース料の仕入税額控除について分割控除の方法を採っている場合には、
破産管財人は、残存リース料の全額につき仕入税額控除の対象とすることが
可能です（国税庁ウェブサイトhttps://www.nta.go.jp/law/shitsugi/shohi/16/24.
htm参照）。この場合、リース物件の返還による消費税の発生を避けることが
できるばかりでなく、消費税の還付により破産財団の増殖に寄与することに
なります。

　したがって、リース物件の返還に当たっては、上記のような問題点に留意
をしつつ、特に、仕入税額控除によって消費税の還付が見込めるような場合
には税務申告をすることが必要になります。

Q85　405

Q86

法人の破産事件における地方税については、どのように税務申告を行えばよいですか。

1 地方税の申告

　破産手続中の法人であっても、一般的に地方税を申告する必要があるところ、破産管財人に法人税予納申告義務を認めた最判平4.10.20（判時1439号120頁）の判示に照らすと、地方税についても破産管財人に申告義務があると解されるおそれがあります。また、法人税や消費税と同様、申告により過去に過大納付した税金が還付される可能性もあるため、税務署に法人税・消費税の申告をするのと同じ時機に、都道府県や市町村への地方税の申告も検討することが望まれます（『破産220問』456頁〔大場寿人〕）。

2 地方税について

⑴ 道府県民税、都税、市町村税及び特別区税

　法人の住民税である道府県民税・都税（地方税法4条2項1号、1条2項）、市町村税・特別区税（同法5条2項1号、1条2項）は、各事業年度の終了時に成立します。

　法人の住民税は、当該地方公共団体の区域内に事務所等を有することに対して課される均等割の部分（地方税法52条、312条）と、各事業年度の法人税・予納法人税の金額を課税標準とする法人税割の部分（同法51条、314条の4）とに分かれます。

　このうち、破産手続開始以前の事業年度のものについては、均等割及び法人税割のいずれの部分も、破産手続開始当時、①納期限が到来していない又は②納期限から1年を経過していない事業年度分だけが財団債権となり（破148条1項3号）、それ以外は優先的破産債権になる（破98条1項）と解されます。他方、破産手続開始後のものは、均等割の部分は、破産財団の管理に関する費用として財団債権（破148条1項2号）になると解されることから、次

406　第12章　破産管財人の税務

年度の課税を避けるため、事業所等の廃止届を提出しておくことが考えられます。また、法人税割の部分は、法人税と同様、劣後的破産債権となると解されます（破99条1項、97条4号）。なお、事業年度内の所得がなく法人税の課税がない場合には、法人税割の部分は発生しません。

⑵　法人事業税

法人の事業税は、特定の事業、特定の種類の法人を除き、通常は、付加価値割、資本割及び所得割に分けられます（ただし、資本金1億円以下の法人については所得割のみです。地方税法72条の2、72条）。

法人の事業税は、各事業年度の終了時に成立し、法人税と同様、手続開始当時、①納期限が到来していない又は②納期限から1年を経過していない事業年度分だけが財団債権となり（破148条1項3号）、それ以外については、破産手続開始前のものは優先的破産債権（破98条1項）、破産手続開始後のものは劣後的破産債権（破99条1項、97条4号）となります。

⑶　事業所税

事業所税は、都市環境の整備及び改善に関する事業に要する費用に充てるための目的税で、地方税法で定められた都市（東京都23区や政令指定都市、その他一定規模以上の都市）だけで課税される市町村税です（地方税法701条の30、701条の31）。

課税の対象になるのは、上記都市で一定規模の事業（課税期間の末日の現況が資産割は事業所等の床面積合計1,000平方メートル超、従業員割は従業者数合計100人超）を行う法人又は個人です（同法701条の43第1項、3項）。

事業所税は、各事業年度の終了時に成立しますが、事業所を廃止し、従業員を解雇した後は事業所税が課せられることはほとんどないため、課税対象の法人の破産管財人としては、事業廃止した旨の届出の有無について確認することが必要です。

⑷　固定資産税

破産財団に属する不動産等の固定資産について、破産手続開始後に生じる固定資産税は、財団債権となります（破148条1項2号）。

固定資産税は、固定資産所在の市町村において、当該年度の初日の属する

年の1月1日を賦課期日として、所有名義人であった者に対して課されます（地方税法343条、359条）。

法定納期限は、原則として、当該年度の4月、7月、12月、2月中において、市町村の条例で定める日となります（同法362条1項）。

徴収については、普通徴収（国税の賦課課税方式に相当します。）の方法によります（同法364条）から、徴税吏員が納税通知書を納税者に交付することによって納税義務が確定します（同法1条1項7号）。

破産財団の中に放棄や廃棄すべき固定資産（未登記建物、機械、船舶等も含まれます。）がある場合には、財団債権の負担を回避するため、賦課期日の前日までの処分を検討する必要があります。

(5) 自動車税

自動車税は、自動車の主たる定置場所在の都道府県において、4月1日を賦課期日として、自動車の所有者に対して課されます（地方税法145条1項、148条）。

法定納期限は、原則として、5月中において都道府県の条例で定める日となります（同法149条）。

徴収の方法は、固定資産税と同じく普通徴収の方法によります（同法151条1項）。

Q87

個人の破産事件については、どのように税務申告を行えばよいですか。

1 所得税について

(1) 確定申告・還付

個人が年の途中で破産手続開始の決定を受けた場合、所得税の確定申告は、破産財団に属する財産と自由財産の区別をせず、1年間を通じた所得につき確定申告を行うことになっています。そのため、申告は破産者個人が行

い、破産管財人は申告義務を負いません。開始決定日の属する年及び破産手続係属中に生じた所得にかかる所得税は、破産債権ではなく、財団債権にもなりません（『破産220問』442頁〔髙木裕康〕）。

ただし、源泉所得税額、予納税額等の還付（所得税法138条、139条）や純損失の繰戻しによる所得税の還付（同法140条。青色申告をしている場合に限ります。）が可能な場合には、その還付請求権は破産財団を構成するので、実務では、申告義務者は破産者であっても、還付を受けるために破産管財人が申告を行うこともあるようです（所得税法138条、139条は、申告書を提出した者に対して還付する旨規定しています。）。

例えば、令和3年7月1日に破産手続開始がされた個人Aにつき、破産管財人Xが令和4年3月15日までに令和3年度のAの所得の確定申告を行った結果、住宅ローン控除その他の控除の関係で源泉所得税の一部である20万円超が還付されたため、Xが適宜の計算方法（破産手続開始日の前日までの日割計算など）で破産財団に属する部分と自由財産に属する部分を区分けし、破産財団帰属部分を破産財団に組み入れ、残余は自由財産としてAに返還するということが考えられます。

(2) 譲渡所得税

個人破産の場合、破産手続開始後、破産管財人が破産財団に属する財産を処分し、譲渡所得が生じても、破産者個人が資力喪失状態にあれば、所得税は課税されません（所得税法9条1項10号、国税通則法2条10号）。

2 地方税について

(1) 個人住民税

個人の住民税は、毎年1月1日に成立します（地方税法39条、318条）。個人の住民税は、当該地方公共団体の区域内に住所、事務所等を有することに対して課される均等割の部分（同法38条、310条）と、前年の所得について算定した総所得金額、退職所得金額及び山林所得金額を課税標準とする所得割の部分（同法35条、314条の3）とに分かれます。

破産手続開始の日が属する年の前年までの所得に対する課税分について

は、破産手続開始当時、①納期限が到来していない又は②納期限から１年を経過していないものは財団債権となり、それ以外は優先的破産債権となります。また、破産手続開始の日の属する年以後の所得に対する課税分は非財団債権、非破産債権となります（均等割の部分であるか、所得割の部分であるかを問いません。）。

⑵　個人事業税

個人の行う事業に対する事業税は、事業の種類に応じて、その所得を課税標準として課されます（地方税法72条の２第３項、72条の49の７）。

⑶　固定資産税

法人と同様です（**Q86**参照）。

3　消費税について

個人の場合も、破産者が事業者である場合には法人と同様です（消費税法４条１項、２条１項４号。**Q85**参照）。なお、個人事業者の場合には、課税期間は原則１月１日から12月31日までの期間です。法人の場合とは異なり、破産手続開始による課税期間の変更はありません（『破産220問』443頁〔髙木裕康〕参照）。

なお、消費税法の適用のない非事業者たる個人の破産事件において、破産管財人が不動産を任意売却する際に、誤って買主から消費税相当額を預かる場合があります。しかし、この預り金はそもそも不必要なものですから、これを消費税として申告納付することも、申告納付をしないで破産財団に組み入れるのも相当でなく、買主に返還するのが相当です。

Q88

破産管財人は、どのような源泉徴収義務を負いますか。

1　破産手続開始前の源泉徴収所得税

源泉徴収に係る所得税の納付義務は、給与等を現実に支払う時点で成立し

ますから（国税通則法15条2項2号）、会社が従業員の給料等を支払い、源泉所得税を徴収したが未納付のまま破産手続開始の決定があった場合、当該未納額のうち、①納期限が到来していないもの又は②納期限から1年を経過していないものは財団債権となり（破148条1項3号）、破産管財人にその納付義務があります。

2 管財業務としての給与、報酬の支払における源泉徴収義務

　管財業務を遂行するために履行補助者を雇用した場合の賃金等の支払、又は税理士の補助を受けた場合の報酬の支払については、破産管財人に源泉徴収義務があります（所得税法183条、204条）ので、徴収税額（同法185条1項各号）がない場合を除いて、支払に際して源泉徴収を忘れないように注意する必要があります。

3 破産管財人報酬の支払における源泉徴収義務

　破産管財人報酬は、「破産財団の管理、換価及び配当に関する費用」に当たり（破148条1項2号）、破産財団を責任財産として、破産管財人が自ら行った管財業務の対価として、自らその支払をしてこれを受けることになりますから、弁護士である破産管財人は、その報酬につき、所得税法204条1項の「支払をする者」に当たり、自らの報酬の支払の際にその報酬について所得税を徴収し、これを納付する義務を負います（最判平23.1.14民集65巻1号1頁参照）。

4 未払給料、退職金に対する配当及び支払における源泉徴収義務

　給料及び退職金等債権に対し、配当表に基づいてされた配当における破産管財人の源泉徴収義務については、従前争いがありましたが、前記**3**の最高裁判決は、要旨、「破産管財人は、破産手続を適正かつ公平に遂行するために、破産者から独立した地位が与えられ、法令上定められた職務の遂行に当

Q88　411

たる者であり、破産者が雇用していた労働者との間において、破産宣告前の雇用関係に関し直接の債権債務関係に立つものではなく、破産債権である上記雇用関係に基づく退職手当等の債権に対して配当をする場合も、これを破産手続上の職務の遂行として行うのであるから、このような破産管財人と上記労働者との間に、使用者と労働者との間に準ずるような特に密接な関係があるということはできない。また、破産管財人は、破産財団の管理処分権を破産者から承継するが（旧破産法7条）、破産宣告前の雇用関係に基づく退職手当等の支払に関し、その支払の際に所得税の源泉徴収をすべき者としての地位を破産者から当然に承継すると解すべき法令上の根拠は存しない。そうすると、破産管財人は、上記退職手当等につき、所得税法199条にいう『支払をする者』に含まれず、破産債権である上記退職手当等の債権に対する配当の際にその退職手当等について所得税を徴収し、これを国に納付する義務を負うものではない」と判示して、退職金に対する配当における破産管財人の源泉徴収義務を否定しました。

　上記判決は、旧破産法下の未払退職金債権（優先的破産債権）に対する配当における破産管財人の源泉徴収義務の存否が争われたものですが、その判示内容からすれば、現行破産法における優先的破産債権に当たる退職金債権に対する配当に限らず、優先的破産債権に当たる未払の給料等に対する配当の場合であっても同様と解され、また、財団債権に当たる退職金債権、未払給料等に対する支払についても、その射程が及ぶものと解されます（山本和彦「破産管財人の源泉徴収義務─最高裁判決への所感」金法1916号57頁参照）。

5　源泉徴収を実施せずに支払をした場合

　最判平23.3.22（民集65巻2号735頁参照）は、強制執行をもって未払賃金全額の回収が行われた場合であっても、雇用主は依然として源泉徴収義務を負っていると判示していますので、破産管財人が源泉徴収義務を負っているにもかかわらず、源泉徴収をせずに全額を支払った場合、破産管財人に源泉徴収義務は残っていると考えられます。ただし、実務上は、支払を受けた者において税金の納付手続を行うことで対応することが多いようです（『破産

220問』459頁〔髙井章光〕参照）。

Q89

延滞税や延滞金の免除、減額は、どのようにして求めるべきで
すか。

1 交付要求に対する延滞税・延滞金の減免

　交付要求には、ほとんどの場合、延滞税・延滞金が付されますが、破産管
財人としては、延滞税・延滞金の減免申立てをし、当該交付要求庁と交渉し
てできるだけ免除、減額を受けられるよう努めることが求められます。実務
上、地方税については、破産管財人が申立てをすれば免除、減額を受けられ
る場合が多いようです。

　延滞税・延滞金の減免ができる根拠となるものとしては、次の2以下のよ
うなものが挙げられます。

2 交付要求額に相当する金銭を確保したことによる
延滞税・延滞金の免除

　破産管財人は国税徴収法上の執行機関である（国税徴収法2条13号）こと
から、破産管財人が交付要求を受けた国税・地方税の本税全額を支払うに足
りる金銭を受領して破産財団を形成し、その後当該金銭を交付要求に係る国
税・地方税の本税の納付に充てたときは、破産管財人が破産手続において当
該金銭を受領した日（破産管財人名義の預金口座に入金があった日など）の翌
日から当該交付要求に係る国税・地方税の本税の納付に充てた日までの期間
の延滞税・延滞金は免除を受けることができます（国税通則法63条6項4号、
同法施行令26条の2第1号。地方税につき地方税法20条の9の5第2項3号、同
法施行令6条の20の3）。

　そして、上記期間を確定するため、課税庁から破産管財人名義の預金口座
の通帳の写しを求められる場合がありますが、裁判所への報告なく応じて差

Q89　413

し支えありません。

3 滞納処分による差押えを受けた場合における延滞税の免除

滞納処分により差押えを受け、納付すべき税額に相当する担保の提供をした場合には、差押え又は担保の提供に係る国税の延滞税につき、一定額の免除を受けることができます（国税通則法63条5項）。

4 やむを得ない事由による延滞金の減免

地方税については、法人の事業税、市町村民税、固定資産税を納期限までに納付しなかったことについてやむを得ない事由があるときは、延滞金を減免することができるとされています（地方税法72条の45第3項、326条3項、369条2項）。

第13章

牽連破産

Q90

牽連破産事件において生じる実務上の諸問題として、どのようなものがありますか。

1　牽連破産事件とは

　牽連破産とは、再生型手続がその目的を達せず、破産手続により債務者の財産を清算する必要がある場合に、再生型手続の遂行を監督する裁判所が適時に開始する破産手続です。

　類型として多いのは、再生型手続である通常再生の手続が途中で頓挫し（再生手続開始の申立ての棄却、再生手続の廃止、再生計画の不認可、再生計画の取消し）、牽連破産になる場合ですが、個人再生の手続の頓挫による牽連破産のほか、会社更生の手続の頓挫による牽連破産や特別清算の手続の頓挫による牽連破産の場合もあります（島岡大雄「東京地裁破産再生部（第20部）における牽連破産事件の処理の実情等について（上）」判タ1362号4頁参照）。ここでは、実務上最も多い通常再生の手続からの牽連破産について、実務上生じる諸問題を説明します。

2　牽連破産において生じる実務上の諸問題

⑴　再生債権の破産手続における取扱い

ア　みなし届出

　再生手続から破産手続に移行すると、再生手続上の再生債権の届出の効力は失われるため、改めて破産手続において破産債権の届出が必要となります。しかしながら、破産手続において再生債権の届出をそのまま利用できれば、破産債権者及び破産管財人の負担は軽減されます。そこで、裁判所は、再生手続で届出があった再生債権の内容及び原因並びに議決権の額、異議等のある再生債権の数、再生計画による権利の変更の有無及び内容その他の事情を考慮して相当と認めるときは、再生手続廃止の決定等の確定に伴う破産手続の開始と同時に、破産債権者は当該破産債権の届出をすることを要しな

416　第13章　牽連破産

い旨（みなし届出）の決定をすることができます（民再253条1項）。

みなし届出の決定があった場合、届出再生債権は破産法所定の債権届出期間の初日に破産債権の届出がされたものとみなされ（同条3項）、再生手続開始後の利息、遅延損害金（民再84条2項1号、2号）は劣後的破産債権と扱われます（民再253条4項3号）。もっとも、届出再生債権者が上記期間内に破産債権の届出をした場合にはみなし届出の効果は生じない（同条6項）ため、再生手続の開始から破産手続の開始までに相当の期間が経過している場合にみなし届出を採用すると、再生手続開始後の利息、遅延損害金の取扱いにつき債権者間で不平等が生じることになります。また、再生手続開始後に多数の代位弁済や債権譲渡がされた場合、新たな届出がないと債権者の確定に手間取ることになります。したがって、実務的には、みなし届出の決定がされる事例は少ないといえます（みなし届出の採用に関する実情は、『民事再生の運用指針』133頁参照）。

イ　確定した再生債権の取扱い

債権調査手続で確定した再生債権は、「再生債権者の全員に対して」確定判決と同一の効力を有します（民再104条、111条）。また、再生計画認可の決定が確定すると、再生計画の定めによって認められた再生債権は、再生債務者、再生債権者等に対して確定判決と同一の効力を有し（民再180条1項、2項）、再生計画不認可の決定が確定したときは、確定再生債権は、再生債務者に対し、確定判決と同一の効力を有します（民再185条1項本文）。このように確定した再生債権は、少なくとも破産法129条1項にいう破産債権のうち「終局判決のあるもの」に準じた扱いを受け、破産管財人が債権調査の過程で異議を述べた場合の債権確定手続は、破産者がすることのできる訴訟手続（再審の訴え、判決の更正申立て、消極的確認の訴え、請求異議の訴え等）によってのみすることができると考えられます（Q60参照）。

ウ　再生計画により変更された再生債権の破産手続における帰すう

再生計画認可の決定が確定すると、届出再生債権及び自認債権は、再生計画の定めに従って変更され（民再179条1項）、再生債務者は、再生計画の定め又は民事再生法の規定によって認められた権利以外の全ての再生債権につ

いて免責されます（民再178条本文）。しかしながら、再生計画認可の決定の確定後に再生手続が廃止されて牽連破産となった場合には、再生計画によって変更された再生債権は原状に復することになります（民再190条1項本文）。もっとも、再生計画によって得た権利は影響を受けないため（同項ただし書）、再生計画に基づいて受けた弁済は有効です（ただし、後記のとおり配当調整の問題が生じます。）。

なお、民事再生法190条1項本文にいう「原状に復する」とは、再生計画の効力を遡及的に消滅させる趣旨と解されています（東京地判平20.10.21判タ1296号302頁・金法1859号53頁、東京地判平20.10.30判時2045号127頁・金法1859号53頁）。したがって、確定した再生計画認可の決定に係る再生計画において再生手続開始後の利息、遅延損害金は全額免除する旨の条項が定められていた場合、再生手続が廃止されて破産手続が開始されると、この免除条項は遡及的に効力を失い、再生計画認可前の状態、すなわち、再生計画による権利変更がされる前の状態に戻ることになり、破産債権者は、原状に復した元金額に基づいて計算した再生手続開始後破産手続開始日の前日までの利息、遅延損害金について一般破産債権として権利行使ができることになります。

(2) 共益債権の破産手続における取扱い

共益債権は、牽連破産の場合、財団債権として扱われます（民再252条6項）。

共益債権は、原材料の購入費や商品の仕入代金等、再生手続開始後にした再生債務者の業務に関する費用の請求権も含まれる（民再119条2号）ため、多数の取引先がある場合、牽連破産後、財団債権の存否及び額について、破産管財人と財団債権者との間で紛争が生じる場合があります。破産法上、破産債権については簡易迅速な債権確定手続が用意されていますが、財団債権についてはそのような手続は用意されていないため、最終的には民事訴訟によって解決を図らざるを得ません（Q47参照）。

なお、事務負担の軽減のために工夫した一例として、破産管財人が「財団債権届出書」と題する書面を作成し、それに破産管財人が妥当と認める財団債権の額のほか、この金額に不満があれば金額を訂正して一定期間内に破産

管財人に返送（ファクシミリ可）すべき旨を記載し、これを財団債権の存在を主張することが予想される債権者に一斉に送付した上、書面の返送がなかった債権者については書面に記載した金額を財団債権額として取り扱い、書面を返送した債権者との間では個別交渉をするという方法があります（なお、髙井章光「牽連破産に関する諸問題」事業再生研究機構編『民事再生の実務と理論』（商事法務、平成22年）247頁は、金額を書き入れていない財団債権届出用紙をできるだけ早い段階で送付した方が調査を迅速に行える場合が多いと指摘しています。）。

(3)　一般優先債権の破産手続における取扱い

　民事再生法上の一般優先債権（民再122条）は、租税等の請求権（公租公課。国税徴収法8条、地方税法14条）と労働債権（民306条2号、308条）の2つに大きく分けられます。

ア　租税等の請求権（公租公課）

　公租公課は、破産手続開始日及び納期限を基準に財団債権（破148条1項3号）、優先的破産債権（破98条）及び劣後的破産債権（破97条3号～5号、99条1項1号）に分かれます（Q49、Q82参照）。公租公課については、労働債権の財団債権化に関する読替え規定（民再252条5項）と同様の規定がないため、破産手続開始日及び納期限を基準に振り分けられることになります。

イ　労働債権

　労働債権は、給料、退職金及び解雇予告手当並びにそれらの各請求権の発生時期に応じて、次の(ｱ)～(ｳ)のとおりになると考えられます。

　なお、労働債権は、再生手続上は一般優先債権として再生手続によらないで弁済を受けることができる（民再122条2項）ため、再生債権の届出等は不要ですが、破産手続上は財団債権部分と優先的破産債権部分とに分かれ、優先的破産債権の部分は破産手続によらないで弁済を受けることはできない（破100条1項）ため、破産債権の届出（破111条）が必要となります。

(ｱ)　給料の請求権

①　再生手続開始前の給料

　再生手続開始前3か月間の給料は財団債権として扱われ（民再252条5項、

破149条1項)、その余は優先的破産債権として扱われます。

② 再生手続開始後、再生手続中の給料

再生手続開始後の給料は、民事再生法119条2号により共益債権として扱われるため、財団債権となります（民再252条6項）。

③ 再生手続廃止後、保全管理中の給料

再生手続廃止後、保全管理中の給料は、財団債権として扱われます（破148条4項）。

(イ) **退職金請求権**

① 再生手続開始前の退職

退職前3か月間の給料の総額に相当する額を限度に財団債権として扱われ（民再252条5項、破149条2項）、その余は優先的破産債権として扱われます。

② 再生手続開始後、再生手続中の退職

再生手続中に生じた退職金請求権は、民事再生法119条2号により全額が共益債権となるとする見解と、退職金請求権が賃金の後払的性格を有することを根拠に再生手続開始後の労働の対価に相当する部分を同号により共益債権として扱い、再生手続開始前の労働の対価に相当する部分は同法122条の一般優先債権として扱うとする見解があります。

東京地裁倒産部では、後者の見解に立って再生手続開始後の労働の対価に相当する部分を財団債権として扱った例があります（民再252条6項）。この場合、破産法149条2項により退職前3か月間の給料の総額を限度に財団債権として扱われます（『破産・民再の実務（再生編）』359頁）。

③ 再生手続廃止後、保全管理中の退職

上記②と同様の考え方、すなわち、保全管理中における労働の対価に相当する部分を破産法148条4項により財団債権として扱う方が実務感覚になじむように思われます。

(ウ) **解雇予告手当請求権**

解雇予告手当請求権（労基20条）が破産法上の財団債権に当たるか否かについては争いがありますが、東京地裁倒産部では、破産手続開始前に生じた解雇予告手当請求権について、破産管財人から、解雇予告手当が破産法149

条 1 項の「給料」に当たるとして財団債権として承認することの許可申立てがあれば、これを適法なものとして扱う運用です（**Q39**参照。もっとも、当該解雇予告手当請求権が破産手続開始前 3 か月間に発生していることが必要です。）。

　また、破産手続中に破産管財人が従業員を即時解雇した場合の解雇予告手当請求権は、同法148条 1 項 4 号の財団債権に当たると解されます。

　以上の運用、解釈を牽連破産の場合に当てはめると、次のとおりになると考えられます。

①　再生手続開始前の解雇

　再生手続開始前 3 か月間に発生した解雇予告手当請求権は、破産管財人において財団債権として扱うことが可能と考えられます（民再252条 5 項、破149条 1 項）。

②　再生手続開始後、再生手続中の解雇

　再生手続開始後に発生した解雇予告手当請求権は、民事再生法119条 2 号の共益債権に当たると解され、財団債権として扱われます（民再252条 6 項）。

③　再生手続廃止後、保全管理中の解雇

　再生手続廃止後、保全管理中に発生した解雇予告手当請求権は、破産法148条 4 項により財団債権として扱われます。

　上記(ア)～(ウ)を表にまとめると、次のとおりです。

	給料	退職金	解雇予告手当
再生手続開始前の給料・退職（解雇）	再生手続開始前 3 か月のものは財団債権。その余は優先的破産債権	退職前 3 か月間の給料の総額に相当する額の限度で財団債権。その余は優先的破産債権	再生手続開始前 3 か月のものは財団債権と扱うことが可能
再生手続開始後、再生手続中の給料・退職（解雇）	財団債権	争いあり（再生手続開始後の労働の対価部分＋退職前 3 か月間の給料の総額に相当する額の限度で財団債権とし、その余は優先的破産債権とする説が実務的な処理と考えられます。）	財団債権

再生手続廃止後、保全管理中の給料・退職（解雇）	財団債権	争いあり（再生手続廃止後の労働の対価部分＋退職前３か月間の給料の総額に相当する額の限度で財団債権とし、その余は優先的破産債権とする説が実務的な処理と考えられます。）	財団債権

⑷　別除権協定の破産手続における効力

　再生手続中に締結された別除権協定に基づく目的物評価額相当額の分割弁済に係る債権については、再生債権であるとする見解と共益債権（民再119条５号又は７号）であるとする見解がありますが、後者の見解に立つと、別除権協定の締結後、再生手続の廃止により牽連破産に移行した場合、別除権協定に基づく分割弁済に係る債権は民事再生法252条６項により財団債権として扱われることになります。

　そこで、実務的には、別除権協定締結の際、将来再生手続廃止等の事由が生じた場合には別除権協定の効力は失われる旨の解除条件条項が盛り込まれるのが一般的です（全国倒産処理弁護士ネットワーク編『通常再生の実務Q&A150問』（金融財政事情研究会、2020年）231頁〔室木徹亮〕、木内道祥監修『民事再生実践マニュアル第２版』（青林書院、2018年）233頁）が、仮にそのような条項が設けられていないとしても、そもそも別除権協定は、再生債務者が事業の再生を図るために締結されたものであり、別除権協定の締結後に再生手続が頓挫する等して破産手続に移行した場合には、別除権協定締結の前提が失われたものとして別除権協定は将来に向かって失効する旨の合意がされていると解する余地もあると思われます。

　もとより、別除権協定が破産手続移行後に失効するか否かは、別除権協定の解釈問題であり、解除条件条項及び別除権協定のその余の条項の文言や意味内容、別除権協定の締結に至る経緯等を考慮して決せられることになります。この点、最判平26.6.5（民集68巻５号403頁）は、別除権協定において解除条件条項が定められているものの、再生手続廃止の決定を経ずに破産手

続開始の決定がされることが解除条件として明記されていない事案において、同協定の内容等を検討し、契約当事者の合理的意思解釈として、当該解除条件条項に係る合意は、再生債務者がその再生計画の履行完了前に再生手続廃止の決定を経ずに破産手続開始の決定を受けた時から別除権協定が効力を失う旨の内容をも含むものと解するのが相当であると判断しています。

(5) 否認権、相殺権

再生手続の廃止等による牽連破産において、否認及び相殺禁止の要件に関する破産法の規定の適用に当たっては、再生手続開始の申立てをもって破産手続開始の申立てがあったものとみなされます（民再252条1項柱書）。

したがって、例えば、再生手続開始の申立て後、再生手続開始前に再生債務者がした詐害行為について、破産管財人は、民事再生法252条1項柱書、破産法160条1項2号により否認権を行使することができます。

なお、破産法上、否認権の消滅時効は破産手続開始の日から2年とされていますが（破176条前段）、牽連破産の場合には、再生手続開始日を破産手続開始日とみなしています（民再252条2項）。

(6) 配当調整

再生計画認可の決定の確定後に再生手続廃止となり牽連破産となった場合、再生計画によって変更された権利は原状に復します（民再190条1項本文）が、再生計画によって得た権利には影響を及ぼさない（同項ただし書）ため、再生計画に基づいて受けた弁済は有効です。

他方、牽連破産後の破産手続では、従前の再生債権の額をもって配当の手続に参加することのできる債権の額とみなされますが、他の同順位の破産債権者が自己の受けた弁済と同一の割合で配当を受けるまでは配当を受けることができません（同条4項、配当調整）。

次に、配当調整の計算方法の一例を紹介します。

【事例】

A～Gの債権者のうち、D及びEに対しては再生計画による弁済がされませんでした（再生計画の弁済率は25％です。）。

	債権額	再生手続中の弁済額
A	100万円	25万円（25％）
B	50万円	10万円（20％）
C	300万円	35万円（11.666％）
D	350万円	
E	3000万円	
F	2000万円	120万円（6％）
G	100万円	10万円（10％）
合　計	5900万円	200万円

【計算方法】

仮に破産手続における配当原資が300万円の場合、本来の配当率は8.475％です。

（200万円＋300万円）÷5900万円×100＝8.475％

したがって、D及びEには、少なくともFと同率の6％までは優先して配当されますが、その余の部分はFとの間で按分することが見込まれます。正確には、次のように計算して確認する必要があります。

（第1段階）

Fと同率の6％まではD及びEに優先的に配当します。この場合に必要な配当原資は201万円です。

D：350万円×6％＝21万円

E：3000万円×6％＝180万円

（第2段階）

D～FにGと同率の10％を配当するための配当原資は415万円ですが、破産手続における配当原資はこれに足りません。

D：350万円×10％＝35万円

E：3000万円×10％＝300万円　F：2000万円×10％＝200万円

200万円－120万円（再生手続中の弁済額）＝80万円

合計：35万円＋300万円＋80万円＝415万円

（第3段階）

　D及びEに優先的に配当した後の配当原資の残額は99万円となります。

　　300万円 －（21万円＋180万円）＝99万円

　この99万円を10％配当額に満つるまでD～Fで按分することになります。D
～Fの債権総額は5350万円ですから、これをもって99万円を按分します。

　　D：99万円×（350万円÷5350万円）＝6万4766円

　　E：99万円×（3000万円÷5350万円）＝55万5140円

　　F：99万円×（2000万円÷5350万円）＝37万0094円

（結論）

　300万円の配当原資は、以下のとおり配当されます。

　　D：21万円（第1段階）＋6万4766円（第3段階）＝27万4766円

　　E：180万円（第1段階）＋55万5140円（第3段階）＝235万5140円

　　F：37万0094円（第3段階）

　上記の計算方法をもとに、パソコンのエクセルソフトを用いて実際に配当
額を計算したものが本問末尾の資料1の「配当額計算表」であり、この配当
額計算表をもとに作成した「配当表」が本問末尾の資料2です。

（資料１）配当額計算表

事件番号　令和○○年（フ）第○○○○号
破産者　株式会社△△△△サッシ
破産管財人　弁護士　□□　□□

※優先的破産債権71,400円を除く。

	破産手続		民事再生手続				配当順位	配当算定の基準額	第1段階配当
債権者番号	債権者名	認める債権額	確定再生債権額【A】	再生手続中の弁済額【B】	認める予定の破産債権額【A－B(＋金利)】	弁済率【B/配当算定基準額】		認める債権額＋再生手続中の弁済額	①順位1位までの債権者に対し、順位第2位の弁済率で配当 ②再生手続中の弁済額を控除
1	株式会社A	0	0	0	0（＋金利）	0.00000000000	1	0	0
2	社団法人B協会	63,322	0	0	0（＋金利）	0.00000000000	1	63,322	1,713
3	C株式会社代理人弁護士△△△△	2,000,000	0	0	0（＋金利）	0.00000000000	1	2,000,000	54,089
17	株式会社Qカード	0	0	0	0（＋金利）	0.00000000000	1	0	0
21	株式会社U商会	27,720	0	0	0（＋金利）	0.00000000000	1	27,720	750
23	Wファイナンス株式会社	1,220,712	0	0	0（＋金利）	0.00000000000	1	1,220,712	33,013
24	Xシヤッター株式会社	17,042,110	0	0	0（＋金利）	0.00000000000	1	17,042,110	460,894
29	γ電力株式会社代理人○○○○	122,848	0	0	0（＋金利）	0.00000000000	1	122,848	3,322
6	F信用金庫	40,731,505	36,186,538	1,132,178	35,054,360（＋金利）	0.02704439550	2	41,863,683	－
9	株式会社I銀行業務受託者乙債権回収株式会社	94,593,814	86,765,040	2,638,951	84,126,089（＋金利）	0.02714055288	3	97,232,765	－
20	株式会社T銀行	68,534,977	63,106,063	1,929,181	61,176,882（＋金利）	0.02737818850	4	70,464,158	－
22	V債権回収株式会社	31,270,905	28,737,811	898,135	27,839,676（＋金利）	0.02791923539	5	32,169,040	－
25	Y信用保証協会	57,070,908	65,473,300	1,675,917	63,797,383（＋金利）	0.02852778852	6	58,746,825	－
13	M信用保証協会	12,918,867	12,011,341	396,340	11,615,001（＋金利）	0.02976596609	7	13,315,207	－
26	Z公庫 丙支店	9,930,863	9,813,491	330,405	9,483,086（＋金利）	0.03219923698	8	10,261,268	－
19	有限会社S工業	6,291,838	6,771,838	480,000	6,291,838（＋金利）	0.07088179014	9	6,771,838	－
28	株式会社β	6,252,140	6,732,140	480,000	6,252,140（＋金利）	0.07129976501	10	6,732,140	－
7	株式会社Gサッシ工業	6,161,839	6,641,839	480,000	6,161,839（＋金利）	0.07226914112	11	6,641,839	－
11	Kサッシ株式会社	5,092,350	5,572,350	480,000	5,092,350（＋金利）	0.08613959999	12	5,572,350	－
4	Dリース株式会社業務受託者甲債権回収株式会社	4,492,603	5,023,814	480,000	4,543,814（＋金利）	0.09652892057	13	4,972,603	－
5	Eリース株式会社	3,741,640	4,241,640	480,000	3,761,640（＋金利）	0.11369988914	14	4,221,640	－
14	Nサッシ工業株式会社	3,538,350	4,018,350	480,000	3,538,350（＋金利）	0.11945201389	15	4,018,350	－
12	株式会社L	3,355,356	3,835,356	480,000	3,355,356（＋金利）	0.12515135492	16	3,835,356	－
8	株式会社H	2,250,000	2,730,000	480,000	2,250,000（＋金利）	0.17582417582	17	2,730,000	－
15	有限会社O商事	1,932,450	2,412,450	480,000	1,932,450（＋金利）	0.19896785426	18	2,412,450	－
10	株式会社J商会	1,754,190	2,234,190	480,000	1,754,190（＋金利）	0.21484296322	19	2,234,190	－
18	R株式会社	1,630,000	2,110,000	480,000	1,630,000（＋金利）	0.22748815166	20	2,110,000	－
27	αサービス	1,581,056	2,061,056	480,000	1,581,056（＋金利）	0.23289032418	21	2,061,056	－
30	株式会社δ代理人□□□□	281,084	413,730	162,746	250,984（＋金利）	0.36668544262	22	443,830	－
		383,883,447						合計	553,780
								累計	

順位7位のM信用保証協会までの配当算定基準額の合計＝　334,268,390.000

一般破産債権に対する簡易配当可能額＝1,770,272円
順位第7位までの債権者に対する配当率＝0.03123530035

第2段階配当	第3段階配当	第4段階配当	第5段階配当	第6段階配当	第7段階全額配当＝原資不足	第7段階修正配当	第7段階修正配当までの配当計【端数表示】	第7段階修正配当までの配当額計【端数切捨】
①順位第2位までの債権者に対し順位第3位の弁済率で配当 ②再生手続中の弁済額及び第1段階配当額を控除	①順位第3位までの債権者に対し順位第4位の弁済率で配当 ②再生手続中の弁済額及び第2段階までの配当額を控除	①順位第4位までの債権者に対し順位第5位の弁済率で配当 ②再生手続中の弁済額及び第3段階までの配当額を控除	①順位第5位までの債権者に対し順位第6位の弁済率で配当 ②再生手続中の弁済額及び第4段階までの配当額を控除	①順位第6位までの債権者に対し順位第7位の弁済率で配当 ②再生手続中の弁済額及び第5段階までの配当額を控除	①順位第7位までの債権者に対し順位第8位の弁済率で配当 ②再生手続中の弁済額及び第6段階までの配当額を控除	順位第7位までの債権者に対し、修正配当率0.00146933426で配当 ※修正配当率：第6段階配当後の配当原資491,152円/順位第7位までの配当算定基準額計334,268,390円		
0	0	0	0	0	0	0	0.000	0
6	15	34	39	78	154	93	1,977.882	1,977
192	475	1,082	1,217	2,476	4,867	2,939	62,470.601	62,470
0	0	0	0	0	0	0	0.000	0
3	7	15	17	34	67	41	865.843	865
117	290	660	743	1,511	2,970	1,794	38,129.306	38,129
1,639	4,050	9,221	10,371	21,101	41,468	25,041	532,315.424	532,315
12	29	66	75	152	299	181	3,837.194	3,837
4,026	9,948	22,650	25,476	51,835	101,866	61,512	175,446.712	175,446
−	23,106	52,607	59,171	120,391	236,594	142,867	398,143.618	398,143
−	−	38,124	42,881	87,247	171,458	103,535	271,788.139	271,788
−	−	−	19,577	39,831	78,276	47,267	106,674.626	106,674
−	−	−	−	72,739	142,947	86,319	159,057.723	159,057
−	−	−	−	−	32,400	19,564	19,564.490	19,564
−	−	−	−	−	−	−	0.000	0
−	−	−	−	−	−	−	0.000	0
−	−	−	−	−	−	−	0.000	0
−	−	−	−	−	−	−	0.000	0
−	−	−	−	−	−	−	0.000	0
−	−	−	−	−	−	−	0.000	0
−	−	−	−	−	−	−	0.000	0
−	−	−	−	−	−	−	0.000	0
−	−	−	−	−	−	−	0.000	0
−	−	−	−	−	−	−	0.000	0
−	−	−	−	−	−	−	0.000	0
−	−	−	−	−	−	−	0.000	0
5,994	37,920	124,461	159,567	397,397	813,366	491,152	1,770,271.558	1,770,265
559,775	597,695	722,156	881,723	1,279,120	2,092,485	1,770,272		→端数切捨値7円は事務費に算入

Q90　427

（資料２）配当表

破産者　株式会社△△△△サッシ
破産管財人　弁護士　□□　□□

債権者番号	債権者名	住所	配当に参加できる債権額【A】[確定破産債権額+【B】]	民事再生手続中の弁済額【B】	破産手続における配当額【C】	備考
1	株式会社A		0	0	0	債権調査期日において、全額異議済み
2	社団法人B協会		63,322	0	1,977	
3	C株式会社代理人 弁護士　△△△△		2,000,000	0	62,470	
4	Dリース株式会社業務受託者 甲債権回収株式会社		4,972,603	480,000	0	民事再生法190条4項に基づく配当調整により、配当なし
5	Eリース株式会社		4,221,640	480,000	0	民事再生法190条4項に基づく配当調整により、配当なし
6	F信用金庫		41,863,683	1,132,178	175,446	
7	株式会社Gサッシ工業		6,641,839	480,000	0	民事再生法190条4項に基づく配当調整により、配当なし
8	株式会社H		2,730,000	480,000	0	民事再生法190条4項に基づく配当調整により、配当なし
9	株式会社I銀行業務受託者 乙債権回収株式会社		97,232,765	2,638,951	398,143	
10	株式会社J商会		2,234,190	480,000	0	民事再生法190条4項に基づく配当調整により、配当なし
11	Kサッシ株式会社		5,572,350	480,000	0	民事再生法190条4項に基づく配当調整により、配当なし
12	株式会社L		3,835,356	480,000	0	民事再生法190条4項に基づく配当調整により、配当なし
13	M信用保証協会		13,315,207	396,340	19,564	
14	Nサッシ工業株式会社		4,018,350	480,000	0	民事再生法190条4項に基づく配当調整により、配当なし
15	有限会社O商事		2,412,450	480,000	0	民事再生法190条4項に基づく配当調整により、配当なし
欠	P市水道局長		-	0	-	取下げ済み
17	株式会社Qカード		0		0	債権調査期日において、全額異議済み
18	R株式会社		2,110,000	480,000	0	民事再生法190条4項に基づく配当調整により、配当なし
19	有限会社S工業		6,771,838	480,000	0	民事再生法190条4項に基づく配当調整により、配当なし
20	株式会社T銀行		70,464,158	1,929,181	271,788	
21	株式会社U商会		27,720	0	865	
22	V債権回収株式会社		32,169,040	898,135	106,674	
23	Wファイナンス株式会社		1,220,712	0	38,129	
24	Xシャッター株式会社		17,042,110	0	532,315	
25	Y信用保証協会		58,746,825	1,675,917	159,057	
26	Z公庫　丙支店		10,261,268	330,405	0	民事再生法190条4項に基づく配当調整により、配当なし
27	Aサービス		2,061,056	480,000	0	民事再生法190条4項に基づく配当調整により、配当なし
28	株式会社B		6,732,140	480,000	0	民事再生法190条4項に基づく配当調整により、配当なし
29	Γ電力株式会社代理人 ○○○○		122,848	0	3,837	
30	株式会社Δ 代理人　□□□□		443,830	162,746	0	民事再生法190条4項に基づく配当調整により、配当なし
－	道路管理者国土交通省 ○○地方整備局長		71,400		71,400	優先的破産債権
	合計		399,358,700	15,403,853	1,841,665	

※民事再生法190条4項に基づく標準配当率：4.318302818％【(B合計＋C合計)÷A合計×100】

Q91

再生手続の終結後、再生計画の履行完了前に破産手続が開始された事件（終結後履行完了前破産事件）においては、どのような点に留意すべきですか。

1 終結後履行完了前破産事件とは

再生計画に基づく再生債権の弁済期間は、再生計画認可の決定の確定から原則として10年以内です（民再155条3項）ので、再生手続が監督期間である3年の経過によって終結した後も、再生計画に基づく履行が完了しない場合があります。そして、再生手続の終結後、再生計画による弁済ができなくなり、破産手続開始の申立てがされる事例が存します。これを「終結後履行完了前破産事件」と呼ぶことにします。

2 破産管財人において留意すべき事項

⑴ 配当調整

終結後履行完了前破産事件について破産手続開始の決定がされると、再生計画によって変更された権利は原状に復し、**Q90**で述べた配当調整の問題が生じます（民再190条）。特に、終結後履行完了前破産事件では、再生計画による弁済が多数回かつ長期にわたっていることが多いため、弁済額の把握や実際の計算等、配当調整に当たっての破産管財人の負担はかなり重くなります。

そのため、前件の再生手続における再生債権者に改めて破産債権の届出をさせる際、届出内容の正確を期するため、債権届出書とともに、記載に当たっての注意事項を書面にして送付するなどの工夫が必要となります。具体的には、再生計画の履行完了前に破産手続開始の決定があった場合、再生計画によって変更された再生債権が現状に復する旨の説明をするとともに、破産債権の届出をするに当たっては、再生計画による弁済を受ける前の金額で債権額を記載するよう注意喚起をし、再生計画により弁済を受けた金額を債

Q91 **429**

権届出書に付記してもらうことが考えられます。

(2) 先行する再生手続上の共益債権の取扱い

再生手続の終結後、再生計画の履行完了前に新たに再生手続開始の決定がされた場合には、従前の再生手続上の共益債権は新たな再生手続において共益債権とみなされます（民再190条9項）。しかしながら、終結後履行完了前再生事件について破産手続開始の決定がされた場合には、従前の再生手続上の共益債権を新たな破産手続において財団債権とみなす旨の規定がないため、上記共益債権は破産債権として扱わざるを得ないことになります。

Q92

牽連破産事件、終結後履行完了前破産事件において、再生債務者代理人（申立代理人）は、どのようにして破産管財人と連携をすべきですか。

1 牽連破産事件等における再生債務者代理人（申立代理人）の協力の重要性

東京地裁倒産部における破産管財事件の運用は、申立代理人に対する信頼（申立代理人による十分な調査と破産手続への協力）と、破産管財人と申立代理人との連携、協働が背景にあり（Q11参照）、このことは牽連破産事件、終結後履行完了前破産事件についても同様です。特に、牽連破産事件は、事業を継続していた再生債務者、すなわち、「生きていた会社」の清算手続であり、従業員の解雇、取引先との取引関係の解消、商品在庫や売掛金の処理、不動産の売却等様々な業務を同時並行かつ迅速に行うことが求められます。

したがって、牽連破産事件の再生債務者代理人には、再生手続の廃止等が確実な状況になった時点で、速やかに再生債務者を説得して事業の継続を断念させ、資産の散逸、費消を防止して、その保全に努めるとともに、再生手続の廃止等に伴う牽連破産への移行に備えた準備を行いつつ、監督委員及び裁判所との打合せ等を円滑に行うことが強く求められるといえます（全国倒

430 第13章 牽連破産

産処理弁護士ネットワーク編『通常再生の実務Q&A150問』（金融財政事情研究会、2020年）326頁〔榎崇文〕、木内道祥監修『民事再生実践マニュアル〔第2版〕』（青林書院、2018年）316頁）。

　東京地裁倒産部における多くの牽連破産事件は、再生債務者代理人の理解と協力の下、迅速かつ円滑に再生手続の廃止等から保全管理、破産手続への移行がされています（なお、東京地裁倒産部では、破産手続への移行に際し、再生債務者代理人には末尾【資料1】を、保全管理人には【資料2】を交付して、牽連破産事件への理解と債権者一覧表の作成等の協力を求めています。）。

2　牽連破産事件等における再生債務者代理人の昨今の事情

　しかしながら、牽連破産事件の中には、再生債務者代理人と監督委員、裁判所との打合せ、連携が十分されないまま再生手続が廃止となり破産手続に移行する事例も少なからず存します。再生計画認可の決定の確定後は、再生債務者代理人による関与の度合いが少なくなることが多く、再生計画の履行について再生債務者代理人による指導、監督が十分でない場合も見受けられます。事案によっては、再生計画による1回目の弁済前にいつの間にか事業を停止し、従業員の解雇、事業所の閉鎖・明渡しまで終わっている例もありました。このような事例の場合、再生手続に対する債権者の信頼を損ねる上、破産手続の進行に当たっても支障を生じかねません。

3　再生債務者代理人に求められる役割

　牽連破産事件等が迅速かつ適切に処理されるかどうかは、破産手続に移行する前後を通じて、再生債務者代理人による理解と協力がどれだけ得られるかにかかっているといっても過言ではありません。そのためにも、再生債務者代理人には、再生計画認可の決定までだけでなく、同決定後の再生計画の履行の段階においても、再生債務者を適切に指導監督する等して再生債権者の期待に応え、信頼を損ねることのないよう一定の関与が求められていると考えられます（島岡大雄「東京地裁破産再生部（民事第20部）における牽連破産事件の処理の実情等について（下）」判タ1363号30頁）。

Q92　431

（資料1）

令和5年3月24日

申立人代理人の皆様へ

東京地方裁判所民事第20部 特定管財　　係
（ダイヤルイン番号　03－5721－3128、3173、3174）

牽連破産事件における債権者一覧表等の提出について

1　次の書類等（□にレを付したもの）を当係へ提出してください。
　□　**債権者一覧表**（2部）
　　※　次の種類別に記載してください（裏面参照。ただし、個人債権者の電
　　　話・FAX番号は、事業用と判明しているものを除き、裁判所提出用の一
　　　覧表には記載しないでください。）。
　　　①　再生手続中の共益債権者
　　　②　租税等債権者
　　　③　労働債権者
　　　④　自認債権者及び再生手続で債権届出をしていない債権者
　　　⑤　再生手続で債権届出をした再生債権者
　　※　再生手続中の共益債権者等の財団債権者についても、財団債権把握のた
　　　め開始決定通知をしますので、一覧表のご提出をお願いいたします。
　□　**債権者の宛名入りラベル**
　　※　債権者の種類別に作成してください。
　　※　事件番号を記載してください。
　□　**申立人代理人通知用名入り封筒または宛名ラベル**（2通分）
　□　**免責申立書**（申立手数料500円の収入印紙貼付）**及び委任状**
　□　**郵便切手**　84円切手×（債権者数＋5）
　　　　　　　合計　　　　　　円分（84円×　　　枚）

2　上記書類等のご提出は、遅くとも
　　　　　　　　本件破産手続開始の決定予定日の前日まで
　にお願いします。

3　本件再生手続廃止の決定が確定した日の午後5時に破産手続開始の決定がさ
　れる予定です。なお、再生手続廃止の決定は確定まで1か月程度を要します。
　官報公告により再生手続廃止の決定確定予定日が判明したときには電話連絡い
　たします。

［牽連破産事件における債権者一覧表等の提出について：裏面］

（債権者一覧表作成例）

債 権 者 一 覧 表

① 再生手続中の共益債権者

債 権 者 一 覧 表

② 租税等債権者

債 権 者 一 覧 表

③ 労働債権者

債 権 者 一 覧 表

④ 自認債権者及び再生手続で債権届出をしていない債権者

債 権 者 一 覧 表

⑤ 再生手続で債権届出をした再生債権者

no.	債権者名	債権の種類	金額（円）	郵便番号	住　　所	電話番号
1	☆☆☆㈱	売掛金	10,040,289	136-0071	江東区亀戸…	03（3683）---
2	○○○○㈱	売掛金	9,888,230	221-0824	横浜市神奈川区…	045（411）---
3	㈱△△△	売掛金	112,003,020	160-8485	新宿区歌舞伎町…	03（3209）---
4	□□□㈱	リース料	435,444	271-0077	千葉県松戸市根本…	047（366）---
5	㈱◇◇物産	リース料	234,333,578	210-0005	神奈川県川崎市…	044（201）---
6	▼▼商事㈱	リース料	2,343,221	181-0012	東京都三鷹市…	042（249）---
7	㈱○○○	売掛金	139,090	272-0122	千葉県市川市宝…	047（396）---
8	▽▽▽㈱	売掛金	22,135,689	225-0013	横浜市青葉区…	045（911）---
9						
10						
	（合計）		391,318,561			

（債権者一覧表作成例：再生計画認可決定確定後一部弁済があり、その後廃止となった事案）

債 権 者 一 覧 表

⑤ 再生手続で債権届出をした再生債権者

no.	債権者名	債権の種類	債権額	弁済額	差引残額	郵便番号	住　所	電話番号
1	☆☆☆㈱	売掛金	260,000	2,000	258,000	136-0071	江東区亀戸…	03（3683）---
2	○○○㈱	リース料	800,000	4,000	796,000	221-0824	横浜市神奈川区…	045（411）---
3	㈱△△△	売掛金	300,000	2,000	298,000	160-8485	新宿区歌舞伎町…	03（3209）---

10								
	（合計）		9,345,000	354,000	8,991,000			

Q92　433

（資料2）

令和5年3月24日

破産管財人の皆様へ

東京地方裁判所民事第20部 特定管財　　係

（ダイヤルイン番号　03－5721－3128、3173、3174）

牽連破産事件における債権者一覧表と開始決定通知について

　牽連破産事件においては、申立代理人に以下の債権者一覧表（裁判所用及び破産管財人用として2部ずつ）を提出していただき、これに基づき破産手続開始決定通知を行います。

　□　本件では、破産管財人に通知発送をお願いいたします。

破産債権者の一覧表（下記債権者の種類別に記載されたもの）

1　再生手続中の共益債権者

2　租税債権者

3　労働債権者

4　自認債権者及び再生手続で債権届出をしていない債権者

5　再生手続で債権届出をした再生債権者

　※　管財人の財団債権把握の便宜のため、財団債権者にも破産手続開始決定通知をしています。開始決定通知には、便宜上、破産債権届出書を同封していますので、同届出書が提出され、財団債権と認定された場合には適宜対応してください。

　※　各債権者への送付書面

　　□　破産手続開始決定通知

　　□　封筒表書き見本

　　□　破産債権届出書

手続開始決定予定日について

　破産手続開始決定は、再生事件の廃止決定等が確定した日の午後5時に行う予定です（出頭不要）。廃止決定等の確定日が判明したときは電話連絡致します。開始決定関係書類は、準備が整い次第、担当書記官から連絡しますのでお受け取りをお願いします。

保全管理人の業務について

　保全管理命令は、再生手続廃止等の決定がなされた後の債務者の財産隠匿のおそれ等を防止し、破産手続開始決定後の管財業務にスムースに移行するためのも

のです。保全管理人の業務は、実質的には、破産管財人と同様です（民事再生法
251条、破産法91条2項、93条）。金銭等の保管については、必要があれば口座を
開設してください。

　保全管理人の任務が終了した場合には、保全管理人は、遅滞なく計算報告をす
る必要があります（破産法94条1項）が、第1回の財産状況報告集会で提出する
報告書に記載して頂く取扱いにしております。ただし、特に詳細な報告が必要な
場合には、別途、保全管理人として報告書を作成し提出して下さい。

　なお、保全管理命令期間中の問合せ等も、特定管財係で対応致します。

債権認否及び配当について

1　**確定再生債権**に対する異議について

　　民事再生手続の債権調査で異議なく確定した再生債権について、破産手続の
債権調査で異議を述べる場合は、破産管財人において訴えを提起する必要があ
ります（民事再生法190条2項、185条、破産法129条）。

2　**配当額の計算**について（**再生計画による弁済がある場合**）

　　再生計画の履行完了前に、再生債務者について破産手続開始決定がされた場
合は、再生計画により変更のあった再生債権は原状に復します（民事再生法190
条1項）。再生計画に従って弁済を受けた債権は、従前の再生債権の額から弁済
額を控除した額が破産債権の額となります（同法190条3項）。

　　配当率の計算については、従前の再生債権の額をもって配当の手続に参加す
ることができる債権の額とみなし、破産財団に当該弁済を受けた額を加算して
配当率の標準を定めます。

　　既に再生計画に従って弁済を受けた弁済額を超える場合にのみその差額を配
当することになります（同法190条4項）。

債権届出書の返還について

1　整理済みの債権届出書綴りは、最後の集会終了時に担当書記官にお渡しくだ
さい。

　□　本件破産事件に先立つ民事再生申立事件について、債権者から提出された
民事再生事件の債権届出書のうち申立代理人から引継ぎを受けた債権届出書
（裁判所用として保存しますので、引継未了の場合は申立代理人から引継ぎを
受けてください。）

　□　破産事件について、債権者から提出された破産債権届出書

2　配当事案以外の場合は、債権届出書の返還に際し、再生債権届出書と破産債
権届出書を別々に編綴してください。

以　上

Q92　435

書式編

書 式 編 目 次

※書式43〜46、48〜50、57、57－2、71－2については記載例を掲載してありますが、ダウンロード用の書式は記載例のない書式となっています。

【申立て関係】

書式1　上申書（オーバーローン）

書式2　通知書（同時廃止決定後に新たに判明した債権者）

書式3　上申書（同時廃止決定後に新たに判明した債権者）

書式3－2　上申書（名義変更の場合）

書式4　破産管財人連絡書

書式5　申立代理人連絡書

書式6　打合せ補充メモ（個人用）

書式6　別紙預り金・回収金精算書

書式7　打合せ補充メモ（法人用）

書式7　別紙預り金・回収金精算書

書式8　破産管財人の資格証明書等交付申請書（ファクシミリ用）

書式9　破産者に対する注意事項（法人の役員等の方へ）

書式9－2　破産者に対する注意事項（債権者申立事件・法人用）

書式10　破産者に対する注意事項（個人の破産者の方へ）

書式10－2　破産者に対する注意事項（債権者申立事件・個人用）

書式11　破産管財人代理選任許可申立書

書式12　破産管財人代理選任許可証明申請書

【財団の管理・換価関係】

書式13　金銭等の保管方法届出書

書式14　告示書

書式15　上申書（不動産仮差押えの執行取消し関係）

書式16　上申書（債権差押えの執行取消し関係）

438　書式編

書式17　上申書（供託金交付手続関係）

書式18　同意書（執行供託された新得財産関係）

書式19　上申書（債権仮差押決定失効通知関係）

書式20　失効証明申請書

書式21　上申書（郵便転送嘱託）

書式22　上申書（郵便転送嘱託延長）

書式23　住所変更に関する届出書

書式23－2　旅行等に関する届出書

書式24　資産売却許可申立書（100万円超過用）

書式25　不動産売却等許可申立書

書式26　破産登記抹消嘱託の上申書

書式27　財団債権承認許可申立書（100万円超過用）

書式28　不動産放棄の事前通知書

書式29　不動産放棄許可申立書

書式30　不動産放棄許可申立書及び破産登記抹消嘱託の上申書

書式31　債権放棄許可申立書

書式32　資産放棄許可申立書

書式33　和解許可申立書

書式34　事前の包括的和解許可申立書

書式35　双方未履行双務契約の履行の請求許可申立書

書式36　訴え提起許可申立書

書式37　無資力証明申請書

書式37－2　書記官発行の無資力証明書について（ご説明とお願い）

書式38　届出書（不動産競売関係，執行部提出用）

書式39　債務者への通知書（売掛金等の管理関係）

書式40　回答書

【集会報告関係】

書式41　債権者集会打合せメモ

書　式　編　439

書式42　破産法157条の報告書

書式43　財産目録（記載例）

書式44　収支計算書（記載例）

書式45　財産目録及び収支計算書（記載例）

書式46　【破産】貸借対照表（記載例）

【債権調査関係】

書式47　債権届出書用紙

書式48　債権認否一覧表（記載例）

書式49　債権認否及び配当表（記載例）

書式50　優先的破産債権（公租公課）一覧表及び配当表（記載例）

書式51　新たに判明した債権者への発送（送信）報告書

書式52　異議通知書

書式53　異議撤回書

書式54　債権届出取下書

書式55　破産債権名義変更届出書

書式56　債権調査後の債権額等変更一覧表

書式56　債権調査後の債権額等変更一覧表（記載例）

【配当関係】

書式57　配当表（記載例）

書式57－2　　配当表（更正）（記載例）

書式58　簡易配当許可申立書（A・財団少額型）

書式59　簡易配当の御通知（A）

書式60　簡易配当の御通知（A）（優先的破産債権のみの配当事案）

書式61　振込送金依頼書

書式62　配当金についての御連絡

書式63　除斥期間等の起算日届出書

書式64　最後配当許可申立書

書式65　最後配当の御通知（通知型・その１）

書式66　最後配当の御通知（通知型・その１）（優先的破産債権のみの配当事案）

書式67　配当額確定の御通知（通知型・その２）

書式68　最後配当公告掲載報告書（官報公告型）

書式69　最後配当の御通知（官報公告型）

書式70　中間配当許可申立書

書式71　追加配当許可申立書

書式71－２　配当表（追加）（記載例）

書式72　配当額確定の御通知（通知型・その３）

書式73　簡易配当許可申立書（B・異議確認型）

書式74　簡易配当の御通知（B）

書式75　配当の実施及び任務終了の計算報告書

書式76　換価完了証明申請書

【破産廃止・免責関係】

書式77　破産手続廃止決定証明申請書

書式78　破産手続終結決定証明申請書

書式79　免責に関する意見書

書式1

個人自己破産事件（代理人申立）専用

東京地方裁判所民事第２０部　御中

　　　　　　令和　　年　　月　　日

　　　　　　債　務　者

　　　　　　代理人弁護士　　　　　　　　　　　・

上　申　書

　債務者は次の不動産を所有しておりますが、以下のとおり、１．５倍以上のオーバーローンの状況にありますので、当該不動産に関しては同時廃止に支障がないことを上申します。

添付の不動産全部事項証明書に記載の（以下レ点を付したもの）

☐　土地　　筆　　　　　（地番　　　　　　　　　　　）
☐　建物　　　　　　　　（家屋番号　　　　　　　　　）
☐　区分所有権等付建物　（部屋番号　　　　　　　　　）　について

$$\frac{（\text{被担保債権の残額}）\qquad\qquad 円}{※（\text{評　価　額}）\qquad\qquad 円}$$

　　　　　　　　　　　＝　約＿＿＿．＿＿＿倍　（小数点第２位まで）

添付書類（以下、３はレ点を付したもの）
　１　不動産全部事項証明書
　２　ローン残高証明書
　３　☐　不動産取引業者作成の査定書　　通
　　　☐　鑑定評価書

※評価額について
１　信頼の置ける不動産取引業者２社以上の査定額の平均額又は鑑定評価書の評価額を基準とします（固定資産評価証明書は不可）。
２　借地権等付建物については、借地権等価格を加えた時価による必要があります。
３　共有不動産において、不動産全体に抵当権が設定されている場合は、被担保債権の残額を共有持分の時価で除して計算するのではなく、被担保債権の残額を不動産全体の時価で除して算定する必要があります。

　※即日面接において同時廃止を希望されるときには、この書面の添付が必要です。

442　書式編

書式2

令和　　年(フ)第　　　　号

令和　　年　　月　　日

債権者　　　　　　　　　　　御中

通　知　書

〒　　　　　　東京都
　　　　　　　破産者

昭和・平成　　年　　月　　日生

〒　　　　　　東京都
　　　　　　　申立代理人

（電話　　　　　　　　　）
（ＦＡＸ　　　　　　　　）

　上記破産者は、貴殿に対し、下記4記載の債務を負担しているところ、令和○年○月○日午後5時、東京地方裁判所において、破産手続開始・同時廃止の決定（令和○年○月○日申立て）を受けましたので通知いたします。

　また、破産者の免責について意見を述べることができる期間及び免責審尋期日が下記1及び3のとおり定められました。破産者について免責不許可事由（破産法252条1項）に該当する事実があれば、「免責についての意見申述書」2通を下記1の期間内に下記2の部署へ提出してください。

記

1　免責意見申述期間　　下記3免責審尋期日まで
2　免責意見書提出先　　〒153-8626
　　　　　　　　　　　　東京都目黒区中目黒2-4-1
　　　　　　　　　　　　東京地方裁判所中目黒庁舎（ビジネス・コート）
　　　　　　　　　　　　民事第20部受付・即日面接係

3　免責審尋期日
　　　　　日時　　令和　　年　　月　　日　午前・午後　　時　　分
　　　　　場所　　東京都目黒区中目黒2-4-1
　　　　　　　　　東京地方裁判所中目黒庁舎（ビジネス・コート）
　　　　　　　　　□　306号法廷（3階）　　　□　　　号法廷（　階）
　　　　　　　　　□　民事第20部受付・即日面接係（1階）
　　　　　　　　　※✔を付した場所。不明な点は上記申立代理人へご連絡ください。

4　債務の表示
　　金額　　　　　　　　　円
　　債権の発生原因

以上

書式編　443

書式3

令和　年(フ)第　　　号破産手続開始申立事件
破 産 者 ○ ○ ○ ○

令和　年　月　日

上　申　書

東京地方裁判所民事第20部　受付・即日面接係　御中

申立代理人　○ ○ ○ ○　印
（電話　　　　　　　　　）
（FAX　　　　　　　　　）

　　上記事件につき、令和　　年　　月　　日午後5時に破産手続開始・同時廃止の決定がされましたが、以下の理由により、当職において、同債権者に対して、所定事項（①事件番号、②破産者の住所・氏名・生年月日、③破産手続開始・同時廃止の決定日、④免責意見申述期間・意見書の提出先、⑤免責審尋期日・場所）を通知したので、上申します。
（理由）
　　次のとおり　□　新たに債権者が判明した。
　　　　　　　　□　債権者の正しい住所が判明した。

番号	債権者名	債権者住所（送達先）	借入始期及び終期	現在の残高（円）	原因使途	保証人（保証人名）	最終返済日	発送（送信）年月日
		（〒　－　） 平・令　年　月　日 〜 平・令　年　月　日			原因 使途・内容（　　　）	□ 無 □ 有（　　　）	□ 最終返済日 平成・令和　年　月　日 □ 一度も返済していない	令和　年　月　日
		（〒　－　） 平・令　年　月　日 〜 平・令　年　月　日			原因 使途・内容（　　　）	□ 無 □ 有（　　　）	□ 最終返済日 平成・令和　年　月　日 □ 一度も返済していない	令和　年　月　日
		（〒　－　） 平・令　年　月　日 〜 平・令　年　月　日			原因 使途・内容（　　　）	□ 無 □ 有（　　　）	□ 最終返済日 平成・令和　年　月　日 □ 一度も返済していない	令和　年　月　日
		（〒　－　） 平・令　年　月　日 〜 平・令　年　月　日			原因 使途・内容（　　　）	□ 無 □ 有（　　　）	□ 最終返済日 平成・令和　年　月　日 □ 一度も返済していない	令和　年　月　日
		（〒　－　） 平・令　年　月　日 〜 平・令　年　月　日			原因 使途・内容（　　　）	□ 無 □ 有（　　　）	□ 最終返済日 平成・令和　年　月　日 □ 一度も返済していない	令和　年　月　日
		（〒　－　） 平・令　年　月　日 〜 平・令　年　月　日			原因 使途・内容（　　　）	□ 無 □ 有（　　　）	□ 最終返済日 平成・令和　年　月　日 □ 一度も返済していない	令和　年　月　日

444　書式編

書式３－２

令和　　年(フ)第　　　　　号破産手続開始申立事件
破産者　　　○　　○　　○　　○

　　　　　　　　　　　　　　　　　　　　　令和　　年　月　　日

東京地方裁判所民事第２０部　受付・即日面接係　御中

　　　　　　　　　　　　　　　申立代理人　　○　○　○　○　　印
　　　　　　　　　　　　　　　（電話　　　　　　　　　　　）
　　　　　　　　　　　　　　　（ＦＡＸ　　　　　　　　　　）

上　申　書

　上記事件につき、令和　　年　月　　日午後５時に破産手続開始・同時廃止
決定がされましたが、その後、債権の移転（全部・一部）があったことから、当
職において、新債権者に対して、所定事項（⮂事件番号、♟破産者の住所・氏名・
生年月日、▪破産手続開始・同時廃止決定の日、▪免責意見申述期間・意見書の
提出先、▪免責審尋期日・場所）を通知したので、上申します。

　　　　　旧債権者　　　株式会社　○　　○　　○　　○
　　　　　　　　　　　　　　（債権者一覧表○番）

　　　　　新債権者　　　株式会社　○　　○　　○　　○

　　　　（債権移転の日　　令和　　年　月　　日）

書式編　445

書式4

破 産 管 財 人 連 絡 書

　破産管財人の業務を行う上で疑問点又は不都合と感じる点が生じた場合には、本書面に疑問点又はご意見を記載の上、そのまま民事第20部各管財係に送信してください。

　ご連絡いただいた事項につき、担当裁判官と協議の上、速やかに対処いたします。

東京地方裁判所民事第20部

通常管財係　ＦＡＸ　０３－５７２１－３１６７

特定管財係　ＦＡＸ　０３－５７２１－３１７５

令和　　年　　月　　日

☐　通常管財係　　宛

☐　特定管財　係　宛　　　　令和　　年（フ）第　　　　　　号

　　　　　　　破　産　者　＿＿＿＿＿＿＿＿＿＿＿＿＿

　　　　　　　破産管財人　＿＿＿＿＿＿＿＿＿＿＿＿＿

　　　　　　　　（電話番号　　　－　　　－　　　）

連 絡 事 項　全枚数（本紙を含む）　　枚

446　書式編

書式5

申 立 代 理 人 連 絡 書

　管財手続の運用に関し、破産管財人と理解が異なり、協議を尽くしても見解の一致をみず、裁判所の意見を確認する必要が生じた場合には、本書面に疑問点又はご意見を記載し、副本を破産管財人に直送した上、民事第20部各管財係に送信してください。

　ご連絡いただいた事項につき、担当裁判官と協議の上、速やかに対処いたします。

東京地方裁判所民事第20部

通常管財係　ＦＡＸ　０３－５７２１－３１６７

特定管財係　ＦＡＸ　０３－５７２１－３１７５

□　通常管財係　　宛

□　特定管財　　係　宛

　　　　　　　　令和　　年　　月　　日　**直送済**

　　　　　　　　令和　　年（フ）第　　　　　　　号

　　　　　破　産　者　＿＿＿＿＿＿＿＿＿＿＿＿＿

　　　　　　（破産管財人　　　　　　　　　　）

　　　　　申立代理人　＿＿＿＿＿＿＿＿＿＿＿＿＿

　　　　　　（電話番号　　　　－　　　　－　　　　）

連 絡 事 項　全枚数（本紙を含む）　　枚

書式編　447

書式6

令和　　年（フ）第　　　号
破産者　　　　　　　　（関連　　　　　　　）
集会日　令和　　年　月　日（　）　時　　分
（裁判所から連絡のあった集会期日をご記入ください。）

令和　　年　　月　　日
申立代理人　　　　　　　　印

打合せ補充メモ
（個人用）

申立代理人は、必ずこのメモを作成し、打合せ前に破産管財人に送付してください。

1　引継予納金

(1)　□現金（□２０万　　□その他　　　　　円）
　　　□現金以外の換価容易な財産をもって引継予納金に充てる（　　　　　円）
　　　　（□預金　　□解約返戻金　　□退職金1/8相当額　　□その他（　　　　）)
(2)　引継方法　　□一括（□打合せ時　　□　　月ころ）　　□分割（　月～　　月）

2　預り金・回収金精算書（別紙のとおり）

※　申立てが複数ある場合には、各事件について作成してください。

3　受任通知の発送

(1)　受任通知発送の有無　　□　有（　　年　月　　日発送）　□　無
(2)　受任通知の発送先　　　□　債権者　　□　債務者

4　連絡先等

□(1)　現住所

□(2)　連絡がとれる電話番号　　（　　　　）　　　　携帯　　（　　　　）
□(3)　現在の勤務先　　□正社員　　□アルバイト　給与月額　　　　　円
　　　名称：
　　　住所：
　　　電話：

□(4)　追加の破産申立予定の有無
　　　□　有　　氏名・破産者との関係等 ....
　　　　　　　（　　月　　日ころ予定）
　　　□　無

《次ページへ》

448　書式編

書式6

5 **預かり物品等**(預かり物品がある場合、可能な限り、破産管財人との打合せの際お持ちください。)
□(1) 自動車　　□ 有（　　　　台）　　□ 無
　　　　　　　【鍵　　本】【車検証　　枚】
　　　　　　　【任意保険　有（期間　　　年　　月　　日まで）・　無　】
□(2) 預かり物品明細
　　① 個人実印、その他認印【合計　　個】
　　② 預貯金通帳【　　冊】
　　③ 出資証券【　　冊】
　　④ 保険証券【　　枚】
　　⑤ 有価証券
　　　・株券・社債　
　　　・受取手形・小切手【　　通】　・ゴルフ会員権【　　通】
　　⑥ 鍵【建物　　本、貸金庫　　本】
　　⑦ 賃貸借契約書【　　通】
　　⑧ クレジットカードのカード会社への返却　　□ 済　　□ 未了
　　⑨ その他　□ 有（　　　　　　　　　　　　　　　　　　）　□ 無

6 **訴訟**（訴訟関係書類がある場合、可能な限り、破産管財人との打合せの際お持ちください。）
□(1) 係属中の訴訟はない。
□(2) 係属中の訴訟はなくなった。（理由：□取下げ　□その他（　　　　　　　　　））
□(3) 係属中の訴訟がある。
　　　①裁判所（係属部）、②事件番号、③事件名、④当事者名、⑤次回期日、⑥備考

7 **不動産**
□(1) 不動産はない。
□(2) 不動産はなくなった。（理由：□競売　　　□契約解除　　□その他　　　　　　　　）
□(3) 不動産あり。
　　　①所在、②用途、③名義人、④現在の占有状況、⑤任意保険の有無
　　　【例】物件1
　　　①○○区○○町○－○－○　○○ビル○階　②自宅　③被相続人名義　④鍵は債権者○○が所持していると思われる。不法占拠者あり。⑤有（期間　○○年○月○日まで）

8 **破産者の財産の換価に関する希望・特記事項**

書式編　449

書式6

(別　紙)

預り金・回収金精算書

自　令和　　年　　月　　日
至　令和　　年　　月　　日

破　産　者　＿＿＿＿＿＿＿＿＿＿＿＿

申立代理人　＿＿＿＿＿＿＿＿＿＿＿＿

（単位：円）

入　　金		出　　金	
合　　計		合　　計	
		残　　金	

※　上記項目を含む預り金等に関する明細書を別途作成している場合にはその提出でも可。

450　書式編

書式7

令和　　年（フ）第　　　　号
破産会社　　　　　　　（関連　　　　　　　　）
集会日　令和　　年　　月　　日（　　）　　時　　分
（裁判所から連絡のあった集会期日をご記入ください。）

令和　　年　月　　日
申立代理人　　　　　　　　印

打合せ補充メモ
（法人用）

> 申立代理人は、必ずこのメモを作成し、打合せ前に破産管財人に送付してください。

1　引継予納金
　(1)　□現金（□２０万円　　□その他　　　　　円）
　　　　□現金以外の換価容易な財産をもって引継予納金に充てる（　　　　　　円）
　　　　（□預金　　□解約返戻金　　□退職金1/8相当額　　□その他（　　　　　　　））
　(2)　引継方法　　□一括（□打合せ時　　□　　月ころ）　　□分割（　月〜　　月）
2　預り金・回収金精算書（別紙のとおり）
　※　申立てが複数ある場合には、各事件について作成してください。
3　受任通知の発送
　(1)　受任通知発送の有無　　□　有（　年　月　日発送）　　□　無
　(2)　受任通知の発送先　　□　債権者　　□　債務者（売掛先など）
4　代表者（令和　　年（フ）第　　　　号）
□(1)　現住所
□(2)　連絡がとれる電話番号　　（　　　　）　　　　　携帯　　（　　　　）
□(3)　現在の勤務先　　□正社員　　□アルバイト　　給与月額　　　　　円
　　　　名称：
　　　　住所：
　　　　電話：
□(4)　代表者自身の破産申立て　　□申立済み　　□申立予定（　　月　　日ころ）
　　　　□　申立ての予定なし（理由：　　　　　　　　　　　　　　　　　　）
□(5)　その他、追加の破産申立予定の有無
　　　　□　有　　氏名・役職等　　　　　　　　　　　（　　月　　日ころ予定）
　　　　□　無
□(6)　代表者等の個人破産における財産の換価に関する希望・特記事項

5　破産会社の営業状態
□(1)　営業内容（例：○○電設の下請けとして高架線工事を行う。）

□(2)　営業時期　　□　営業中　　□　営業廃止（　　年　　ころまで）
□(3)　従業員
　　　　□　全員解雇済み（解雇日：　　　年　月　　日）
　　　　□　雇用中（正社員　　名・パートアルバイト　　名。1か月の給料合計　　　　円）

書式編　451

□(4) 労働債権

　① 未払の給与、退職金、解雇予告手当　　□有　　□無

　② 給与台帳、賃金台帳　　　　　　　　□有　　□無

6　資産・預かり物品(預かり物品がある場合、可能な限り、破産管財人との打合せの際お持ちください。)

□(1) 自動車　　□　有（　　　　台）　　□　無

　　【鍵　　本】【車検証　　枚】

　　【任意保険　有（期間　　　年　月　日まで）・　無　】

□(2) 在庫商品・原材料その他の動産　　□　換価可能　　□　換価不能

　　□　所在：

　　□　種類及び数量：

□(3) 会社代表者・関係者からの預かり物品明細

　① 代表印、社印、個人実印、その他認印【合計　　個】

　② 預貯金通帳【　　冊】

　③ 出資証券【　　冊】

　④ 保険証券【　　枚】

　⑤ 倒産防止共済等の証書【　　枚】

　⑥ 有価証券

　　・株券・社債 ....

　　・受取手形・小切手【　　通】　・ゴルフ会員権【　　通】

　⑦ 鍵【建物　　本、貸金庫　　本】

　⑧ 賃貸借契約書【　　通】

　⑨ リース契約書【　　通】

　⑩ 小切手帳【　　冊】

　⑪ 帳簿類　　□　有　　□　無

　⑫ 決算書類　　□　有（過去　　期分）　　□　無

　⑬ 税務申告書控え　　□　有　　□　無

　⑭ クレジットカードのカード会社への返却　　□　済　　□　未了

　⑮ その他　　□　有（　　　　　　　　　　　　　　　）　　□　無

7　訴訟(訴訟関係書類がある場合、可能な限り、破産管財人との打合せの際お持ちください。)

□(1) 係属中の訴訟はない。

□(2) 係属中の訴訟はなくなった。（理由：□取下げ　　□その他（　　　　　　　　　）)

□(3) 係属中の訴訟はある。

　　　①裁判所（係属部）、②事件番号、③事件名、④当事者名、⑤次回期日、⑥備考

8　不動産（会社事務所、営業所、倉庫、工場など）の処理（換価、明渡し）の要否

□(1) 不動産の処理は不要（理由：□売却済　　□契約解除　　□その他　　　　　　　　）

□(2) 不動産の処理は必要

　　　①名称、②所在、③用途、④所有又は賃貸の別及び名義人、⑤現在の占有状況、⑥任意保険の有無

452　書 式 編

書式7

（別　紙）

預り金・回収金精算書

自　令和　　年　　月　　日
至　令和　　年　　月　　日

破　産　者

申立代理人

（単位：円）

入　　金		出　　金	
合　　計		合　　計	
		残　　金	

※　上記項目を含む預り金等に関する明細書を別途作成している場合にはその提出でも可。

書 式 編　453

書式8

東京地方裁判所民事第20部　　　　　係　御中

FAX　03-5721-3167（通常管財係）03-5721-3175（特定管財係）03-5721-3176（合議係）

令和　　年　　月　　日

破産管財人の資格等証明書交付申請書

事 件 番 号　　令和　　年（フ）第　　　　　号
破 産 者
破 産 管 財 人

（電話　　　　－　　　　　－　　　　　　担当：　　　　　　）

□　破産管財人資格証明書　（自宅住所あり）　　　　　　　　通

□　破産管財人資格証明書　（自宅住所なし）　　　　　　　　通

□　破産管財人印鑑証明書　（自宅住所あり）　　　　　　　　通

□　破産管財人印鑑証明書　（自宅住所なし）　　　　　　　　通

□　破産管財人資格証明及び印鑑証明書　（自宅住所あり）　　　通

□　破産管財人資格証明及び印鑑証明書　（自宅住所なし）　　　通

□　破産管財人資格証明及び印鑑証明書　（供託所提出用）　　　通

□　　破産管財人選任及び印鑑証明書（不動産登記申請用）　　通

★　不動産の任意売却による登記申請の際、破産管財人資格証明書（自宅住所
あり）及び市区町村長作成の印鑑証明書に代えて本証明書を添付すること
ができます。

受け取り希望日

□　本日午前　　　□　本日午後　　　□　明日以降（　　　日　　時ころまで）

□　至急

＊　10時、13時、16時にファクシミリを整理しますので、ご注意ください。

454　書式編

書式9

令和　　年（フ）第　　　　号
破産者

破産者に対する注意事項（法人の役員等の方へ）

1　このたび、裁判所が選んだ「破産管財人」という立場の弁護士が、破産した法人の財産を処分してお金に換え、債権者に対する配当等を行ったり、借金をした状況等を調査したりすることになりました（あなた自身が破産している場合は、あなたの財産や借金の状況、生活の状況等についても同じです。）。

　　あなたには、破産管財人に対し、財産や借金の状況等の破産に関する事情を説明する義務があります（破産法40条）。破産管財人から求められた説明を拒んだときや、うその説明をしたときは、処罰されることがあります（破産法268条）。また、あなた自身が破産している場合は、免責の許可（借金等を支払う責任を免除する決定）がされないこともあります（破産法252条1項11号）から、注意してください。

　　破産した法人に関しては、その代表者のみならず、取締役、理事、その他これに準じる立場の者についても同様に、破産管財人から求められた説明を拒んだときや、うその説明をしたときは、処罰されることがあります（破産法268条）。

2　破産した法人の財産を隠したり、壊したり、他の者に譲り渡したりしてはいけません。また、帳簿や書類などを隠したり、偽造したり、書き換えたりしてはいけません。さらに、破産した法人が持っている財産のうち破産管財人が引き渡すよう指示したものは、全て破産管財人に引き渡さなければなりません。これらに違反すると、処罰され（破産法265条、270条）、あなた自身について免責が許可されないことがあります（破産法252条1項1号、6号）から、注意してください。

3　あなたが破産手続の進行中に、引越しや旅行等をする場合、事前に申立代理人を通じて破産管財人に連絡し、その同意を得てください。また、あなた自身が破産をしている場合に、引越しをしたときは、①引越しについて破産管財人から同意を得たことと、②新しい住所を記載した書面を作成し、新しい住民票（本籍地も記載されたもの）とともに、申立代理人を通じて、速やかに裁判所に提出しなければなりません。

　　同意を得ないで引越しや旅行等をすると、あなた自身について免責が許可されないことがあります（破産法252条1項11号、37条1項）から、注意してください。

4　あなたには、債権者集会に出頭する義務があります。病気等の正当な理由がないにもかかわらず債権者集会に出頭しなかった場合、免責が許可されないことがあります（破産法252条1項11号）。

5　破産手続を開始する決定と同時に、破産した法人にあてられた郵便物を破産管財人に転送するよう、郵便事業株式会社に対して裁判所から依頼しました。転送された郵便物は、破産管財人が封を開けて、その内容を調査します（破産法81条、82条）。破産管財人の業務に関係のない郵便物は、後日返却されますが、あなた自身が急いで受け取る必要があるものについては、あらかじめ破産管財人に連絡しておいてください。

　　　　　　　　　　　　　　令和　　年　月　日
　　　　　　　　　　　　　　東京地方裁判所民事第20部

書式編　455

書式9-2

令和　　年（フ）第　　　　号
破産者　　　株式会社
　　　代表者代表取締役

破産者に対する注意事項（法人の役員等の方へ）

　このたび、裁判所が選んだ「破産管財人」という立場の弁護士が、破産した法人の財産を処分してお金に換え、債権者に対する配当等を行ったり、借金をした状況等を調査したりすることになりました。破産者には、以下のような義務や罰則等がありますので、よくお読みの上、裁判所や破産管財人の指示に従ってください。

1 説明義務

　破産者の代表者、取締役、理事、その他これに準じる立場の者は、破産管財人に対し、財産や借金の状況等の破産に関する事情を説明する義務があります（破産法40条）。説明を拒んだり、虚偽の説明をしたりしたときは、処罰されることがあります（破産法268条）。

2 重要財産開示義務等

　破産者は、その所有する不動産、現金、有価証券、預貯金その他裁判所が指定する財産の内容を記載した書面を裁判所に提出しなければなりません（破産法41条）。ついては、**同封の「財産目録」に財産の内容等を記載の上、速やかに破産管財人に提出してください。**この書面の提出を拒み、又は虚偽の書面を提出したときは、処罰されることがあります（破産法269条）。

　また、破産者の業務や財産の状況に関する帳簿や書類は、破産管財人に速やかに引き継いでください。

3 住居の制限

　破産者の代表者等は、破産手続の進行中に、引越しをしたり、旅行等をしたりする場合には、事前に破産管財人に連絡し、その同意を得てください。

4 通信の秘密の制限

　破産者に宛てた郵便物等については、破産手続開始決定と同時に、破産管財人に転送するよう、日本郵便株式会社に対して裁判所から依頼をしました。転送された郵便物等は、破産管財人が封を開けて、その内容を調査します（破産法81条、82条）。

5 財産状況報告集会等の期日

　「破産手続開始決定正本」記載のとおり、**財産状況報告集会等の期日が定められましたので、同日、債権者等集会場へ出頭してください。**

6 罰則等

　破産者の財産を隠したり、壊したり、他の者に譲り渡す等の処分をしてはいけません。また、帳簿や書類などを隠したり、偽造したり、書き換えたりしてはいけません。さらに、破産者の財産のうち破産管財人が引き渡すよう指示したものは、すべて破産管財人に引き渡さなければなりません。これらに違反すると、処罰されることがあります（破産法265条、270条）。

　また、破産者の代表者等は、裁判所が必要と認めるときは引致（裁判所その他一定の場所への強制的な出頭）を命じられることがあります（破産法38条）。

令和　　年　月　日
東京地方裁判所民事第20部　特定管財　係

456　書式編

書式10

令和　　年（フ）第　　　号
破産者

破産者に対する注意事項（個人の破産者の方へ）

1　このたび、裁判所が選んだ「破産管財人」という立場の弁護士が、あなたの財
　産を処分してお金に換え、債権者に対する配当等を行ったり、借金をした状況や
　生活の状況等を調査したりすることになりました。
　　あなたには、破産管財人に対し、財産や借金の状況等の破産に関する事情を説
　明する義務があります（破産法４０条）。破産管財人から求められた説明を拒ん
　だときや、うその説明をしたときは、処罰されることがあります（破産法２６８
　条）。また、免責の許可（借金等を支払う責任を免除する決定）がされないこと
　もあります（破産法２５２条１項１１号）から、注意してください。
2　あなたが持っている財産を隠したり、壊したり、他の者に譲り渡したりしては
　いけません。また、帳簿や書類などを隠したり、偽造したり、書き換えたりして
　もいけません。さらに、あなたが持っている財産のうち破産管財人が引き渡すよ
　う指示したものは、全て破産管財人に引き渡さなければなりません。これらに違
　反すると、処罰され（破産法２６５条、２７０条）、免責が許可されないことが
　あります（破産法２５２条１項１号、６号）から、注意してください。
3　破産手続の進行中に、引越しや旅行等をする場合、事前に申立代理人を通じて
　破産管財人に連絡し、その同意を得てください。また、引越しをするときは、①
　引越しについて破産管財人から同意を得たことと、②新しい住所を記載した書面
　を作成し、新しい住民票（本籍地も記載されたもの）とともに、申立代理人を通
　じて、速やかに裁判所に提出しなければなりません。
　　同意を得ないで引越しや旅行等をすると、免責が許可されないことがあります
　（破産法２５２条１項１１号、３７条１項）から、注意してください。
4　あなたには、債権者集会に出頭する義務があります。病気等の正当な理由がな
　いにもかかわらず債権者集会に出頭しなかった場合、免責が許可されないことが
　あります（破産法２５２条１項１１号）。
5　破産手続を開始する決定と同時に、あなたにあてられた郵便物を破産管財人に
　転送するよう、日本郵便株式会社に対して裁判所から依頼しました。転送された
　郵便物は、破産管財人が封を開けて、その内容を調査します（破産法８１条、８
　２条）。破産管財人の業務に関係のない郵便物は、後日返却されますが、あなた
　自身が急いで受け取る必要があるものについては、あらかじめ破産管財人に連絡
　しておいてください。

　　　　　　　　　　　　　　令和　　年　月　日
　　　　　　　　　　　　　　東京地方裁判所民事第２０部

書式編　457

書式10－2

令和　　年（フ）第　　　号
破産者

破産者に対する注意事項（個人の破産者の方へ）

　このたび、裁判所が選んだ「破産管財人」という立場の弁護士が、あなた（破産者）の財産を処分してお金に換え、債権者に対する配当等を行ったり、借金をした状況等を調査したりすることになりました。破産者には、以下のような義務や罰則等がありますので、よくお読みの上、裁判所や破産管財人の指示に従ってください。

1　説明義務

　破産者は、破産管財人に対し、財産や借金の状況等の破産に関する事情を説明する義務があります（破産法40条）。説明を拒んだり、虚偽の説明をしたりしたときは、処罰されることがあります（破産法268条）。

2　重要財産開示義務等

　破産者は、その所有する不動産、現金、有価証券、預貯金その他裁判所が指定する財産の内容を記載した書面を裁判所に提出しなければなりません（破産法41条）。ついては、**同封の「財産目録」に財産の内容等を記載の上、速やかに破産管財人に提出してください。**この書面の提出を拒み、又は虚偽の書面を提出したときは、処罰されることがあります（破産法269条）。

　また、破産者の業務や財産の状況に関する帳簿や書類は、破産管財人に速やかに引き継いでください。

3　住居の制限

　破産者は、破産手続の進行中に、引越しや旅行等をする場合には、事前に破産管財人に連絡し、その同意を得てください。住所の変更を伴う場合には、変更後の住所及び破産管財人の同意を得た旨を記載した書面を作成し、新しい住民票（本籍地の記載があるもの）とともに、速やかに裁判所に提出してください。

4　通信の秘密の制限

　破産者に宛てた郵便物等については、破産手続開始決定と同時に、破産管財人に転送するよう、日本郵便株式会社に対して裁判所から依頼をしました。転送された郵便物等は、破産管財人が封を開けて、その内容を調査します（破産法81条、82条）。

5　財産状況報告集会等の期日

　「破産手続開始決定正本」記載のとおり、**財産状況報告集会等の期日が定められましたので、同日、債権者等集会場へ出頭してください。**

6　罰則等

　破産者の財産を隠したり、壊したり、他の者に譲り渡す等の処分をしてはいけません。また、帳簿や書類などを隠したり、偽造したり、書き換えたりしてはいけません。さらに、破産者の財産のうち破産管財人が引き渡すよう指示したものは、すべて破産管財人に引き渡さなければなりません。これらに違反すると、処罰されることがあります（破産法265条、270条）。

　また、破産者は、裁判所が必要と認めるときは引致（裁判所その他一定の場所への強制的な出頭）を命じられることがあります（破産法38条）。

7　その他

　破産者が免責の許可（借金等を支払う責任を免除する決定）を受けるには、別途、免責許可の申立てが必要であり、破産手続開始決定が確定した日以後1か月を経過するまでに申立てをしなければなりません（破産法248条）。

　免責許可の申立てをしても、破産者が上記の事項を守らないときは、免責が許可されないことがあります（破産法252条）。

　　　　　　　　　　　　　　　　　令和　　年　月　日
　　　　　　　　　　　　　　　東京地方裁判所民事第20部　特定管財　係

458　書式編

書式11

東京地方裁判所民事第２０部　　　　管財　　係　御中（※1）

令和　　年（フ）第　　　　号
破　産　者

本件につき 許可する。 　東京地方裁判所民事第２０部 　　裁判官	本件につき 許可があったことを証明する。 　前同日　東京地方裁判所民事第２０部 　　裁判所書記官

破産管財人代理選任許可申立書（※2　※3）

　上記破産事件につき、下記の者を破産管財人代理に選任することを許可されたく申

立てします。

記

〒　　－　　　　東京都　　　区
弁護士
ＴＥＬ　０３－　　　　－
ＦＡＸ　０３－　　　　－

令和　　年　　月　　日
破産管財人弁護士　　　　　　　印

以　上

【注意点】
※1　担当係を忘れずに表示してください。
※2　破産法７７条参照
※3　裁判所は、上記の破産管財人代理について選任許可があった旨の証明はできますが（書式１２）、その資
　　格証明書・印鑑証明書は発行できません。

書式編　459

書式12

東京地方裁判所民事第２０部　　　　管財　　係　御中（※１）

令和　　年（フ）第　　　　号
破産者

破産管財人代理選任許可証明申請書（※２）

　上記破産事件について、破産管財人が下記の者を破産管財人代理に選任することについて、令和　　年　　月　　日許可があったことを証明されたく申請する。

記

　　東京都　　区
　　　　　法律事務所
　　弁護士

以　上

令和　　年　　月　　日
破産管財人弁護士　　　　　　　印

上記証明する。

同日同庁

裁判所書記官

【注意点】
※１　担当係を忘れずに表示してください。
※２　破産管財人からの申請が必要です（破産管財人代理からの申請は不可。）。

460　書式編

書式13

令和　　年（フ）第　　　号
破産者

令和　　年　月　日

東京地方裁判所民事第２０部　御中

破産管財人弁護士　　　　　　　印

金銭等の保管方法届出書

　上記事件について、破産財団に属する財産のうち、金銭及び有価証券を下記の場所に寄託し、保管することを届出いたします。

記

銀行　　　　支店

以　上

書式14

告　示　書

破産者

　上記の者に対し令和　　年　　月　　日午　　時　　分東京地方裁判所において破産手続開始の決定がされ、当職が破産管財人に選任されました（事件番号　令和　年（フ）第　　　号）。

　本件建物及び建物内の一切の動産は、当職が占有管理するものですから、みだりに立入りあるいは搬出等する者は、刑法により処罰されることがあります。

　　令和　　年　　月　　日

　　　　破産管財人弁護士

書式15

東京地方裁判所民事第9部　御中

上　申　書

当事者の表示　　別紙当事者目録記載のとおり

物件の表示　　　別紙物件目録記載のとおり

　上記当事者間の御庁令和　　年（ヨ）第　　　　　号不動産仮差押命令申立事件について、令和　　年　月　日付けで仮差押決定がされていますが、東京地方裁判所令和　　年（フ）第　　　号破産手続開始申立事件において、債務者につき、令和　　年　月　日午後　時破産手続開始の決定がされました。

　よって、破産法42条2項により、本件仮差押えの効力は破産財団に対する関係では消滅したことを当事者に通知されること及び上記破産手続のために本件仮差押えの執行手続を取り消される（仮差押登記の登記を抹消する）よう上申します。

　なお、別紙物件目録記載の不動産については、上記破産手続において任意売却済みです。

　　　添付書類　　破産管財人資格証明及び印鑑証明書　　　1通

　　　令和　　年　　月　　日

　　　　　　　　　　　債 務 者 破 産 者　○　　○　　○　　○

　　　　　　　　　　　破産管財人弁護士　○　　○　　○　　○　印

　　　　　　　　　　　電話番号　　　　　－　　　　　　－

書式編　463

書式15

※　必要なもの

①　郵券・・・・・９４円×（債権者の人数分）

　　法務局１か所につき５７４円×２（法務局嘱託用）

②　収入印紙・・・物件１個につき１，０００円

　　（区分所有建物の敷地権も１個と数える。物件が法務局１カ所につき２０個以上の場

　　　合については、定額２万円）

③　上申書（当事者目録及び物件目録を合綴したもの）副本×債権者の人数分

　　なお、当事者目録における債務者の表示は次のように表記します。

> 東京都○○区○○○丁目○番○号○○○○法律事務所
>
> （破産者住所　東京都○○区○○○丁目○番○号）
>
> 債務者　破産者○○○○破産管財人　○　○　○　○

④　破産管財人資格証明及び印鑑証明書

⑤　不動産登記記録全部事項証明書（交付日１か月以内のもの、任意売却後のもの）

⑥　物件目録及び登記権利者義務者目録　　各２通（法務局嘱託用）

　　なお、登記権利者は、任意売却後の当該不動産の現所有者を記載します。

464　書式編

書式16

東京地方裁判所民事第２１部　御中

上　　申　　書

債　権　者

債　務　者

第三債務者

　上記当事者間の御庁令和　　年（ル）第　　　　号債権差押命令申立事件について、債務者は、令和　　年　　月　　日午前・午後　　時　　分に破産手続開始の決定を受け（御庁令和　　年（フ）第　　　　号）、当職が破産管財人に選任されました。

　ついては、当該執行手続を取り消されるよう上申します。

　　　　　添付書類　　破産手続開始決定正本　　　　　　　　１通

　　　　　　　　　　　破産管財人資格証明及び印鑑証明書　　１通

令和　　年　　月　　日

　　　　　　　　　破産者

　　　　　　　　　破産管財人弁護士　　　　　　　　　　　印

　　　　　　　　　（電話番号　　　　　　　　　　　　　）

書 式 編　465

書式17

令和　　年(リ)第　　　　号外　　件

上　申　書

東京地方裁判所民事第２１部　御中

　債務者　　　　　　　　　　　　が破産手続開始決定を受け（　　　　地方裁判所
令和　　年（フ）第　　　　　号）、当職が破産管財人に選任されたので、当職に対
し、供託金の交付を実施するよう上申する。

　　　　　　令和　　　年　　月　　　日

　　　　　　破産者

　　　　　　　　　　破産管財人弁護士　　　　　　　　　　　職印

　　　　　　　　　　電　話　　　　－　　　　　－

　　　　　　　　　　ＦＡＸ　　　　－　　　　　－

　　　　　　　　　　担当者（　　　　　　　　　　　　）

　支払委託書・証明書に記載する破産管財人の住所氏名

　※弁護士会発行のものではなく、区役所等発行の印鑑証明上の住所、あるいは破産裁判
所の裁判所書記官が作成した「破産管財人選任及び印鑑証明書（供託所提出用）」上の住所
を記載してください。

　住所：

　氏名：

受　書

東京地方裁判所民事第２１部　御中

　下記書類を受領しました。

　　　　　　令和　　　年　　月　　　日

　　　　　　　　　　破産管財人弁護士　　　　　　　　　　　職印

　　　　　　　　　　　　　　記

　　　証明書(　　　　　　　　円)　　　　通

書式18

同　意　書

東京地方裁判所民事第２１部　御中

　御庁令和　　年(ル)第　　　　　号外　　件債権差押命令申立事件につい
て、第三債務者が供託した供託金のうち、破産者の新得財産についても破産管財人
に払い渡すことに同意します。

　　　　　　　令和　　年　　月　　日

　　　　　　破産者住所

　　　　　　破産者氏名　　　　　　　　　　　　　　実印

（注）破産者本人の実印（印鑑登録印）を押印し、印鑑登録証明書を添付する。

書式編　467

書式19

東京地方裁判所民事第9部　御中

上　申　書　（※1）

当 事 者 の 表 示　　別紙当事者目録記載のとおり

仮差押債権の表示　　別紙仮差押債権目録記載のとおり

　上記当事者間の御庁令和　　年（ヨ）第　　　　号債権仮差押命令申立事件について、令和　　年　　月　　日付けで仮差押決定が出されていますが、東京地方裁判所令和　　年（フ）第　　　　号破産手続開始申立事件において、債務者　　　につき、令和　年　月　日午前・午後　時　分破産手続開始の決定がされました。

　よって、破産法42条2項により、本件仮差押えの効力は、破産財団に対する関係では、消滅したことを当事者に通知されるよう上申します。

添付書類　　破産管財人資格証明及び印鑑証明書　　1通

令和　　年　　月　　日

債務者　破産者

破産管財人弁護士　　　　　　　印

電話　　　　－　　　　－

※1　この上申書（当事者目録及び仮差押債権目録を合綴したもの）は、裁判所・債権者・第三債務者を合計した通数分を民事第9部に提出してください。また、郵便切手92円分（50gまで）を債権者及び第三債務者の人数分提出してください。
　　なお、当事者目録における債務者の表示は次のように表記してください。

```
東京都○○区○○○丁目○番○号○○○○法律事務所
（破産者住所　東京都○○区○○○丁目○番○号）
債務者　破産者○○○○破産管財人　○　○　○　○
```

468 書式編

書式20

東京地方裁判所民事第9部　御中

　　　　事件番号　令和　　年（ヨ）第　　　　　号債権仮差押命令申立事件
　　　　当事者の表示　別紙当事者目録記載のとおり

失効証明申請書

　上記当事者間の頭書事件について、東京地方裁判所令和　　年（フ）第
号破産手続開始申立事件において、債務者につき、令和　　年　　月　　日午
　時破産手続開始の決定がされたため、上記仮差押えの効力は、破産法42条2項
により、破産財団に対する関係では、失効したことを証明してください。

　　　　　　令和　　年　月　日
　　　　　　申請人　債務者破産管財人　弁護士　　　　　　　　　印

【注意点】
※　本書面は、正・副2通を作成し、受書とともに提出してください。
　　また、収入印紙150円分を添付してください。

書 式 編　469

書式21

東京地方裁判所民事第２０部　　　管財　　係　御中（※１）

　　　　　　令和　　年（フ）第　　　　　号破産手続開始申立事件
　　　　　　破 産 者

上 申 書

　　上記事件につき、下記の　□ 破産者の旧住所　□ 破産者の新住所
　　　　　　　　　　　　　　□ 破産者の旧商号　□ 破産者の通称名
　　　　　　　　　　　　　　□ その他（　　　　　　　　　　　）（※２）
　　　　　　　　　　　　　　（理由：　　　　　　　　　　　　　）
について、郵便転送の嘱託をされたく、上申します。

　　　　　　　　　　　　　　記

　　　　　　　　令和　　年　　月　　日
　　　　　　　　破産管財人弁護士　　　　　　　　　印
　　　　　　　　　（電　話　　　　　　　　　　　）
　　　　　　　　　（ＦＡＸ　　　　　　　　　　　）

　　　　　　　　　　　　　　　　　　　　　　　以上

【注意点】
※１　担当係を忘れずに表示してください。
※２　その他の場合には、理由を付記してください。

470　書 式 編

書式22

東京地方裁判所民事第２０部　　　管財　　係　御中（※１）

　　　　　　令和　　年（フ）第　　　　　号破産手続開始申立事件
　　　　　　破　産　者

上　申　書

上記事件につき、郵便転送嘱託の期間を延長されたく、上申します。（※２）

　　　　　　令和　　年　月　日
　　　　　　破産管財人弁護士　　　　　　　　　　印
　　　　　　　（電　話　　　　　　　　）
　　　　　　　（ＦＡＸ　　　　　　　　）

　　　　　　　　　　　　　　　　　　　　　　以上

【注意点】
※１　担当係を忘れずに表示してください。
※２　延長期間は、自然人については、次回の債権者集会の期日までとなります。更に延長が必要な場合
　　は、改めて期間延長の上申書を提出してください。

書式編　471

書式23

東京地方裁判所民事第20部　　　管財　　係　御中（※）

令和　　年（フ）第　　　　号
破産者

住所変更に関する届出書

　上記事件について、破産者は、破産管財人の同意を得た上、令和　　年　　月　　日、下記の場所に住所を移転しましたので、届出いたします。

記

東京都　　　区

（添付資料）

　住民票（本籍地の記載のあるもの）　　　　　1通

令和　　年　　月　　日
破産者代理人弁護士　　　　　　　　印

以　上

【注意点】
※　担当係を忘れずに表示してください。

472　書式編

書式23-2

東京地方裁判所民事第20部　　　管財　　係　御中（※）

令和　　年（フ）第　　　　号
破産者

旅行に関する届出書

　上記事件について、破産者は、破産管財人の同意を得た上、下記のとおり旅行
いたしますので、届出いたします。

記

1　日程
　　令和　　年　　月　　日　から　　　月　　　日　まで

2　旅行先

令和　　年　　月　　日
破産者代理人弁護士　　　　　　　印

【注意点】
※　担当係を忘れずに表示してください。

書式編　473

書式24

東京地方裁判所民事第２０部　　　管財　　係　御中（※１）
　　　　　　　　　　　　　　　令和　　年（フ）第　　　　号
　　　　　　　　　　　　　　　破　産　者

本件につき 許可する。 　東京地方裁判所民事第２０部 　　裁判官	本件につき 許可があったことを証明する。 　前同日　東京地方裁判所民事第２０部 　　裁判所書記官

資 産 売 却 許 可 申 立 書

1　申立ての趣旨
　　破産財団に属する後記「物件の表示」記載の資産を以下の内容で売却することに
　つき許可を求める。
2　資産の区分
　　　　　□　自動車　　□　電話加入権　　□　什器備品　　□　商品在庫
　　　　　□　その他
3　売却の内容
　①　買主の表示
　　　　　□　特定可能：住所
　　　　　　　　　　　　氏名
　　　　　□　特定不能（※２）　　（理由）
　②　売買代金額
　　　　　□　特定可能　金　　　　　　　　　　　円（※３）
　　　　　□　特定不能（※４）
　　　　　　　a　簿価基準　　　　　　　b　最低額基準
4　破産管財人が保有する疎明資料（添付は不要）
　①
　②
　③
5　備考

　　　　　　　　　　　　　　　記
　　　　物件の表示（※５）

　　　　　　　　　令和　　年　　月　　日
　　　　　　　　　破産管財人弁護士　　　　　　　　　印
　　　　　　　　　　　　　　　　　　　　　　　　　以　上

【注意点】
※１　担当係を忘れずに表示してください。
※２　買主の表示で「特定不能」とは、バーゲンセールを実施する場合等を指します。
※３　物件の評価額が１００万円を超える場合に申立てが必要です（７８条２項７号、８号、同条３項１号、規
　　則２５条）。
※４　簿価基準とはバーゲンセール等で仕入簿価に対する一定の割合（ただし、確定的なものではなく、５～
　　８％のようにある程度幅を持たせることも可。）で算出する場合、最低額基準とは販売額の最低額をあらか
　　じめ設定する場合をそれぞれ指します。
※５　売却する資産を十分特定してください。「破産者の所有する什器備品一切」、「在庫一式」等の記載では不
　　十分です。

474　書式編

書式25

東京地方裁判所民事第２０部　　　管財　係　御中（※１）
　　　　　　　　　　　　　　　　令和　年（フ）第　　号（※２）
　　　　　　　　　　　　　　　　破　産　者

本件につき 許可する。 　東京地方裁判所民事第２０部 　裁判官	本件につき 許可があったことを証明する。 　前同日　東京地方裁判所民事第２０部 　裁判所書記官

不 動 産 売 却 等 許 可 申 立 書

1　申立ての趣旨
　　財団に属する別紙物件目録記載の不動産を以下の内容で別紙売買契約書（案）に
　より売却し、所有権移転登記手続をすること（※３、４）
　　売買代金から、後記のとおり別除権者に金員を支払って、別除権の目的である不
　動産を受け戻すこと
　につき許可を求める。
2　売買契約の内容
　　①買主の表示　住所：
　　　　　　　　　氏名：
　　②売買代金額・諸費用（下記６）
　　③売買契約の内容：別紙売買契約書（案）記載のとおり
3　別除権者の表示（※５）
　　別除権者：
　　現存被担保債権額：金　　　　　円　　弁済額：金　　　　　　円
4　財団組入額　　金　　　　　　　円
5　破産管財人が保有する疎明資料（添付は不要）
　　□　不動産登記事項証明書　　　　通　　□　買付証明書　　　　　　通（※６）
　　□　競売の評価書　　　　　　　　通　　□　固定資産評価証明書　　通
　　□　その他
6　売買経費等計算書

売買代金額	円
財団組入額	円
固定資産税・都市計画税（※７）	円
司法書士費用	円
仲介手数料	円
消費税	円
その他の経費等（　　　　　）	円
別除権者への弁済金	円

7　備考（※８）

　　　　令和　年　月　日
　　　　　　　　　　　破産管財人弁護士　　　　　　　　　　　印
　　　　　　　　　　　　　　　　　　　　　　　　　　　　以　上

書 式 編　475

書式25

【注意点】

※1　担当係を忘れずに表示してください。

※2　関連事件があり、基本事件の破産者と関連事件の破産者が共有する物件を一括して売却する場合であっても、許可申立書は事件ごとに作成してください。共有物件を売却する場合、6項記載の財団組入額は、持分に応じて按分した金額を記載してください。

※3　売買契約書の物件目録を引用する場合を除き、申立書には必ず別紙として物件目録を付けてください。

※4　不動産業者が一般的に使用している契約書には、手付、契約不適合責任、違約金等、破産管財人が売主として不動産を売却するには不適当な条項が含まれていることが多いので、これらの条項の適用を排除する特約を結ぶなどの対応を執ってください。

※5　別除権者への弁済について、数が多く書ききれない場合には別紙に記載して引用してください。

※6　買付証明書の通数に特段の制限はありません。

※7　固定資産税は、既に財団から1年分を支払済みの場合には、売買契約時以降が買主負担分となります。未払の場合のみ、代金から控除されるべき経費の扱いとなります。なお、賃料収入のある物件の場合の賃料についても同様の問題があります。

※8　備考欄には、当該不動産売却手続上特に裁判所に報告しておくべきと破産管財人が考える事情を記載します。

476　書式編

書式26

東京地方裁判所民事第２０部　　　管財　　係　御中（※１）

令和　　年（フ）第　　　　号
破産者

破産登記抹消嘱託の上申書

　別紙物件目録記載の不動産について、売却処分し、添付の不動産登記事項証明書記載のとおり所有権移転登記を完了いたしましたので、御庁の嘱託によりされた破産登記の抹消を所轄法務局に嘱託願います。

1　不動産売却許可申立ての日付　　　令和　　年　　月　　日

2　添付資料
　　①　所有権移転登記を経由した不動産登記事項証明書（写しでも可）　　　通
　　②　物件目録　　２部（※２）

令和　　年　　月　　日
破産管財人弁護士　　　　　　　　印
以　上

【注意点】
※１　担当係を忘れずに表示してください。
※２　物件目録は、本上申書添付用に１通のほか、嘱託手続用登記物件目録として２通を添付します。
※　　破産登記に先行する差押登記及び仮差押登記がある場合には、これらの先行登記の抹消登記手続も当部に上申してください（一筆につき１０００円の印紙が必要（東京地裁による差押登記及び仮差押登記に限る。））。

書式編　477

書式27

東京地方裁判所民事第２０部　　　　管財　　係　御中（※１）
　　　　　　　　　　　　　　　　　　令和　　年（フ）第　　　　号
　　　　　　　　　　　　　　　　　　破　産　者

| 本件につき
許可する。
　東京地方裁判所民事第２０部

　　裁判官 | 本件につき
許可があったことを証明する。
　前同日　東京地方裁判所民事第２０部

　　裁判所書記官 |

財 団 債 権 承 認 許 可 申 立 書

1　財団の現在高　　　　　　　　　　　金　　　　　　　　円

2　財団債権承認額の表示（※２）　　　金　　　　　　　円

3　財団債権の具体的内容
　　☐　財団に属する不動産の賃料・共益費
　　　　不動産の表示（※３）：
　　☐　履行補助者の給与
　　　　履行補助者の氏名：
　　　　給与の内容：
　　☐　公租公課（※４）
　　　　具体的内容：
　　☐　原状回復費用
　　　　具体的内容：
　　☐　その他

4　破産管財人が保有する疎明資料（添付は不要）
　　①
　　②
　　③

5　備考

　　　　　　　　　令和　　年　　月　　日
　　　　　　　　　破産管財人弁護士　　　　　　　　　　印
　　　　　　　　　　　　　　　　　　　　　　　　以　上

【注意点】
※１　担当係を忘れずに表示してください。
※２　財団債権承認額が１００万円を超える場合に申立てが必要です（破産法７８条２項１３号、同条３項１号、破産規則２５条）。なお、財団債権承認額とは、実際に財団債権者に支払う額ではなく、破産管財人が承認する財団債権の額を指します（財団不足により財団債権に按分弁済する場合にも、財団債権の額を記載してください。）。
※３　特定のための最低限の表示で足ります。
※４　破産手続開始前の原因に基づいて生じた公租公課は、破産手続開始当時、まだ納期限が到来していないもの又は納期限から１年を経過していないもの（破産法１４８条１項３号）に限り、財団債権となります。

478　書 式 編

書式28

別除権者　各位

東京地方裁判所令和　　年（フ）第　　号
破産者

不動産放棄の事前通知書

拝啓　時下ますますご清栄のこととお慶び申し上げます。

　さて、破産者　　　　　に係る破産財団に属する後記不動産の表示記載の不動産（以下、「本件不動産」といいます。）につきましては、令和　　年　　月　　日（※）に破産裁判所に対し放棄許可申立てをし、放棄の手続を執る予定です。

　つきましては、各位が本件不動産に設定を受けておられる別除権について放棄の手続を執られる場合には、不動産放棄許可申立予定日（令和　　年　　月　　日）の３日前までに放棄手続に必要な書類を御用意の上、当職宛ご連絡頂きたくお願い申し上げます。

　なお、当職が本件不動産を破産財団から放棄した後に、別除権の放棄をされる場合の通知の相手方は当職ではありません（破産者が法人の場合には破産手続外で清算人を選任した上で清算人に通知することになります。）ので、別除権の放棄を検討されている場合は、当職が本件不動産を放棄する前にされることをお勧めします。

敬　具

不動産の表示
　　土地　所在
　　　　　地番
　　　　　地目
　　　　　地積

令和　　年　　月　　日
破産管財人弁護士　　　　　　印
電　話　03－　　　－
ＦＡＸ　03－　　　－

以　上

【注意点】
※　当該通知書発送日の２週間以上後を設定してください（破産規則５６条参照）。

書式編　**479**

書式29

東京地方裁判所民事第２０部　　　管財　係　御中（※１）
　　　　　　　　　　　　　　　令和　年（フ）第　　　号
　　　　　　　　　　　　　　　破　産　者

本件につき 許可する。 　東京地方裁判所民事第２０部 　　裁判官	本件につき 許可があったことを証明する。 　前同日　東京地方裁判所民事第２０部 　　裁判所書記官

不 動 産 放 棄 許 可 申 立 書

1　申立ての趣旨（※２）
　　別紙物件目録記載の不動産を財団から放棄することにつき許可を求める。
2　申立ての理由
　(1)　放棄の必要性
　　　□　オーバーローン（なお、別除権者に対する所定の通知は平成　　年　　月
　　　日に発送済み（※３・※４））
　　　□　回収額を上回るコスト　　□　換価困難　　□　その他（※５）
　(2)　放棄の許容性（※６）
　　　□　社会的見地から不相当でない　　□　別除権者に対する規則５６条の通知
3　破産管財人が保有する疎明資料（添付は不要）
　　①　不動産登記事項証明書
　　②　本件不動産の処分見込価格：　　　　　　　　　　円
　　　　□　不動産競売事件の評価書写し（最低売却価額：　　　　　　　　円）
　　　　□　買取見積書（※７）（　　　　　　円）　□　その他
　　③　本件不動産に対して優先権をもつ債権
　　　　□　債権認否表（本件不動産に係る別除権の被担保債権額合計　　　　円）
　　　　□　滞納処分による差押調書（　　　　　　円）□　交付要求書（　　　　円）
　　④　管理等コスト
　　　　□　固定資産税・都市計画税等通知書（　　　　　　円）
　　　　□　管理費見積書（　　　　　円）　　□その他
4　備　考（※８）

　　　　　　　　令和　　年　　月　　日
　　　　　　　　破産管財人弁護士　　　　　　　　印
　　　　　　　　　　　　　　　　　　　　　　　以　上

480　書式編

書式29

【注意点】

※1　担当係を忘れずに表示してください。

※2　破産法78条2項12号参照

※3　別除権付不動産の場合のみ記入してください。別除権者が破産配当加入するために別除権を放棄する機会を保障するため、放棄許可申立て日の2週間前までに別除権者に対する所定の通知を行う必要があります（破産規則56条。別除権者の状況によっては3週間の猶予期間をおくことも可能です。）。別除権が設定された不動産の放棄の手続を図示すると下記のとおりです。

記

別除権者への所定の通知
↓　2週間の経過
放 棄 許 可 申 立 て

※4　固定資産税は1月1日現在の所有名義人に課税されますので、翌年の固定資産税が賦課されないように、2週間の猶予期間を考慮して別除権者に対し所定の通知をする必要があるので注意してください。

※5　法人破産の場合に、別除権者の競売により建物が売却されますと、破産財団は破産財団の増殖とは無関係に消費税を賦課される場合があります（消費税法2条、4条、5条1項）。そこで、当該建物について消費税賦課の可能性がある価格（消費税法9条1項）で買受けされそうなときは、剰余金交付の可能性のないことを確認の上、買受人の代金納付前（民事執行法79条）に放棄して消費税の負担を免れる必要があります。

※6　不動産を放棄した場合、破産管財人は、当該不動産を破産者（法人の場合、原則として破産手続開始時の代表取締役）に引き渡します。

　　なお、不動産放棄に際して特殊な考慮が必要な場合として、不法占拠された不動産、第三者所有地を不法占拠する建物、土壌汚染や危険物のある不動産、倒壊危険性のある建物、建築中の建物といったものが挙げられます。

※7　見積りの適正を期するため、買取見積書は2箇所以上から取り寄せることが望ましいですが、事案によっては1通でもよく、買取見積書の通数に制限はありません。

※8　備考欄は、各項目の補足として使用します。

書 式 編　481

書式30

東京地方裁判所民事第２０部　　　管財　　係　御中（※１）
　　　　　　　　　　　　　　　　　　　令和　　年（フ）第　　　　号
　　　　　　　　　　　　　　　　　　　破　産　者

本件につき 許可する。 　東京地方裁判所民事第２０部 　　裁判官	本件につき 許可があったことを証明する。 　前同日　東京地方裁判所民事第２０部 　　裁判所書記官

不動産放棄許可申立書及び破産登記抹消嘱託の上申書

1　申立ての趣旨（※２）
　　別紙物件目録記載の不動産を財団から放棄することにつき許可を求める。
2　上申
　　上記放棄許可がされたときは、御庁の嘱託によってされた破産登記の抹消を所轄
　法務局に嘱託されたく上申いたします。
3　申立ての理由
　（1）放棄の必要性
　　　　　□　オーバーローン（なお、別除権者に対する所定の通知は、令和　　年　　月
　　　　　　日に発送済み（※３　※４））
　　　　　□　回収額を上回るコスト　　□　換価困難　　□　その他
　（2）放棄の許容性（※５）
　　　　　□　社会的見地から不相当でない　　　□　別除権者に対する規則５６条の通知
4　添付資料
　　①　不動産登記事項証明書（写し）（※６）　　　通　　②　物件目録　２部（※７）
5　破産管財人が保有する疎明資料（添付は不要）
　　①　本件不動産の処分見込価格：　　　　　　　　　　円
　　　　　□　不動産競売事件の評価書写し（買受可能価額：　　　　　　　　円）
　　　　　□　買取見積書（※８）　（　　　　　　円）　□　その他
　　②　本件不動産に対して優先権をもつ債権
　　　　　□　債権認否表（本件不動産に係る別除権の被担保債権額合計　　　　　　円）
　　　　　□　滞納処分による差押書（　　　　　円）　□　交付要求書（　　　　　円）
　　③　管理等コスト
　　　　　□　固定資産税・都市計画税等通知書（　　　　　　　　円）
　　　　　□　管理費見積書（　　　　　円）　□　その他
6　備　考（※９）

　　　　　　令和　　年　月　　日
　　　　　　破産管財人弁護士　　　　　　　　　　　　印
　　　　　　　　　　　　　　　　　　　　　　　　以　上

482　書式編

書式30

【注意点】

※1　担当係を忘れずに表示してください。

※2　破産法78条2項12号参照

※3　別除権付不動産の場合のみ記入してください。別除権者が破産配当加入するために別除権を放棄する機会を保障するため、放棄許可申立て日の2週間前までに別除権者に対する所定の通知を行う必要があります（破産規則56条。別除権者の状況によっては3週間の猶予期間を置くことも可能です。）。別除権が設定された不動産の放棄の手続を例示すると下記のとおりです。

記

（11月下旬）	別除権者への所定の通知
	↓ 2週間の経過
（12月中旬）	放棄許可申立て・嘱託の上申
	↓
（12月中旬）	裁判所における嘱託手続
	↓
（12月下旬）	法務局における登記手続

※4　固定資産税は1月1日現在の所有名義人に課税されますので、翌年の固定資産税が賦課されないように年内に破産登記の抹消を行うためには、2週間の猶予期間等を考慮して11月下旬には別除権者に対し所定の通知をする必要があるので注意してください。

※5　不動産を放棄した場合、破産管財人は、当該不動産を破産者（法人の場合、原則として破産手続開始時の代表取締役）に引き渡します。

　　なお、不動産放棄に際して特殊な考慮が必要な場合として、不法占拠された不動産、第三者所有地を不法占拠する建物、土壌汚染や危険物のある不動産、倒壊危険性のある建物、建築中の建物といったものが挙げられます。

※6　不動産登記事項証明書（写し）は必ず添付してください。

※7　登記用の物件目録2部を必ず添付してください。

※8　見積りの適正を期するため、買取見積書は2箇所以上から取り寄せることが望ましいですが、事案によっては1通でもよく、買取見積書の通数に制限はありません。

※9　備考欄は、各項目の補足として使用します。

書式編　483

書式31

東京地方裁判所民事第20部　　　管財　　係　御中（※1）
　　　　　　　　　　　　　　　　令和　　年（フ）第　　　　号
　　　　　　　　　　　　　　　　破　産　者

本件につき 許可する。 　東京地方裁判所民事第20部 　　裁判官	本件につき 許可があったことを証明する。 　前同日　東京地方裁判所民事第20部 　　裁判所書記官

債 権 放 棄 許 可 申 立 書

1　申立ての趣旨（※2・※3・※4）
　　　後記「債権の表示」記載の債権を放棄することの許可を求める。
2　申立ての理由
　　　□　倒産（内容　　　　　　　　　　　　　　　　　　　　　　　）
　　　□　所在不明（内容　　　　　　　　　　　　　　　　　　　　　）
　　　□　資産不明（内容　　　　　　　　　　　　　　　　　　　　　）
　　　□　資力なし（内容　　　　　　　　　　　　　　　　　　　　　）
　　　□　回収を上回るコストが予想される（内容　　　　　　　　　　）
　　　□　換価困難（内容　　　　　　　　　　　　　　　　　　　　　）
　　　□　その他
3　破産管財人が保有する疎明資料（添付は不要）
　　　□　不渡処分通知（内容　　　　　　　　　　　　　　　　　　　）
　　　□　破産手続開始決定（内容　　　　　　　　　　　　　　　　　）
　　　□　転居先不明の返送郵便
　　　□　住所地の不動産登記事項証明書（内容　　　　　　　　　　　）
　　　□　報告書（内容　　　　　　　　　　　　　　　　　　　　　　）
　　　□　その他
4　債権の表示
　　・債 務 者 名：
　　・債権の種類：
　　・債権の金額：　金　　　　　　　　　　円

　　　　　　　　令和　　年　　月　　日
　　　　　　　　破産管財人弁護士　　　　　　　　　　　印
　　　　　　　　　　　　　　　　　　　　　　　　　　　　以　上

【注意点】
※1　担当係を忘れずに表示してください。
※2　（投資）有価証券、出資金等もこれに準じます。
※3　破産法78条2項12号参照
※4　東京地方裁判所民事第20部においては、債権放棄の効果を、債務者との間の権利関係を解消する絶対的
　　放棄ではなく、換価に値しない財産を破産財団から除外し、破産者又は別除権者の自由な処分に委ねる相対
　　的放棄と解する扱いです。

484　書式編

書式32

東京地方裁判所民事第20部　　管財　　係　御中（※1）
令和　年（フ）第　　　号
破　産　者

本件につき 許可する。 　東京地方裁判所民事第20部 　　裁判官	本件につき 許可があったことを証明する。 　前同日　東京地方裁判所民事第20部 　　裁判所書記官

資 産 放 棄 許 可 申 立 書

1　申立ての趣旨（※2・※3）
　　破産財団に属する後記「資産の表示」記載の資産を放棄することにつき許可を求める。
2　申立ての理由
　(1)　放棄の必要性
　　　□　換価困難（内容　　　　　　　　　　　　　　　　　　　　　）
　　　□　回収を上回るコストが予想される（内容　　　　　　　　　　）
　　　□　その他（内容　　　　　　　　　　　　　　　　　　　　　　）
　(2)　放棄の許容性
　　　□　社会的見地から放棄に支障がないこと
　　　　（内容　　　　　　　　　　　　　　　　　　　　　　　　　　）
3　破産管財人が保有する疎明資料（添付は不要）
　　　□　買取見積書（内容　　　　　　　　　　　　　　　　　　　　）
　　　□　廃棄処分見積書（内容　　　　　　　　　　　　　　　　　　）
　　　□　報告書（内容　　　　　　　　　　　　　　　　　　　　　　）
　　　□　その他（内容　　　　　　　　　　　　　　　　　　　　　　）
4　資産の区分
　　　□　自動車　※4　□　電話加入権　□　什器備品　□　商品在庫
　　　□　その他（内容　　　　　　　　　　　　　　　　　　　　　　）
5　資産の表示

令和　年　月　日
破産管財人弁護士　　　　　　　　印
以　上

【注意点】
※1　担当係を忘れずに表示してください。
※2　破産法78条2項12号参照
※3　動産については、放棄後の不慮の事故等を防止するため、直ちに放棄の許可を得るのではなく、廃棄処分
　　　等を行って事後に問題を残さないようにすることが求められます。
※4　自動車の放棄の場合は、課税や運行供用者責任の問題から放棄の時点を明確にする必要がありますので、
　　　100万円以下でも速やかに個別の許可申立てをしてください。

書 式 編　485

書式33

東京地方裁判所民事第２０部　　　管財　　係　御中（※１）
　　　　　　　　　　　　　　　令和　　年（フ）第　　　　号
　　　　　　　　　　　　　　　破　産　者

| 本件につき
許可する。
　東京地方裁判所民事第２０部

　　裁判官 | 本件につき
許可があったことを証明する。
　前同日　東京地方裁判所民事第２０部

　　裁判所書記官 |

和　解　許　可　申　立　書

1　申立ての趣旨（※２）
　　後記「相手方の表示」記載の相手方との間で別紙和解条項のとおり
　　（□　訴訟上の　□　訴訟外の）和解をすることの許可を求める。
2　申立ての理由
　①　和解しない場合の見込み
　　　□　別の方法により解決することの困難性
　　　□　管財業務の長期化
　　　□　その他（内容　　　　　　　　　　　　　　　　　　　　　　　）
　②　和解した場合の実益
　　　□　財団組入見込額　　　　　　　　　　　円
　　　□　管財業務の迅速処理
　　　□　その他（内容　　　　　　　　　　　　　　　　　　　　　　　）
　③　その他

3　破産管財人が保有する疎明資料（添付は不要）
　①
　②
　③
4　相手方の表示（□次のとおり　□別紙記載のとおり）
　　・住所
　　・名称
　　・（訴訟上の和解の場合）係属裁判所及び事件番号

　　　　　　　　　　令和　　年　月　　日
　　　　　　　　　　破産管財人弁護士　　　　　　　　　　印
　　　　　　　　　　　　　　　　　　　　　　　　　　以　上

【注意点】
※１　担当係を忘れずに表示してください。
※２　破産法７８条２項１１号参照

486　書式編

書式34

東京地方裁判所民事第２０部　　　管財　　係　御中（※１）

令和　　年（フ）第　　　　号
破　産　者

本件につき 許可する。 　東京地方裁判所民事第２０部 　　裁判官	本件につき 許可があったことを証明する。 　前同日　東京地方裁判所民事第２０部 　　裁判所書記官

事前の包括的和解許可申立書

1　申立ての趣旨（※２・※３）
　　別紙一覧表記載の相手方との間で、別紙一覧表記載の和解条件（※４）を満たす
　ことを条件として、（□　訴訟上の　□　訴訟外の）和解をすることの許可を求め
　る。
2　申立ての理由
　①　和解しない場合の見込み
　　　□　別の方法により解決することの困難性
　　　□　管財業務の長期化
　　　□　その他（内容　　　　　　　　　　　　　　　　　　　　　）
　②　和解した場合の実益
　　　□　財団組入見込額　　　　　　　　　　　　円
　　　□　管財業務の迅速処理
　　　□　その他（内容　　　　　　　　　　　　　　　　　　　　　）
　③　その他
3　破産管財人が保有する疎明資料（添付は不要）
　①
　②
　③

令和　　年　　月　　日
　　破産管財人弁護士　　　　　　　　　　　　　印
　　　　　　　　　　　　　　　　　　　　　以　上

【注意点】
※１　担当係を忘れずに表示してください。
※２　破産法７８条２項１１号参照
※３　多数にわたる同一種類の相手方との間の包括的和解許可申立てを念頭に置いています。適宜裁判所に事前
　　相談してください。
※４　例えば、多数の売掛先との包括的和解の場合、①支払を受ける金額の条件（簿価の一定割合以上ないし一
　　定金額以上）、及び②支払を受ける期限の条件等が考えられます。

書式編　487

書式35

東京地方裁判所民事第２０部　　　管財　　係　御中（※１）

令和　年（フ）第　　　号
破　産　者

| 本件につき
許可する。
　東京地方裁判所民事第２０部

　　裁判官 | 本件につき
許可があったことを証明する。
　前同日　東京地方裁判所民事第２０部

　　裁判所書記官 |

双方未履行双務契約の履行の請求許可申立書

1　申立ての趣旨（※２・※３）
　　後記２(4)「契約の表示」記載の双方未履行双務契約について、破産者の債務を
　履行して相手方の債務の履行を請求することの許可を求める。
2　申立ての理由
　(1)　履行を選択しない場合に管財業務において支障が生じること。
　　（内容　　　　　　　　　　　　　　　　　　　　　　　　　　　　）
　(2)　契約の解除を選択した場合と履行を選択した場合の見込み

契約解除を選択した場合の見込み	履行を選択した場合の見込み
A　財団が免れる履行義務 　履行義務見込額　　　　　　　　円 B　財団の負担 ①財団から返還すべき現存する反対給付 　反対給付の時価　　　　　　　　円 ②財団が相手方に支払うべき財団債務 　推定財団債務額：　　　　　　　円 ③財団が負担する損害賠償破産債務 　損害賠償債務見込額：　　　　　円 　推定配当額　　　　　　　　　　円	A　履行として受ける反対給付 　反対給付の処分見積価額　　　　円 B　破産財団が負担する財団債務たる 　履行義務 　履行義務見込額　　　　　　　　円
A－B＝	A－B＝

　(3)　破産管財人が保有する疎明資料（添付は不要）
　　　□　契約書（内容）：
　　　□　その他：
　(4)　契約の表示（相手方・契約成立日・契約の種類・契約の内容）

　　　　　令和　　年　　月　　日
　　　　　　　　　　破産管財人弁護士　　　　　　　　　　　　印
　　　　　　　　　　　　　　　　　　　　　　　　　　　以　上

【注意点】
※１　担当係を忘れずに表示してください。
※２　破産法５３条１項にいう双方未履行の範囲については、多くの問題があるので十分な検討が必要です
　　（『破産・民事再生の実務［第３版］破産編』（金融財政事情研究会、令和２年）２４４頁以下参照）。
※３　破産法７８条２項９号においては、破産管財人が破産法５３条１項に基づき履行の請求をする場合に許可
　　が必要とされています。他方、解除を選択する場合には許可は必要とされていませんが、必要があれば、破
　　産裁判所と協議してください。

488　書式編

書式36

東京地方裁判所民事第２０部　　　管財　　係　御中（※１）
　　　　　　　　　　　　　　　　令和　　年（フ）第　　　　号
　　　　　　　　　　　　　　　　破　産　者

本件につき 許可する。 　東京地方裁判所民事第２０部 　　裁判官	本件につき 許可があったことを証明する。 　前同日　東京地方裁判所民事第２０部 　　裁判所書記官

訴 え 提 起 許 可 申 立 書

1　申立ての趣旨（※２・※３・※４）
　　別紙訴状により訴え提起をすることにつき許可を求める。

2　申立ての理由（※５）
　　□　請求の原因が認められるにもかかわらず、被告が任意に履行しない。
　　□　その他（内容　　　　　　　　　　　　　　　　　　　　　　　　）

　　　　　　　　　　令和　　年　月　　日
　　　　　　　　　　破産管財人弁護士　　　　　　　　　　　印
　　　　　　　　　　　　　　　　　　　　　　　　　　　以　上

【注意点】
※１　担当係を忘れずに表示してください。
※２　否認訴訟も、通常の民事訴訟と同様に、東京地裁民事第２０部ではなく、通常の民事訴訟事件を取り扱う
　　　部に配てんされるので注意を要します。これに対し、否認の請求（破産法１７４条）は民事第２０部に申し
　　　立てます。否認の請求については許可申立ては必要ありません。
※３　訴え提起許可証明書は、訴訟提起に当たり添付書類として提出を求められます。
※４　破産法７８条2項１０号参照
※５　本申立書は閲覧・謄写の対象となります。

書式編　489

書式37

東京地方裁判所民事第20部　　　管財　　係　御中

令和　　年（フ）第　　　　号

破　産　者

無　資　力　証　明　申　請　書

　上記の者に対する破産事件について、現在、破産財団が金　　　　万円のみ(なお、破産裁判所に納付された予納金は、官報公告費用相当額しかない。）で、訴訟の準備及び追行に必要な費用を支払う資力がないことの証明をされたく申請する。

令和　　年　　月　　日

破産管財人弁護士　　　　　　　　印

　上記証明する。

前同日同庁

裁判所書記官

490　書式編

書式37－2

書記官発行の無資力証明書について（ご説明とお願い）
東京地方裁判所民事第２０部

　当部では、十分な破産財団が形成されていないにもかかわらず、管財業務の
ために破産管財人が原告となる訴えの提起等が必要な場合には、訴訟費用につ
いて訴訟上の救助（民事訴訟法８２条）を受けられるよう、書記官名で無資力
証明書を発行する運用をしています。

　この無資力証明書に記載されている破産財団の残額は０円ではありませんが、
これは、破産手続開始の時点で、申立人から納められた予納金が存在すること
によるものであり（その他、破産管財人の換価作業により予納額よりも増えて
いることがあります。）、この予納金は、破産管財人の最低限の報酬として確保
されているものです。この点を敷衍しますと、現在の当部の破産手続に関する
運用が開始される以前は、予納金の最低額は法人破産につき７０万円、個人破
産につき５０万円とされていましたが、この予納金の確保が隘路となって、本
来破産手続を行うべき事案であっても、破産手続を執ることができず、放置さ
れるという事案が多数生じておりました。そこで、在京三弁護士会との協議の
結果、いわゆる少額管財手続が導入され、破産管財人の報酬の最低額を２０万
円とし、後に破産管財人の換価業務により財団が形成された場合には、相応の
報酬を支払うという前提で、予納金の額を２０万円に引き下げたという経緯が
あります。無資力証明書に記載されている破産財団の額がおおよそ２０万円で
ある場合には、この２０万円は、以上のような趣旨に基づいて破産管財人の報
酬として確保されているものであることをご理解いただければと思います。

　また、破産管財人の報酬は、破産債権に優先して支払われる財団債権のうち、
最優先のものです(最判昭和４５年１０月３０日民集２４巻１１号１６６７頁)。
次順位に位置する訴訟提起の費用を優先させることにより、破産管財人の報酬
が減額されることは、破産法の予定するところではないと考えております。

　もとより十分な破産財団が確保でき、かつ、破産管財人が訴訟費用を負担す
ることが確定した場合には、訴訟費用は、破産管財人の報酬に次ぐ順位の財団
債権（破産法１４８条１項１号）として納付することになります。

　前記の無資力証明書は、当部の書記官が、以上の事情を前提に、記録上明ら
かな事項として作成したものです。

　その他、ご不明な点等がございましたら、当部までご質問いただきますよう
お願い申し上げます。

以上

書式編　491

書式38

東京地方裁判所民事第21部　御中

令和　　年（ヌ・ケ）第　　　号

届　　出　　書

次の事項についてお知らせします（該当番号に○を付ける）。

1　（破産者が不動産を所有している場合）

　　令和　　年　　月　　日、競売手続開始の決定がありました不動産を破産財団から放棄しました。

2　（破産者以外の物上保証人が不動産を所有している場合）

　　令和　　年　　月　　日、破産者の破産事件については、□　破産手続廃止決定　□　破産手続終結決定　により終了しました。

令和　　年　月　　日

破産者

破産管財人弁護士　　　　　　　　印

492　書式編

書式39

　　　　　殿

通　知　書

拝啓　皆様、益々ご清栄のこととお慶び申し上げます。

　さて、　　　　　　　　　（以下「破産会社」といいます。）は、令和　　年
月　　日午後　　時　　分東京地方裁判所民事第２０部において破産手続開始の
決定を受け（事件番号・令和　　年（フ）第　　　　号）、当職が破産会社の破
産管財人に選任されました。これにより破産会社の売掛金債権等は全て破産財団
を構成し、弁済受領等の破産財団の管理権は法律上当職に帰属しました。

　当職の調査によりますと、破産会社の貴社に対する売掛金等の残債権は合計金
　　　　　円となっております。

　したがって、今後の買掛金等のお支払は、当職宛てにされるよう（具体的には
下記破産管財人名義口座にお振り込みくださるよう）に御通知いたします。

　もし、破産会社の債権者等の第三者に支払われた場合には、法律上弁済の効果
が生ぜず、二重払をしていただくことになりかねませんので、当職以外の方に対
するお支払はおやめください。万一、違法あるいは強硬な支払要求を受ける等し
てお困りの場合は、遠慮なく当職に御一報くださるようお願い申し上げます。

　なお、債権確認のため、お手数ながら別紙回答書により令和　　年　　月
日までに当職宛てに郵送またはＦＡＸにて御回答を賜りたく御願いいたします。

　　　　　　　　　　　　　　　　　　　　　　　　　　　　　　　　　敬具

　　　　　　　　　　　　　記
　　　　　　銀行　　　支店　普通預金・口座番号　　　　　－　　　　番
　　　名義：破産者　　　　　　破産管財人

　　　　　　　　令和　　年　　月　　日
　　　　　　　　　破産者
　　　　　　　　　破産管財人弁護士　　　　　　　　　　印
　　　　　　　　　〒　　－　　　東京都
　　　　　　　　　　　　電　話　03－　　　　－
　　　　　　　　　　　　ＦＡＸ　03－　　　　－

書式編　493

書式40

破産管財人　　　　　　殿

令和　　年（フ）第　　　　号
破産者

回　答　書

以下のとおり、私（当社）の　　　　　　　　に対する債務について回答します。

1　　　　　　　　に対する債務の有無
　　　有　　　　無　　（いずれかに○印をつけてください。）

2　債務金額　金　　　　　　　　　円也

3　支払方法
　(1)　現金（下記口座あてにお振り込みいただきたくお願い申し上げます。）
　(2)　その他（全部又は一部の支払を拒絶される場合や、直ちに支払うことがで
　　　きない場合には、その具体的理由を適宜の用紙に書いて添付してください。
　　　また、その理由の裏付けとなる資料も添付してください。）

記
（送金口座）　　　　　銀行　　支店　普通預金
　　　　　口座番号：　　　　－　　　　番
　　　　　名義：破産者　　　　　　破産管財人

令和　　年　　月　　日
住　所
電　話
氏　名
担当者名

494　書式編

書式41

債権者集会打合せメモ

　本件破産事件について、下記事項をご記入のうえ、本書面を<u>集会期日の１週間前まで</u>に当庁あてＦＡＸで送信してくださるようお願いいたします。本書面に基づいて、進行予定や本件の報酬予定額等の連絡をすることがあります。

　なお、財団が１件あたり４０万円以下の場合は、特記事項がない限り、送信していただく必要はありません。

東京地方裁判所民事第２０部　　□　通常管財　　係　ＦＡＸ　03-5721-3167
　（全＿＿＿＿枚送付）　　　　□　特定管財　　係　ＦＡＸ　03-5721-3175

破産管財人	TEL　　　　　－
	FAX　　　　　－

事件番号　　　令和　　年（フ）第　　　　　号（関連事件打合せメモ送付　□有　□無）

破 産 者

第　　回集会期日　令和　　年　　月　　日　午前・午後　　時　　分

これまでの財団収集額　　金　　　　万　　　　円

　※　不動産等の売却代金は、破産財団への組入額を収集額として計算してください。

　※　<u>財団の概要を特記事項に記載するか、収支計算書を添付してください。</u>

進行予定
　　□　異時廃止予定
　　□　続行予定
　　□　配当予定　　□　簡易配当
　　　　　　　　　□　最後配当

<u>**進行、財団及び主要な管財業務の内容に関する特記事項**</u>

　　□　別紙のとおり

書 式 編　495

書式42

東京地方裁判所民事第20部　　　管財　　係　御中

令和　　年　　月　　日

令和　　年（フ）第　　　　号

破　　産　　者

破産管財人弁護士　　　　　　　　　　　印

破産法157条の報告書

1　破産手続開始の決定に至った事情

　　□　破産手続開始申立書記載のとおり

　　□　破産手続開始申立書に付加する点は次のとおり

　　　　（　　　　　　　　　　　　　　　　　　　　　　　　　　　）

　　□　その他

　　　　（　　　　　　　　　　　　　　　　　　　　　　　　　　　）

2　破産者及び破産財団に関する過去及び現在の状況

　　□　破産手続開始申立書及び財産目録記載のとおり

　　□　その他

　　　　（　　　　　　　　　　　　　　　　　　　　　　　　　　　）

3　損害賠償請求権の査定の裁判、その保全処分を必要とする事情の有無

　　　（破産者が法人の場合に限る。）

　　□　無

　　□　有（内容　　　　　　　　　　　　　　　　　　　　　　　　）

　　□　その他

【注意点】
※　本書面は第1回の財産状況報告集会の当日にご持参ください。
※　いわゆる少額管財事件（通常管財係）では、書式45の書面も是非ご利用ください。
※　担当係を忘れずに表示してください。

496　書 式 編

書式43

令和　年（フ）第　　　号
破産者
破産管財人弁護士

財　産　目　録
(開始決定日＝令和　年　月　日現在)

（単位：円）

資産の部

番号	科　　　目	簿　価	評価額	備　考
1	現金（令和　年　月　日引継）		200,000	
2	保険解約返戻金（○○生命）	700,000	700,000	
3	和服7枚	2,150,000	1,080,000	令5.3.20付許可により売却
4	過払金	200,000	200,000	自由財産の範囲の拡張により返還
	資産合計	3,050,000	2,180,000	

負債の部

番号	科　　　目	届出額	評価額	備　考
1	普通破産債権（別除権付債権を除く）	5,123,544	4,198,173	
2	別除権予定不足額	11,500,000	8,500,000	
	別除権付債権	(18,000,000)	(21,000,000)	
	負債合計	16,623,544	12,698,173	

破産法157条の報告事項

1 破産手続開始の決定に至った事情
　□破産手続開始申立書に付加する点は次のとおり（　　　　　）　□破産手続開始申立書記載のとおり（　　　　）
2 破産者及び破産財団に関する過去及び現在の状況　□破産財団及び財産目録記載のとおり。　□その他（　　　　）
3 損害賠償請求権の査定の裁判、その他の保全処分を必要とする事情の有無（破産者が法人の場合に限る。）
　□無　□有（内容　　　　）　□その他（　　　　）

＊ 破産者が所有する　　区　　町　丁目　番地所在家屋番号　　　の建物については、　　倍以上のオーバーローン状況にあるため、破産財団から放棄する。

※ 破産財団から放棄する物件については、例えば不動産であれば所在、地番、家屋番号等により特定してください。

書式44

令和　　年（フ）第　　　号
破産者

収　支　計　算　書

自　令和　　年　　月　　日
至　令和　　年　　月　　日

破産管財人弁護士

（単位：円）

	収　入　の　部			支　出　の　部	
番号	摘　　要	金額	番号	摘　　要	金額
1	現金（　．　．　引継）	200,000	1	事務費	20,010
2	保険解約返戻金	700,000	2	立替金返還（口座開設費用）	100
3	和服（7枚）売却代金	1,080,000	3	財団債権（公租公課）の弁済	45,000
4	過払金	200,000	4	財団債権（労働債権その他）の弁済	0
5	口座開設金	100	5	優先的破産債権（公租公課）に対する配当	50,000
6	預金利息	10	6	優先的破産債権（労働債権その他）に対する配当	0
			7	一般破産債権（配当）に対する配当	1,065,000
			8	本人返還（自由財産の範囲の拡張）	200,000
			9	破産管財人報酬	800,000
	合計	2,180,110		合計	2,180,110

差引残高　　　金0円

498　書式編

書式45

財　産　目　録　及　び　収　支　計　算　書

令和　　年（フ）第　　　　号
破産者
破産手続開始日（令和　　年　　月　　日）現在
破産管財人弁護士

資産部分　破産手続開始日　令和　　年　　月　　日
収支計算部分　破産手続開始日～令和　　年　　月　　日

（単位：円）

資産及び収入の部

番号	科　目	簿　価	収　入	備　考
1	現金（令和　　年　　月　　日引継）		200,000	
2	保険解約返戻金（〇〇生命）	700,000	700,000	
3	過払金	200,000	200,000	
4	和服7枚	2,150,000	1,080,000	令5.3.20付け許可により売却
5	口座開設費	—	100	
6	預金利息	—	10	
	資産合計	3,050,000	2,180,110	

支出の部

番号	科　目	金　額	備　考
1	事務費	20,010	
2	立替金返還（口座開設費）	100	
3	財団債権の弁済（公租公課）	45,000	
4	財団債権の弁済（労働債権その他）	0	
5	優先的破産債権に対する配当（公租公課）	50,000	
6	優先的破産債権に対する配当（労働債権その他）	0	
7	一般破産債権に対する配当	1,065,000	
8	本人返還	200,000	自由財産の範囲の拡張により返還
9	破産管財人報酬	800,000	
	支出合計	2,180,110	

財団債権（公租公課）
　〇〇税務署　45,000
優先的破産債権（公租公課）
　〇〇市役所　50,000

破産法157条の報告事項

1　破産手続開始の決定に至った事情
　　□破産手続開始申立書記載のとおり　□破産手続開始申立書に付加する点は次のとおり（　　　　　）
2　破産者及び破産財団に関する過去及び現在の状況　□破産目録記載のとおり　□その他（　　　）
3　損害賠償請求権の査定の裁判、その内容全処分を必要とする事情の有無（破産者が法人の場合に限る。）　□その他（　　　）
　　□無　□有（内容　　　　　　　　　　　　　　　　　　　　　）　□この他（　　　　　）
＊　破産者が所有する　　町　　丁目　　番地所在家屋番号　　の建物については、信び以上のオーバーローン状況にある
　　ため、破産財団から放棄する。
※　破産財団から放棄する物件については、土地建物であれば所在、地番、家屋番号等により特定してください。

書式編　499

書式46

令和　　年（フ）第　　　　号
破産者

【破産】貸 借 対 照 表
(作成日＝令和　　年　　月　　日現在)

破産管財人弁護士

資産の部　　　　　　　　　　　　　　負債の部

(単位：円)

番号	科　目	評価額＝財団組入(見込)額	番号	科　目	評価額
1	現金	12,000,000	1	一般破産債権（別除権付債権を除く）	555,000,000
2	預金	23,000,000	2	優先的破産債権（公租公課）	8,250,000
3	受取手形	3,500,000	3	優先的破産債権（労働債権）	4,000,000
4	売掛金	13,000,000	4	財団債権（公租公課）	2,350,000
5	製品／仕掛品	1,000,000	5	財団債権（労働債権その他）	1,200,000
6	原材料	2,400,000	6	別除権予定不足額	60,000,000
7	貸付金	1,000,000	7	（別除権付債権）	(105,000,000)
8	建物	0			
9	土地	0			
10	機械装置	1,200,000			
11	車両運搬具	250,000			
12	什器備品	100,000			
13	ゴルフ会員権	25,000			
	資産合計	57,475,000		負債合計	630,800,000

差引　　資産不足額　　　573,325,000

【注意点】
※　本書面は、破産財団が1000万円以上の法人事件のみ提出します（破産法１５３条２項、３項、破産規則５２条参
※　予定不足額の認否は原則として留保して差し支えありません。破産貸借対照表で別除権予定不足額として記載
　　する額は、配当を行う際の別除権者に対する配慮の要否や配当の見通し、あるいは別除権の目的となる財産の処
　　分方法を検討するに当たっての参考となるものにすぎませんから、別除権者の届け出た予定不足額の額に対する
　　破産管財人としての一応の評価（概算）を記載すれば足ります。

500　書式編

書式47

東京地方裁判所民事第２０部　　　管財　係　御中
令和　　年（フ）第　　　　号
破産者
破産管財人
届出期間　　令和　　年　　月　　日まで
集会日　　令和　　年　　月　　日午　　　時　　分

裁判所・破産管財人使用欄
No.
受　領　日
令和　年（フ）第　　　号
書類受領事務担当
令和　　年　　月　　日　受付

破　産　債　権　届　出　書

作成日　令和　　年　　月　　日

印は実印に限りませんが、配当時まで使用できるものにしてください。
届出書のコピーを手元に置いておくと、問い合わせ等の際に便利です。

破産債権者の表示

【住　所】〒　　　－

【通知場所】□住所と同じ　□異なる場合　〒　　　－

【氏名又は法人名・代表者名】　　　　　　　　　　　　　　　　　　　　印

（事務担当者名）　　　　　【電話】　　－　　　－　　　【FAX】　　－　　　－

*代理人名義で届け出る場合は、下欄も記入してください。（委任状添付必要）

代理人の住所　〒　　　－

代理人の氏名　　　　　　印　　電話　　－　　　－　　　FAX　　－　　　－

届出破産債権の表示　※記入欄が不足した場合は、適宜別紙（Ａ４判・形式自由）を使用してください。

（１）届出破産債権　（届け出る債権の□にチェックしてください。）

債権の種類	債権額	債権の内容及び原因	証拠書類の例（必ずコピーを提出）
□売掛金	円	年　月　日から 年　月　日までの取引	請求書、納品書等
□貸付金	円	貸付日　年　月　日　弁済期　年　月　日 利息年　％　遅延損害金　％	契約書、借用書等
□給　料	円	年　月　日から 年　月　日までの就労分	給与明細書等
□退職金	円		不要
□解雇予告手当	円		不要
□手形・小切手債権	円	手形番号	手形、小切手（裏面もコピーすること）
□その他（立替金、求償金等）	円		
□租　税	円		
□約定利息金	円	に対する　年　月　日から 年　月　日まで年　％の割合	
□遅延損害金	円	に対する　年　月　日から 破産手続開始前日まで年　％の割合	
合　　計	円		

（２）別除権の種類及び訴訟の有無　（担保権を有する破産債権者、訴訟等が係属している破産債権者のみ記入）

別除権の種類（該当に○印）	抵当権（順位　　番）　・　根抵当権（極度額　　　　　円、順位　　　番）仮登記担保　・　その他（　　　　　　　　　　　　　　　　　　　　　）
別除権の目的不動産の表示	予定不足額　　　　　　円
破産債権につき係属する訴訟又は行政庁に係属する事件	裁判所又は行政庁名 当事者名 事件番号　　　　　　　　　　　事件名

（３）執行力ある債務名義又は終局判決の有無　（□にチェックしてください）

　　□有り（債権の種類：　　　　　　　　　　）合計　　通（コピーを提出してください。）　　□無し

（少額配当金受領について）配当金額が1000円に満たない場合においても、配当金を受領する意思があります。

書式編　501

書式48

債権認否一覧表

令和　年　月　日

事件番号　令和　年（フ）第　　号
破産者
破産管財人弁護士　　　　　　　印

債権者番号	枝番号	債権者名	債権の種類	届出債権額	認めない債権額	認める債権額	備考
1		○○信販（株）	貸金	1,238,477	0	1,238,477	
2		○○銀クレジット（株）	求償金	29,500,000 及び額未定	0	29,500,000	別除権付き（極度額2500万円の根抵当権（※）額未定部分は劣後債権につき認否留保
3		（株）○○カード	立替金	2,720,300	0	2,720,300	
4	1	（株）○○ファイナンス	貸金	790,544	790,544	0	証拠不十分（取引履歴開示不十分）相殺通知済み
	2		損害金	11,384	11,384	0	
5		○○（株）	貸金	362,839	123,443	239,396	利息制限法による引直し計算後の残高
合計				34,623,544	925,371	33,698,173	

書式49

債権認否及び配当表

令和　年　月　日

事件番号　令和　年 (フ) 第　　号
破産者
破産管財人弁護士　　　　　印

債権者番号	枝番号	債権者名	債権の種類	届出債権額	認めない債権額	認める債権額	配当に加えるべき債権の額	備考	配当額
1		○○税務署	消費税	2,000,000	—	—		優先債権	2,000,000
2		○○(株)	貸金等	10,000,000	0	10,000,000	0	別除権付き(抵当権)	0
3		○○信販(株)	貸金等	200,000	200,000	0	0	証拠不十分	0
4		(株)○○カード	立替金等	300,000	0	300,000	300,000		30,000
5		(株)○○ファイナンス	貸金等	500,000	0	500,000	500,000		50,000
合計				13,000,000	200,000	10,800,000	800,000		2,080,000

配当率　優先債権　100%
　　　　一般債権　10%

書式50

優先的破産債権（公租公課）一覧表及び配当表

令和　年　月　日

事件番号　令和　年（フ）第　号
破産者
破産管財人弁護士　　　　印

債権者番号 枝番号	債権者名	債権の種類	届出債権額	備考	配当額
1	○○税務署	消費税	100,000	公租	100,000
2	○○市	住民税	200,000	公租	200,000
3	○○年金事務所	健康保険料	300,000	公課	30,000
合計			600,000		330,000

配当率　公租　100%
　　　　公課　10%

書式51

東京地方裁判所民事第２０部　　　管財　　係　御中（※１）

令和　　年（フ）第　　　　号
破 産 者

新たに判明した債権者への発送（送信）報告書（※２）

　上記事件につき新たに次の債権者が判明し、当職において開始決定通知及び債権届出書を発送（送信）済みであるので報告する。

債権者名	住　　　　所	発送（送信）年月日

令和　　年　　月　　日

破産管財人弁護士　　　　　　　印

【注意点】
※１　担当係を忘れずに表示してください。
※２　報告書は、債権者集会時にまとめて提出してください。

書式編　505

書式52

破産債権者　　　　　　　　殿
（債権者番号　　　　　）

令和　　年（フ）第　　　　号
破産者

異　議　通　知　書

　貴殿届出の債権に対し、令和　　年　　月　　日の債権調査期日において、当職は、下記のとおり「認めない」と述べる予定ですので通知します。

枝番号	債権の種類	届出額（円）	認めない額（円）	確定額（円）	認めない理由

　　認めない理由　　1　証拠不十分　　2　手形要件不備　　3　劣後債権　　4　債権なし

　なお、異議を述べられた債権者は、債権調査期日から1か月以内に破産法が定める債権確定手続を執ることができますが、<u>配当に加わるためには、その手続を除斥期間（破産法198条1項、205条）内に行う必要があります。</u>

令和　　年　　月　　日
破産管財人弁護士　　　　　　　　　印
（電話　　−　　　−　　　　事務担当　　　　）

【注意点】
※　これは最も単純な形式であり、破産管財人の工夫により必要な情報を盛り込んでいただいて差し支えありません。また、認めない理由も事案に応じて適宜検討してください。

書式53

破産債権者　　　　　　　　殿

（債権者番号　　　　　）

　　　　　　　　　　　　　　　　　令和　　年（フ）第　　　　号

　　　　　　　　　　　　　　　破産者

異　議　撤　回　書

　令和　　年　　月　　日の債権調査期日において、貴殿届出の債権について
「認めない」旨認否しましたが、調査の結果、同届出債権の存在が認められまし
たので、下表のとおり、「認めない」旨の認否を撤回します。

　　　　　　　　　　令和　　年　　月　　日

　　　　　　　　　　　　破産管財人弁護士　　　　　　　　　　印

　　　　　　　　　　　（電話　－　　－　　　事務担当　　）

届　出　債　権			認めない旨認否した額（円）	認めない旨の認否を撤回する額（円）	認めない旨の認否を維持する額（円）	新たに確定した額（従前の確定額を含む。）（円）
枝番号	種類	金額（円）				

書式編　507

書式54

破産管財人　　　　　　　　殿

令和　　年（フ）第　　　　号
破産者

債 権 届 出 取 下 書

　私は、破産者　　　　　に対する令和　　年（フ）第　　　　号破産事件について先般届け出た下記債権を取り下げます。
　（取下後の届出債権の残額は、□ありません。□合計　　　　円です。）
　令和　　年　　月　　日

住所_____　　　　住所_____
債権者　　　　　　　　　　　　代理人
氏名_____印　　　氏名_____印

連絡先　電話　　　　－　　　－
　　　　事務担当

| 債権者 |
| 番　号 |

取　下　債　権　の　表　示				
枝番号	債権の種類	届出債権額（円）	取下額（円）	備　考
	取下債権額 合　　計			

書式55

破産管財人　　　　　　　　殿
　　　　　　　　　　　　　令和　　年（フ）第　　　　号
　　　　　　　　　　　　　破産者

破産債権名義変更届出書（全部・一部）

　　　令和　　年　　月　　日
　　　旧債権者　住所・氏名（法人の場合は名称・代表資格・代表者名）
　　　　　〒
　　　　　　　　　　　　　　　　　　　　　　　　　　　　印
　　　新債権者　住所・氏名（法人の場合は名称・代表資格・代表者名）
　　　　　〒
　　　　　　　　　　　　　　　　　　　　　　　　　　　　印

　下記のとおり破産債権者の名義変更の届出をします。
　　（名義変更後の旧債権者の届出債権は、□ありません。□合計
円です。）
　　少額配当金受領については、配当金額が１０００円未満の場合においても、配当金を受
領する意思があります。
　　　　　　　　　　　　　　記
1　変更の原因　　令和　　年　　月　　日
　　　　　　　　　代位弁済・債権譲渡・その他（　　　　）
2　添付書類

債権者番号		事務担当者名	
		電話	（　　　　）
		ファクシミリ	（　　　　）

枝番号	債権の種類	届出債権額	承継額	残額（非承継額）
合計				

書式編　**509**

書式56

令和　　年（フ）第　　　　号
破産者

債権調査後の債権額等変更一覧表

令和　　年　月　日

破産管財人弁護士　　　　　　　印

債権者番号	枝番号	文書の日付	債権者名	届出書の種類、変更事項	変更後の認める債権額及び別除権者の不足額	備考
		・・		□全額・一部　　　　　　円 □名義変更 （新債権者　　　　　　　） □異議撤回　□取下 □その他（　　　　　　　）		
		・・		□全額・一部　　　　　　円 □名義変更 （新債権者　　　　　　　） □異議撤回　□取下 □その他（　　　　　　　）		
		・・		□全額・一部　　　　　　円 □名義変更 （新債権者　　　　　　　） □異議撤回　□取下 □その他（　　　　　　　）		
		・・		□全額・一部　　　　　　円 □名義変更 （新債権者　　　　　　　） □異議撤回　□取下 □その他（　　　　　　　）		
		・・		□全額・一部　　　　　　円 □名義変更 （新債権者　　　　　　　） □異議撤回　□取下 □その他（　　　　　　　）		
		・・		□全額・一部　　　　　　円 □名義変更 （新債権者　　　　　　　） □異議撤回　□取下 □その他（　　　　　　　）		
		・・		□全額・一部　　　　　　円 □名義変更 （新債権者　　　　　　　） □異議撤回　□取下 □その他（　　　　　　　）		
		・・		□全額・一部　　　　　　円 □名義変更 （新債権者　　　　　　　） □異議撤回　□取下 □その他（　　　　　　　）		
		・・		□全額・一部　　　　　　円 □名義変更 （新債権者　　　　　　　） □異議撤回　□取下 □その他（　　　　　　　）		
		・・		□全額・一部　　　　　　円 □名義変更 （新債権者　　　　　　　） □異議撤回　□取下 □その他（　　　　　　　）		

（この書面及び記載された各書面は、破産債権者表と一体となるものである。）

510　書式編

書式56

【記載例】

(1) 届出債権額1,543,500円のうち、破産管財人が異議を述べた488,000円につき取下げがされた例

債権者番号	枝番号	文書の日付	債権者名	届出書の種類，変更事項	変更後の認める債権額及び別除権者の不足額	備考
1		R5.2.24	Aクレジット㈱	■一部　488,000円　■取下	1,055,500	異議を述べた部分の取下げ

(2) 別除権付き債権（届出債権額78,271,261円）のうち73,570,000円につき名義変更がされた後、別除権の目的たる不動産が競落され、不足額60,000,000円の証明がされた例

債権者番号	枝番号	文書の日付	債権者名	届出書の種類，変更事項	変更後の認める債権額及び別除権者の不足額	備考
4-1		R5.3.6	D銀行㈱	■一部　73,570,000円　■名義変更（T信用保証協会）	D銀行㈱　4,701,261　保証協会　73,570,000	
4-2		R5.12.7	T信用保証協会	■一部　60,000,000円　■不足額確定	60,000,000	■競落　■競売事件配当表

(3) 届出債権額3,255,000円のうち、破産管財人が異議を述べた300,000円を含む1,680,000円の部分につき名義変更がされた後、異議部分につき取下げがされた例

債権者番号	枝番号	文書の日付	債権者名	届出書の種類，変更事項	変更後の認める債権額及び別除権者の不足額	備考
6-1		R5.11.1	㈱F設備	■全部　1,680,000円　■名義変更（S工事㈲）	㈱F設備　1,575,000　S工事㈲　1,380,000	異議の述べた債権を含む一部の債権の名義変更
6-2		R5.11.30	S工事㈲	■一部300,000円　■取下	1,380,000	異議を述べた部分の取下げ

(4) 届出債権額69,750,079円のうち、破産管財人が異議を述べた3,570,000円につき、異議を撤回した例

債権者番号	枝番号	文書の日付	債権者名	届出書の種類，変更事項	変更後の認める債権額及び別除権者の不足額	備考
38		R5.11.8	㈱Hコンサルタント	■一部　3,570,000円　■異議撤回	69,750,079	

(5) 別除権付き債権（届出債権額10,000,000円）のうち2,000,000円につき取下げがされた後、別除権の目的たる不動産が任意売却され、不足額6,000,000円の証明がされた例

債権者番号	枝番号	文書の日付	債権者名	届出書の種類，変更事項	変更後の認める債権額及び別除権者の不足額	備考
50		R5.12.5	Rリース㈱	■一部　2,000,000円　■取下	8,000,000	
50		R5.12.10	Rリース㈱	■一部　6,000,000円　■不足額確定	6,000,000	■任意売却　■弁済金受領書，弁済金充当明細書

【注意点】

※　この一覧表は、債権調査後に変更事項があった場合に、変更事項ごとに1つの欄を使用して作成してください。

※　最終的な変更後の認める債権額又は別除権者の不足額は、配当に加えるべき債権の額と同額となります。

※　備考欄には、変更がされた理由を簡潔に記入してください。

※　別除権者の不足額については、備考欄に事由、証拠（疎明）書類を記入してください。同書類の添付は不要です。

※　末尾に「この書面及び記載された各書面は、破産債権者表と一体となるものである。」と記載してください。

書式編　511

書式57

配　当　表

事　件　番　号　　令和5年（フ）第00000号
破　　産　　者　　○　○　○　○
破産管財人弁護士　　○　○　○　○　　印

債権者番号	枝番号	債権者名	〒	住　　　所	配当に加えるべき債権の額	配当額	備　考（※）
1		Aカード（株）	105-8712	東京都Z区○○一丁目2－2	238,014	5,195	
2		B銀行	101-0048	東京都Y区四丁目4－4	808,243	17,641	
3		（株）C設計事務所	532-0011	大阪市X区5－5－5	233,326	5,092	
4		D債権回収（株）	102-0083	東京都W区南二丁目3－4	100,882	2,201	
5		E信用保証協会	104-0031	東京都Q区○○1－3－1	5,288,678	115,434	
		総合計			6,669,143	145,563	

配当率　　　2.18%

【注意点】
※　備考欄には，取下げ、名義変更などの債権の変動事由を記載してください。

512　書　式　編

書式57－2

配 当 表 （更 正）

事 件 番 号　　　令和5年（フ）第00000号
破　　産　　者　　○　○　○　○
破産管財人弁護士　　○　○　○　○　　　印

債権者番号	枝番号	債権者名	〒	住　　　所	配当に加えるべき債権の額	配当額	備　考（※）
1		Ａカード（株）	105-8712	東京都Ｚ区○○一丁目２－２	238,014	5,213	
2		Ｂ銀行	101-0048	東京都Ｙ区四丁目４－４	785,812	17,209	一部22,431円取下
3		（株）Ｃ設計事務所	532-0011	大阪市Ｘ区５－５－５	233,326	5,110	
4		Ｄ債権回収（株）	102-0083	東京都Ｗ区南二丁目３－４	100,882	2,209	
5		Ｆ債権回収（株）	104-0031	東京都Ｑ区○○１－３－１	5,288,678	115,822	全部名義変更（旧Ｅ信用保証協会）
		総合計			6,646,712	145,563	

配当率　　　　2.190%

【注意点】
※　備考欄には、取下げ、名義変更などの債権の変動事由を記載してください。

書 式 編　513

書式58

東京地方裁判所民事第２０部　　　管財　　係　御中（※１）

令和　　年（フ）第　　　　号
破　産　者

本件につき 許可する。 　東京地方裁判所民事第２０部 　　裁判所書記官 　　　（※３）	本件につき 許可があったことを証明する。 　前同日　東京地方裁判所民事第２０部 　　裁判所書記官

簡易配当許可申立書（Ａ・財団少額型）（※２）

　頭書事件につき、破産財団に属する財産は全部換価を終了し、下記のとおり１０００万円未満の配当可能な現金がありますので、簡易配当の許可を願います。

記

財団現在額及び収支の明細　　　収支計算書のとおり　（※４）

配当に加える債権及び配当額　　配当表のとおり　（※４）

令和　　年　　月　　日

破産管財人弁護士　　　　　　　　印

以　上

【注意点】
※１　担当係を忘れずに表示してください。
※２　配当可能金額１０００万円未満の場合は、この書式を使用してください（破産法２０４条１項１号参照）。
※３　簡易配当の許可権者は、裁判所書記官です（破産法２０４条１項参照）。
※４　債権者集会の席上で提出済みのもので足り、別途提出は不要です。なお、債権者集会の席上で債権認否一覧表のみを提出した場合は、忘れずに配当表を添付してください。

514　書式編

書式59

（A）

破産債権者　　　　　　　　　殿

令和　　年（フ）第　　　　　号
破産者

簡 易 配 当 の 御 通 知

　　上記破産者に対する東京地方裁判所令和　　年（フ）第　　　　　号破産事件
について、簡易配当を行いますので、破産法２０４条２項により、下記のとおり
御通知いたします。
　　また、異議なく配当表が確定した場合、配当金のお支払は、銀行口座への振込
送金により行いますので、下記の要領にしたがって必要書類を当職まで送付して
ください。

記

1　簡易配当の手続に参加することができる債権の総額　　　　金　　　　　　　円

2　簡易配当をすることができる金額　　　　　　　　　　　　金　　　　　　　円

3　貴殿に対する配当見込額　　　　　　　　　　　　　　　　金　　　　　　　円

| 配当金受領について |
1　必要書類（令和　　年　　月　　日まで（※）に当職あてに送付してください。）
　①　振込送金依頼書（記名捺印のこと。印鑑は債権届出書と同じものを使用し
　　てください。）
　②　手形金・小切手金債権を届け出た方は、手形・小切手の原本
　③　破産債権届出以後、住所変更、商号変更、債権届出書に押印した印鑑の変
　　更があった場合は、そのことを証する資格証明書・印鑑証明書・住民票
　④　代理人によって配当金を受領するときは、配当金受領に関する委任状及び
　　本人の印鑑証明書
2　注意事項
　①　必要書類に不備がありますと、配当金のお支払ができないときがあります。
　②　振込送金手数料は、貴殿の負担になりますので、御了承ください。
　③　提出された必要書類につき、返還を希望される方は、返信用封筒（郵便切
　　手貼付のこと）をお送りください。
　　　　　　　　　　　　令和　　年　　月　　日
　　　　　　　　　　　　破産管財人弁護士　　　　　　　　　　　　印
　　　　　　　　　　　　（電話　−　　−　　　事務担当　　　）
　　　　　　　　　　　　　　　　　　　　　　　　　　　　以　上

【注意点】
※　破産管財人において、配当スケジュールに支障のない適宜の日をご記入ください。

書式編　515

書式60

（A）

破産債権者　　　　　　　　殿

令和　　年（フ）第　　　　号
破産者

簡　易　配　当　の　御　通　知

　上記破産者に対する東京地方裁判所令和　　年（フ）第　　　　号破産事件について、簡易配当を行いますので、破産法２０４条２項により、下記のとおり御通知いたします。

　なお、本件は、{　□　優先的破産債権のみ　　　　　　　　　　　　　}に対する配当事案
　　　　　　　　{　□　優先的破産債権である公租公課のみ　　　　　}

であるため、貴殿に対しては、配当見込みはございません。

記

1　簡易配当の手続に参加することができる債権の総額　　　金　　　　　　　円

2　簡易配当をすることができる金額　　　　　　　　　　　金　　　　　　　円

3　貴殿に対する配当見込額　　　　　　　　　　　　　　　金　　　０　　円

令和　　年　　月　　日
破産管財人弁護士　　　　　　　　　印
（電話　　−　　−　　　事務担当　　）

516　書式編

書式61

破産管財人　　　　　　　殿

　　事件番号　令和　　年（フ）第　　　　号

　　破 産 者

	債権者番号

振 込 送 金 依 頼 書

　頭書事件についての私（当社）に対する配当金は、<u>振込手数料を差し引いた上</u>

（※）、次の銀行口座に振込送金してください。

銀行名・支店名	銀行　　　　　　　支店
預金種目	普通　　・　　当座 （該当するものを○で囲んでください。）
口座番号	
フリガナ	
口座名義人	

　　令和　　年　　月　　日

　　　住　　　所

　　　フリガナ
　　　氏　　　名
　　　（法人名及び代表者名）　　　　　　　　　　　　印

　　　連 絡 先　事務担当

　　　　　　　　電話番号　　　　　－　　　　－

【注意点】
※　振込手数料を破産財団負担で送金する場合は、「破産財団負担での振込みを依頼しますので」と記載します。

書 式 編　517

書式62

破産債権者　　　　　　　　　殿

　　　　　　　　　　　　　　　令和　　年（フ）第　　　　号
　　　　　　　　　　　　　　　破産者

配 当 金 に つ い て の 御 連 絡

　上記破産者に対する東京地方裁判所令和　　年（フ）第　　　　号破産事件につき、同封の「配当の御通知」のとおり配当を実施することになりましたが、貴殿に対する配当額は、配当事務費用よりも少額であるため、配当金はございません。

　　　　　　　　　　令和　　年　　月　　日
　　　　　　　　　　　破産管財人弁護士　　　　　　　　　　印
　　　　　　　　　　　（電話　　−　　　−　　　　事務担当　　）

518　書 式 編

書式63

東京地方裁判所民事第２０部　　＿＿＿管財　　係　御中　　　　｜重　要｜

（ＦＡＸ　**通常管財係　０３－５７２１－３１６７**

　　　　　　特定管財係　０３－５７２１－３１７５）

令和　　年（フ）第　　　　号

破産者

除 斥 期 間 等 の 起 算 日 届 出 書

　頭書事件につき、債権届出をした各破産債権者に対し、下記のとおり配当をすることができる金額等の通知を発送したので、除斥期間等の起算日を確定するために届出をします。

記

1　発送日

　　　令和　　年　　月　　日

　　　□普通郵便、□ＦＡＸ、□その他（　　　　　　　　　　）により送付

2　みなし到達日（発送日の翌週の水曜日を記載します。）

　　　令和　　年　　月　　日

除斥期間等の起算日	□　みなし到達日と同日 　　（みなし到達日までに提出の場合）
	□　令和　　年　　月　　日 （みなし到達日後に提出の場合、 　本届出書提出日を記載してください。）

令和　　年　　月　　日

破産管財人弁護士　　　　　　　　　　印

【注意点】

※　担当係を忘れずに表示してください。

※　破産法１９７条3項、２０４条4項、破産規則６４条、６７条参照

※　本届出書は、除斥期間や各種異議期間の起算日となる重要な書面ですので、通知書発送とともに、必ずご提出ください。

※　みなし到達日となるべき水曜日が祝日の場合には、翌営業日がみなし到達日となります。また、除斥期間満了日、配当表に対する異議期間満了日となるべき日が祝日の場合には、翌営業日が除斥期間満了日等となります。

書式編　519

書式64

東京地方裁判所民事第２０部　　　管財　　係　御中（※1）

令和　　年（フ）第　　　　号
破　産　者

本件につき 許可する。 　東京地方裁判所民事第２０部 　　裁判所書記官 　　　　（※2）	本件につき 許可があったことを証明する。 　前同日　東京地方裁判所民事第２０部 　　裁判所書記官

最後配当許可申立書（□通知型　□官報公告型）

　頭書事件につき、破産財団に属する財産は全部換価を終了し、下記のとおり配当可

能な現金がありますので、最後配当の許可を願います。

記

　　財団現在額及び収支の明細　　　収支計算書のとおり　（※3）

　　配当に加える債権及び配当額　　配 当 表 の と お り　（※3）

令和　　年　　月　　日

破産管財人弁護士　　　　　　　　　印

以　上

【注意点】
※1　担当係を忘れずに表示してください。
※2　最後配当の許可権者は、裁判所書記官です（破産法１９５条２項参照）。
※3　債権者集会の席上で提出済みのもので足り、別途提出は不要です。なお、債権者集会の席上で債権認否一覧表
　　のみを提出した場合は、忘れずに配当表を添付してください。

520　書 式 編

書式65

（通知型１）

破産債権者　　　　　　　　　殿

令和　　年（フ）第　　　　号
破産者

最 後 配 当 の 御 通 知

　上記破産者に対する東京地方裁判所令和　　年（フ）第　　　　　号破産事件について、最後配当を行いますので、破産法１９７条１項により、下記のとおり御通知いたします。

　なお、異議なく配当表が確定した場合は、確定した配当額を再度通知いたします。

　その後の配当金のお支払は、銀行口座への振込送金により行いますので、あらかじめ下記の要領にしたがって必要書類を当職まで送付してください。

記

1　最後配当の手続に参加することができる債権の総額　　金　　　　　　　　円
2　最後配当をすることができる金額　　　　　　　　　　金　　　　　　　　円
3　貴殿に対する配当見込額　　　　　　　　　　　　　　金　　　　　　　　円

|配当金受領について|

1　必要書類（令和　　年　　月　　日まで（※）に当職あてに送付してください。）
　①　振込送金依頼書（記名捺印のこと。印鑑は債権届出書と同じものを使用してください。）
　②　手形金・小切手金債権を届け出た方は、手形・小切手の原本
　③　破産債権届出以後、住所変更、商号変更、債権届出書に押印した印鑑の変更があった場合は、そのことを証する資格証明書・印鑑証明書・住民票
　④　代理人によって配当金を受領するときは、配当金受領に関する委任状及び本人の印鑑証明書
2　注意事項
　①　必要書類に不備がありますと、配当金のお支払ができないときがあります。
　②　振込送金手数料は、貴殿の負担になりますので、御了承ください。
　③　提出された必要書類につき、返還を希望される方は、返信用封筒（郵便切手貼付のこと）をお送りください。

令和　　年　　月　　日
破産管財人弁護士　　　　　　　　　　　印
（電話　　－　　　－　　　　事務担当　　　）

以上

【注意点】
※　破産管財人において配当スケジュールに支障のない適宜の日をご記入ください。

書式編　521

書式66

（通知型１）

破産債権者　　　　　　　　　殿

　　　　　　　　　　令和　　年（フ）第　　　　号
　　　　　　　　　　破産者

最　後　配　当　の　御　通　知

　上記破産者に対する東京地方裁判所令和　　年（フ）第　　　　号破産事件について、最後配当を行いますので、$\left\{\begin{array}{l}\square\ 破産法１９７条１項\\ \square\ 破産法２０１条７項\end{array}\right\}$により、下記のとおり御通知いたします。

　　なお、本件は、$\left\{\begin{array}{l}\square\ 優先的破産債権のみ\\ \square\ 優先的破産債権である公租公課のみ\end{array}\right\}$に対する配当事案であるため、貴殿に対しては、$\left\{\begin{array}{l}\square\ 配当見込み\\ \square\ 配　　当\end{array}\right\}$はございません。

　　　　　　　　　　　　　　記

1　最後配当の手続に参加することができる債権の総額　　　金　　　　　　円

2　最後配当をすることができる金額　　　　　　　　　　　金　　　　　　円

3　貴殿に対する$\left\{\begin{array}{l}\square\ 配当見込額\\ \square\ 配　当　額\end{array}\right\}$　　　　　　　　　　金　　　　0　円

　　　　　　　　　　令和　　年　　月　　日
　　　　　　　　　　破産管財人弁護士　　　　　　　　　印
　　　　　　　　　　（電話　　－　　－　　／事務担当　　）

522　書式編

書式67

（通知型２）

破産債権者　　　　　　　殿

令和　　年（フ）第　　　　号
破産者

配 当 額 確 定 の 御 通 知

　上記破産者に対する東京地方裁判所令和　　年（フ）第　　　　号破産事件について、破産法２０１条７項により、下記のとおり御通知いたします。

記

1　貴殿に対する配当額　　　　　　　　　　金　　　　　　　円
2　配当金振込実施日　　　　　　　　令和　　年　月　日（　）

令和　　年　月　日
破産管財人弁護士　　　　　　　　印
（電話　－　　－　　　事務担当　）

以　上

書 式 編　523

書式68

（官報公告型）

東京地方裁判所民事第20部　　　管財　　係　御中（※1）

（FAX　通常管財係　03－5721－3167

　　　　　特定管財係　03－5721－3175）

令和　　年（フ）第　　　　号

破産者

最 後 配 当 公 告 掲 載 報 告 書

　頭書事件につき、別紙のとおり、令和　　年　　月　　日の官報に掲載して最後配当の公告をしましたので、報告いたします。

　　　　　令和　　年　月　日

　　　　　　　　　　破産管財人弁護士　○　○　○　○　印

　　　　　　　　　　　　　　　　　　　　　　　　　以　上

【注意点】
※1　担当係を忘れずに表示してください。
※2　この書面は、除斥期間の起算日を知る上で重要な書面となりますので、必ず提出してください。

524 書式編

書式69

（官報公告型）

破産債権者　　　　　　　　殿

令和　　年（フ）第　　　　号
破産者

最 後 配 当 の 御 通 知

　上記破産者に対する東京地方裁判所令和　　年（フ）第　　　　号破産事件について、最後配当を行いますので、破産法２０１条７項により、御通知いたします。
　貴殿に対する配当額は、下記のとおりです。
　また、配当金のお支払は、銀行口座への振込送金により行いますので、下記の要領にしたがって必要書類を当職まで送付してください。

記

1　貴殿に対する配当金額　　　　　　　金　　　　　　　　　　　　円也
2　配当金振込実施日　　　　　　　　　令和　　年　　月　　日（　）

配当金受領について
1　必要書類（令和　　年　　月　　日まで（※）に当職あてに送付してください。）
　①　振込送金依頼書（記名捺印のこと。印鑑は債権届出書と同じものを使用してください。）
　②　手形金・小切手金債権を届け出た方は、手形・小切手の原本
　③　破産債権届出以後、住所変更、商号変更、債権届出書に押印した印鑑の変更があった場合は、そのことを証する資格証明書・印鑑証明書・住民票
　④　代理人によって配当金を受領するときは、配当金受領に関する委任状及び本人の印鑑証明書
2　注意事項
　①　必要書類に不備がありますと、配当金のお支払ができないときがあります。
　②　振込送金手数料は、貴殿の負担になりますので、御了承ください。
　③　提出された必要書類につき、返還を希望される方は、返信用封筒（郵便切手貼付のこと）をお送りください。
　　　　　　　　　　令和　　年　　月　　日
　　　　　　　　　　破産管財人弁護士　　　　　　　　　　　印
　　　　　　　　　　（電話　　－　　－　　　事務担当　　）

以　上

【注意点】
※　破産管財人において配当スケジュールに支障のない適宜の日をご記入ください。

書式編　525

書式70

東京地方裁判所民事第20部　　　管財　　係　御中（※1）

令和　　年（フ）第　　　　号
破　産　者

本件につき 許可する。 　東京地方裁判所民事第20部 　　裁判官 　　（※2）	本件につき 許可があったことを証明する。 　前同日　東京地方裁判所民事第20部 　　裁判所書記官

中 間 配 当 許 可 申 立 書

　頭書事件につき、現在下記の現金がありますので、第　　回の配当をしたく、許可

願います。

記

　　　財団現在額及び収支の明細　　　収支計算書のとおり

　　　配当に加える債権及び配当額　　　令和　　年　　月　　日付け
　　　　　　　　　　　　　　　　　　　配当表のとおり

　　　　　　　令和　　年　　月　　日

　　　　　　　破産管財人弁護士　　　　　　　　　印

以　上

【注意点】
※1　担当係を忘れずに表示してください。
※2　中間配当の許可権者は裁判所です（破産法209条2項）。

526　書 式 編

書式71

東京地方裁判所民事第20部　　　管財　　係　御中（※1）

令和　　年（フ）第　　　号
破　産　者

本件につき 許可する。 　東京地方裁判所民事第20部 　　裁判官 　　（※2）	本件につき 許可があったことを証明する。 　前同日　東京地方裁判所民事第20部 　　裁判所書記官

追 加 配 当 許 可 申 立 書

　頭書事件につき、配当に充てることができる新たな財産が見つかり、現在下記の現金がありますので、追加配当をしたく、許可願います。

記

　　財団現在額及び収支の明細　　　収支計算書のとおり

　　配当に加える債権及び配当額　　令和　　年　　月　　日付け
　　　　　　　　　　　　　　　　　配 当 表 の と お り　（※3）

令和　　年　　月　　日

破産管財人弁護士　　　　　　　印

以　上

【注意点】
※1　担当係を忘れずに表示してください。
※2　追加配当の許可権者は裁判所です（破産法215条1項）。
※3　上記配当表は、最後配当又は簡易配当時に作成した配当表に追加配当分を記載した配当表になります。

書式編　527

書式71－2

配　当　表　（　追　加　）

事 件 番 号 令和　　年 (フ) 第　　　号
破　　産　　者
破産管財人弁護士　　　　　　　　　印

債権者番号	枝番号	債権者名	〒	住　　所	配当に加えるべき債権の額	配当額	追加配当額	備　考（※）
1		Aカード（株）	105-8712	東京都Z区○○一丁目2-2	238,014	5,195	4,997	
2		B銀行	101-0048	東京都Y区東四丁目4-4	808,243	17,641	16,969	
3		（株）C設計事務所	532-0011	大阪市X区中央5-5-5	233,326	5,092	4,898	
4		D債権回収（株）	102-0083	東京都W区南二丁目3-4	100,882	2,201	2,118	
5		E信用保証協会	104-0031	東京都Q区北町1-3-1	5,288,678	115,434	111,036	
		総合計			6,669,143	145,563	140,018	

配当率（簡易配当）　　　　　　2.18% 配当率（追加配当）　　　　2.09%

【注意点】
※　備考欄には、取下げ、名義変更などの債権の変動事由を記載してください。

528　書式編

書式72

（通知型３）

破産債権者　　　　　　　　殿

　　　　　　　　　　令和　　年（フ）第　　　　号
　　　　　　　　　　破産者

配 当 額 確 定 の 御 通 知

　上記破産者に対する東京地方裁判所令和　　年（フ）第　　　　号破産事件
について、配当に充てることができる新たな財産があることが判明し、追加配当
を実施しますので、破産法２１５条５項により、下記のとおり御通知いたします。

　　　　　　　　　　　　　記

1　追加配当の手続に参加することができる債権の総額　　金　　　　　　　円
2　追加配当をすることができる金額　　　　　　　　　　金　　　　　　　円
3　貴殿に対する配当額　　　　　　　　　　　　　　　　金　　　　　　　円
4　配当金振込実施日　　　　　　　　　令和　　年　　月　　日（　　）

　　　　　　　　令和　　年　　月　　日
　　　　　　　　破産管財人弁護士　　　　　　　　　　印
　　　　　　　　（電話　　－　　－　　　事務担当　　）

　　　　　　　　　　　　　　　　　　　　　　　以　上

書 式 編　**529**

書式73

東京地方裁判所民事第20部　　管財　係　御中（※1）

令和　年（フ）第　　　号
破　産　者

本件につき 許可する。 　東京地方裁判所民事第20部 　　裁判所書記官 　（※3）	本件につき 許可があったことを証明する。 　前同日　東京地方裁判所民事第20部 　　裁判所書記官

簡易配当許可申立書（B・異議確認型）（※2）

　頭書事件につき、破産財団に属する財産は全部換価を終了し、下記のとおり配当可能な現金がありますので、簡易配当の許可を願います。

記

　　　財団現在額及び収支の明細　　　　収支計算書のとおり

　　　配当に加える債権及び配当額　　　配　当　表　の　と　お　り

令和　年　月　日

　　　　　　破産管財人弁護士　　　　　　　　印

以　上

【注意点】
※1　担当係を忘れずに表示してください。
※2　配当可能金額1000万円以上で簡易配当による場合は、この書式を使用してください（破産法204条1
　　項3号参照）。
※3　簡易配当の許可権者は裁判所書記官です（破産法204条1項参照）。

530　書式編

書式74

（Ｂ）

破産債権者　　　　　　　殿

　　　　　　　　　令和　　年（フ）第　　　　号
　　　　　　　　　破産者

簡 易 配 当 の 御 通 知

　上記破産者に対する東京地方裁判所令和　　年（フ）第　　　　　号破産事件
について、簡易配当（破産法２０４条１項３号）を行いますので、同法２０４条
２項により、下記のとおり御通知いたします。
　この簡易配当手続につき異議がある場合は、令和　　年　　月　　日（※１）ま
で（必着）に異議を述べることができます。
　異議なくこの手続が進められ、さらに配当表に対する異議期間が経過し配当表
が確定した場合、配当を実施することになります。
　配当金のお支払は、銀行口座への振込送金により行いますので、下記の要領に
したがって必要書類を当職まで送付してください。

記

1　簡易配当の手続に参加することができる債権の総額　　金　　　　　　　円
2　簡易配当することができる金額　　　　　　　　　　　金　　　　　　　円
3　配当見込額（貴殿に対する配当見込額）　　　　　　　金　　　　　　　円

配当金受領について
1　必要書類（令和　　年　月　　日まで（※２）に当職あてに送付してください。）
　①　振込送金依頼書（記名捺印のこと。印鑑は債権届出書と同じものを使用し
　　てください。）
　②　手形金・小切手金債権を届け出た方は、手形・小切手の原本
　③　破産債権届出以後、住所変更、商号変更、債権届出書に押印した印鑑の変
　　更があった場合は、そのことを証する資格証明書・印鑑証明書・住民票
　④　代理人によって配当金を受領するときは、配当金受領に関する委任状及び
　　本人の印鑑証明書
2　注意事項
　①　必要書類に不備がありますと、配当金のお支払ができないときがあります。
　②　振込送金手数料は、貴殿の負担になりますので、御了承ください。
　③　提出された必要書類につき、返還を希望される方は、返信用封筒（郵便切
　　手貼付のこと）をお送りください。
　　　　　　　　　令和　　年　　月　　日
　　　　　　　　　破産管財人弁護士　　　　　　　　　　印
　　　　　　　　　（電話　−　　　−　　　　事務担当　　）

以　上

書式編　531

書式74

【注意点】

※1　簡易配当に対する異議期間（206条）は、みなし到達日から起算して1週間後の日付（初日算入）を記載します。具体的には、みなし到達日（除斥期間等の起算日）は水曜日なので、その翌週の火曜日（通知発送の翌々週火曜日）の日付を記載します（ただし、当該火曜日が祝日に当たる場合は、翌営業日の日付を記入してください。）。**簡易配当の通知発送と同時に裁判所に対し、除斥期間等の起算日届出書（【書式63】）を必ず提出してください。**

※2　破産管財人において配当スケジュールに支障のない適宜の日をご記入ください。

532　書式編

書式75

東京地方裁判所民事第２０部　　　管財　　係　御中（※１）

令和　　年（フ）第　　　　号
破産者

配当の実施及び任務終了の計算報告書　（※２）

　頭書事件について、配当表記載のとおり配当を実施し、破産管財人の任務が終了しましたので、前回債権者集会で提出済みの収支計算書のとおり報告します。（※３）

　なお、上記配当のうち破産法第２０２条に基づき供託したものは、別添供託書写しのとおりです。（※４）

令和　　年　　月　　日
破産管財人弁護士　　　　　　　　印

以　上

【注意点】
※１　担当係を忘れずに表示してください。
※２　任務終了計算報告集会期日の１週間前までに裁判所に提出してください。
※３　解約済みの預金通帳の写し（表紙から解約まで）を添付してください。
※４　供託したものがないときは、この記載を抹消してください。供託したものがあるときは、供託書
　　　写しを添付してください。

書式編　533

書式76

東京地方裁判所民事第20部　　　管財　　係　御中

令和　　年（フ）第　　　号
破　産　者

換　価　完　了　証　明　申　請　書

　上記の者に対する破産事件について、令和　　年　　月　　日破産財団に属する財産は全部換価が完了し、同日付けで残余財産が確定したことの証明をされたく申請します。

令和　　年　　月　　日

破産管財人弁護士　　　　　　　　印

上記証明する。
前同日同庁
裁判所書記官

534　書式編

書式77

東京地方裁判所民事第20部　　　管財　係　御中

令和　　年（フ）第　　　　号
破　産　者

破 産 手 続 廃 止 決 定 証 明 申 請 書

　上記の者に対する破産事件について、破産財団をもって破産手続費用を支弁するのに不足すると認められ、令和　　年　　月　　日破産手続廃止の決定があったことを証明されたく申請する。

以　　上

令和　　年　月　日
破産管財人弁護士　　　　　　　印

上記証明する。
同日同庁
裁判所書記官

書式編　535

書式78

東京地方裁判所民事第２０部　　　管財　　係　御中

令和　　年（フ）第　　　　号

破　産　者

破 産 手 続 終 結 決 定 証 明 申 請 書

　上記の者に対する破産事件について、令和　　年　　月　　日破産手続終結の決定があったことを証明されたく申請する。

以　　上

令和　　年　　月　　日

破産管財人弁護士　　　　　　　　印

上記証明する。

同日同庁

裁判所書記官

書式79

令和　　年　　月　　日

担当係名　　　管財　　係

　　令和　　年（フ）第　　　　号

　　破産者

破産管財人弁護士　　　　　　　　印

免 責 に 関 す る 意 見 書

（□内にチェックしたもの）

□　免責不許可事由はない。

□　免責不許可事由はあるが、免責相当である。

□　免責は不相当である。

【注意点】
※　本書面は集会日に御持参ください。

書式編　537

事項索引

●A〜Z

PCB……………………………… 175
PCB廃棄物処理施設………………… 175

●あ

明渡し…………………………… 200

●い

異議……………………………… 296
意見申述期間……………………… 366
遺産分割調停の申立て……………… 231
異時廃止……………………268, 316
一般破産債権……………………… 269
違約金条項………………………… 198

●う

ウェブサイト……………………… 376
請負契約………………………… 209
請負人破産………………………… 209
打合せ補充メモ………………99, 103
訴えの提起………………127, 230
売掛金………………38, 152, 190
売掛金債権………………………… 235

●え

営業保証金………………………… 192
延滞金………………………391, 413
滞納処分………………………… 394
延滞税………………………391, 413

●お

オーバーローン………39, 46, 166, 311
オペレーティング・リース………… 224

●か

会計帳簿………………………29, 111
外国通貨金銭債権………………… 291
解雇予告手当………………215, 286
解散事業年度の税務申告…………… 397
開始決定関係書類………………… 99
開始時現存額主義………………… 276
加算金…………………………… 391
加算税…………………………… 391
家事審判………………………… 246
貸付金………………………38, 191
ガス……………………………… 290
過払金…………………………… 47
過払金返還請求権……………… 5, 192
株式……………………………… 194
仮差押え………………………… 115
簡易配当………………………324, 326
簡易配当（開始時異議確認型）…… 325
簡易配当（財団少額型）………… 325
簡易配当（配当時異議確認型）
………………………………325, 327
簡易配当許可申立て……………… 330
換価………………………142, 190
換価完了証明申請書……………… 399
換価基準………………………142, 149
還付の請求………………………… 400
官報公告費用……………………… 85
管理費…………………………… 205
管理費・修繕積立金……………… 163

●き

危機時期………………………… 233
危険物…………………………… 171
寄託請求………………………… 208

給付・確認訴訟説……………………… 237
給料…………………… 214, 218, 285, 419
強制執行……………………………… 128
供託………………………………… 254
共同債務関係……………………… 276
共有不動産…………………………46, 163

●く

具体的納期限………………………258, 391

●け

警察……………………………… 377
係属中の訴訟………………………… 243
継続的供給契約に基づく債権……… 289
契約不適合責任……………………… 162
下水道………………………………… 290
原状回復費用………………………… 113
源泉徴収義務……………………… 410
現場保全…………………………… 111
現預金………………………………… 110
牽連破産…………………… 322, 416, 430

●こ

公害防止事業費事業者負担法……… 172
口座の開設………………………… 101
工場……………………………172, 202
更正事由……………………………… 348
公租公課…………………………255, 269, 390
公租公課フローチャート………… 262
工賃債権…………………………… 287
交付要求…………………………… 394
交付要求書…………………………260, 391
公平誠実義務………………………… 16
告示書……………………………111, 119
固定資産税………………………… 170
雇用契約…………………………… 212
ゴルフ会員権………………………38, 193
婚姻から生ずる費用の負担の義務
　に係る請求権……………………… 293

●さ

債権確定訴訟……………………… 244
債権確定手続………………………297, 345
債権者一覧表……………………… 77
債権者集会………… 308, 310, 316, 320
債権者集会打合せメモ……139, 311, 320
債権者集会非招集型……………… 384
債権者代位訴訟……………………… 245
債権者の変更……………………… 303
債権者申立事件…………………… 372
債権譲渡……………………………… 233
債権譲渡登記………………………… 224
債権調査……………………………266, 282
債権調査期日 ……… 268, 297, 299, 309
債権調査の工夫…………………… 382
債権等の換価・回収……………… 190
債権届出期間……………………… 301
債権届出書………………………… 264
債権届出書の直送………………… 264
債権届出取下書……………………… 265
債権認否……………………………… 270
債権認否一覧表…………………… 315
最後配当…………………… 324, 326, 351
最後配当（官報公告型）………… 327
最後配当（通知型）……………… 327
最後配当許可申立て……………… 353
財産状況報告集会………………… 308
財産目録…………………………… 313
財団債権に関する訴訟…………… 244
財団債権の承認許可の申立て…… 254
財団債権の範囲…………………… 248
財団債権の弁済時期……………… 252
財団債権の弁済のための供託……… 254
財団債権を第三者が弁済した場合
　の取扱い…………………………… 249
裁判所への報告…………………… 138
詐害行為取消訴訟………………… 245
差押え……………………………… 115

事項索引　539

産業廃棄物 ····························· 171
三者打合せ ······················· 87, 103

●し

敷金 ···································· 206
敷金返還請求権 ····················· 206
事業継続 ························· 28, 228
事業譲渡 ························ 233, 322
事業年度 ····························· 395
事後求償権 ·························· 279
資産保全 ····························· 28
事前求償権 ·························· 279
執行取消しの上申書 ················ 116
自動確定方式 ······················· 392
自動車 ···················· 113, 145, 187
支払停止 ························· 47, 233
借地権付建物 ···············171, 199
借地非訟 ························ 231, 246
社内預金返還請求権 ················ 287
什器備品 ····························· 201
終結後履行完了前破産 ·············· 429
集合債権譲渡担保権 ················ 225
集合動産譲渡担保権 ················ 225
自由財産 ························ 142, 149
自由財産の範囲の拡張 ·········149, 313
収支計算書 ·························· 314
住所の変更 ·························· 136
重要財産開示義務 ···················· 19
受継 ···························· 128, 244
主張制限 ····························· 298
出資金 ······························ 192
受任通知 ······························ 30
準自己破産 ···························· 33
少額管財手続 ····················· 2, 9
少額配当金 ·························· 339
使用者 ······························ 212
使用者の破産 ······················· 212
商事留置権の消滅請求 ·············· 183
上申書 ························· 136, 137

上水道 ······························ 290
上訴 ···························· 127, 231
譲渡担保 ····························· 223
消費税 ····················· 170, 403, 410
情報の配当 ··········· 34, 95, 308, 367
除斥期間 ············· 273, 296, 333, 354
除斥期間等の起算日届出書 ·····331, 354
所得税 ······························ 408
所有権留保 ····················223, 226
申告納税方式 ······················· 392
申告納付 ····························· 392

●せ

清算確定事業年度 ·················· 396
清算事業年度 ······················ 396
税務申告 ························395, 408
説明義務 ····························· 19
先行認否 ····························· 298
専属管轄 ····························· 236
専用電話・ファクシミリ ············ 376
戦略的異議 ·························· 293

●そ

送金手数料 ·························· 340
双方未履行の双務契約 ·········127, 197
即日面接 ················· 2, 10, 34, 42
訴訟参加 ····························· 231
訴訟上の救助 ······················· 231
訴訟の中断 ·························· 243
租税債権 ····························· 390
租税の確定 ·························· 392

●た

代位弁済 ····························· 271
対抗要件 ····························· 204
第三者予納 ···························· 90
退職金 ···················· 145, 214, 286
退職金債権 ·························· 153
滞納管理費 ·························· 163

担保権実行 ································ 128
担保権消滅許可 ····················165, 180
担保取消しについての同意 ········· 128

●ち

地方税 ····························406, 409
地方法人税 ························· 395
中間配当 ····························326, 357
中間利息の控除 ····················· 284
中断 ································· 243
注文主の破産 ······················ 211
調査協力義務 ······················· 19
調停 ································· 246
帳簿の保管 ························· 364
賃借人の破産 ······················ 197
賃貸借契約 ····················197, 204
賃貸人の破産 ······················ 204

●つ

追加配当 ····························326, 359
通常管財係 ························· 310
積立金 ······························· 38

●て

停止条件付集合債権譲渡担保 ········ 225
手形 ································· 194
手形・小切手債権 ··················· 282
手付金 ······························· 162
電気 ································· 290
電子メール ························· 377
電話 ································· 290

●と

同意配当 ····················325, 326, 328
登記 ································· 162
動産 ································· 186
動産及び債権の譲渡の対抗要件に
　関する民法の特例等に関する法
　律································· 224

動産譲渡登記 ······················ 224
倒産手続等のデジタル化 ··············· 6
動産売買の先取特権 ··················· 186
投資信託解約金 ····················· 195
同時廃止 ····················23, 34, 42, 85
同時廃止事件と管財事件の振り分
　け································· 36
督促 ································· 394
督促手続 ··························· 231
特定管財係 ····················320, 372
土壌汚染 ··························· 172
取戻権 ······························· 223

●に

任務終了計算報告集会 ··········309, 334

●の

納期限 ······························· 390
納税義務 ··························· 390
納税告知書 ························· 392
納税の告知 ························· 393
ノンフルペイアウト方式 ··············· 224

●は

廃棄物処理法 ······················ 172
廃棄物の処理及び清掃に関する法
　律································· 172
配当 ····················318, 333, 341, 383
配当異議期間 ····················333, 354
配当額の供託 ······················ 298
配当実施報告書・計算報告書 ········· 334
配当調整 ····························423, 429
配当手続の振り分け ··················· 326
配当表 ······························· 342
配当表の更正 ··········273, 298, 346, 347
破産管財人室 ······················ 376
破産管財人代理 ··················126, 380
破産管財人団 ······················ 379

事項索引　541

破産管財人による破産手続開始通
　知の発送事務等 ················ 377
破産管財人の源泉徴収義務 ·········· 411
破産管財人の税務 ···················· 395
破産管財人の補助者 ··········111, 124
破産債権査定異議の訴え ·······297, 300
破産債権査定申立て ········296, 299, 345
破産債権に関する訴訟 ·············· 244
破産債権の名義変更 ·················· 303
破産財団 ·····················108, 115, 142
破産財団に属する財産に関する訴
　訟 ································· 244
破産裁判所の許可を要する行為 ···· 126
破産者に対する注意事項 ·············· 90
破産貸借対照表 ······················ 315
破産手続開始後に判明した債権者
　····································· 264
破産手続開始の決定 ···················· 99
破産手続開始の通知 ·············264, 376
破産の登記 ·························· 132
破産法157条報告書 ···········138, 313
反訴 ···························127, 231

●ひ

引継予納金 ······20, 33, 89, 105, 110, 147
引渡命令 ···························· 112
ビジネス・コート ·························· 6
非訟事件 ···························· 246
非訟手続の申立て ···················· 231
否認権 ·····················47, 225, 232
否認権のための保全処分 ·············· 235
否認の訴え ····················128, 235
否認の抗弁 ························ 235
否認の請求 ····················128, 235
否認の登記 ························ 240
非免責債権 ························ 292

●ふ

ファイナンス・リース ·················· 223

封印執行 ····················112, 119
賦課課税方式 ························ 392
付加金 ···························· 288
賦課決定 ···························· 392
賦課決定通知書 ···················· 392
不足額責任主義 ···················· 272
物上保証人 ························ 278
不動産明渡請求訴訟 ·················· 202
不動産の明渡し ···················· 201
不動産の差押え・仮差押え ·········· 118
不動産の処分価額 ···················· 39
不動産の任意売却 ·············158, 205
不動産の放棄 ·················166, 168
扶養請求権 ························ 293
フルペイアウト方式 ·················· 223
分割債務関係 ························ 275

●へ

別除権協定 ····················275, 422
別除権者 ·····················159, 164
別除権付破産債権 ···················· 271
別除権の受戻し ···················· 164
別除権の予定不足額 ·················· 267
弁護士費用 ·························· 33
偏頗弁済 ·····················104, 233

●ほ

放棄 ···························· 128
放射性物質 ························ 177
法人税 ···························· 395
法定納期限 ························ 390
法テラス ·····················90, 108
保険解約返戻金
　········5, 38, 46, 106, 107, 144, 152, 192
保証金 ···························· 206
保証債務 ························ 278
保証人の求償権 ···················· 279
保全管理命令 ·················322, 372
保全処分 ·····················230, 235, 241

542　事項索引

●み

未払賃金の立替払·····················32, 218
民事調停 ································· 246
民事保全 ································· 246

●む

無資力証明書 ······················· 231

●め

名義変更届出書·························· 265
免責審尋期日 ···········86, 309, 317, 366
免責調査 ·····························41, 366
免責に関する意見書············315, 367
免責不許可事由·····················367, 370
メンテナンス・リース·····················224

●も

申立書の副本 ························· 99
申立代理人 ·················16, 32, 85, 92

●や

役員の違法行為························· 241
役員の責任査定························· 242
役員報酬 ····························· 287

●ゆ

有価証券 ······························· 38
優先的破産債権·····················269, 285
郵便転送嘱託·····················134, 380

●よ

養育費請求権 ························· 292
預金 ··································· 191
預貯金 ·····························5, 37, 144
予定不足額 ··························· 272

●り

リース契約 ··························· 223

リース物件の返還と消費税·········· 405
利子税······························· 391

●れ

劣後的破産債権························· 273

●ろ

労働契約 ····························· 31
労働債権 ·····················111, 285, 419
労働者健康安全機構···32, 111, 217, 218
労働者の破産 ························· 217
労働審判 ····························· 246

事項索引　543

判例索引

福岡高判昭32.11.26（下民集 8 巻11号2191頁）‥‥‥‥‥‥‥‥‥‥‥‥‥‥‥238

最判昭35. 3 .11（民集14巻 3 号403頁）‥‥‥‥‥‥‥‥‥‥‥‥‥‥‥216, 288

最判昭40. 4 .22（民集19巻 3 号689頁）‥‥‥‥‥‥‥‥‥‥‥‥‥‥‥‥‥239

最判昭41. 4 .28（民集20巻 4 号900頁）‥‥‥‥‥‥‥‥‥‥‥‥‥‥‥‥‥223

最判昭42. 6 .22（判時495号51頁）‥‥‥‥‥‥‥‥‥‥‥‥‥‥‥‥‥‥‥240

最判昭43. 3 .15（民集22巻 3 号625頁）‥‥‥‥‥‥‥‥‥‥‥‥‥‥‥‥‥169

最判昭43. 6 .13（民集22巻 6 号1149頁）‥‥‥‥‥‥‥‥‥‥‥‥‥‥‥‥‥197

最判昭44. 1 .16（民集23巻 1 号18頁）‥‥‥‥‥‥‥‥‥‥‥‥‥‥‥‥‥274

最判昭44. 9 . 2（民集23巻 9 号1641頁）‥‥‥‥‥‥‥‥‥‥‥‥‥‥‥‥‥286

最判昭45.10.30（民集24巻11号1667頁）‥‥‥‥‥‥‥‥‥‥‥‥‥‥‥‥‥253

最判昭46. 2 .23（判時622号102頁）‥‥‥‥‥‥‥‥‥‥‥‥‥‥‥‥‥‥‥283

東京地判昭47. 6 .28（金法660号27頁）‥‥‥‥‥‥‥‥‥‥‥‥‥‥‥‥‥295

最判昭48. 2 . 2（民集27巻 1 号80頁）‥‥‥‥‥‥‥‥‥‥‥‥‥‥‥‥‥206

最判昭48. 3 .27（民集27巻 2 号376頁）‥‥‥‥‥‥‥‥‥‥‥‥‥‥‥‥‥193

大阪地判昭49. 2 .18（金判423号12頁）‥‥‥‥‥‥‥‥‥‥‥‥‥‥‥‥‥295

最判昭52. 8 . 9（民集31巻 4 号742頁）‥‥‥‥‥‥‥‥‥‥‥‥‥‥‥‥‥193

最判昭53. 6 .23（金法875号29頁）‥‥‥‥‥‥‥‥‥‥‥‥‥‥‥‥‥‥‥211

最判昭54. 2 .15（民集33巻 1 号51頁）‥‥‥‥‥‥‥‥‥‥‥‥‥‥‥‥‥224

最判昭57.10.19（民集36巻10号2130頁）‥‥‥‥‥‥‥‥‥‥‥‥‥‥‥‥‥223

最判昭58.10. 6（民集37巻 8 号1041頁）‥‥‥‥‥‥‥‥‥‥‥‥‥‥‥‥‥146

最判昭59. 5 .17（判時1119号72頁）‥‥‥‥‥‥‥‥‥‥‥‥‥‥‥‥‥‥‥204

最判昭60.11.15（民集39巻 7 号1487頁）‥‥‥‥‥‥‥‥‥‥‥‥‥‥‥‥‥145

最判昭61. 4 . 3（判時1198号110頁）‥‥‥‥‥‥‥‥‥‥‥‥‥‥‥‥‥‥‥240

大阪地判昭61. 5 .16（判時1210号97頁）‥‥‥‥‥‥‥‥‥‥‥‥‥‥‥‥‥187

名古屋高金沢支判昭61. 7 .28（判タ620号207頁）‥‥‥‥‥‥‥‥‥‥‥‥287

東京高判昭62.10.27（判タ671号218頁）‥‥‥‥‥‥‥‥‥‥‥‥‥‥‥‥‥288

最判昭62.11.10（民集41巻 8 号1559頁）‥‥‥‥‥‥‥‥‥‥‥‥‥‥‥‥‥224

最判昭62.11.26（民集41巻 8 号1585頁）‥‥‥‥‥‥‥‥‥‥‥‥‥‥‥‥‥209

最判昭63.10.18（民集42巻 8 号575頁）‥‥‥‥‥‥‥‥‥‥‥‥‥‥‥‥‥195

東京地判平 3 . 2 .13（判時1407号83頁）‥‥‥‥‥‥‥‥‥‥‥‥‥‥‥‥‥187

最判平 4 .10.20（判時1439号120頁）‥‥‥‥‥‥‥‥‥‥‥‥‥‥‥‥‥‥‥406

最判平 5 . 6 .25（民集47巻 6 号4557頁）‥‥‥‥‥‥‥‥‥‥‥‥‥‥‥‥‥365

最判平 7 . 4 .14（民集49巻 4 号1063頁）‥‥‥‥‥‥‥‥‥‥‥‥‥‥‥‥‥223

最判平 8 .11.28（判時1589号136頁）‥‥‥‥‥‥‥‥‥‥‥‥‥‥‥‥‥‥‥287

最判平 9 . 4 .24（民集51巻 4 号1991頁）‥‥‥‥‥‥‥‥‥‥‥‥‥‥‥38, 144

広島地福山支判平10.3.6（判時1660号112頁）·····294
最判平10.7.14（民集52巻5号1261頁）·····194, 211
最判平11.1.29（民集53巻1号151頁）·····224
最判平12.4.21（民集54巻4号1562頁）·····224
名古屋高判平12.4.27（判タ1071号256頁）·····199
最決平12.4.28（判時1710号100頁・判タ1035号108頁）·····169, 205, 365
最判平13.11.22（民集55巻6号1056頁）·····224
最判平16.7.16（民集58巻5号1744頁）·····225
最判平17.1.17（民集59巻1号1頁）·····196
東京地判平17.3.9（金法1747号84頁）·····250
東京地判平17.4.15（金法1754号85頁）·····250
東京高判平17.6.30（金法1752号54頁）·····250
最判平19.6.28（判時1979号158頁）·····287
神戸地伊丹支決平19.11.28（判時2001号88頁・判タ1284号328頁）·····21, 33
東京地判平20.9.19（金法1861号33頁）·····283
東京地判平20.10.21（判タ1296号302頁・金法1859号53頁）·····418
東京地判平20.10.30（判時2045号127頁・金法1859号53頁）·····418
最判平20.12.16（民集62巻10号2561頁）·····223
東京地判平21.1.16（金法1892号55頁）·····199
東京地判平21.2.13（判時2036号43頁）·····17, 21, 26, 29, 89
東京高判平21.6.25（判タ1391号358頁）·····198, 204
最判平22.3.16（判時2078号18頁・判タ1323号106頁）·····165
最判平22.3.16（民集64巻2号523頁）·····280
大阪高判平22.4.9（金法1934号98頁）·····196
最判平22.6.4（民集64巻4号1107頁）·····223
東京地判平22.10.14（判タ1340号83頁）·····21, 30
最判平23.1.14（民集65巻1号1頁）·····411
最判平23.3.22（民集65巻2号735頁）·····412
最決平23.9.2（金法1934号105頁）·····196
東京地判平23.10.24（判時2140号23頁）·····21, 30
最判平23.11.22（民集65巻8号3165頁）·····222, 249
最判平23.11.24（民集65巻8号3213頁）·····249
最判平23.12.15（民集65巻9号3511頁）·····194
札幌高判平24.2.17（金判1395号28頁）·····274
東京地判平24.3.23（判タ1386号372頁）·····210
東京高決平24.5.24（判タ1374号239頁）·····182
最判平24.5.28（民集66巻7号3123頁）·····191
最判平24.10.12（民集66巻10号3311頁）·····233
最判平24.10.19（判時2169号9頁・判タ1384号130頁）·····47, 78, 88, 233

東京高判平24.12.13（判タ1392号353頁）‥‥‥‥‥‥‥‥‥‥‥‥‥‥‥‥‥198
東京地判平25. 2. 6 （判時2177号72頁・判タ1390号358頁）‥‥‥‥‥‥19, 22, 29, 89
最判平25. 4 .16（民集67巻 4 号1049頁）‥‥‥‥‥‥‥‥‥‥‥‥‥‥‥‥‥18, 23
札幌高判平25. 8 .22（金法1981号82頁）‥‥‥‥‥‥‥‥‥‥‥‥‥‥‥‥‥‥199
東京高決平26. 3. 5 （金法1997号112頁）‥‥‥‥‥‥‥‥‥‥‥‥‥‥‥‥‥367
東京地判平26. 4 .17（判タ1416号171頁）‥‥‥‥‥‥‥‥‥‥‥‥‥‥‥22, 89
最判平26. 6. 5 （民集68巻 5 号403頁）‥‥‥‥‥‥‥‥‥‥‥‥‥‥‥‥‥422
最判平26. 6. 5 （民集68巻 5 号462頁）‥‥‥‥‥‥‥‥‥‥‥‥‥‥‥‥‥195
東京高決平26. 7 .11（判タ1470号109頁）‥‥‥‥‥‥‥‥‥‥‥‥‥‥‥‥‥35
千葉地松戸支判平28. 3 .25（判時2337号36頁・判タ1438号216頁）‥‥‥‥22, 89
最判平28. 4 .28（民集70巻 4 号1099頁）‥‥‥‥‥‥‥‥‥‥‥‥‥‥‥‥‥193
最決平29. 9 .12（民集71巻 7 号1073頁）‥‥‥‥‥‥‥‥‥‥‥‥‥‥‥‥‥277
東京地判平29.11.17（金法2094号87頁）‥‥‥‥‥‥‥‥‥‥‥‥‥‥‥‥‥297
最判平29.12. 7 （民集71巻10号1925頁）‥‥‥‥‥‥‥‥‥‥‥‥‥‥‥‥‥226
最決平30. 4 .18（民集72巻 2 号68頁）‥‥‥‥‥‥‥‥‥‥‥‥‥‥‥‥‥115
最判令 2 . 7 . 2 （民集74巻 4 号1030頁）‥‥‥‥‥‥‥‥‥‥‥‥‥‥‥‥‥400
最判令 2 . 9 . 8 （民集74巻 6 号1643頁）‥‥‥‥‥‥‥‥‥‥‥‥‥‥‥‥‥211

東京地方裁判所倒産部「破産管財書式集」について

　本書の本文・書式編に収録した書式データは、次のウェブサイトにアップしています。

　https://www.kinzai.jp/tokuten/
　（パスワード：hasan-kanzai-3rd）

　実際に利用する際には、本書の本文・書式編の記載、及び同梱の説明書を参照してください。
　なお、本書式は東京地裁本庁において使用しているものであり、東京地裁本庁以外の裁判所では異なる書式を使用している場合がありますので、ご注意ください。

破産管財の手引〔第3版〕

2011年 6 月26日	初　版	第1刷発行
2012年 8 月22日	増補版	第1刷発行
2015年 3 月19日	第2版	第1刷発行
2024年 9 月30日	第3版	第1刷発行
2024年11月 1 日		第2刷発行

　　　　　　　　　　編　者　中吉徹郎・岩﨑　慎
　　　　　　　　　　発行者　加　藤　一　浩
　　　　　　　　　　印刷所　三松堂株式会社

　〒160-8519　東京都新宿区南元町19
　発 行 所　一般社団法人 金融財政事情研究会
　編 集 部　TEL 03 (3355) 1758　FAX 03 (3355) 3763
　販売受付　TEL 03 (3358) 2891　FAX 03 (3358) 0037
　　　　　　URL https://www.kinzai.jp/

・本書の内容の一部あるいは全部を無断で複写・複製・転訳載すること、および磁気または光記録媒体、コンピュータネットワーク上等へ入力することは、法律で認められた場合を除き、著作者および出版社の権利の侵害となります。
・落丁・乱丁本はお取替えいたします。価格はカバーに表示してあります。

ISBN978-4-322-14439-0